Zwischen Leben und Tod

T0126718

T V Z

Beiträge zu Theologie, Ethik und Kirche

Herausgegeben vom Schweizerischen Evangelischen Kirchenbund SEK

Frank Mathwig

Zwischen Leben und Tod

Die Suizidhilfediskussion in der Schweiz
aus theologisch-ethischer Sicht

T V Z
Theologischer Verlag Zürich

Bibliografische Informationen der Deutschen Nationalbibliothek

Die Deutsche Nationalbibliothek verzeichnet diese Publikation in der Deutschen Nationalbibliografie; detaillierte bibliografische Daten sind im Internet über http://dnb.d-nb.de abrufbar.

Umschlaggestaltung: Simone Ackermann, Zürich

Druck: ROSCH-BUCH, Scheßlitz

ISBN 978-3-290-17567-2

© 2010 Theologischer Verlag Zürich
www.tvz-verlag.ch

Inhaltsverzeichnis

Vorwort

Die Sterbe- und Suizidhilfe gehören längst zum festen Themenkanon in der internationalen Medizin- und Bioethik. Und obwohl die organisierte Suizidhilfe in der Schweiz weltweit einmalig ist, sind die Diskussionen darüber keineswegs auf die Schweiz beschränkt. Suizidhilfeorganisationen präsentieren einen Sonderfall. Aber sie reagieren auf gesellschaftliche Herausforderungen, die sich in allen hochtechnologisierten Industrienationen in vergleichbarer Weise stellen.

Das vorliegende Buch nimmt die aktuellen Debatten über die organisierte Suizidhilfe zum Anlass, um aus theologisch-ethischer Perspektive über Leben, Sterben und Tod in der Risikogesellschaft nachzudenken. Den Ausgangs- und Bezugspunkt bildet die Beteiligung des Schweizerischen Evangelischen Kirchenbundes (SEK) an der öffentlichen Auseinandersetzung, die innerhalb und ausserhalb der Kirchen, diesseits und jenseits der Landesgrenzen Diskussionen ausgelöst hat. Der theologisch-ethische Fokus markiert dabei weniger einen besonderen disziplinären Blickwinkel, als ein Verständnis von öffentlicher Kirche, das um die Unterschiede und das wechselseitige Bezogensein von «Christengemeinde und Bürgergemeinde» weiss.

Den folgenden Überlegungen geht eine langjährige Beschäftigung des SEK mit dem Thema voraus. Dem Rat SEK danke ich für seine grosszügige Unterstützung und die vielen anregenden Diskussionen, ohne die die Publikation nicht möglich gewesen wäre. Pfr. Kristin Rossier Buri, Mitglied des Rates SEK, PD Dr. Christina Tuor-Kurth, Leiterin der Abteilung Institut für Theologie und Ethik (ITE), und PD. Dr. Marco Hofheinz, Universität Bern danke ich für ihre kritisch-konstruktiven Kommentare. Die Beseitigung unzähliger Fehler verdanken das Buch (und sein Autor) den sorgfältigen Blicken von Frau Brigitte Wegmüller. Besonders danken möchte ich Frau Marianne Stauffacher, Verlagsleiterin von TVZ, für Ihre wertvolle und engagierte Begleitung.

Bern, im August 2010

I. Einleitung

Der Titel *Zwischen Leben und Tod* ist wörtlich gemeint. Es geht nicht um Leben und Tod, sondern um das ‹Dazwischen›. Den Ausdruck ‹zwischen› verwenden wir, um drei räumliche oder zeitliche Punkte in ein bestimmtes Verhältnis zu setzen oder um einen Ausgangs- mit einem Zielpunkt zu verbinden. Das Wort steht für eine räumliche und zeitliche Bewegung beim Übergang zwischen einem ‹Von› und einem ‹Zu› bzw. einem ‹Vor› und einem ‹Nach›. Daneben fungiert der Ausdruck auch als Platzhalter bzw. Leerstelle oder signalisiert die Verlegenheit, die sich einstellt, wenn klare Vorstellungen oder Begriffe von dem fehlen, was sich dazwischen befindet oder ereignet. Insofern drängt sich unweigerlich die Frage auf: Was ist, liegt, passiert zwischen Leben und Tod? Die naheliegende Antwort lautet: ‹Das Leben›. Wenn der Tod dem Leben ein Ende setzt, dann ist alles dem Tod Vorausgehende das Leben. Damit würde die Frage nach dem Dazwischen allerdings hinfällig. Denn es kann keinen Zwischenraum geben zwischen einer Grenze und dem Raum, den sie begrenzt, ohne dass sie aufhören würde, seine Grenze zu bilden.

1. Zwischenräume

Die Rede von der Grenze suggeriert eine Eindeutigkeit, die unter Umständen weitaus weniger klar gezogen werden kann, als der Verweis darauf vermuten lässt. Tatsächlich wird die Zäsur zwischen Leben und Tod

---

[1] Theodor W. Adorno, Les Adieux, in: ders., Minima Moralia. Reflexionen aus dem beschädigten Leben, Ges. Schriften 4, Frankfurt/M. 2003, 290f. (290).

in den meisten Fällen nicht als Augenblick, sondern als Prozess erlebt. Das teilt sie mit jenen ‹Grenzerfahrungen›, die als prägende Lebensphasen einen – mehr oder weniger ausgedehnten – Zeitraum einnehmen und denen selten ein eindeutiger Anfang oder ein präzises Ende (abgesehen vom Zeitpunkt des Todes) zugeschrieben werden können. Solche Grenzen zeigen sich bei genauerem Hinsehen – mit den Worten Walter Benjamins – eher als Schwellen.[2] «Die Schwelle ist ganz scharf von der Grenze zu scheiden. Schwelle ist eine Zone, Wandel, Übergang, Fluten liegen im Worte ‹schwellen›, und diese Bedeutung hat die Etymologie nicht zu übersehen.»[3] Allerdings schickt der Philosoph dieser begrifflichen Differenzierung noch eine Beobachtung vorweg: «In dem modernen Leben sind diese Übergänge immer unkenntlicher und unerlebter geworden. Wir sind sehr arm an Schwellenerfahrungen geworden. Das Einschlafen ist vielleicht die einzige, die uns geblieben ist. (Aber damit auch das Erwachen.)»[4]

Schwellen sind Übergänge, die zwei räumlich getrennte Orte oder zeitlich voneinander abgegrenzte Phasen miteinander verbinden. Benjamins *Passagen-Werk* nimmt seinen Ausgang bei den glasüberdachten gleichnamigen Strassen, die Anfang des 19. Jahrhunderts geschaffen wurden, um die grossen Boulevards in Paris zu verbinden. Mit dem Entstehen räumlicher Passagen korrespondiert der Niedergang der zeitlich-sozialen Schwellen oder Übergänge in den «rites de marge» (etwa Initiationsriten, Hochzeitsriten, Geburts- oder Bestattungsriten), die der französische Ethnologe Arnold van Gennep zu Beginn des 20. Jahrhunderts in seinem Modell der *rites des passages* analysiert hat. Über die theologische Bedeutung der Schwelle informiert der Priester in Peter Handkes Erzählung über den «Schwellensucher»[5] Andreas Loser: «Die Schwelle und die Tür (oder das Tor) stehen als Teil für das Ganze. Dieses Ganze ist im Alten Testament die Stadt, einmal die bloss irdische – Heule, Tor!

---

[2] Vgl. einführend zum Thema Peter F. Saeverin, Zum Begriff der Schwelle. Philosophische Untersuchung von Übergängen, Oldenburg 2003, und aus theologischer Sicht Johannes von Lüpke, An der Schwelle zum Leben. Zur Wahrnehmung der Gottebenbildlichkeit am Ende des Lebens, in: Wort und Dienst. Jahrbuch der Kirchlichen Hochschule Bethel, 28/2005, 247–264.

[3] Walter Benjamin, Das Passagen-Werk, in: ders., Ges. Schriften V/1, Frankfurt/M. 1982, 618.

[4] A.a.O., 617.

[5] Peter Handke, Der Chinese des Schmerzes, Frankfurt/M. 1986, 24.

Schreie, Stadt! –, ein andermal die himmlische: Die Tore Zions liebt der Herr mehr als alle Zelte Jakobs; im Neuen Testament einmal die Verdammnis – die Pforten der Hölle –, ein andermal die Erlösung: Ich bin die Tür. Wer durch mich eintritt, wird gerettet. – Im üblichen Bewusstsein heissen die Schwellen demnach: Übergang, von einem Bereich in den anderen. Weniger bewusst ist uns vielleicht, dass die Schwelle auch für sich ein Bereich ist, besser: ein eigener Ort, der Prüfung oder des Schutzes. Ist nicht der Kehrichthaufen, auf dem Hiob in seinem Elend hockt, so eine Prüfungsschwelle?»[6]

Handkes Theologe steht sichtlich unter dem Eindruck Walter Benjamins. Allerdings folgt er nicht dessen geschichtsphilosophischem Anliegen, sondern präsentiert seine eigene – sozusagen introspektiv-wahrnehmungspsychologische – Lösung: Wenn es die Schwellen nicht mehr gibt, müssen sie im Innern des Menschen entdeckt werden: «Jeder Schritt, jeder Blick, jede Gebärde sollte sich selber als einer möglichen Schwelle bewusst werden und das Verlorene auf diese Weise neu schaffen. Das veränderte Schwellen-Bewusstsein könne dann die Aufmerksamkeit neu von einem Gegenstand auf den anderen übertragen, von diesem dann auf den nächsten und so weiter».[7]

Die Metapher von der Schwelle als einen Ort *sui generis* «der Prüfung oder des Schutzes» gehört nicht nur in den Bereich biographischer Reflexion. Sie kann ebenso als Bild für politische und gesellschaftliche Übergänge genommen werden, also auch als Metapher für jenen sozialen Raum, in dem Entscheidungen am Lebensende getroffen werden. Wenn wir über Sterbehilfe, Suizidhilfe oder Sterbebegleitung nachdenken, bewegen wir uns in diesem Zwischenraum – unabhängig davon, wo wir uns gerade befinden. Deshalb fällt es uns grundsätzlich schwer, davon zu sprechen. Die wenigsten von uns, die darüber reden, befinden sich leibhaftig an diesem Ort – und wären wir dort, dann würden wir vielleicht ganz anders denken und sprechen. Unter diesem Vorbehalt stehen alle Äusserungen zum Thema, die an einem anderen Ort fallen, einschliesslich derjenigen im vorliegenden Text.

Das ‹Zwischen› bietet häufig keine komfortable Situation. Zwischen allen Stühlen zu sitzen, ist beschwerlich, ebenso wie der Zwischenstand die Geduld strapaziert, wenn nur das Endergebnis zählt. Der Zwischen-

---

[6] A.a.O., 125f.
[7] A.a.O., 127f.

stopp ist erklärtermassen nicht der Zielort. Übergangsphasen sind Zeiten, die nicht um ihrer selbst willen in Kauf genommen werden, sondern nur als notwendige Voraussetzung für eine angestrebte Veränderung. Wandel und Bewegung haben einen Wert im Hinblick auf das erwartete Ziel. Zu einem Selbstzweck verselbständigt, dokumentieren sie in der Regel nur die Ziellosigkeit jener Anstrengungen. Dabei steht keineswegs fest, worin die Normalität und worin die Ausnahme besteht. Die Rede von der «transitorischen Identität»[8] des (post-)modernen Menschen scheint eine Umkehrung des gewohnten Verhältnisses nahezulegen. Der Übergang wird zum Dauerzustand des mobilen Menschen – mit Vielfliegerrabatt ebenso, wie am Boden auf der Flucht vor Not und Gewalt im Menschenmeer der weltweiten Migrationsströme. Allen Suchbewegungen nach stabilen oder auch stationären Identitäten zum Trotz, bilden Übergangssituationen für immer mehr Menschen die einzige Kontinuität.

Beim Nachdenken zwischen Leben und Tod stehen vier Aspekte im Vordergrund:

1. Sterbende Menschen und Menschen, die sterben wollen, befinden sich in Übergangssituationen. Nicht in der trivialen Bedeutung von Übergang als schlechthinnige Existenzform alles Lebendigen unter Kontingenzbedingungen, sondern in dem eben skizzierten Sinn eines ‹Ortes› *sui generis* zwischen dem Leben und seiner Grenze, seinem Ende, dem Tod. Der Ort hat eine gesellschaftliche und eine gemeinschaftliche Dimension. Er ist «durch Identität, Relation und Geschichte gekennzeichnet».[9] Darin ist er allen anderen ‹belebten› Orten gleich. Diese Charakterisierung des ‹Zwischen› als sozialer Raum richtet sich explizit gegen ein Verständnis von Sterben und Tod, in dem das Zurückgeworfensein des Subjekts auf sich selbst als Totalität stilisiert wird. Auch wenn jeder Mensch seinen eigenen Tod sterben muss und nur selbst sterben kann, folgt daraus nicht die Einsamkeit im Sterben *an sich*. In diesem Sinn situiert die Untersuchung das Sterben in einem politisch und sozial zu bestimmenden Zwischen- oder Übergangsraum und nicht an einem einsamen *non-lieu*.[10]

---

[8] Vgl. Jürgen Straub/Joachim Renn (Hg.), Transitorische Identität. Der Prozesscharakter des modernen Selbst, Frankfurt/M. 2002.

[9] Marc Augé, Orte und Nicht-Orte. Vorüberlegungen zu einer Ethnologie der Einsamkeit, Frankfurt/M. 1994, 92.

[10] Damit wird nicht die prekäre Situation von der «Einsamkeit der Sterbenden in

2. Der Titel *Zwischen Leben und Tod* verweist noch auf ein weiteres ‹Zwischen-Verhältnis›. Sterbehilfe, Suizidhilfe und Sterbebegleitung reagieren ausdrücklich auf Entwicklungen in der modernen Medizin, allen voran ihre Möglichkeiten, Leben auch in ausweglos erscheinenden Situationen fast unbegrenzt zu erhalten. Medizin- und Biotechnologien können nicht in die Grundkonstitution der Endlichkeit menschlichen Lebens eingreifen. Nach wie vor werden Menschen geboren, riskieren ihr Leben angesichts unüberschaubarer Überraschungen, Unwägbarkeiten und Gefahren und leben von Beginn an auf ihr Ende hin. An dem ‹Was› des Lebens – seiner Natalität, Fragmentarität, Mortalität – hat sich seit den Anfängen der Menschheitsgeschichte nichts Grundlegendes geändert. Ein fortwährender Wandel betrifft dagegen das ‹Wie› des Lebens. Anders formuliert: Nicht die Grundbedingungen des Lebens unterliegen Veränderungen, sondern die Räume «dazwischen» dehnen sich immer weiter aus. Die medizinischen und biotechnologischen Handlungsmöglichkeiten, die sich bereits vor der Geburt auftun, sich durch alle Lebensphasen ziehen und damit die menschliche Wahrnehmung von der permanent bedrohten Leiblichkeit fortwährend verändern, lassen die Zwischenräume des Lebens in einem völlig neuen Licht erscheinen. Die Fugen zwischen den stabilen Lebensphasen werden immer weniger als Zäsuren oder Schwellen erlebt. Wir richten uns immer mehr auf den Schwellen und in den Zwischenräumen ein. Die ‹Schwellenängste› hat die Medizin immer besser im Griff, dämpft sie ab, ebnet Übergänge ein oder nivelliert sie vollständig, indem Schwellensituationen zu scheinbar dauerhaften ‹Normalzuständen› des Lebens werden. Was wird etwa aus den Übergängen zwischen den Lebensphasen, wenn die Jungen immer früher erwachsen werden und die Alten immer länger jung bleiben? Es scheint manchmal so, als wären Krankheit und Sterben – zumindest auf einem gewissen Lebensniveau in den westlichen Wohlstandsgesellschaften – die einzigen Schwellenerfahrungen, die Menschen in ihrem Leben noch als solche wahrnehmen. Wenn das so ist, dann besteht Anlass für die Vermutung, dass unsere Leben zwar *äusserlich* immer komfortabler abgesichert werden können, dass aber zugleich die *innere* Wahrnehmung und das Bewusstsein der Selbstverständlichkeit von Schwellenerfahrungen und Brüchen in unseren Lebensgeschichten kontinuierlich schwinden. Je

---

unseren Tagen» (Norbert Elias) bestritten, aber die so wahrgenommene Sterbesituation verweist auf ein gesellschaftliches Defizit und beschreibt gerade nicht die ‹Normalität› des Sterbens.

perfekter die verschiedenen Absicherungssysteme die Planbarkeit und Kontinuität von Lebensverläufen ermöglichen, desto bedrohlicher müssen die Diskontinuitäten wirken, die jede Absicherung und Planung zunichte machen.

3. Die metaphorische Rede von dem ‹Zwischen› verweist auch auf das Befremdliche jenseits der vertrauten Situationen und die Unbestimmtheit jenseits der überkommenen Überzeugungen. In diesem Sinne hat die Philosophin Theda Rehbock den von Karl Jaspers geprägten Begriff der Grenzsituation als zentralen Bezugspunkt für die Medizinethik herausgearbeitet.[11] «Grenzsituationen des Sterbens, Leidens, Kämpfens, Schuldigwerdens werden *als Ausnahmesituationen* erfahren, prägen auf Grund ihrer Unausweichlichkeit aber zugleich die *menschliche* Grundsituation, indem sich in ihnen die konstitutiven und unveränderlichen Bedingungen und Grenzen menschlicher Existenz manifestieren.»[12] An dieser Stelle soll lediglich auf drei Aspekte hingewiesen werden, die «die *Besonderheit medizinethischer Problemlagen als Grenzsituationen* [ausmachen]. Diese Besonderheit besteht zum einen darin, dass die Probleme keine so eindeutig ‹richtigen› Entscheidungen und Lösungen zulassen, was auch mit noch so viel ethisch-wissenschaftlicher Expertise oder mit noch so guten oder rationalen moralischen Grundsätzen nicht zu vermeiden ist. Zum anderen hat der naturwissenschaftliche Fortschritt den Freiheitsspielraum und die Macht medizinischen Handelns in Grenzsituationen des menschlichen Lebens erheblich erweitert, in denen sowohl für das je eigene Leben als auch für die gemeinsame menschliche Kultur existenziell und moralisch besonders viel auf dem Spiel steht. Diese beiden Besonderheiten sind […] der eigentliche Grund für die scheinbare Ausweglosigkeit und die Erregtheit medizinethischer Debatten.»[13] Schliesslich ist vor allem vor dem Hintergrund der aktuellen Diskussionen über die Suizidhilfe in der Schweiz daran zu erinnern, dass von Grenzsituationen nur dann sinnvoll gesprochen werden kann, wenn die Anerkennung solcher Grenzen vorausgesetzt wird.

---

[11] Vgl. Theda Rehbock, Zur Kritik der Ethik medizinischen Handelns, Paderborn 2005.

[12] A.a.O., 20. Die Autorin unterscheidet genauer zwischen einer semantischen, erkenntniskritischen, praktisch-existenziellen und anthropologisch-existenzialen Dimension des Begriffs, vgl. a.a.O., 20–44.

[13] A.a.O., 19.

4. Die Konfrontation mit immer neuen Urteils- und Entscheidungs-zumutungen, als Konsequenz aus dem Anwachsen von Handlungsop-tionen, positioniert uns – um im Bild zu bleiben – unvermeidlich zwi-schen den Stühlen etablierter Handlungsroutinen und vertrauter Über-zeugungen. Das Neue und andere ist nicht in der Weise in unserem All-tag integriert, dass es nur die kontinuierliche Fortsetzung von Bekanntem wäre. Mit den Worten des Theologen Ingolf U. Dalferth: «Die Welt, in der wir leben, ist nicht nur das, was der Fall ist, sie ist immer auch das, was der Fall sein könnte. Und nur indem wir das Wirkliche vor dem Hintergrund des Möglichen verstehen, werden wir handlungsfähig.»[14] Die Tatsache unserer zeitlichen Existenz – oder mit Hannah Arendt: un-seres «Geborenseins»[15] – macht uns zu ‹Möglichkeitswesen›.[16]

Die *Wirklichkeit des Möglichen*[17] markiert einen vierten ‹Zwischenraum› zwischen den zukünftigen Handlungsoptionen und der ganz anderen Möglichkeit des Verlustes der Handlungsfähigkeit. Nicht die mögliche Option ist das eigentliche Problem, sondern ihr möglicher Verlust, das Umschlagen von der Aktivität des Entscheiden-Könnens in die Passivi-tät des Geschehen-Lassens. Die Ungewissheit «über die Karriere des nächsten Augenblicks» (Ernst Bloch), anders gesagt: die Möglichkeit des Verlustes der Handlungsmöglichkeiten, die Tatsache zu *sein*, ohne *aktiv sein* zu können, bildet die Kehrseite jeder Handlungsoption. Aber nicht darin besteht das eigentliche Problem, sondern in dem kognitiven Aus-einanderreissen dieser komplementären Signatur von Zukunft im Welt-bild von *homo faber*, dem souveränen Menschen.

Der ‹Zwischenraum› als Ort von Entscheidungen am Lebensende ist also durch eine vierfache Spannung gekennzeichnet: das Spannungsver-hältnis zwischen 1. sozialer Zugehörigkeit und exkludierender Einsam-

---

[14] Ingolf U. Dalferth, Leben angesichts des Unverfügbaren. Die duale Struktur religiöser Lebensorientierung, in: Werner Stegmaier (Hg.), Orientierung. Philosophische Perspektiven, Frankfurt/M. 2005, 245–266 (245f.).

[15] Hannah Arendt, Vita Activa oder Vom tätigen Leben, München 1981, 243.

[16] Zu den anthropologischen Implikationen des Menschen als das «noch nicht festgestellte Tier» (Friedrich Nietzsche) vgl. die nach wie vor instruktiven Überlegungen von Helmuth Plessner, Die Stufen des Organischen und der Mensch. Einleitung in die philosophische Anthropologie (1928), Berlin, New York 1975, sowie in teilweise verblüf-fender Nähe aus theologischer Sicht Dietrich Bonhoeffer, Schöpfung und Fall, DBW 3, Gütersloh 1989.

[17] Vgl. Ingolf U. Dalferth, Die Wirklichkeit des Möglichen. Hermeneutische Religi-onsphilosophie, Tübingen 2003.

keit, 2. die natürliche Bedingtheit menschlicher Existenz und der darin angelegten Spielräume, 3. die gegenwärtige Vertrautheit des Lebens und seine Gefährdung durch die Zukunft sowie 4. die Aktivität der Lebensgestaltung und die Passivität gegenüber dem ‹Anderen› im eigenen Leben. Entscheidend ist nicht, wie diese Aspekte genannt und beschrieben werden. Es kommt lediglich darauf an, diesen Erfahrungshorizont als Bedingung der Möglichkeit menschlicher Lebens- und Weltgestaltung im Blick zu haben. Wir agieren stets gegenüber diesem, dem direkten Zugriff entzogenen Horizont. Er ist Bedingung unseres Erlebens und nicht Gegenstand unseres gestaltenden Handelns – unabhängig davon, dass das Handeln auf die Möglichkeiten des Erlebens in vielfältiger Weise zurückwirkt.

Die Metapher des ‹Zwischen› markiert eine gedankliche Schwelle, die zwischen das lebensweltlich ‹Normale› und ‹Normative›[18] einerseits und die Frage nach dem Umgang mit Sterbenden und dem eigenen Sterben geschoben wird. Der biologischen ‹Normalität› der Endlichkeit allen Lebens entspricht keine ‹Normativität› hinsichtlich des menschlichen Umgangs mit dem Sterben. Das biologisch ‹Normale› bleibt für die eigene Erfahrung das Befremdliche und Unvorstellbare. Auch die medizinische ‹Normalität›, Leben zu erhalten und Leben zu Ende gehen zu lassen oder zu beenden, ist diejenige der handelnden (Über-)Lebenden und nicht der Sterbenden, an denen gehandelt wird. Auch wenn wir es sind, die sterben und selbst, wenn ich mein Sterben bewusst – in meiner ‹vertrauten› Leiblichkeit – erlebe, entbehrt das Sterben jeglicher ‹Normalität›.

---

[18] Zum Verhältnis zwischen Normalität und Normativität vgl. Georges Canguilhem, Das Normale und das Pathologische (1943/1966), Frankfurt/M. u. a. 1977; Jürgen Link, Versuch über den Normalismus. Wie Normativität produziert wird, 2., aktual. u. erw. Aufl., Opladen, Wiesbaden 1999, bes. Teil IV; Ulrike Schildmann (Hg.), Normalität, Behinderung und Geschlecht. Ansätze und Perspektiven der Forschung, Opladen 2001; Werner Sohn/Herbert Mertens (Hg.), Normalität und Abweichung. Studien zur Theorie und Geschichte der Normalitätsgesellschaft, Opladen, Wiesbaden 1999; Bernhard Waldenfels, Der Kranke als Fremder. Therapie zwischen Normalität und Responsivität, in: ders., Grenzen der Normalisierung. Studien zur Phänomenologie des Fremden 2, Frankfurt/M. 1998, 116–149; Ludwig Siep, Natur als Norm? Zur Rekonstruktion eines normativen Naturbegriffs in der Angewandten Ethik, in: Mechthild Dreyer/Kurt Fleischmann (Hg.), Natur und Person im ethischen Disput, Freiburg/Br. , München 1998, 191–206.

Die Einsicht, dass das Fremde und Befremdliche in dem Masse fremd wird, wie es im Blick auf das Machbare aus dem Gesichtsfeld verschwindet, stellt nicht die Machbarkeit *an sich* in Frage, sondern die Vorstellung ihrer Totalität, die keine Alternative zum Modus der Aktivität kennt oder zulässt. So sehr Souveränitätserfahrungen Konfrontationen mit der eigenen Ohnmacht vorzuziehen sind, so sehr täuscht die Annahme, dass damit das Ganze des Lebens erfasst und bewältigt werden könnte. Der erkenntnistheoretische ‹Denkfehler›, den Immanuel Kant in der Einleitung zu seiner *Kritik der reinen Vernunft* diagnostiziert, gilt auch hier. Der machtvolle «Trieb zur Erweiterung» – dort der Vernunfterkenntnis, hier der Naturbeherrschung – beruht auf einem Irrtum: «Die leichte Taube, indem sie im freien Fluge die Luft teilt, deren Widerstand sie fühlt, könnte die Vorstellung fassen, dass es ihr im luftleeren Raum noch viel besser gelingen werde.»[19]

2. Fragestellung und Aufbau

Wir haben uns bereits so sehr an Debatten über die medizinische Verkürzung von Sterbeprozessen oder das Angebot organisierter Suizidhilfe gewöhnt, dass uns die moralische Provokation, die in diesen Optionen steckt, kaum noch auffällt. Aber die Beobachtung ist damit nicht hinfällig, dass die Vorstellung, das Sterben zu *machen*, weder grammatikalisch, noch zu unseren traditionellen Moralvorstellungen passt. Der Gedanke, das Sterben absichtlich zu ‹machen›, lässt sich auf den ersten Blick kaum von Tötungshandlungen unterscheiden. Gewöhnlich wird zwischen einem mehr oder weniger passiven Sterben und aktiven Tötungshandlungen unterschieden. Diese Differenzierung entspricht unseren tradierten moralischen Überzeugungen ebenso wie den Unterscheidungen im Recht.[20] Auch wenn die moderne Medizin immer wieder in Grenzsituationen führt, in denen diese Trennungen unscharf werden oder punktuell verschwimmen, wird damit nicht die grundsätzliche Bedeutung und Wichtigkeit der Unterscheidung zwischen einem passiven Geschehen und einem aktiven Tun bestritten. Genau darin besteht die Bedeutung der

---

[19] Immanuel Kant, Kritik der reinen Vernunft, in: ders., Werke in sechs Bänden, Ed. Weischedel, Bd. II, Darmstadt 1983, A5/B8f.
[20] Vgl. Petra Venetz, Suizidhilfeorganisationen und Strafrecht, Zürich u. a. 2008, 4–15.

Rede von Grenzsituationen, die in ihrer Auszeichnung als Abweichungen den ‹Normalfall› bestätigen.

Über die Fragen, was als Ausnahme akzeptiert wird und was als ‹Normalfall› gelten soll, wird seit längerer Zeit teilweise vehement gestritten. An diesen Diskussionen hat sich der Schweizerische Evangelische Kirchenbund (SEK) auf kirchlicher und politischer Ebene intensiv beteiligt. Seine 2007 veröffentlichte Position *Das Sterben leben. Entscheidungen am Lebensende aus evangelischer Perspektive*[21] bildete die Grundlage für sein Engagement etwa im Rahmen der Diskussionen um eine rechtliche Regelung der organisierten Suizidhilfe oder der Etablierung von Palliative Care in der Schweiz.

Der Ort kirchlich-theologischer Reflexion ist die Praxis des gemeinschaftlich gelebten Glaubens in der Gesellschaft. Das Leben zu gestalten, umfasst viel mehr, als eine Moral zu formulieren und zu begründen. Zugleich verlangt die Gestaltungsaufgabe nach normativen Orientierungen. Die Kirchen wissen um ihre Verantwortung, die mit der Wahrnehmung des göttlichen Schöpfungsauftrags (Gen 1,26) unverzichtbar verbunden ist. Christinnen und Christen stehen in der Verantwortung vor Gott, den Mitmenschen und der eigenen Person. Orientierung finden sie im Hören des Wortes Gottes, im Gebet und einer gemeinschaftlichen Praxis, die nicht auf den kirchlichen Binnenraum beschränkt bleibt, sondern nach aussen drängt. An dieser Stelle zeigt sich ein dritter Aspekt von ‹Leben› in dem konstitutiven Verhältnis der menschlichen Geschöpfe mit ihrem lebendigen Schöpfer. Diese fundamentale Relation prägt die Art und Weise christlicher Praxis und ihrer Orientierung: «Weil alle biblischen Weisungen daran hängen, dass es Gebote eines lebendigen Gottes sind, können und dürfen sie nicht zu einem situations- und geschichtsindifferenten, ewig gültigen Moralgesetz erhoben werden, denn damit würde erneut ein menschliches Kriterium («weil es geschrieben steht») gegenüber dem ersten Gebot zur selbständigen, höheren Norm gemacht und so der ‹wirklichen Geschichte zwischen Gott und den Menschen› Raum und Zeit gerade genommen.»[22]

---

[21] Schweizerischer Evangelischer Kirchenbund, Das Sterben leben. Entscheidungen am Lebensende aus evangelischer Perspektive, SEK-Position 9, Bern 2007.

[22] Wolfgang Lienemann, Grundinformation Theologische Ethik, Göttingen 2008, 187, mit Verweis auf Karl Barth, Die Kirchliche Dogmatik, Bd. II/2, Zollikon-Zürich ³1948, 765.

Die Fragen, was im Sterben getan werden kann oder darf und was auf jeden Fall unterlassen werden sollte, lassen sich angemessen nur im Horizont der grundlegenden Fragen nach dem menschlichen Leben stellen. Ethische Reflexionen über menschliches Tun und Unterlassen weisen notwendig auf die anthropologische Frage nach dem Menschen zurück, die aus kirchlich-theologischer Perspektive ein Nachdenken über Gott und seine schöpferische Liebe herausfordert. Insofern geht ein kirchlich-theologischer Fokus über die Problemperspektive so genannter Angewandter Ethiken – der Medizin-, Sterbe- oder Bioethik – hinaus. Das Thema Leiden, Sterben und Tod stellt sich im Horizont kirchlicher Praxis und verbindet darin theologische Anthropologie, Seelsorge, Diakonie und Ethik. Im gemeinsamen Austausch suchen die Disziplinen und Praktiken immer wieder neu eine Antwort auf die Frage, wie Geschöpfe leben, wie sie leben können und leben sollen.[23]

Theologisch-ethische Reflexion und gesellschaftspolitisches Engagement haben ihren spezifischen Ort. Sie lassen sich weder wechselseitig ersetzen, noch kann auf eine der Aufgaben verzichtet werden. Die theologische Arbeit bleibt unfertig, wenn sie die Frage ihrer Wirklichkeitsgemässsheit und Wirksamkeit ausser Acht lässt. Das gesellschaftliche Engagement von Kirche bleibt beliebig und auswechselbar, wenn es nicht aus der immer wieder neu zu leistenden Vergegenwärtigung und Selbstvergewisserung der eigenen Voraussetzungen, Grundlagen und Zielperspektiven heraus erfolgt. Im Bewusstsein der Verschiedenheit und auch Konflikträchtigkeit kirchlicher Äusserungen zum Thema, gilt es einerseits, das eigene Verständnis vor dem Hintergrund konfligierender Haltungen plausibel zu machen und andererseits, den eigenen Standpunkt im Lichte jener kontroversen Auffassungen auf seine Tragfähigkeit hin zu überprüfen. «Prüft aber alles, das Gute behaltet.» (1Thess 5,21).

Die Relevanz kirchlichen Engagements in der Öffentlichkeit bemisst sich dabei an der Anschlussfähigkeit ihres Beitrags an die gesellschaftspolitischen Kontroversen. Ein solches kirchliches Engagement provoziert An- und Rückfragen. Die kritischen Diskussionen, die durch die Beiträge des SEK angestossen wurden, haben die vorliegende Untersuchung motiviert und geprägt. Freilich zwingt die Komplexität des Themas zu einer ausschnitthaften, exemplarischen Betrachtung. Der Aktua-

---

[23] Vgl. Hans. G. Ulrich, Wie Geschöpfe leben. Konturen evangelischer Ethik, Münster 2005.

lität geschuldet, steht die Suizidhilfe im Mittelpunkt des Buches. Sie bildet den impliziten oder expliziten Bezugspunkt für die ethischen und theologischen Überlegungen. Das Buch gliedert sich in sieben Kapitel. Zunächst werden einige für eine theologisch-ethische Betrachtung zentrale Kontroversen herausgearbeitet (*II. Zugänge*): Was sind die zentralen Fragen? Welche Kontroversen stehen im Mittelpunkt? Wie greift Kirche in die Diskussion ein? Und um welche Handlungen und Entscheidungen geht es? Im anschliessenden Kapitel wird der eigene Zugang zum Thema vorgestellt, der sich ein Stück weit von den üblichen Diskussionen absetzt (*III. Sterben in der ‹Risikogesellschaft›*). Der Fokus liegt auf der Frage, wie Menschen das eigene und fremde Sterben wahrnehmen. Welche sozialen, anthropologischen und moralischen Vorstellungen kommen in diesen Wahrnehmungen vom Sterben zum Ausdruck und wie prägen sie den Umgang mit dem Sterben? Der folgende Teil beschäftigt sich aus theologischer Sicht mit Sterben und Tod (*IV. Theologische Überlegungen zu Sterben und Tod*): Was können Bibel und Theologie zum Thema beitragen? Welche Aspekte aus kirchlicher und theologisch-ethischer Sicht stehen im Zentrum und worin besteht ihre Relevanz und Bedeutung für die öffentliche Diskussion? Anschliessend soll die juristische Diskussion um die organisierte Suizidhilfe zur Sprache kommen (*V. Suizid- und Sterbehilfe im Recht*): Worum geht es? Welche Optionen stehen zur Diskussion? Was meint die Forderung nach einem Recht auf den eigenen Tod und was folgt daraus? Worin bestehen die Möglichkeiten und Grenzen rechtlicher Regelungen? Das vorletzte Kapitel greift wiederum exemplarisch zentrale ethische Streitpunkte der Diskussion auf (*VI. Suizidhilfe aus ethischer Perspektive*): Gibt es einen ‹natürlichen› Tod und wie wäre er zu erreichen? Was folgt aus der menschlichen Autonomie und dem selbstbestimmten Wunsch, zu sterben? Gibt es einen moralischen Übergang vom Leiden zum Töten? Abschliessend werden die Überlegungen zunächst rückblickend zur Position des SEK in Beziehung gesetzt. Einige thesenhafte Bemerkungen zur Eigenart und Aufgabe theologisch-ethischer Beiträge zur Suizidhilfediskussion stehen am Ende. (*VII. Leben auf der Grenze*). Die Überlegungen in den einzelnen Abschnitten präsentieren eine Momentaufnahme. Das ist in einer ständig fortschreitenden Diskussion gar nicht anders möglich. Aber es ist auch nicht anders nötig, weil es zu den Grundeinsichten reformatorischer Theologie gehört, dass prinzipielle oder abschliessende Positionen keine kirchlichen und biblisch-theologischen Antworten auf die Fragen des Lebens sein können.

«Pero me despierto siempre
y siempre quiero estar muerto»
Ramón Sampedro[1]

II. Zugänge

1. Zur Wahrnehmung von Leiden und Sterben

«Mal sehen, ich möchte sterben, weil für mich ist ein Leben in diesem Zustand ein unwürdiges Leben. Aber ich kann verstehen, wenn andere Tetraplegiker beleidigt sind, wenn ich sage, dass das Leben unwürdig sei. Ich, ich masse mir kein Urteil an. Nein, wer bin ich denn, jemand zu verurteilen, der leben will. Deshalb verurteile bitte auch niemand mich und auch nicht die Person, die mir helfen will zu sterben.»

«Ich weiss, dass dies eine Sünde ist.» – «Wenn Sie es tun, sind Sie verloren, Sie werden nie wieder zu sich finden.»

Beide Zitate stammen aus oscarprämierten Filmen, die sich mit dem Thema Suizidhilfe und aktiver Sterbehilfe befassen: der auf einem authentischen Fall beruhende und mit vielen Preisen ausgezeichnete spanische Film *Mar Adentro* des jungen Regisseurs Alejandro Amenábar und der auf einer Kurzgeschichte von F. X. Toole[2] basierende Film *Million Dollar Baby* von Altmeister Clint Eastwood.[3]

Der spanisch-italienische Film greift die Geschichte des galizischen Seemanns Ramón Sampedro auf. Dieser war, nach einem Sprung von einer Klippe, vom Hals an gelähmt und kämpfte jahrelang vor Gerichten dafür, seinem Leben mit Hilfe anderer ein Ende setzen zu können. Anfang 1998 nahm er sich vor laufender Videokamera – unterstützt von seiner Freundin und weiteren Freunden – mit einer Zyankalilösung das

---

[1] Ramón Sampedro, Cartas desde la inferno, Barcelona 1996: «Doch immer wach ich auf / und immer wär ich lieber tot».

[2] F. X. Toole (Jerry Boyd), Million $$$ Baby, in: ders., Champions. Geschichten aus dem Ring, Hamburg, Wien 2001, 69–111.

[3] *Mar Adentro* (*The Sea Inside*) gewann den Oscar für den besten nicht englischsprachigen Film und war zuvor bereits mit mehr als einem Dutzend spanischen Goyas, zwei Löwen in Venedig und dem Europäischen Filmpreis 2004 ausgezeichnet worden. *Million Dollar Baby* erhielt vier Oscars, unter anderem in den Kategorien ‹bester Film› und ‹beste Regie›.

Leben. Zuvor hatte er seine Erfahrungen und Gedanken aufgeschrieben, die 1996 unter dem Titel *Cartas desde el infierno* (‹Briefe aus der Hölle›) erschienen waren.

Eddi ‹Scrap› Dupris, der ehemalige Schützling des alternden Boxtrainers Frankie Dunn, erzählt in Eastwoods Film die Geschichte der Vater-Tochter-Ersatzbeziehung zwischen Frankie und Maggie Fitzgerald, einer nicht mehr ganz jungen Kellnerin, die nur für die Idee lebt, eine erfolgreiche Boxerin zu werden. Sie erreicht mit unglaublichem Ehrgeiz ihr Ziel. Auf dem Höhepunkt ihrer Karriere bricht sie sich aber während eines Kampfes wegen einer brutalen Unsportlichkeit ihrer Gegnerin einen Halswirbel und ist seither gelähmt. Sie leidet an der Behinderung und bittet – nach einem erfolglosen Selbstmordversuch – ihren Trainer darum, sie zu töten. Als gläubiger Katholik wehrt dieser zunächst den Wunsch ab, verabreicht ihr aber schliesslich – aus einem Gefühl von Verantwortung, Schuld und väterlicher Fürsorge – eine tödliche Injektion.

Die Filme führen unmittelbar ins Zentrum der moralischen Konflikte um Suizidhilfe und Sterbehilfe. Darüber hinaus dokumentieren sie einen Wandel in der Wahrnehmung und im Umgang mit Sterbe- und Suizidhilfe in der Öffentlichkeit. Der Wunsch nach einem selbstbestimmten Ende und die Hilfe beim Suizid rücken aus dem toten Winkel gesellschaftlicher Tabus ins Rampenlicht. Die Juryentscheidung bei der 77. Verleihung der Annual Academy Awards im Jahr 2005 war nicht zuletzt politisch motiviert. Denn zeitgleich wurde in den USA heftig über die Suizidhilfe gestritten. «So standen Beratungen zu Gesetzesentwürfen über die Regelung von Sterbehilfe in Kalifornien und Vermont an und im Bundesstaat Oregon sollte das einzige in den USA gültige Gesetz zum ‹Assisted Suicid› auf seine Verfassungsmässigkeit geprüft werden.»[4] Bemerkenswert sind die Reaktionen, die beide Filme beim Publikum, in den Feuilletons und bei Betroffenengruppen ausgelöst haben. Der Zuspruch der Zuschauer war enorm, die Kritiken überwiegend positiv oder sogar enthusiastisch. In Spanien wurde *Mar Adentro* als Fanal gegen rigide – religiös fundierte – Moralvorstellungen und eine daran orientierte, rückwärts gerichtete Justiz gefeiert. Der Prozess gegen Ramóns Freundin Ramona Maneiro endete immerhin mit der Einstellung des Verfahrens,

---

[4] Angela Hörschelmann, Sterbehilfe im Spielfilm, in: Sigrid Graumann/Katrin Grüber (Hg.), Grenzen des Lebens, Berlin 2007, 75–86 (75, Anm 1).

auch weil eine ganze Reihe von Freunden – juristisch geschickt – an der Suizidhilfehandlung beteiligt gewesen waren.

Der Kampf für ein selbstbestimmtes Sterben wird von zwei Seiten her beleuchtet: in *Mar Adentro* aus der Perspektive der betroffenen Person, in *Million Dollar Baby* aus der Sicht der nächsten Bezugsperson. Aus diesen unterschiedlichen Blickwinkeln liefert der europäische Film ein Plädoyer für die Sterbe- bzw. Suizidhilfe, während der US-amerikanische Streifen die Linie des moralischen Konflikts zwischen der Autonomie der betroffenen Person und den Lebensschutz- und Fürsorgepflichten der Beteiligten in den Mittelpunkt rückt. Die Stärke beider Filme wurde von der Kritik zugleich als ihre Schwäche dekonstruiert: ihr «klischeehafter» und «propagandistischer Charakter» (Volker van der Locht), ihre «emotionale Manipulation» (José García), der «gefährliche Zuckerguss», der «über ein in Wirklichkeit gepeinigtes Leben» ausgebreitet wird (Marli Feldvoss), oder dass mit ihnen «Meinung gemacht» wird (Angela Hörschelmann).[5]

Tatsächlich sind die suggestive Kraft der Bilder und die filmische Ästhetisierung moralischer Konflikte nicht von der Hand zu weisen.[6] Aber gibt es überhaupt einen anderen Zugang zu dem Thema als die emotionale Betroffenheit?

Wie sehr die Resonanz auf die Filme die Aktualität widerspiegelt, veranschaulicht die Geschichte des afrobritischen Staatsbürgers Noël Martin.[7] Martin war in Deutschland bei seiner Flucht vor dem Angriff von

---

[5] Vgl. Volker van der Locht, Filmbesprechung ‹Das Meer in mir›, in: newsletter Behindertenpolitik, Nr. 20 (Juni 2005), 6f.; José García, Kann den Töten Liebe sein?, in: Die Tagespost vom 10.03.2005; Marli Feldvoss, Für Sterbehilfe und für das Leben, in: NZZ vom 10.03.2005; Hörschelmann, Sterbehilfe im Spielfilm, 86.

[6] Es ist aber fraglich, ob der Vergleich Ted Baehrs von der Christlichen Film- und Fernsehkommission der Vereinigten Staaten zwischen *Million Dollar Baby* und Wolfgang Liebeneiners Propagandafilm für das nationalsozialistische Euthanasieprogramm *Ich klage an* von 1941 angemessen ist, wenngleich sich die Fälle, die in den Filmen geschildert werden – hier die querschnittsgelähmte Maggie, dort die an Multipler Sklerose erkrankte Frau eines berühmten Medizinprofessors – ähneln. Aber das Plädoyer des der Sterbehilfe an seiner Frau angeklagten Mediziners – «Ich klage einen Paragraphen an, der Ärzte und Richter an der Ausführung ihrer Aufgabe hindert, dem Volk zu dienen.» –, gilt nicht dem Selbstbestimmungsrecht der einzelnen Person, sondern dem Kollektiv («Volk»).

[7] Das Thema ist nicht neu. Bereits 1984 verurteilte das Bezirksgericht Siders/Wallis einen Mann zu einer viermonatigen Gefängnisstrafe auf Bewährung, weil dieser seiner an Leukämie leidenden, sterbenskranken Schwester die Pulsadern geöffnet und sie anschliessend erstickt hatte. Der Täter hatte zuvor seine Schwester in verschiedene Spezial-

Neonazis mit dem Auto an einen Baum geprallt und seither gelähmt. Nachdem seine Frau einige Jahre später an Krebs gestorben war, wollte er mit Hilfe von Dignitas sein Leben beenden. Auf den Einwand anlässlich seines Sterbewunsches, er mache «anderen Menschen in Rollstühlen nicht gerade Mut», kontert er: «Muss ich denn? Leiden ist individuell. Wer so viel gelitten hat wie ich, wird mich verstehen.»[8] Der damalige Ratsvorsitzende der EKD, Bischof Wolfgang Huber, hat in einer Kolumne den Sterbewunsch des Tetraplegikers aufgegriffen und bemerkt: «Wer will ihm das vorwerfen. Statt eines Vorwurfs ist etwas anderes an der Zeit. Noël Martin soll wissen, dass seine Würde nicht verloren ist. Viele bewundern, wie er mit seinem Schicksal umgeht. […] Seine Würde hat er nie verloren. Auch in seiner Hilfsbedürftigkeit zeigt sich noch diese Würde. Freilich möchte ich nicht, dass am Beispiel von Noël Martin das Verhalten der Organisation Dignitas gerechtfertigt wird. Mit dem biblischen Gebot ‹Du sollst nicht töten› ist die Tötung auf Verlangen wie die Beihilfe zur Selbsttötung unvereinbar. Unser Leben bleibt auch in aller Einschränkung und Behinderung ein Geschenk Gottes. Kein Töten dieser Welt ist mit der Menschenwürde vereinbar.»[9]

Die Geschichte von Noël Martin und die beiden Filme thematisieren einen dreifachen Konflikt. 1. Es geht um die Wahrnehmung der Situation von Menschen, die wegen ihres körperlichen Zustandes nicht mehr leben wollen. 2. Die Frage steht im Raum, wie Dritte mit einem an sie gerichteten Suizidwunsch umgehen sollen. 3. Das ethische Problem wird aufgeworfen, ob und in welcher Weise das Leiden einer Person ein bestimmtes Handeln Dritter moralisch einfordern oder rechtfertigen kann. Wie ist die Sterbe- oder Suizidhilfe, die eine Person leistet, ethisch mit der leidvollen Situation des sterbewilligen Menschen verbunden? Die naheliegende Antwort, dass die fragliche Assistenzhandlung von der suizidwilligen Person gewünscht, erbeten oder gefordert wird, reicht als ethische Begründung der Beihilfe nicht aus. Denn von einem – im ethischen Sinne – verantwortlichen Handeln kann nur dann gesprochen werden, wenn das Handlungssubjekt nicht blind gehorcht, sondern sein Handeln an eigenen moralischen und ethischen Massstäben orientiert. Eine dritte

---

kliniken begleitet, und das Gericht ging von ehrenwerten Motiven aus; vgl. Günter Heine, Schweiz, in: Albin Eser/Hans-Georg Koch (Hg.), Materialien zur Sterbehilfe. Eine internationale Dokumentation, Freiburg/Br. 1989, 591–649 (594, Anm. 1).

[8]   Sacha Batthyany, Noël Martin will gehen, in: NZZ am Sonntag, 22. Juli 2007.

[9]   Wolfgang Huber, in: BZ vom 11.05.2007.

Person kann in ihrem Handeln dem Suizidwunsch eines Menschen entsprechen. Aber auf die Frage, warum jene Person Sterbe- oder Suizidhilfe geleistet habe, könnte sie nicht lediglich mit dem Hinweis auf den Wunsch der suizidwilligen Person antworten. Sie müsste entweder die Sittlichkeit der Tat an sich plausibel machen oder begründen, dass es – unabhängig von einer solchen ethischen Beurteilung der Handlung selbst – eine starke moralische Verpflichtung gibt, dem Wunsch eines sterbewilligen Menschen zu entsprechen. Denn auch wenn wir die Haltung bzw. das Urteil einer Person nicht teilen können oder wenn wir an ihrer Stelle zu einem anderen Entschluss kämen, kann es Gründe geben, die Entscheidung dieser Person – nicht nur zur respektieren, sondern auch – zu unterstützen. Umgekehrt wäre es genauso möglich, dass wir den Entschluss einer Person teilen und an ihrer Stelle genauso handeln würden, aber trotzdem die Entscheidung dieser Person aus gewichtigen Gründen nicht aktiv unterstützen können.

1.1 Die Eindeutigkeit des Leidens und die Komplexität der Moral

Die Urteils-, Entscheidungs- und Handlungsperspektiven von *alter* und *ego* dürfen nicht vermischt werden. So klar diese Differenz auf der Theorieebene erscheint, so sehr verschwimmt sie häufig in einer Praxis, die unter dem Eindruck des leidvollen Schicksals eines Mitmenschen steht. Dietmar Mieth hat in einer Reflexion über das biblische Tötungsverbot die Frage nach der Gleichung «Töten gegen Leiden?»[10] aufgeworfen. Die Sehnsucht nach einem Leben ohne Leiden ist ein alter Menschheitstraum. Neu sind die Möglichkeiten, diesem Ziel näher zu kommen. «Moderne Wissenschaft, ihre technische und wirtschaftliche Umsetzung eingeschlossen, ist die Befreiung des Menschen aus einem aufhebbaren Leidensdruck.»[11] Aber was gilt, wenn der Leidensdruck unaufhebbar ist, «wenn die Beseitigung des Leidens nur durch die Beseitigung des Trägers von Leiden erreicht werden kann? [...] Ist Töten gegen Leiden erlaubt?»[12]

---

[10]   Dietmar Mieth, Töten gegen Leiden?, in: Klaus Biesenbach (Hg.), Die Zehn Gebote. Eine Kunstausstellung des Deutschen Hygiene-Museums, Ostfildern-Ruit 2004, 162–166.
[11]   A.a.O., 162.
[12]   Ebd.

Natürlich wird die Frage in dieser Form selten gestellt. Intuitiv würden wir wohl einer solchen prinzipiellen Lösung widersprechen. So einfach ist die Sache nicht. Umgekehrt wird es als bevormundend und inhuman empfunden, einem schwer leidenden Menschen den Ausweg aus dem Elend zu verbauen – selbst wenn die Blockade ‹nur› aus moralischen Überzeugungen oder ethischen Begründungen bestünde. Würde damit nicht das individuelle Selbstbestimmungsrecht willkürlich beschnitten – nach dem Motto: Die Selbstbestimmung der Person reicht exakt so weit, wie sie mit den Moralvorstellungen der anderen nicht kollidiert? Besteht aber wiederum umgekehrt nicht auch die Gefahr, dass unsere geteilten moralischen Überzeugungen im Getriebe der individualisierten Verantwortungszuschreibungen zerrieben werden? Reisst das Recht auf Selbstbestimmung somit in der Konsequenz nicht alle moralischen Grenzzäune nieder?

Um diese Fragen kreisen auch die beiden Filme und ihre Rezeption. Während die positiven Kommentare den fortschrittlichen, humanen und selbst bestimmten Umgang mit dem (eigenen) *Leiden* in den Mittelpunkt stellen, fokussieren die kritischen Stimmen auf das Problem der *(Selbst-) Tötung*, die beide Filme als Konsequenz aus dem Leiden ihrer Protagonisten präsentieren. Während die einen individuelle Leidensgeschichten als Anwendungsfälle für das Selbstbestimmungsrecht verteidigen, problematisieren die anderen eine ‹Logik›, die aus dem Leiden auf die Plausibilität und Legitimität von Sterbehilfe schliessen will. Die ethischen Hintergrundprobleme sind offensichtlich: Auf der einen Seite die Gefahr einer Bagatellisierung des Tötens, auf der anderen Seite die Gefahr der Verdrängung des Leidens.

Beide Filme appellieren – in moralkritischer Absicht – an die Gefühle und Sympathien (griech. *sym-pathein* = Mit-Leiden) des Publikums – allerdings mit ganz unterschiedlichen Konsequenzen. In *Mar Adentro* siegt das Mitleid über moralische Vorbehalte, Empathie ersetzt – präziser: wird zur – Moral. Die Rebellion gegen die überkommene Moral, wird – unter Aufopferung des eigenen Lebens – selbst zur ‹neuen› und ‹richtigen› Moral. Aber der Schein trügt, denn wie kritische Stimmen zu Recht bemerkt haben, unterläuft der spanisch-italienische Film gerade die ethische Herausforderung, indem er einen, zwar ans Bett gefesselten, aber dennoch souveränen Helden inszeniert. Der ethische Konflikt findet gar nicht statt, weil die moralischen ‹Gegnerinnen› und ‹Gegner› entweder nicht ernst genommen werden oder – angesichts einer eigentümlichen

Idolisierung des Hauptdarstellers – gar nicht existieren. So sympathisch, anrührend und erschütternd Ramóns Geschichte auf der Leinwand entwickelt wird, so sehr verdeckt sie die Realität, dass die Souveränität eines Ramón den allerwenigsten Menschen in vergleichbaren Situationen zur Verfügung steht. Die entscheidende Frage, was geschieht bzw. geschehen sollte, wenn die Souveränität bedroht ist oder verloren geht, wird von Anfang an ausgeblendet. Ganz anders nimmt das Publikum die Situation Maggies wahr. Ihre Hilflosigkeit und Abhängigkeit wird hörbar: ein unverständliches Lallen, nachdem sie sich die Zunge abgebissen hat, um zu verbluten, weil sie über keine andere Möglichkeit verfügt, sich selbst das Leben zu nehmen. Die Ohnmacht in einem Körper, der nicht einmal mehr dazu taugt, die eigene Existenz auszulöschen, macht sprachlos. Warum und wozu noch etwas sagen? Vor allem: was noch sagen? Der ‹tatenlose› Körper wird zum ‹wortlosen› Leib.

Aus der Eindeutigkeit des Leidens folgt in *Mar Adentro* eine Eindeutigkeit der Moral. An dieser Stelle macht der Film unmerklich einen ethisch bedeutsamen Sprung. Er propagiert eine ‹Logik›, nach der aus der Schilderung eines erbärmlichen Schicksals zunächst auf die Angemessenheit des Sterbewunsches geschlossen wird, aus dem quasi notwendig, zumindest aber moralisch zwingend die Verpflichtung zur Unterstützung bei der Umsetzung jenes Wunsches gefolgert wird. Aus dem Affiziertsein und der Nachvollziehbarkeit des Sterbewunsches eines Menschen, weil ihm sein Leiden unerträglich geworden ist, folgt die allgemeine Legitimität des Tötens aus Mit-Leid. Aber gibt es einen Übergang – oder eine Symmetrie – zwischen individuellem Leiden und dem daraus resultierenden Sterbewunsch sowie einem moralisch geforderten Mitleid, das seinen adäquaten Ausdruck in der Tötung der leidenden Person findet? Ganz anders geht *Million Dollar Baby* mit dieser Frage um. Frankie entspricht dem Wunsch von Maggie, als er ihr Leben beendet. Ob er dabei allerdings die Bitte Maggies als moralische Rechtfertigung seines Handelns akzeptiert oder wenigstens als Entlastung empfindet, lässt der Film offen. Sein Schweigen gibt Anlass zu der Vermutung, dass bereits die Frage falsch gestellt sein könnte. Frankies Antwort ist sein Verschwinden. «Ich glaube, ihm war nichts mehr geblieben», tönt Scraps Stimme am Ende aus dem *Off*.

Es gibt keine Lösung, zumindest nicht *die* Lösung. Vielmehr präsentiert Eastwoods Film die Zerrissenheit zwischen widerstreitenden Pflichten und Sympathien, wie wir sie von den Helden antiker Tragödiendichtungen kennen. Diese Spannung ist – wie Dietmar Mieth bemerkt – unvermeidbar: «Denn die Grammatik unserer Moral reicht nicht, um den Gebrauch ihrer ‹Sprache› bis ins Letzte hinein zu bestimmen. So lässt sich unsere Sehnsucht nach moralischer Klarheit nicht erfüllen, ohne dass wir mit moralischen Impulsen wie dem Mitleid und der Liebe in Widerstreit geraten. Das ändert nichts daran, dass wir diese Impulse reinigen müssen: vom Selbstmitleid, von der tödlichen Mitleidsfalle und einer Liebe, die dem anderen weder das Leben noch die Freiheit zur eigenen Entscheidung lässt.»[13]

Der Ethiker votiert nicht dafür, Gefühle auszublenden oder deren Relevanz zu bestreiten. Vielmehr geht es ihm darum, die vielfältigen Handlungsmotive und -gründe im Lichte der handelnden Subjekte in ein kohärentes Verhältnis zu rücken. Eine ethische Analyse und Reflexion muss zwischen intersubjektiv vermittelbaren, rationalen Gründen und subjektiven, emotionalen und affektiven Motiven unterscheiden. Jede Vermischung oder Verwechslung der Dimensionen, aber auch jede einseitige Fixierung auf eine Seite zu Lasten der anderen würde die Komplexität menschlicher Entscheidungs- und Handlungssituationen unterlaufen. Bei Sterbehilfe und Suizidhilfe geht es um wesentlich mehr als um einen Streit zwischen Meinungen und (moralischen) Intuitionen. Aus ethischer Perspektive muss das Thema als (typisches) Dilemma menschlicher Existenz *an sich* in den Blick rücken. Gefordert ist die Auslotung jener ‹*tragic choices*› im menschlichen Leben, der die antike Tragödie ihre Entstehung verdankt und deren Themen aktuell in der Bio- und Medizinethik in vielfältiger Weise wiederkehren.

1.2   Zwischen Autonomie und Paternalismus

Aus dem Leiden eines Menschen kann also nicht direkt ein Handeln Dritter abgeleitet oder legitimiert werden. Diese Komplexität wird sowohl von der zustimmenden, wie ablehnenden Rezeption tendenziell unterlaufen. Beide Seiten reduzieren auf je eigene Weise die moralische Komplexität der Situation: die kritische Position bestreitet tendenziell die Autonomie und Verantwortung des Tetraplegikers, die affirmative Position in gewisser Weise die eigene Autonomie und Verantwortung. In der Literatur wird diese Einschränkung bzw. Verschiebung der Verantwort-

---

[13]   A.a.O., 166.

lichkeiten intensiv diskutiert. Mit Blick auf die medizinische Sterbehilfe warnt der Psychologe R. Harri Wettstein: «Die Gefahr einer derartigen Verantwortungsabwälzung, mit der die Compliance ganz auf den Arzt fällt, muss unbedingt unterbunden werden.»[14] Allerdings droht bei genauer Betrachtung eine Gefahr von beiden Seiten: auf der einen Seite die Verantwortungsabwälzung von der suizidwilligen Person auf das Medizinpersonal oder die Angehörigen und auf der anderen Seite ein Verantwortungsentzug durch das soziale Umfeld. In *Million Dollar Baby* wird diese Form der Entmündigung symbolisch mit dem Verlust der Artikulationsfähigkeit von Maggie in Szene gesetzt.

Die paternalistische Haltung[15] hinter der Bestreitung der Selbstverantwortung beleuchtet auch eine Filmsequenz in *Mar Adentro*. Ramón erzählt in einer Fernsehsendung von der Beschwerlichkeit, Unfreiheit und Freudlosigkeit seines Lebens. In dem anschliessenden Kommentar deutet ein Priester Ramóns Darstellung als Ausdruck seiner Einsamkeit und der mangelnden Solidarität und Unterstützung durch sein soziales Umfeld. Daraufhin kommt es zu einem Streit zwischen Ramón und seiner Familie, die ihn seit Jahrzehnten aufopferungsvoll und engagiert betreut und die sich durch den Bericht angeklagt und ungerecht behandelt fühlt. Brillant kommen diese Szenen dem brisanten Konflikt zwischen Dankbarkeit und Selbstbehauptung auf die Spur. Hat Ramón das Recht, sich über sein Leben zu beklagen, wo er doch so viel Liebe, Unterstützung, Zuwendung und Sympathie erfährt? Gebührt den Angehörigen nicht Anerkennung und Dankbarkeit für ihren aufopferungsvollen und unermüdlichen Einsatz? Eindringlich und konfliktreich zeigt der Film, dass das Recht auf Selbstbestimmung nicht mit einer ‹Moral der Dankbarkeit› verrechnet werden darf. Die ‹Moral von der Geschichte› – wenn Du schon nicht aus eigenem Antrieb weiterleben willst, dann wenigstens aus Deiner Verpflichtung Dritten gegenüber – geht nicht auf. Im Gegenteil: Die eigene Autonomie ernst zu nehmen bedeutet, ein Verständnis von Dank und Dankbarkeit zu entwickeln, das weder blinden Gehorsam fordert, noch die Befolgung heterogener Pflichten. Die Emanzipation des gelähmten Ramón – seine Befreiung aus (selbst- oder fremd-)ver-

---

[14] R. Harri Wettstein, Leben- und Sterbenkönnen. Gedanken zur Sterbebegleitung und Selbstbestimmung der Person, Bern 1995, 85.

[15] Zur aktuellen Paternalismusdiskussion vgl. die Beiträge in Ludger Honnefelder/ Dieter Sturma (Hg.), Jahrbuch für Wissenschaft und Ethik, Bd. 14, Berlin, New York 2009, 73–165.

schuldeter Unmündigkeit – wird als konfrontativer und schmerzhafter sozialer Differenzierungsprozess dokumentiert, der gegen unsere alltäglichen Vorstellungen von Solidarität und Anpassung opponiert. Ramón hält diesem Druck und auch dem Unverständnis aus seinem sozialen Umfeld stand. Seine Haltung transportiert eine subtile Moralkritik, die einem protestantisch-theologischen Ethikbegriff nahesteht. Ramóns Rebellion gegen die verordnete Dankbarkeit ist nicht weit entfernt von einem reformatorisch-rechtfertigungstheologischen Verständnis von Freiheit, das jede Selbstrechtfertigung einer Tat – bzw. hier die geforderte Dankbarkeit für eine erbrachte Leistung – zurückweist.

Die Betonung des Respekts gegenüber dem Sterbewunsch eines Menschen und des Schutzes seines Rechts auf Selbstbestimmung richten sich gegen eine solche paternalistische Moral. Dabei wird häufig übersehen, dass der gleiche Respekt und Schutz denjenigen gebührt, die mit einem Sterbewunsch konfrontiert werden. Denn auch in dieser Situation droht ein moralischer Paternalismus, wenn die Ablehnung des Wunsches als inhuman oder erbarmungslos diskreditiert wird. In beiden Konstellationen muss es darum gehen, die Reichweite der jeweiligen Überzeugungen klar zu bestimmen. Erschwert wird die Grenzziehung durch die Asymmetrie der Handlungssubjekte. Eine Handlungsoption verwerfen können nur Menschen, die prinzipiell über verschiedene Handlungsmöglichkeiten verfügen. Die mit einem Suizidwunsch konfrontierte Person kann der Bitte entsprechen oder sie ablehnen. Die suizidwillige Person hat aber nicht in jedem Fall die Möglichkeit, den Suizid selbst auszuführen. Maggie und Ramón stand diese Option nicht zur Verfügung. Sie konnten lediglich auf Hilfe hoffen oder waren dazu verdammt weiterzuleben. Auch wenn das soziale Umfeld für diese Begrenzung der Handlungsmöglichkeiten nicht – im Sinne einer Verursachung – verantwortlich ist, stellt sich doch die Frage, ob sie angesichts ihrer massgeblichen ‹Handlungsvorteile› nicht – in einer advokatorischen Weise – verantwortlich ist. Anders formuliert: Konstituiert nicht das Gefälle zwischen denjenigen, die über Handlungsvorteile verfügen und denjenigen, die gravierenden Handlungsbeschränkungen unterworfen sind, eine spezifische und ethisch unbestreitbare Verantwortungsrelation?

1.3 Die subjektive und objektive Seite von Leiden

Die letzte Frage leitet bereits über zu einer anderen grundlegenden Differenz, die durch den Blick auf das Leiden leicht verdeckt wird: die Unterscheidung zwischen dem individuellen Leiden einer Person und den komplexen überindividuellen Bedingungen und Ursachen ihres Leidens. Worum es hier geht, verdeutlicht ein Blick auf die kritischen Stimmen zu den Filmen. Die vor allem von Kirchen, Behinderten- und Hospizverbänden vorgebrachten Einwände und Anfragen fasst ein Kommentar der Deutschen Hospiz Stiftung treffend zusammen: «Ein Filmheld ist, wer den Mut hat, sich rechtzeitig selbst zu entsorgen. Ein Gewinner ist, wer sich von der Fessel der Unmündigkeit befreit und seinem Leben kurzerhand selbst ein Ende setzt. Und wer spielt die Gegenrolle? Es sind schwerstkranke und sterbende Patienten, die am Rande der Gesellschaft still vor sich hin leiden. Zwangsläufig still, denn ihre Stimme will niemand hören, es will sie auch niemand im Kino sehen. Legt man die Massstäbe Hollywoods an, sind sie in dem Winner-Loser-Schema die Loser. Die Winner: Das sind die heldenhaft schwerstkranken Patienten, die sich lieber selbst töten als der Gesellschaft zur Last zu fallen. Die Loser: Das sind die schwerstkranken Patienten, die ihrem Schicksal ausgeliefert sind. Sie muten anderen ihre Krankheit zu.»[16]

Weltweit haben Behindertenorganisationen gegen das diskriminierende Pauschalurteil, das mit den Filmen transportiert werde, protestiert, Behinderung sei grundsätzlich ein leidvolles, lebenswidriges Schicksal und deshalb nicht lebenswert. Beide Filme stellten das jahrzehntelange Engagement der *disability movement* und *disability studies* auf den Kopf bzw. ignorieren alle in diesem Kontext gemachten Erfahrungen und gewonnenen Einsichten. So bemerkt die Juristin und Not Dead Yet-Aktivistin Diane Coleman: «Million Dollar Baby's Darstellung von Maggies Erfahrungen als Behinderte ist gespickt mit unzutreffenden Behauptungen

---

[16] Deutsche Hospiz Stiftung: Stellungnahme der Deutschen Hospiz Stiftung zu ‹Million Dollar Baby› und ‹Das Meer in mir›, Berlin 2005, 1. In den Niederlanden werden inzwischen 15 % der Sterbewünsche damit begründet, den Angehörigen nicht zur Last fallen zu wollen; vgl. R. J. D.George, Legalised euthanasia will violate the rights of vulnerable patients, in: BMJ 331/2005, 684–685; B. D. Onwuteaka-Philipsen et al., Dutch experience of monitoring euthanasia, in: BMJ 331/200, 691–693; vgl. auch Sabine Pleschberger, Nicht zur Last fallen. Sterben in Würde aus der Sicht alter Menschen in Pfegeheimen, Freiburg/Br. 2005.

über Querschnittslähmungen, medizinische Probleme, Rehabilitation und die Möglichkeit der Integration in die Gesellschaft. Warum, um ein Beispiel zu nennen, landet Maggie in einem Pflegeheim, statt effektive Rehabilitation zu erhalten? Und warum wird ihr Wunsch sich umzubringen nicht in den Zusammenhang mit der miserablen Pflege gebracht, die sie offenbar bekommt, da ihr aufgrund von Druckstellen ein Bein amputiert werden muss?»[17] Und Lennard J. Davis, Professor für *disability studies* verweist auf die politische Dimension von Behinderung: «The point to make is that when this kind of a relationship exists, it cannot be solved by individual resolve. If you resolve to be ‹nice› to someone with a disability, you will find yourself in an awkward situation. That is because, the situation is not a personal one, it is a political one. [...] The history of oppression of disabled people is unknown to most people, and so they see disability as an individual tragedy, worthly of being turned into a movie, and not as the political oppression and the struggle to fight that oppression, which makes for complex movies and even more difficult legal, social, and political battles. It's a lot easier to make a movie in which we weep for the personal defeat of a person who loses a leg or two, or cry with joy for the triumph of an individual with disabilities, than it is to change the whole way we as a society envision, think about, and deal with people who are disabled.»[18]

Die Kritik aus Sicht der *disability studies* verweist auf ein für weite Bereiche der Bioethik typisches Phänomen: einen individualethischen Wahrnehmungs- und Problemfokus, der einerseits einer Betrachtung konkreter Entscheidungssituationen und andererseits einem dominierenden Verständnis von Liberalität und dem Recht auf Selbstbestimmung geschuldet ist. Die Abkoppelung individual- oder personalethischer Ansätze von der politischen Ethik und Gerechtigkeitstheorie, also ein *disembedding* individueller Lebenslagen aus ihren gesellschaftlichen und politischen Zusammenhängen, führt zwangsläufig zu einer sektoralen Verkürzung des ethischen Problemhorizonts.[19] Die ethische Aufgabe besteht

---

[17] Zit. n. u. übers. v. Oliver Tolmein, Supermann und Selbstmordkandidaten. Behinderung im Film und wirkliche Diskriminierung, in: BdWi, Forum Wissenschaft 3/2005, 33.

[18] Lennard J. Davis, Why Disability Studies Matters, ZNet vom 21.03.2005, 2.

[19] Das Sektoralisierungsproblem in der Ethik hat Heinz Eduard Tödt bereits seit dem Ende der 1960er Jahre intensiv thematisiert; vgl. die schon klassische Aufsatzsammlung Heinz Eduard Tödt, Perspektiven theologischer Ethik, München 1988.

also – umgekehrt formuliert – in der «Entsektoralisierung» (Heinz Eduard Tödt) oder «Entpartikularisierung» (Peter Dabrock) von konkreten Urteils-, Entscheidungs- und Handlungssituationen.

Entsprechend müssen auch die individuellen Situationen von Krankheit, Behinderung und Leiden in einen sozialen Kontext gerückt werden. Ausgehend von konkreten Lebenslagen sind die sozialen, gesellschaftlichen und politischen Bedingungen und Ursachen individuellen Leidens in den Blick zu nehmen, die längst nicht nur die Menschen mit Behinderung, in Krankheit und Leiden angehen. In den diskutierten Beispielen – und analog in den aktuellen Diskussionen um Sterbe- und Suizidhilfe – werden Fragen nach den Bedingungen und Ursachen von Leiden und einem daraus erwachsenden Sterbewunsch kaum gestellt. Maggies prekäre Versorgungssituation begegnet als unhinterfragtes, kritiklos hingenommenes Faktum. Ebenso dient der Hinweis auf das Gewaltverbrechen, dem Noël Martin zum Opfer fiel, allein dazu, seinen Sterbewunsch plausibel zu machen. Ramóns Haltung gegenüber seinem Leben wird – nicht zuletzt durch die mediale Vermittlung und Reproduktion – zu einem Urteil über Behinderung. Die Tetraplegie der drei Menschen ist eine – nach heutigem Kenntnisstand unveränderbare – Tatsache, aber gilt das in gleicher Weise für ihre Wahrnehmung des eigenen Schicksals und die Ohnmacht oder Perspektiven, die sich daraus ergeben?

Das leidvolle Schicksal spricht für sich. Dagegen ist kein moralisches Kraut gewachsen. Diese Metabotschaft zieht sich unverkennbar durch die Filme wie durch die Darstellung der Lebensgeschichte von Noël Martin. Aber reicht es aus, über die individuelle Bewältigung der Folgen eines Verbrechens nachzudenken, ohne seine Ursachen und Umstände zu thematisieren? Können wir uns damit zufrieden geben, dass die Betroffenen ihr Schicksal so wahrnehmen, wie es in ihrem Entschluss zu sterben manifest wird? Reicht es aus, sich darauf zurückzuziehen, dass sich die Menschen aus freien Stücken und selbstbestimmt zu diesem Schritt entschlossen haben? Resultieren aus dem allgemeinen Verständnis für die Betroffenen nicht einerseits ein objektives Urteil über Behinderung und andererseits ein Fatalismus gegenüber den Situationen, die die drei in je spezifischer Weise zu Opfern machten? Pointiert: Kippt die empathische Wahrnehmung der Lebensschicksale aus der Publikumsperspektive nicht in dem Moment, in dem aus dem Verständnis und Respekt gegenüber der individuellen Entscheidung eine allgemeine

Norm abgeleitet bzw. in dem aus dem Urteil einer Person über ihr Leben ein allgemeines Urteil über eine Lebenssituation *an sich* wird?

In den gegenwärtigen Diskussionen um die organisierte Suizidhilfe begegnen ganz analoge Konfrontationslinien: spektakuläre Einzelfälle werden als Kritik an der Geltung moralischer oder rechtlicher Normen präsentiert. Aus der Tatsache, dass eine Person ihr Lebensschicksal nicht mehr länger zu tragen bereit ist, wird das allgemeine Werturteil generiert, dass eine solche Lebenssituation – als Lebenssituation und unabhängig von damit verbundenen Erfahrungen – untragbar sei. Solche Generalisierungen sind in gewisser Weise unvermeidbar, wenn sich Dritte affirmativ zu dem persönlichen Urteil in einer Sache verhalten, die aufgrund ihrer spezifisch subjektiven Perzeption und Aneignung anderen prinzipiell unzugänglich bleibt. Damit drohen zwei Unterscheidungen sich zu verwischen: einerseits die Differenz zwischen einer persönlichen Entscheidung und ihrer verallgemeinerungsfähigen ethischen Legitimität und andererseits die Unterscheidung zwischen dem subjektiven Erfahrungsurteil einer Person und dem objektivierten Werturteil über eine Lebenssituation. Um diesen Fehlschlüssen zu entgehen, müssen in der ethischen Diskussion um Sterbe- und Suizidhilfe drei Einsichten stark gemacht werden:

1. Aus individuellen Lebens- und Leidensgeschichten lassen sich keine allgemeinen ‹Regeln der Lebens- und Leidensbewältigung› ableiten. Wir verfügen über keine verallgemeinerbare ‹Leidensskala›, mit der die Schmerzempfindungen und Leiden einer konkreten Person messbar wären. Entsprechend lautet die Definition des Palliativmediziners Stein Husebos: «Schmerz ist, was der Patient sagt, dass er hat.»[20] Wenn niemand das Leiden einer oder eines anderen beurteilen kann, dann gilt dieser Vorbehalt grundsätzlich auch im Hinblick auf das Urteil Dritter hinsichtlich des persönlichen Umgangs damit sowie den Entscheidungen, die eine Person angesichts ihres Leidens fällt.

Freilich sind auch hier Grenzen zu ziehen, wie Michael M. Mendiola an einem einfachen Beispiel zeigt. Nachdem ein Mann nach einer langen Wartezeit aufgrund des grossen Kundenandrangs endlich seinen vorbestellten Weihnachtsbraten erhalten hat, stürzt er schimpfend aus dem Laden: «Das ist der schlimmste Tag meines Lebens!» Worauf einer der

---

[20] Zit. n. Erich Loewy, Euthanasie, Beihilfe zum Suizid und ethische Grundfragen, in: ders. (Hg.), Selbstbestimmtes Leben, Aufklärung und Kritik, Sonderheft 11/2006, 145–159 (150).

Wartenden schlagfertig entgegnet: «Wenn dies der schlimmste Tag ihres Lebens ist, dann waren sie ja bis anhin mit Glück gesegnet!> Hat der Mann in diesem Moment tatsächlich gelitten? Eine realistische Beurteilung der Situation kommt zu dem Schluss, dass er trotz seines Lamentos nicht wirklich gelitten hat [...]. Bei einem schweren Autounfall, bei welchem ein Mitfahrer eingeklemmt worden ist, kann man mit grösster Sicherheit davon ausgehen, dass der Betroffene – sofern er bei Bewusstsein ist – wirklich gelitten hat.» Und der Theologe kommt zu dem Schluss: «Offensichtlich gibt es an beiden Enden der Skala Extrembeispiele, bei denen wir mit einiger Sicherheit davon ausgehen können, dass die betroffene Person tatsächlich oder eben nicht leidet. Im Übergangsbereich besteht hingegen einige Unklarheit hinsichtlich der Frage, ob ein anderer oder eine Gruppe von Menschen wirklich leidet oder nicht.»[21]

2. Mit der Frage nach den Möglichkeiten und Grenzen eines objektiven Urteils über subjektiv empfundenes und erlebtes Leiden wird nicht die fundamentale Unteilbarkeit von Leiden und Schmerzen bestritten. Die Literaturwissenschaftlerin und Philosophin Elaine Scarry verdeutlicht diese Eigentümlichkeit an der Unterscheidung zwischen dem eigenen Schmerzerleben und dem Erleben einer Person mit Schmerzen: «Für die unmittelbar betroffene Person ist diese Erfahrung ‹mühelos› nachzuvollziehen (selbst unter grössten Anstrengungen könnte sie dies nicht verhindern), während für Umstehende das Gegenteil der Fall ist, insofern diese ein Nachvollziehen der Schmerzen ‹mühelos› umgehen können (es ist einfach, völlig teilnahmslos zu bleiben). Der Schmerz rückt also als unmittelbare Erfahrung in den Mittelpunkt unserer Wahrnehmung, die weder verleugnet noch wirklich bestätigt werden kann.»[22] Es gibt keinen Übergang zwischen dem Urteil über das eigene Leiden und dem Werturteil über dieses Leiden aus der Beobachterperspektive. Die Unmittelbarkeit des Betroffenseins kann nicht geteilt werden und setzt selbst den Möglichkeiten der Mitteilung enge Grenzen. Auch die Tatsache, dass Wahrnehmungen von Leid kulturell vermittelt sind, ändert nichts an der Absolutheit des subjektiv-leiblichen Erleidens. «Während

---

[21] Michael M. Mendiola, Menschliches Leiden und das ärztlich assistierte Sterben, in: Adrian Holderegger (Hg.), Das medizinisch assistierte Sterben. Zur Sterbehilfe aus medizinischer, ethischer, juristischer und theologischer Sicht, Freiburg/Br., Freiburg/Ue. 1999, 208–229 (217).
[22] Elaine Scarry, The Body in Pain: The Making and Unmaking of the World, New York 1985, 4, zit. n. Mendiola, a.a.O., 216.

es also durch kulturelle Bedeutungszuschreibungen mitbestimmt wird, was uns Leid bereitet, dürfte die Quantität des Leidens durch die individuelle, konstitutionelle Vulnerabilität oder Schmerzempfindlichkeit bedingt sein.»[23]

3. Konkrete Lebewesen leiden, nicht gesellschaftliche Strukturen, Verhältnisse oder die sie erzeugenden und stabilisierenden Überzeugungen, Haltungen und Normen. Diese Tatsache muss kritisch gegen jeden vorschnellen Moralismus gerichtet werden. Aber die Angemessenheit beim Reklamieren moralischer Normen oder beim Verweis auf ethische Prinzipien darf nicht als Plädoyer für eine Beliebigkeit im Urteilen und Handeln missverstanden werden. So enthebt die liberale Gesetzeslage und Rechtsprechung in der Schweiz die Betroffenen und Beteiligten nicht von der Verpflichtung zur moralischen Selbstprüfung und gewissenhaften Klärung ihrer Haltungen, Entscheidungen und Handlungen. Im Gegenteil: Je mehr Freiräume das Recht einräumt, desto dringlicher und zugleich anspruchsvoller werden die ethischen Klärungsprozesse. Insofern bleibt jede ‹Antwort›, die sich allein auf die Überzeugungskraft von Wahrnehmungen, Emotionen und moralischen Intuitionen stützt, auf halber Strecke stehen. Die begrenzte Reichweite persönlicher Empfindungen und Erfahrungen verlangt nach intersubjektiv plausibilisierbaren Abstützungen, wie sie im ethischen Diskurs zur Sprache kommen.

2. Suizidhilfe und Sterbehilfe in der aktuellen Diskussion

2.1 Moralische Kontroversen

Unter den Überschriften ‹Sterben in Würde› oder ‹selbstbestimmt sterben› werden teilweise heftige Kontroversen ausgetragen. Auch hier gilt die erste Faustregel in der Mediengesellschaft: Nichts erzeugt mehr öffentliche Aufmerksamkeit als Katastrophenmeldungen und Skandale.[24] Die skandalträchtige Story und die sich daran entzündende allgemeine Empörung besetzen die politischen und öffentlichen Agenden und

---

[23] Dagmar Fenner, Suizid – Krankheitssymptom oder Signatur der Freiheit? Eine medizin-ethische Untersuchung, Freiburg/Br., München 2008, 371.

[24] Vgl. Niklas Luhmann, Die Ehrlichkeit der Politiker und die höhere Amoralität der Politik, in: Peter Kemper (Hg.), Opfer der Macht. Müssen Politiker ehrlich sein?, Frankfurt/M. 1993, 27–41.

schärfen den Blick für gesellschaftliche Problemsituationen. Häufig bleibt unklar, worüber gestritten wird und wo genau die Demarkationslinien zwischen den Konfliktparteien verlaufen. In der Suizidhilfekontroverse prallen die Überzeugungen von Suizidhilfebefürworterinnen und Suizidhilfegegnern aufeinander. Oberflächlich stellt sich der Konflikt als Streit zwischen den Positionen von Selbstbestimmung *versus* Lebensschutz dar. Die Konfrontationslinie wird zwischen den Polen eines umfassenden Verständnisses von Tötungsverbot und Lebensschutz (‹sanctity of life›) und einer liberalen Auffassung vom Selbstbestimmungsrecht der und des Einzelnen (‹quality of life›) verortet.[25] Die erste Gruppe identifiziert den Gedanken der Menschenwürde mit dem Lebensschutz, die andere Gruppe entkoppelt beide, weil ein ‹uneingeschränkter› Lebensschutz unter Umständen die Würde des Menschen gerade verletzte. Das eine Lager erklärt das ‹Recht auf Leben› zu einer unaufgebbaren Pflicht, das andere leitet aus dem gleichen Grundsatz ein ‹Recht auf den eigenen Tod› ab. Aber was verlangt einerseits eine solche Pflicht zu leben und woher bezieht sie ihre Unbedingtheit? Wie kann andererseits ein *Recht* auf den eigenen Tod wahrgenommen, wo, gegenüber wem und auf welcher Grundlage eingeklagt werden? Wie sind wiederum die jeweiligen Grundannahmen von der *‹Sanctity of Life›* versus der *‹Quality of Life›* mit der Realität des Sterbens in unserer Gesellschaft verbunden? Auf welche gesellschaftlichen Normen und Werthaltungen wird Bezug genommen? Und welche Traditionen und Intuitionen stehen auf dem Spiel?

Die zugespitzte Gegenüberstellung von Leben ‹um jeden Preis› contra Selbstbestimmung ‹in jedem Fall› bildet den Versuch, eine aktuell hochkomplexe Diskussionslage angesichts ungemein weitreichender und tiefgreifender Handlungsoptionen normativ zu strukturieren und Entscheidungen möglich zu machen. Aber gibt es diesen Grundkonflikt zwischen

---

[25]   Vgl. dazu etwa Thomas R. Kopfensteiner, ‹Sanctity of Life› vs. ‹Quality of Life›, in: Holderegger (Hg.), Das medizinisch assistierte Sterben, 189–204; Helga Kuhse, Die ‹Heiligkeit des Lebens› in der Medizin. Eine philosophische Kritik, Erlangen 1994; Michael Fries, ‹Komm süsser Tod› – Europa auf dem Weg zur Euthanasie? Zur theologischen Akzeptanz von assistiertem Suizid und aktiver Sterbehilfe, Stuttgart 2008, 185–192. Der Autor liest dort die SEK-Position *Das Sterben leben* als allgemeines Votum für die Berücksichtigung der Lebensqualität bei medizinischen Entscheidungen am Lebensende. Diese Behauptung ist falsch, weil der Hinweis im SEK-Text auf die Bedeutung der zu erwartenden Lebensqualität bei der Organallokation in der Transplantationsmedizin unzutreffend mit der allgemeinen Frage nach einem Weiterbehandeln oder Sterbenlassen kurzgeschlossen wird.

Autonomie- und Lebensschutzprinzip überhaupt?[26] Warum und an welcher Stelle kollidieren die beiden Prinzipien miteinander? Bereits eine kurze Überlegung zeigt, dass diese Konfliktbeschreibung nicht zutrifft, zumindest aber viel zu kurz greift. Denn grundsätzlich richtet sich das Argument ‹pro Autonomie› ebenso wenig gegen den Lebensschutz, wie das Argument ‹pro Lebensschutz› quasi automatisch das Autonomieprinzip angreift. Zumindest aus ideengeschichtlicher Perspektive bleibt der behauptete Konflikt zunächst unverständlich, gehört es doch zu den Errungenschaften der neuzeitlichen Philosophie, beide Prinzipien nicht antagonistisch, sondern zusammen zu denken:

1. Die in der Aufklärung zum Durchbruch gelangende universale Idee vom autonomen Subjekt, formuliert nicht nur einen Anspruch an die einzelne Person, sondern sichert zugleich ihren Rechtsstatus gegenüber den willkürlichen Übergriffen Dritter und des Staates. Der Schutzschild gegen die würde- und lebensverachtende Instrumentalisierung von Menschen heisst ‹Selbstbestimmung›. Die Behauptung der Autonomie einer jeden Person, als Kennzeichen ihrer Würde, zielt auf den Schutz von Leib und Leben der konkreten Person in Staat und Gesellschaft. 2. der Autonomiebegriff vereint Ansprüche und Pflichten gegenüber Dritten sowie der eigenen Person. Die Idee der Pflichten gegen sich selbst wird in der Regel mit der von Immanuel Kant im zweiten Teil seiner *Metaphysik der Sitten* entwickelten Tugendlehre verbunden.[27] Im Rahmen der

---

[26] Dass es dabei in der Regel um Fragen der Vorzugswürdigkeit, hierarchischen Anordnung oder Reichweite der jeweiligen Geltung geht, kann an dieser Stelle ausser Acht gelassen werden.

[27] Vgl. Immanuel Kant, Metaphysik der Sitten. Zweiter Teil: Tugendlehre, in: ders., Werke in sechs Bänden, Ed. Weischedel, Bd. IV, Darmstadt 1983, bes. A 63ff. Kants Verständnis der Pflicht steht in einer konstitutiven Beziehung zu seinem Freiheitsbegriff, vgl. Kant, MdS, 2. Teil, A 2f.: «Da aber der Mensch doch ein *freies* (moralisches) Wesen ist, so kann der Pflichtbegriff keinen anderen als den *Selbstzwang* (durch die Vorstellung des Gesetzes allein) enthalten, wenn es auf die innere Willensbestimmung (die Triebfeder) angesehen ist, denn dadurch allein wird es möglich, jene *Nötigung* (selbst wenn sie eine äussere wäre) mit der Freiheit der Willkür zu vereinigen, wobei aber alsdann der Pflichtbegriff ein ethischer sein wird.» Kant selbst hat auf einen möglichen Widerspruch («Antinomie») der Pflichten gegen sich selbst hingewiesen, insofern der Mensch gleichzeitig als (aktiv) *verpflichtende* und (passiv) *verpflichtete* Instanz erscheint (vgl. Kant, MdS, 2. Teil, A 63f.). Allerdings ist hier vom Menschen in einer doppelten Bedeutung die Rede, einerseits als *homo phaenomenon*, der auf etwas verpflichtet wird und andererseits als *homo noumenon* («die Menschheit in seiner Person»), der aus seiner «inneren Freiheit» heraus, auf etwas verpflichtet (vgl. Kant, MdS, 2. Teil, A 65).

Sterbe- und Suizidhilfediskussion steht die Pflicht der physischen Selbst-erhaltung im Mittelpunkt: «Die, wenn gleich nicht vornehmste, doch *erste* Pflicht des Menschen gegen sich selbst, in der Qualität seiner Tierheit, ist die *Selbsterhaltung* in seiner animalischen Natur. Das Widerspiel derselben ist der willkürliche *physische Tod*, welcher wiederum entweder als total oder bloss partial gedacht werden kann. – Der physische, die *Entleibung* (autochiria), kann also auch total (suicidum) oder partial, *Entgliederung* (Verstümmelung) sein, welche wiederum in die *materiale*, da man sich selbst gewisser integrierender Teile, als Organe, *beraubt*, d. i. sich ver-stümmelt, und die *formale*, da man sich (auf immer oder auf einige Zeit) des *Vermögens* des physischen (und hiermit indirekt auch des morali-schen) *Gebrauchs* seiner Kräfte *beraubt*.»[28]

Ohne auf die komplexen Bezüge der kantischen Bestimmung der menschlichen Pflicht zur Selbsterhaltung einzugehen,[29] sind drei Aspekte hervorzuheben: 1. handelt es sich um eine negative Pflicht, die nicht auf ein Tun sondern ein Unterlassen gerichtet ist. 2. hat der Königsberger Philosoph den Menschen in der Einheit von leiblichem und moralischem Wesen im Blick, die uns heute auf den ersten Blick unverständlich er-scheinen mag, die aber auch für unser Freiheitsverständnis im Kern un-verzichtbar ist. Und 3. lenkt die kantische Unterscheidung zwischen Sui-zid und Verstümmelung den Blick auf einen Zusammenhang, der in der aktuellen Suizidhilfedebatte völlig unterbelichtet bleibt: Wenn heute die Selbstverpflichtung gegenüber dem eigenen Leben und seiner Erhaltung als konservativ-christlicher Moralismus diskreditiert wird, dann verkennt dieses Urteil, dass eben dieser ‹Moralismus› im Hinblick auf Formen autoaggressiver Selbstverstümmelung ganz selbstverständlich gilt. Auch wenn wir solche Handlungen gegen die eigene Person in der Regel nicht als moralische sondern als psychopathologische Begriffe fassen, ändert das nichts an dem – auch moralisch konnotierten – Verständnis von der Einheit der Person, die vor willkürlicher Selbstzerstörung geschützt werden muss.

So sehr also gegen die moralische Einschränkung der eigenen Freiheit im Hinblick auf den Suizid opponiert wird, so sehr ist uns diese Selbst-

---

[28] Kant, MdS, 2. Teil, A 70f.

[29] Vgl. dazu etwa Stephan Goertz, Rückkehr der Pflichten gegen sich selbst? Über den heute möglichen Sinn eines ethischen Prinzips, in: ZEE 48/2004, 166–178; Christi-ane Horn, Die Pflicht, sich gesund zu erhalten, als Pflicht gegen sich selbst bei Immanuel Kant, Dissertation Marburg 2004.

begrenzung hinsichtlich der Möglichkeiten der Selbstzerstörung selbstverständlich. Positiv gewendet begegnet diese Vorstellung etwa in der gegenwärtig überall präsenten Selbstverpflichtung auf eine gesunde Lebensweise. Aus dem ganzheitlichen Konzept der «Salutogenese» ist längst eine gesundheitspolitische Pflicht zur «Saluto-Correctness» geworden.[30] Wie immer diese Beobachtungen zu beschreiben und zu beurteilen sind, lässt sich doch festhalten, dass die Verfügungsgewalt über den eigenen Leib und das eigene Leben keineswegs so frei gedacht wird, wie von den Befürworterinnen und Befürwortern einer liberalen Suizidhilferegelung unterstellt und gefordert wird. Aus historischer und sachlicher Perspektive stellt sich deshalb (zunächst) nicht die Frage, wo die beiden neuzeitlichen Fundamentalnormen von Autonomie und Lebensschutz konfligieren, sondern vielmehr, wie der unterstellte oder behauptete Konflikt zwischen beiden überhaupt möglich wird bzw. werden kann.

Die Rede von normativen oder moralischen Konflikten verweist bereits auf zwei wichtige Merkmale von Moral: 1. Sie richten sich nicht nur an die einzelne Person, sondern sind an eine Gemeinschaft oder Gesellschaft adressiert und regeln, was ihre Mitglieder wechselseitig voneinander erwarten können.[31] 2. Sie unterliegen selbst noch einmal metaethischen Kohärenz- und Konsistenzanforderungen. In diesem Sinne stehen moralische Überzeugungen nicht nebeneinander, so wie moralische Probleme eine Person betreffen können oder nicht, sondern bilden ein komplexes System, das solange problemlos ‹funktioniert›, wie es in der alltäglichen ‹Anwendung› keine, als Probleme wahrgenommene Widersprüche erzeugt.[32] Ein moralischer Konflikt verweist auf einen normativen Widerspruch, der Fragen nach der Kohärenz und Konsistenz des moralischen Überzeugungssystems aufwirft. Ernst Tugendhat macht in diesem Zusammenhang auf einen verbreiteten Irrtum in der Ethik aufmerksam: «Es ist ein Grundfehler der geläufigen Ethiken, dass sie als

---

[30] Vgl. Aron Antonovsky, Salutogenese. Zur Entmystifizierung der Gesundheit, Tübingen 1997; Jost Bauch, Was heisst Saluto-Correctness? Zur Dialektik von Sozialabbau und Verhaltensdisziplinierung im Gesundheitswesen, in: Recht und Politik im Gesundheitswesen 3/1997, 153–157.

[31] Vgl. dazu den grundlegenden Aufsatz von Niklas Luhmann, Normen in soziologischer Perspektive, in: Soziale Welt 20/1969, 28–48.

[32] Moralen können durchaus widersprüchliche Forderungen aufstellen, solange diese Inkohärenzen und Inkonsistenzen nicht als normative Konflikte in konkreten Urteils-, Entscheidungs- oder Handlungszusammenhängen auftreten und wahrgenommen werden.

40

moralischen Grundkonflikt immer nur den zwischen demjenigen sehen, der sich moralisch verstehen will, und demjenigen, der sich nicht so verstehen will (dem ‹Egoisten›). Der eigentliche Grundkonflikt, in dem wir heute stehen, ist derjenige, der zwischen den verschiedenen Moralkonzepten selbst besteht. Ein Moralkonzept zu begründen heisst also nicht nur, es gegenüber dem Egoisten zu begründen, sondern vor allem: es gegenüber den anderen Moralkonzepten zu begründen.»[33] Der Philosoph hat zweierlei im Blick: zum einen die Tatsache des moralischen Pluralismus in modernen, funktional ausdifferenzierten Gesellschaften und zum anderen die neuzeitliche «Radikalisierung der Ausweisungskriterien [...] sowohl bei praktischen wie bei theoretischen Urteilen».[34]

Die neuzeitliche Verschärfung ethischer Begründungszumutungen geht wiederum in zwei Richtungen: Sie betrifft einerseits die Universalisierung des Bezugsrahmens bzw. Adressatenkreises von Ethik. «Die Fragestellung der antiken Ethik war: was ist es, was ich für mich wahrhaft will; die der modernen: was ist es was ich mit Bezug auf die anderen soll.»[35] Das Ziel von Ethik besteht also nicht mehr in der eigenen Glückseligkeit, sondern – zumindest auch – im Erreichen eines «Glücks» für alle. Zugleich resultiert aus der neuzeitlichen Postulierung des autonomen Subjekts eine Umkehrung der Begründungslast: «Nicht mehr primär der Einzelne muss sich gegenüber den Normen des Kollektives rechtfertigen, sondern die kollektiven Einrichtungen müssen sich vor den Individuen in ihrer Berechtigung erweisen.»[36] So müssen die Bürgerinnen und Bürger im modernen Staat die Wahrnehmung ihrer individuellen Freiheitsrechte nicht eigens begründen. Vielmehr muss der liberale Rechtsstaat umgekehrt seinen Bürgerinnen und Bürgern plausibel machen, warum er deren individuellen Freiheiten Grenzen setzt.

Vor diesem Hintergrund erscheint die oben skizzierte Konfrontation zwischen dem Lebensschutz- und Autonomieprinzip in einem anderen Licht. Die Selbstbestimmung der und des Einzelnen bildet die unhintergehbare Basis für den modernen liberalen Rechtsstaat. Entsprechend konzentrieren sich Suizidhilfebefürworterinnen und -befürworter auf

---

[33] Ernst Tugendhat, Vorlesungen über Ethik, Frankfurt/M. 1993, 26.

[34] Ernst Tugendhat, Antike und moderne Ethik, in: ders., Probleme der Ethik, Stuttgart 1984, 33–56, 41.

[35] A.a.O., 44.

[36] Heiner Hastedt, Aufklärung und Technik. Grundprobleme einer Ethik der Technik. Frankfurt/M. 1991, 47.

41

rechtsethische und menschenrechtliche Argumente zur Begründung ihrer Anliegen.[37] Aber es wäre umgekehrt schlichte Polemik, diejenigen, die für einen weitreichenden Lebensschutz argumentieren, der Aushöhlung des Autonomieprinzips zu bezichtigen. Das Aufeinanderprallen beider Prinzipien in den öffentlichen Debatten deutet viel eher auf die Undifferenziertheit der je eigenen Position und die Unkenntnis hinsichtlich der Argumente der Gegenseite hin.

Angesichts der bisher skizzierten Komplexität und der daraus resultierenden Differenzierungszumutungen liegt der Eindruck nahe, dass die Debatten über Entscheidungen am Lebensende lediglich die Spitze des Eisbergs des gesellschaftlichen Umgangs mit Leben und Tod bilden. Ungeachtet aller Beschwörungen von Traditionen, gewachsene Überzeugungen und Normen kann nicht übersehen werden, dass Positionen und Meinungen, die gestern noch Geltung hatten, heute fraglich werden und morgen vielleicht überholt oder nicht mehr verständlich sind. Die Permanenz des Wandels verunsichert ebenso, wie die häufig diagnostizierte Beschleunigung dieser Dynamik. Die Sterbe- und Suizidhilfediskussion liefert ein instruktives Beispiel für die allgemeine Einsicht der modernen Zauberlehrlingsexistenz. Die «Geister» der zivilisatorischen und wissenschaftlich-technologischen Errungenschaften, die wir rufen, werden wir nicht mehr los. Je mehr die modernen Technologien der Natur Stück für Stück das Schicksalhafte des Lebens abtrotzen, desto stärker wird die menschliche Entscheidungsmacht zum globalen Schicksal. Der Bezug zur Kultur-, Technik- und Zivilisationskritik nach den beiden Weltkriegen des 20. Jahrhunderts bildet implizit auch die Grundlage für die Legitimation und Legalisierung von Sterbehilfe und Suizidhilfe. Allerdings tendiert eine medizinische Engführung der Fragen nach Leben, Sterben und Tod dazu, dreierlei zu übersehen:

1. Die wesentlichen Argumente für die Sterbe- und Suizidhilfe, einschliesslich ihrer anthropologischen Voraussetzungen, stammen aus der

---

[37] So etwa die Juristen Ludwig A. Minelli, Die EMRK schützt die Suizidfreiheit. Wie antwortet darauf das Schweizer Recht?, in: AJP 5/2004, 491–504; Christian Schwarzenegger, Das Mittel zur Suizidbeihilfe und das Recht auf den eigenen Tod, in: SÄZ 2007;88: 19, 843–846; ders., Selbstsüchtige Beweggründe bei der Verleitung und Beihilfe zum Selbstmord (Art. 115 StGB), in: Frank T. Petermann (Hg.), Sicherheitsfragen der Sterbehilfe, St. Gallen 2008, 81–123; Frank T. Petermann, Urteilsfähigkeit, Zürich, St. Gallen 2008, cp. 6; ders. (Hg.), Sterbehilfe. Grundsätzliche und praktische Fragen. Ein interdisziplinärer Diskurs, St. Gallen 2006, 21–44, 133–165, 285–371.

antiken Philosophie. Die moderne Medizin ist allenfalls Anlass, nicht aber Grund für die aktuellen Diskussionen. 2. Viel eher müsste umgekehrt argumentiert werden, «dass in Zeiten, in denen die Möglichkeiten einer wirksamen Therapie oder auch Schmerzbekämpfung gar nicht oder nur in geringem Masse gegeben waren, viel eher als heute Anlass bestanden hätte, schweres Leiden als Begründung für die Tötung auf Verlangen zu akzeptieren».[38] Niemals zuvor verfügte die Menschheit über so weitreichende und wirkungsvolle Möglichkeiten der Prävention, Diagnose, Therapie und Linderung somatischer und psychischer Leiden. 3. So liegt der Gedanke nahe, dass die medizinisch-technologischen Errungenschaften das Ziel und die Forderung nach Vermeidung, Linderung oder Überwindung somatischer und psychischer Leiden überhaupt erst erzeugt und selbstverständlich gemacht haben. Deshalb muss zwischen den Aufgaben und Zielen von Leidlinderung und Schmerzbekämpfung einerseits und der illusorischen Idee eines schlechterdings leidfreien Lebens andererseits unterschieden werden. Unterbleibt diese Differenzierung, schlägt das humanistische Motiv der Leidbekämpfung unversehens um in einen kruden Sozialdarwinismus, der in der permanenten Gefahr steht, alles Leid – und in der Folge die Leidenden selbst – für lebensunwert zu erklären.

2.2 Entscheidungen am Lebensende in der Gesellschaft

Der gesellschaftliche Umgang mit Kranken, Leidenden, Sterbenden und Toten bildet deshalb den anderen – häufig unterbelichteten – Fokus der aktuellen Diskussionen über Entscheidungen am Lebensende. Es geht dabei um Fragen der Solidarität mit und Fürsorge für Menschen in der letzten Lebensphase sowie um die (rechtlichen) Garantien des Schutzes der Person und ihrer Würde. Der öffentliche Streit muss als gesellschaftliches Symptom gelesen werden für die allgemeine Verunsicherung und Zerrissenheit hinsichtlich der *Mortal Questions*.[39]

Jede kultur- und traditionsspezifische Orientierung wird mit dem stetigen Wandel ihrer Grundlagen konfrontiert. Offenheit und Auslegungsbedürftigkeit sind Kennzeichen von Gesellschaften, die in und mit ihren

---

[38] Ulrich H. J. Körtner, Sterben in der modernen Stadt. Gesellschaftliche, kulturelle und religiöse Rahmenbedingungen von Palliative Care, in: ZEE 48/2004, 197–210 (200).

[39] Vgl. Thomas Nagel, Mortal Questions, Cambridge 1979 (dt. Letzte Fragen, Bodenheim 1996).

Traditionen leben, sie im Vollzug stets neu ‹buchstabieren› und in ihrer Praxis zur Geltung bringen. Wie gerade die Entwicklung der Diskussion um Entscheidungen am Lebensende in den vergangenen Jahren zeigt, sind solche Orientierungsmuster weder hermetisch geschlossen noch in ihrer Anerkennung und Plausibilität stabil. Gesellschaftliche Normen bestehen und erfüllen ihre Orientierungsfunktion genauso lange, wie sie Handlungen und Entscheidungen strukturieren und in der konkreten Anwendung bestätigt werden, das heisst, solange sie für Entscheidungen und im Streit um ‹richtiges› und ‹gutes› Handeln faktisch Relevanz besitzen. Gegenüber Rechtsfragen lassen sich moralische Konflikte nicht ohne weiteres auf ‹einen gemeinsamen Nenner› bringen. Und weil die moralischen Haltungen eng mit dem Selbstverständnis der Person, die sie einnimmt, zusammenhängen, begegnen moralische Konflikte häufig in stark zugespitzter Form.

Darüber hinaus muss der Problemkontext beachtet werden, in den die Fragen nach dem Umgang mit Menschen in der letzten Lebensphase gerückt werden: etwa in Beziehung zu Vorstellungen des Lebensschutzes oder des Selbstbestimmungsrechts, zu gesellschaftlichen Solidaritäts- und Fürsorgepflichten, zu den Ambivalenzen des medizinischen Systems, zur demographischen Entwicklung, zu Finanzierungsproblemen des Sozialstaats, zur Frage der gerechten Verteilung gesellschaftlicher Ressourcen, zu Herausforderungen intergenerationeller und internationaler Gerechtigkeit, zur persönlichen Gewissensentscheidung und Integrität, zu verfassungsrechtlich verankerten Schutzpflichten, zu institutionalisierten Ethikkodizes oder zu traditionellen gesellschaftlichen Selbstverständnissen. Freilich kann nicht beliebig ausgewählt werden, weil die genannten Bezüge nicht isoliert voneinander bestehen. Aber es beugt Missverständnissen und Vorurteilen vor, wenn die eigene Perspektive im Sinne einer Selbstbeschränkung transparent gemacht und ausgewiesen wird.

2.3 Kirche und theologische Ethik in den aktuellen Debatten

«Europa steht auf der Tagesordnung der Sozialethik, genauer gesagt einer Ethik des Politischen, für die nationalstaatliche Kategorien längst zu eng geworden sind. […] [D]ie rasanten Entwicklungen im Bereich der Medizin, insbesondere der Biomedizin und der Genetik, müssen von der Theologie und den Kirchen als eine gesamteuropäische Herausforderung begriffen werden. Es genügt nicht mehr, wenn sich einzelne Landeskirchen und diakonische Einrichtungen zu Wort melden. Es reicht auch nicht, die ökumenische Zusammenarbeit auf regionaler und nationaler Ebene zu intensivieren, so begrüssenswert das ist. [...] Gesamteuropäische Themen und Entwicklungen verlangen jedoch auch auf europäischer Ebene eine ökumenische Antwort. Medizinische Ethik ist in zunehmendem Masse eine Aufgabe der Politikberatung und des politischen Lobbyings. Will christliche Ethik in den politischen Bereich hinein wirken, so muss sie nicht nur ökumenischer, sondern auch politischer werden.»[40] Diese programmatische Forderung des Theologen Ulrich H. J. Körtner weist Theologie und Kirchen eine komplexe und verantwortungsvolle Aufgabe zu. Die ‹Kommission für Kirche und Gesellschaft› der ‹Konferenz Europäischer Kirchen› (KEK) stellt im Rahmen einer Befragung der Mitgliedkirchen zum Thema Sterbehilfe fest: «Although on first sight these responses show diverging positions – from an absolute rejection of euthanasia to a carefully worded permission under strict conditions and in exceptional cases – none are in favour of active euthanasia.»[41] Die unterschiedlichen Positionen zwischen einer scharfen Zurückweisung jeder Form von Sterbehilfe und einer streng konditionierten Zulassung sind bekannt. Allein in der Ablehnung aktiver Sterbehilfe besteht (noch) Konsens.

Die schweizerische Diskussion über Entscheidungen am Lebensende ist in vielfältiger Weise geprägt von theologisch-ethischen und kirchlichen Beiträgen.[42] In institutionalisierten medizinethischen Diskursen und in der öffentlichen Auseinandersetzung nehmen Theologinnen und Theologen eine wichtige Rolle ein. Von kirchlicher Seite sind vor allem die Stellungnahmen der Schweizer Bischofskonferenz (SBK), der Evangelisch-reformierten Landeskirche des Kantons Zürich und des Schweizerischen Evangelischen Kirchenbunds (SEK) rezipiert worden.[43]

---

[40] Körtner, Sterben, 198f.; zu einem solchen Programm von Sozialethik vgl. Ingeborg Gabriel/Alexandros K. Papaderos/Ulrich H. J. Körtner, Perspektiven ökumenischer Sozialethik. Der Auftrag der Kirchen im grösseren Europa, Mainz 2005.

[41] Church and Society Commission (CSC) der Konferenz europäischer Kirchen (KEK), Contribution to the Euthanasia debate at the Council of Europe (February 2004).

[42] Die einschlägigen Untersuchungen von Markus Zimmermann-Acklin, Johannes Fischer, Adrian Holderegger oder Matthias Mettner gelten weit über die Schweiz hinaus als Standardwerke zur Sterbe- und Suizidhilfe.

[43] Vgl. Schweizer Bischofskonferenz, Die Würde des sterbenden Menschen.

Jede kirchliche Äusserung ist nicht nur durch ihr konfessionell-ekklesiologisches und theologisch-ethisches Selbstverständnis geprägt, sondern ebenso durch die jeweiligen nationalen politischen, gesellschaftlichen und rechtlichen Verhältnisse. Unvermeidbar tritt dabei zutage, dass – wie die EKD gegenüber der SEK-Position *Das Sterben leben* bemerkt – «Kirchen in einzelnen Ländern gelegentlich die Tendenz haben, sich an der Diskussionslage im eigenen Land und in der eigenen Kirche zu orientieren».[44] Kirche verortet sich – gemäss ihrem Selbstverständnis und Auftrag – *in* der Gesellschaft, in die hinein sie spricht und in der sie handelt, auf deren Verhältnisse und Zustände sie reagiert, freilich ohne darin aufzugehen. Anders formuliert: Die öffentliche Positionierung von Kirche geschieht nicht im «luftleeren Raum», sondern im Kontext konkreter gesellschaftlicher Verhältnisse, politischer Konstellationen, lebensweltlicher Moralsysteme und rechtlicher Rahmenbedingungen. Kirche findet diese Kontexte vor und gestaltet sie – kritisch reflektierend und engagiert teilnehmend – mit.[45]

Pastoralschreiben der Schweizer Bischöfe zur Frage der Sterbehilfe und der Sterbebegleitung, Einsiedeln 2002; Evangelisch-reformierte Landeskirche des Kantons Zürich, Überlegungen zur Sterbehilfe aus evangelischer Sicht, Zürich 2000 (diese Stellungnahme hat einen Referenzstatus in der umfangreichen Untersuchung von Stefanie Schardien, Sterbehilfe als Herausforderung für die Kirchen. Eine ökumenisch-ethische Untersuchung konfessioneller Positionen, Gütersloh 2007); SEK, Das Sterben leben; ders., bulletin sek-feps 3/2007 mit dem Fokus-Thema Entscheidungen am Lebensende; ders. (Hg.), Suizidhilfe im Fokus von Recht, Ethik und Seelsorge. SEK-Kolloquium 19. November 2009, Bern 2010 (online-Publikation); ders., Perspektiven am Lebensende. Vernehmlassungsantwort des Rates des Schweizerischen Evangelischen Kirchenbundes SEK zur Änderung des Strafgesetzbuches und des Militärgesetzes betreffend die organisierte Suizidhilfe, Bern 2010; vgl. auch ders., Selbstbestimmt Leben – und Sterben? Zur aktuellen Debatte um «Dignitas» in Deutschland. Stellungnahme des Rates des Schweizerischen Evangelischen Kirchenbundes, Bern 2005; ders., Palliative Care. Medizinisch-ethische Richtlinien und Empfehlungen. Vernehmlassungsantwort des Rates SEK an die Schweizerische Akademie der Medizinischen Wissenschaften SAMW, Bern 2006, sowie diverse Stellungnahmen, die auf der Homepage des SEK (www.sek.ch) eingesehen werden können.

[44] Kirchenamt der Evangelischen Kirche in Deutschland, Wenn Menschen sterben wollen. Eine Orientierung der ärztlichen Beihilfe zur Selbsttötung, EKD Texte 97, Hannover 2008, 23. Was dort in kritischer Absicht vorgetragen wird, gehört bei genauerem Hinsehen zu den Konstitutionsbedingungen institutionell verfasster Kirchen.

[45] Diese Grundbestimmung verbindet die Kirchen der Reformation unabhängig davon, ob sie die Relationalität vor dem Hintergrund der lutherischen Zwei-Reiche-Lehre oder im reformierten Verständnis von der Königsherrschaft Christi entfalten; vgl. dazu

Der eben zitierte Satz aus der EKD-Stellungnahme geht noch weiter. Der länder- bzw. gesellschaftsspezifische Bezug wird problematisiert, sofern er hergestellt wird, «ohne das Gespräch mit Kirchen anderer konfessioneller Traditionen oder mit Kirchen in anderen Ländern zu suchen».[46] Diese Bemerkung verweist auf ein weiteres Merkmal kirchlicher Stellungnahmen in der Öffentlichkeit. Mit den rechtlichen, politischen und gesellschaftlich-normativen Differenzen zwischen den Ländern korrespondieren unterschiedliche Haltungen zwischen den Kirchen auf internationaler Ebene und zwischen den Konfessionen auf nationaler Ebene. Die Debatten in den internationalen konfessionellen oder ökumenischen Institutionen – etwa der Ökumenische Rat der Kirchen (ÖRK), die Konferenz Europäischer Kirchen (KEK), die Gemeinschaft Evangelischer Kirchen in Europa (GEKE) oder die konfessionellen Weltbünde – dokumentieren die Notwendigkeit, aber auch die Schwierigkeiten jener Herausforderung.[47] Umso dringlicher stellt sich die Aufgabe, diese Perspektive im Blick auf die eigene ökumenische Aufgabe und Dialogfähigkeit wach zu halten. Es gilt, weder die ökumenische Kontextualisierung gegenüber den eigenen, nationalen Gegebenheiten auszublenden noch umgekehrt die jeweiligen lebensweltlichen Realitäten zugunsten einer ökumenischen Übereinstimmung aus dem Blick zu verlieren.

Die gesellschaftspolitische Aufgabe von Kirche beschränkt sich nicht darauf, bestimmte Fragen, Problemstellungen und Entwicklungen kritisch zu kommentieren. Kirche als öffentliche Institution hat die Aufgabe, im Rahmen ihres Auftrags, ihrer Möglichkeiten und Kompetenzen, Gesellschaft mitzugestalten. Kirchesein ist eine biblisch-theologisch fundierte gemeinschaftliche Praxis, die ihren angemessenen Ausdruck in der kirchlichen Verkündigung, Seelsorge und Diakonie findet. Ein Verständnis von Kirche «als Glaubens-, Handlungs- und Rechtsgemeinschaft»[48] wird greifbar in der Beteiligung an öffentlichen, politischen, juristischen

---

einführend etwa Michael Bünker/Martin Friedrich (Hg.), Gesetz und Evangelium. Eine Studie, auch im Blick auf die Entscheidungsfindung in ethischen Fragen, Gemeinschaft Evangelischer Kirchen in Europa, Leuenberger Texte 10, Frankfurt/M. 2007.

[46]   Kirchenamt der EKD, Wenn Menschen sterben wollen, 23.

[47]   Vgl. die Überblicksdarstellung von Schardien, Sterbehilfe.

[48]   Hans-Richard Reuter, Der Begriff der Kirche in theologischer Sicht, in: Gerhard Rau/Hans-Richard Reuter/Klaus Schlaich (Hg.), Das Recht der Kirche, Bd. 1: Zur Theorie des Kirchenrechts, Gütersloh 1997, 23–75 (48ff.).

und (medizin-)ethischen Diskussionen, in der theologisch-ethischen Reflexion der Aufgaben und Zielperspektiven praktischer Politikgestaltung, in dem Einbringen der eigenen theologischen und seelsorgerlichen Anliegen und in der Etablierung einer theologisch begründeten, diakonischen Praxis.

In einem reformierten Kirchen- und Staatsverständnis sind beide Grössen mit einem – sorgfältig zu bestimmenden und differenzierenden – ‹und› verbunden, wie Karl Barth beispielhaft in seiner kleinen Schrift *Christengemeinde und Bürgergemeinde* von 1946 ausgeführt hat.[49] Das ‹und› steht weder für eine möglichst weitreichende Übereinstimmung oder Identifikation von Christen- und Bürgergemeinde, noch für einen schroffen Dualismus, sondern verweist auf eine Relationalität, die das Verständnis zurückweist, «als gebe es Bereiche unseres Lebens, in denen wir nicht Jesus Christus, sondern anderen Herren zu eigen wären, Bereiche, in denen wir nicht der Rechtfertigung und Heiligung durch ihn bedürfen» (Barmen II).[50] Die darin auch zum Ausdruck gebrachte Aufmerksamkeit und Offenheit für die Dynamiken historisch kontingenter Lebensverhältnisse bilden für Johannes Fischer die Merkmale einer theologischen Ethik, der es nicht «um abschliessende Antworten» geht, sondern darum, «einen unabschliessbaren Vergewisserungs*prozess weiterzuführen. Entscheidend ist dann, dass dieser Prozess der Vergewisserung, der Vermittlung der Lebensdimensionen mit der intersubjektiv gegebenen und gestalteten Welt nicht abreisst.* Das ist wichtiger als die einzelne ethische Theorie oder Argumentation, die ihre Bedeutung und Funktion doch nur innerhalb dieses Prozesses hat. Der Wert einer ethischen Theorie oder eines ethischen Arguments bemisst sich danach, was sie jeweils für diesen Prozess austragen. Dieser aber vollzieht sich als *Kommunikation* und damit selbst als *Lebensprozess* innerhalb eines gemeinsamen Lebens-Raumes und einer gemeinsamen Lebens-Zeit.»[51]

So können reformierte Kirchen den Herausforderungen säkularer und pluraler Gesellschaften begegnen mit einem durch den Geist Gottes gewirkten «schöpferischen Pluralismus, der eine bestimmte komplexe

---

[49]   Vgl. Barth, Christengemeinde.

[50]   Zit. n. Carsten Nicolaisen, Der Weg nach Barmen. Die Entstehungsgeschichte der Theologischen Erklärung von 1934, Neukirchen-Vluyn 1985, 176.

[51]   Johannes Fischer, Handlungsfelder angewandter Ethik. Eine theologische Orientierung, Stuttgart 1998, 54.

Normativität beständig verändert, ohne sie aufzulösen».[52] Dieser Pluralismus ist aber nicht das «Markenzeichen des Protestantismus» – wie eine Gruppe protestantischer Ethiker im Rahmen der deutschsprachigen Stammzellendebatte programmatisch behauptet hat,[53] sondern – wenn überhaupt – das «Markenzeichen» des schöpferischen Handeln Gottes in der Gegenwart. Durch seine nicht reziproke Relationalität unterscheidet sich der «schöpferische Pluralismus» aus dem Geist Gottes von jedem sozialen Pluralismus im Sinne symmetrischer «Beziehungen von Person zu Person».[54] Aus ekklesiologischer Sicht ist darüber hinaus zu bedenken: «Ein Kirchenverständnis, das den kirchlichen Pluralismus unabhängig von der Suche nach einer für alle verpflichtenden Wahrheit beschreiben würde, gäbe damit den Wahrheitsbezug des christlichen Glaubens und der kirchlichen Existenz preis. Dieser Wahrheitsbezug nötigt dazu, der Pluralität in der Kirche nur eine begrenzte und vorläufige Bedeutung zuzuerkennen. Umso dringlicher ist die Frage, über welche Kriterien zum Umgang mit (innerkirchlicher wie gesellschaftlicher) Pluralität die Kirche verfügt.»[55] Kein kirchlicher und theologisch-ethischer Beitrag in der Öffentlichkeit kann diese, im Hinblick auf das eigene kirchliche Selbstverständnis formulierte, Aufgabe ausser Acht lassen. Im Hinblick auf die Wahrnehmung des kirchlichen Öffentlichkeitsauftrags rücken die folgenden Aspekte ins Blickfeld:

1. Zunächst müssen die verschiedenen Adressatenkreise ethischer Stellungnahmen und kirchlicher Positionierungen unterschieden werden: auf der einen Seite die gesellschaftliche und politische Öffentlichkeit, auf

---

[52] Michael Welker, Kirche im Pluralismus, Gütersloh 1995, 28. Der Theologe findet diesen «Pluralismus des Geistes» vor allem in der Weissagung von Joel 3,1–5, in der paulinischen Charismenlehre (Röm 12; 1 Kor 12) und in der Pfingstgeschichte (Apg 2) als Gründungsdatum der Kirche.

[53] Vgl. Reiner Anselm/Ulrich H. J. Körtner (Hg.), Streitfall Biomedizin. Urteilsfindung in christlicher Verantwortung, Göttingen 2003; Ulrich H. J. Körtner, Wohin steuert die Ökumene? Vom Konsens- zum Differenzmodell, Göttingen 2005, 105–112; vgl. die Kritik von Wolfgang Schoberth, Pluralismus und Freiheit evangelischer Ethik, in: ders./ Ingrid Schoberth (Hg.), Kirche – Ethik – Öffentlichkeit. Christliche Ethik in der Herausforderung, Münster, Hamburg, London 2002, 249–264.

[54] Michael Welker, Beziehung – menschlich und göttlich, in: Michaela Bauks/ Kathrin Liess/Peter Riede (Hg.), Was ist der Mensch, dass du seiner gedenkst? (Psalm 8,5). Aspekte einer theologischen Anthropologie. FS f. Bernd Janowski zum 65. Geb., Neukirchen-Vluyn 2008, 541–555 (550).

[55] Wolfgang Huber, Öffentliche Kirche in pluralen Öffentlichkeiten, in: Evang. Theol. 54/1994, 157–180 (173).

der anderen Seite die theologisch-ethischen, kirchlichen und fachspezifischen Binnendiskurse. 2. Es gehört zu den Grundeinsichten reformatorischer Theologie, dass Kirche, als zivilgesellschaftliche Akteurin, Teil der gesellschaftlichen Verhältnisse ist. Sie steht weder über noch jenseits der Gesellschaft und verfügt über keine ‹Wahrheiten› in gesellschaftspolitischen Fragen, die ihr – gegenüber anderen gesellschaftlichen Gruppen – einen Sonderstatus einräumen würden. Der Streit um die ‹Wahrheit› gehört ebenso wesentlich zur irdischen Gestalt von Kirche, wie das Ringen um die Massstäbe ‹guten› Lebens und ‹gerechten› Handelns. 3. Theologische Ethik ist bezogen auf eine spezifische Form kirchlicher Praxis, ohne dabei auf die, ihr eigentümliche, theologisch und anthropologisch fundierte Reflexion zu verzichten. Sie geht über die populären Typen problemorientierter oder ‹Angewandter Ethiken› hinaus, weil sie konstitutiv im anthropologischen Horizont des von Gott gerechtfertigten und zur Freiheit berufenen Menschen entworfen und entfaltet werden muss. Ihr Selbstverständnis gründet in dem Glauben an die universale Gemeinschaft zwischen Gott und den Menschen als Ausgangspunkt ihres Nachdenkens über den Menschen und Grundlage ihres Handelns. 4. Theologisches Denken, Reden und Handeln bilden eine unauflösbare Einheit. Nachdenken muss sich im Handeln bewähren, die Tat folgt aus der Reflexion der Aufgaben, Ziele und Perspektiven in der glaubenden Vergegenwärtigung der Geschichte des Handeln Gottes mit den Menschen. Dieser ‹Einheitsfokus› bestimmt die Art und Weise theologischethischer Reflexion: Sie ist immer und zugleich theologisch-anthropologisch fundiert und diakonisch-praktisch orientiert.

3. Begriffliche Vorklärungen

In den vorangegangenen Abschnitten war allgemein von ‹Entscheidungen am Lebensende› die Rede, oder die Begriffe ‹Sterbehilfe› und ‹Suizidhilfe› wurden mit einem ‹und› verbunden, teilweise noch um den Begriff ‹Sterbebegleitung› ergänzt. Es gibt zahlreiche terminologische Vorschläge und eine breite Debatten über Sinn, Zweck und Grenzen solcher Definitionen. Klar ist *einerseits*, dass die Grenzen zwischen passiver, indirekter und aktiver ärztlicher Sterbehilfe im medizinischen Alltag häufig verschwimmen und *andererseits*, dass sich unser Rechtssystem, besonders das Strafrecht, ganz selbstverständlich an der «Unterscheidung zwischen Tun und Unterlassen orientiert».[56] Wir müssen zumindest eine Ahnung davon haben, was sich hinter den wichtigen Rechtsbegriffen verbirgt, damit wir sicher sein können, in unserem Handeln auf der richtigen – legalen – Seite zu stehen.

In den aktuellen Diskussionen verfolgt der Streit um die Begriffe aber noch einen anderen Zweck. Frank T. Petermann weist darauf hin, dass der juristische Begriff des Selbstmordes «ein Unding» sei, und führt aus: «Mord zeichnet sich durch eine aussergewöhnlich krasse Missachtung *fremden* Lebens aus, weswegen ein Selbstmord rechtlich gesehen nicht möglich ist.» Aber nicht aufgrund dieser rechtlichen Ungereimtheit, sondern wegen der, dem Begriff «Mord» anhaftenden moralischen Wertungen, zieht der Jurist die «wertneutralen Begriffe Selbsttötung oder Suizid» vor. Zugleich verzichtet er auf den Begriff ‹Freitod›, «da er oft mit einer Verherrlichung des Suizids einhergeht oder zumindest assoziiert wird».[57] Auch der Jurist Yvo Hangartner empfindet den Ausdruck ‹Selbstmord› «angesichts der Tragik dieser Fälle persönlichkeitsverletzend› und schlägt vor, eine gelegentliche Strafgesetzbuch-Revision auch dazu zu benützen, ihn durch das Wort Selbsttötung zu ersetzen».[58] Der Vorentwurf des Bundesrates zur *Änderung des Strafgesetzbuches und des Militärstrafgesetzes betreffend die organisierte Suizidhilfe* vom Herbst 2009 ist diesem Anliegen gefolgt und verwendet anstelle des Begriffs «Selbstmord» im heutigen Art. 115 StGB den Ausdruck «Suizid».[59] Die Suche nach einer entdiskriminierenden und entstigmatisierenden Sprache hat dazu geführt, dass der normativ starke Begriff ‹Mord› in den aktuellen Diskussionen um Suizidprävention und Suizidhilfe fast durchgängig durch den schwächer wertenden Begriff ‹Tötung› ersetzt wird.[60]

---

[56] Frank T. Petermann, Sterbehilfe: Eine terminologische Einführung, in: ders. (Hg.), Sterbehilfe, 21–44 (23).

[57] Frank T. Petermann, Der Entwurf eines Gesetzes zur Suizid-Prävention, in: AJP/PJA 9/2004, 1111–1138 (1113).

[58] Petermann, Terminologische Einführung, 38, Anm. 39 mit einem Zitat aus Yvo Hangartner, Schwangerschaftsabbruch und Sterbehilfe. Eine grundrechtliche Standortbestimmung, Zürich 2000, 75.

[59] Vgl. Bundesrat, Schweizerisches Strafgesetzbuch (StGB) und Militärstrafgesetz (MStG). (Organisierte Suizidhilfe). Vorentwurf, Bern 2009, sowie Eidgenössisches Justiz- und Polizeidepartement (EJPD), Änderung des Strafgesetzbuches und des Militärstrafgesetzes betreffend die organisierte Suizidhilfe. Erläuternder Bericht, Bern Oktober 2009.

[60] Eine solche Begriffsverschiebung ist nur so lange unproblematisch, wie die Bedeutungsdifferenzen zwischen ‹Selbstmord› und ‹Selbsttötung› entweder negiert oder

Allerdings gerät in jüngster Zeit auch der Ausdruck ‹Selbsttötung› zunehmend in die Kritik. Vor allem Suizidhilfebefürworterinnen und -befürworter fordern einen Verzicht auf die Ausdrücke ‹töten› bzw. ‹Tötung› im Zusammenhang mit Suizidhilfe. Stattdessen sprechen sie von «Leben beenden», «Leben abbrechen», «Leben unterbrechen», «Suizidbegleitung», «Notfallhilfe», «Freitodhilfe» etc.[61] Freilich stellt sich die Frage, wie weit die Strategie einer ‹normativen Neutralisierung› von Sprache getrieben werden kann und was damit erreicht werden soll. Denn diskriminierend sind nicht Wörter, sondern der Sinn und die Absichten, die mit ihrer Verwendung in Sprechakten transportiert und verfolgt werden. Das Bestreben um eine Nivellierung der normativen Implikationen hat allenfalls einen rhetorischen Effekt. Entscheidender ist ein zweiter Aspekt. Weil wir uns sprachlich über Gegenstände und Sachverhalte in der Welt verständigen, läuft die Forderung nach «wertneutralen Begriffen» unweigerlich auf eine Strategie der ‹Entwertung› jener Gegenstände oder Sachverhalte hinaus. Oder mit den Worten des Philosophen und Mitbegründers des *Hastings Center* in New York, Daniel Callahan: «If I do something that ends a life of another, I think the dictionary would define that as killing. That is why we often make a distinction between killing and murder. To use a moral neutral word is to hide from ourselves what we are doing. It is important in all moral debates to use very accurate terms that do not anesthetize our feelings.»[62]

Bei dem Streit um die Wörter in der Sterbe- und Suizidhilfediskussion geht es also nicht nur um sinnvolle begriffliche Unterscheidungen, sondern auch um die Klärung ihrer evaluativen – normativ diskriminierenden oder nivellierenden – Gehalte. Da sich die vorliegende Untersuchung auf das Thema Suizidhilfe konzentriert, steht die Unterscheidung zwischen den Begriffen ‹Sterbe-› und ‹Suizidhilfe› im Vordergrund. Die öffentliche Debatte zeigt, dass die Ausdrücke völlig unterschiedlich und

---

für irrelevant erklärt werden. Zur Relevanz der Unterscheidung beider Begriffe vgl. etwa Karl Barth, Die Kirchliche Dogmatik, Bd. III/4, Zürich 1969, § 55, 2. Der Schutz des Lebens.

[61] Vgl. mit Blick auf die internationale Diskussion Markus Zimmermann-Acklin, Euthanasie. Eine theologisch-ethische Untersuchung, Freiburg/Ue. 1997, 93. Bereits der Titel dieses, aus einer Dissertation hervorgegangenen Standardwerkes verrät die Zeit seiner Entstehung. Der Begriff ‹Euthanasie› wird heute in der deutschsprachigen Bio- und Medizinethik, wenn überhaupt, nur noch zur Signalisierung einer entschieden ablehnenden Haltung verwendet.

[62] Daniel Callahan, zit. n. Zimmermann-Acklin, a.a.O., 93.

teilweise synonym verwendet werden.[63] Dagmar Fenner beobachtet, dass «in der einschlägigen Forschungsliteratur ‹Suizidbeihilfe› häufig austauschbar mit ‹Sterbehilfe› oder ‹Euthanasie› verwendet wird, und gleichzeitig Ärzte auf die ‹Gefahr der Vermischung von Sterbehilfe einerseits und Beihilfe zum Suizid andererseits› insbesondere durch (Schweizer) Sterbehilfeorganisationen aufmerksam machen».[64]

Die missverständliche synonyme Verwendung der Begriffe ‹Sterbe-› und ‹Suizidhilfe› mag alltagssprachlich durchgehen, nicht jedoch in – um differenzierte Informationen bemühten – Tageszeitungen, Forschungsinstituten oder gar Suizidhilfeorganisationen. Wenn Unwissenheit als Erklärung für diese Begriffsverwirrung[65] nicht durchgeht, muss dahinter eine Absicht stecken. Petermann liefert einen Hinweis, wenn er bemerkt, «dass das Wort Sterbehilfe nicht als erklärender (und damit einheitlicher) Begriff zu sehen ist, sondern viel eher als Oberbegriff für sämtliche

---

[63] So titelt etwa die NZZ vom 28. Oktober 2009 *Mehr Sorgfaltspflichten oder Verbot organisierter Suizidhilfe* und fährt fort: «Zur Regelung der Sterbehilfe macht der Bundesrat zwei Vorschläge.» Der Titel einer Medienmitteilung des Schweizerischen Nationalfonds (SNF) vom 4. November 2008 zu den Aktivitäten von Suizidhilfeorganisationen lautet *Sterbehilfe zunehmend nicht nur für tödlich Kranke.* Der Text endet mit der Begriffsdefinition: «Unter Suizidbeihilfe versteht man die Bereitstellung oder Verschreibung eines tödlichen Medikamentes, das einer Person die Selbsttötung ermöglicht.» Verwirrend ist auch die im Auftrag der SonntagsZeitung durchgeführte ISOPUBLIC-Umfrage *Passive Sterbehilfe – die Meinung der Schweizer Bevölkerung* von Oktober 2007, in der das Angebot von Suizidhilfeorganisationen als «passive Sterbehilfe» bezeichnet wird und die ‹Sterbezimmer› von Dignitas als «Sterbehospize» deklariert werden. Wenig um Klarheit bemüht ist auch der Artikel im Tages-Anzeiger vom 24. Oktober 2007 *Wer sterben will, muss hohe Hürden nehmen,* in dem die Verschreibung von Natrium-Pentobarbital als Akt ärztlicher «Sterbebegleitung» beschrieben und der Dignitas-Gründer Ludwig A. Minelli zum Kämpfer für die Enttabuisierung der «passiven Sterbehilfe» erklärt wird.

[64] Fenner, Suizid, 54, mit Verweis auf Stella Reiter-Theil, Ethische Probleme der Beihilfe zum Suizid. Die Situation in der Schweiz im Lichte internationaler Perspektiven, Bochum ²2004, sowie Bundesamt für Gesundheit (BAG), Suizid und Suizidprävention in der Schweiz. Bericht in Erfüllung des Postulats Widmer, April 2005, 16. Selbst die Suizidhilfeorganisation EXIT erklärt den eigenen Mitgliedern ihre ablehnende Haltung gegenüber dem Änderungsentwurf zu Art. 115 StGB betreffend die organisierte Suizidhilfe: «EXIT lehnt ein Verbot der organisierten Sterbehilfe ab» (EXIT-Info 1/2010, 9). Einen umgekehrten Fall bietet die Diskussion um einen Suizidhilfefall in der Schweizerischen Ärztezeitung, die einen Chirurgen zu «einem leidenschaftlichen Plädoyer gegen die aktive Sterbehilfe» (Petermann, Sterbehilfe, a.a.O., 22f, Fn 1) motiviert.

[65] Petermann, a.a.O., 22, stellt seinem Text bezeichnenderweise die Bibelverse Gen 11,5–7 über die babylonische Sprachverwirrung voran.

Themen- und Problemkreise, in denen es um ein selbstbestimmtes, im Interesse des Subjekt liegendes Beenden des eigenen Lebens geht.»[66] Und bezogen auf die Suizidhilfeorganisationen: «Die durch die Sterbehilfeorganisationen geleistete ‹Sterbehilfe› in der Schweiz ist immer Beihilfe zum Suizid; bei der gesamten organisierten Sterbehilfe handelt es sich um nichts anderes. Genau betrachtet kann Sterbehilfe also sowohl die Hilfe im Sterben als auch die Hilfe zum Sterben umfassen.»[67] Entsprechend werden dann «aktive», «passive Sterbehilfe» und «Beihilfe zum Suizid» unter dem Begriff «Sterbehilfe» subsumiert.[68]

Dass es bei der Frage der Verwendung der Begriffe ‹Suizid-› und ‹Sterbehilfe› nicht um akademische ‹Haarspalterei› geht, dokumentiert bereits die Beobachtung, dass zwar häufig Suizidhilfe als Sterbehilfe deklariert, aber nirgendwo umgekehrt medizinische Sterbehilfe als Suizidhilfe bezeichnet wird. Allein dieser Hinweis zeigt, dass mit den Begriffen keineswegs auf das Gleiche referiert wird und deshalb die Behauptung von der Auswechselbarkeit der Ausdrücke nicht zutrifft. Dass die These von der Synonymie der Begriffe beibehalten wird, kann aber auch nicht nur mit der «Verhexung unseres Verstandes durch die Mittel der Sprache»[69] erklärt werden. Vielmehr zielt das – zumindest in bestimmten Kontexten – bewusste Jonglieren mit den Begriffen darauf, das ambivalente Image der Suizidhilfe zu verbessern und ihr die institutionalisierte Seriosität und weitreichende gesellschaftliche Akzeptanz der medizinischen Sterbehilfe zu verschaffen.

Worin bestehen die Unterschiede zwischen Suizid- und Sterbehilfe und warum kann eine sachgemässe Diskussion nicht darauf verzichten? Eine erste Differenz betrifft den Adressatenkreis: Wem wird Sterbe- bzw. Suizidhilfe geleistet? Die Sterbehilfe richtet sich an *sterbende*, die Suizidhilfe an *sterbewillige* Personen. Sterbende Menschen befinden sich in ihrer letzten Lebensphase. Sterbehilfe meint ein begleitendes Handeln *im* Sterben, das in den Sterbeprozess eingreift mit dem Ziel, ihn zu steuern und – häufig – zu verkürzen. Sterbewillige Personen befinden sich dagegen nicht notwendig in der Sterbephase. In vielen Fällen werden sie

---

[66] A.a.O., 25.
[67] A.a.O., 24f.
[68] Vgl. die Grafik von Petermann, a.a.O., 25.
[69] Ludwig Wittgenstein, Philosophische Untersuchungen, in: ders., Werkausgabe, Bd. 1, Frankfurt/M. 1984, § 109.

durch die ihnen angebotenen Handlungen überhaupt erst zu Sterbenden. Deshalb wird Suizidhilfe korrekt als Hilfe *zum* Sterben bezeichnet.

Gegen diese Unterscheidung werden verschiedene Einwände vorgebracht, von denen drei im Vordergrund stehen: 1. Das Kriterium der terminalen Krankheits- bzw. Sterbephase sei medizinisch nicht klar zu definieren.[70] 2. Ein Sterbewunsch könne ebenso bei sterbenden, wie bei sich nicht in der Sterbephase befindenden Menschen vorliegen. 3. Die Beschränkung auf die terminale Krankheitsphase sei viel zu rigide und würde dem Selbstbestimmungsrecht der Menschen mit einem Sterbewunsch nicht gerecht.

Tatsächlich trifft der 1. Einwand in dem Sinne zu, als sich erst nachträglich – also nach Eintreten des Todes – sicher sagen lässt, ob sich ein Mensch in der terminalen Krankheitsphase befunden hat oder nicht. Allerdings zielt das medizinische Kriterium einerseits nicht auf eine präzise Zeitangabe, sondern auf einen Krankheitszustand, wie er nach *state of the art* medizinisch prognostiziert werden kann. In diesem Sinne formuliert die Zentrale Ethikkommission der Schweizerischen Akademie der Medizinischen Wissenschaften (SAMW) in ihren Richtlinien zur ärztlichen Suizidhilfe: «Die Erkrankung des Patienten rechtfertigt die Annahme, dass das Lebensende nahe ist.»[71] Andererseits hat sich ein solches zeitliches Kriterium in der Praxis als problemlos anwendbar erwiesen. Der am 27. Oktober 1997 im US-amerikanischen Bundesstaat Oregon in Kraft getretene *Death with Dignity Act* formuliert unter Punkt 12, Absatz 127.800 §1.01. Definitions: «‹Terminal disease› means an incurable and irreversible disease that has been medically confirmed and will, within reasonable medical judgment, produce death within six months.»[72] Die

---

[70] Vgl. Oliver Tolmein, Keiner Stirbt für sich allein. Sterbehilfe, Pflegenotstand und das Recht auf Selbstbestimmung, München 2006, 26f.: Der Autor zitiert eine Arzt: «Wir wissen, dass bei Multiorganversagen die Überlebenschance nur zehn Prozent beträgt. Wenn eine Infektion hinzukommt, sinken die Chancen auf fünf Prozent. Aber wenn wir den Patienten vor uns haben, wissen wir nicht, ob er zu den fünf Prozent gehört, die überleben können, oder zu den fünfundneunzig Prozent, die keine Chance haben.»

[71] Schweizerische Akademie der Medizinischen Wissenschaften (SAMW), Betreuung von Patientinnen und Patienten am Lebensende. Medizinisch-ethische Richtlinien der SAMW, Basel 2004, 6.

[72] The Oregon Death with Dignity Act. Oregon Revised Statutes, Edition 2007. Eine englisch-deutsche Synopse des Gesetzes findet sich in: Jörn Lorenz, Sterbehilfe – Ein Gesetzentwurf, Baden-Baden, Zürich, St. Gallen 2008, 299–315. Im Jahr 2009 verschrieben 55 Ärzte für 95 Personen Rezepte mit dem tödlichen Barbiturat. 53 Patientin-

Bestimmung hat sich in der über zehnjährigen Praxis bewährt, freilich aus dem Willen heraus, Suizidhilfe tatsächlich Menschen in einer terminalen Krankheitsphase vorzubehalten.[73]

Auch dem 2. Einwand ist darin zuzustimmen, dass der Wunsch, das eigene Leben zu beenden, völlig unabhängig davon bestehen kann, ob sich eine sterbewillige Person in einer terminalen Krankheitsphase befindet oder nicht. Und es «steht ausser Frage, dass Suizidbeihilfe *auch* bei sterbenden Menschen mit Suizidabsichten möglich ist».[74] Allerdings sind diese Beobachtungen für die Unterscheidung zwischen Suizid- und Sterbehilfe überhaupt nicht relevant. Denn es wird lediglich festgehalten, auf welchen Personenkreis jene medizinischen Massnahmen beschränkt werden sollen, die unter dem Begriff ‹Sterbehilfe› subsumiert werden. Damit wird nichts darüber gesagt, ob und wie Sterbende auch Kandidaten für Suizidhilfeorganisationen sein können.[75] An dieser Stelle kommt es einzig auf die folgende – in den Diskussionen häufig übersehene – Unterscheidung an: Mit dem Ausdruck ‹Sterben› im Kompositum ‹Sterbehilfe› wird auf einen bestimmten leiblichen bzw. gesundheitlichen Zustand von Personen als Voraussetzung für Sterbehilfe verwiesen. Mit dem Ausdruck ‹Suizid› im Kompositum ‹Suizidhilfe› wird dagegen auf eine bestimmte Willensäusserung von Personen als Bedingung für Suizidhilfe verwiesen. Dass leibliche Zustände etwas anderes sind, als Willensäusserungen (auch wenn Letztere natürlich nicht unabhängig von Ersterem bestehen), versteht sich von selbst. Deshalb muss unterschieden werden zwischen Handlungen, die ein Reaktion auf einen leiblichen Zustand einer Person sind und solchen, die durch mentale Zustände einer Person motiviert

---

nen und Patienten nahmen das Medikament ein, 30 starben, bevor sie es einnehmen konnten und 12 waren Ende 2009 noch am Leben. 78 % der Personen waren zwischen 55 und 78 Jahren alt, 79.7 % hatten eine Krebserkrankung. 98.3 % staben zu Hause, wobei 91.5 % zum Zeitpunkt ihres Todes palliative Betreuung erhielten. Seit der Einführung des Gesetzes erhielten insgesamt 470 Menschen Suizidhilfe (2009 Summary of Oregon's Death with Dignity Act, March 2010; http://oregon.gov/DHS/ph/pas/ar-index.shtml).

[73]   Die Medizinrechtlerin Brigitte Tag, Sterbehilfe – betrachtet im Lichte des Strafrechts, in: Frank Worbs (Hg.), Ganz Mensch bis zum Tod. Beiträge zum Umgang mit Sterben und Tod in der modernen Gesellschaft, Zürich 2009, 41–61 (58), schlägt vor, eine rechtliche Regelung der Suizidhilfe in der Schweiz an dieser Bestimmung der Zeitspanne von sechs Monaten zu orientieren.

[74]   Fenner, Suizid, 55.

[75]   Gegen Fenner, Suizid, 55.

56

sind. Zwar können Sterbe- und Suizidhilfe gleichermassen auf leibliche Zustände von Personen reagieren. Und sowohl Sterbe- wie auch Suizidhilfe sind in ihrem Handeln den selbstbestimmten Willensäusserungen betroffener Menschen gegenüber verpflichtet. Aber während Sterbehilfe unbedingt an den leiblichen Zustand der Person gebunden ist, ist Suizidhilfe diesem Kriterium nicht *per se* verpflichtet. Die Willensäusserung einer Person kann hier schwerer wiegen als ihr leiblicher Zustand, während dort das Vorliegen eines bestimmten leiblichen Zustandes eine notwendige und unhintergehbare Bedingung für das ärztliche Handeln darstellt. Anders formuliert: Sterbehilfe verhält sich *symptomatisch* zu einem bestehenden Zustand. Suizidhilfe kann dagegen darauf gerichtet sein, eine solche Situation überhaupt erst kausal hervorzubringen. Aufgrund der an dieser Stelle aufscheinenden komplexen Frage von Tun und Unterlassen[76] wird die Suizidhilfe auch juristisch kontrovers diskutiert. Entgegen der verbreiteten Tendenz zur Nivellierung der begrifflichen und sachlichen Differenzen muss an der Unterscheidung zwischen der ‹Hilfe *im* Sterben› und der ‹Hilfe *zum* Sterben› festgehalten werden.

Bei dem 3. Einwand gegen die Missachtung der individuellen Persönlichkeits- und Freiheitsrechte durch eine Begrenzung des Adressatenkreises von Sterbe- und Suizidhilfe in medizinischen Standesordnungen und im Recht, geht es eigentlich nicht um Definitionsfragen. Weil diese Kritik den Blick auf eine Entwicklung lenkt, vor der die anhaltende Aktualität des Streits um die Begriffe verständlich wird, soll kurz darauf eingegangen werden. Die medizinethischen Debatten der jüngeren Vergangenheit über die Grenzen medizinischen Handelns am Lebensende oder in aussichtslosen Krankheitssituationen können nicht abgelöst werden von den Diskussionen über die Grenzen ärztlicher Entscheidungsmacht. Das Eintreten für medizinische Sterbehilfe besteht nicht unabhängig von der Kritik an einem traditionellen medizinischen Paternalismus und bildet insofern eine Konsequenz aus der allgemeinen Forderung nach einem Recht auf Selbstbestimmung für Patientinnen und Patienten.[77] So verstehen sich auch die Suizidhilfeorganisationen als kritisches

---

[76] Einen kompetenten Überblick bieten Dieter Birnbacher, Tun und Unterlassen. Stuttgart 1995, sowie Werner Wolbert, Ist der Unterschied zwischen Töten und Sterbenlassen noch sinnvoll?, in: Holderegger (Hg.), Das medizinisch assistierte Sterben, 56–75.

[77] Vgl. etwa Constanze Giese, Die Patientenautonomie zwischen Paternalismus und Wirtschaftlichkeit. Das Modell des ‹Informed Consent› in der Diskussion, Münster 2002.

Regulativ gegenüber einer Spitzenmedizin, die in der Lage ist, menschliches Leben selbst in irreversiblen Krankheitssituationen fast unbegrenzt zu erhalten. Die provozierende Frage «Woran darf der Mensch noch sterben?»[78] bringt diese Ambivalenz medizinisch-technologischer Handlungsoptionen auf den Punkt. Suizidhilfe wird nicht nur als Ausweg aus dem Leben in Anspruch genommen, sondern auch als Flucht vor einem Medizinsystem, dessen Funktionslogik die Menschen ohnmächtig an ihr Leben zu fesseln droht. Dagegen ist das Engagement für starke und verbindliche Rechte für Patientinnen und Patienten – etwa in Form des *informed consent*-Prinzips oder rechtlich abgesicherter Patientenverfügungen – gerichtet. Im Kern zielen diese Bemühungen darauf, dass eine Person auch unter den asymmetrischen Bedingungen medizinischer Behandlungs- und Betreuungssituationen, jederzeit Subjekt ihres Leibes und Lebens bleibt.

Die Suizidhilfe geht einen Schritt weiter, indem sie das ursprünglich paternalistische Arzt-Patientinnen-Verhältnis quasi umkehrt. Dem Arzt weist sie eine advokatorische oder assistierende Rolle bei der Umsetzung der Interessen der sterbewilligen Person zu. Bettina Schöne-Seifert gibt in diesem Zusammenhang zu bedenken: «Es erscheint vielen Menschen unsinnig heroisch, einen Suizid, wenn er denn als *ultima ratio* akzeptabel ist, *nicht* auf die humanste Weise durchzuführen, die es dazu praktisch gibt. Sich mit einer Plastiktüte über dem Kopf, auf Bahngleisen oder in tiefen Gewässern zu töten, sind aus dieser Sicht, die ich sehr wohl teile, indiskutable (und für Schwerstkranke ausserdem oft nicht praktikable) Alternativen geworden, wenn man sich doch mithilfe von Barbituraten den Tod, schnell, sicher und schmerzlos geben kann.»[79] Vor diesem Hintergrund kommt die Medizinethikerin zu dem Schluss, «dass ärztliche Suizidbeihilfe dem recht verstandenen ärztlichen Ethos nicht nur nicht zuwider ist, sondern ihm in positiver Weise *entspricht*.»[80] Die «Grundnorm» medizinischen Handelns verpflichte zur «Vorbeugung, Heilung, Lebensrettung und Leidlinderung. In der Krisensituation un-

---

[78] Theres Lüthi, Woran darf der Mensch noch sterben, in: NZZ 30.10.1996, 65.

[79] Bettina Schöne-Seifert, Ist ärztliche Suizidhilfe ethisch verantwortbar?, in: Petermann (Hg.), Sterbehilfe, 45–67 (56f.). Das Argument von der Humanität und Effizienz von Suizidmethoden begegnet in vielen Varianten, im Rahmen der organisierten Suizidhilfe auch mit dem Hinweis auf die enormen gesellschaftlichen Kosten, die durch Suizide und Suizidversuche anfallen; vgl. Minelli, Die EMRK, Abs. 1.4.

[80] Schöne-Seifert, Ärztliche Suizidhilfe, 60.

heilbar gewordener Krankheit jedoch kann neben menschlichem Beistand auch Suizidbeihilfe bei einem dazu entschlossenen verzweifelten Kranken dazugehören.»[81]

Das ethisch Schillernde dieser Formel besteht darin, dass bei der Begründung der ärztlichen Aufgabe gerade positiv auf das traditionelle Arztethos Bezug genommen wird: Die Forderung nach ärztlicher Suizidassistenz wird aus der mehr als zweitausend Jahre alten ärztlichen Fürsorgepflicht gegenüber der Patientin und dem Patienten hergeleitet und mit dem modernen Autonomieprinzip verbunden. Das *beneficence*-Prinzip erscheint als Funktion des *respect-for-autonomy*-Prinzips. Das Selbstbestimmungsrecht der Patientin und des Patienten (*voluntas aegroti suprema lex*) wird der ärztlichen Verpflichtung gegenüber dem Patientenwohl (*salus aegroti suprema lex*) nicht nur gleichgestellt,[82] sondern vorgeordnet. Der Suizidwunsch wird – im Grenzfall – zur dominierenden Bezugsgrösse im Handlungszusammenhang. Zugespitzt formuliert: Sterbehilfe orientiert sich an dem medizinisch diagnostizierbaren, leiblichen Zustand einer Person, Suizidhilfe an deren Absicht.

Die Unterscheidung zwischen ärztlichen Tätigkeiten im Rahmen einer medizinischen Behandlung oder Betreuung und in Zusammenhängen, in denen ärztliches Handeln eine Mittelfunktion für andere Zwecke zugewiesen wird, wirft ethische Fragen auf. Sterbehilfe ist auf medizinische Zwecke gerichtet, bei der Suizidhilfe liefert die Medizin nur das technische Mittel für einen nicht-medizinischen Zweck. Immanuel Kant hat zu dieser Unterscheidung bemerkt: «Ob der Zweck vernünftig und gut sei, davon ist hier gar nicht die Frage, sondern nur, was man tun müsse, um ihn zu erreichen. Die Vorschriften für einen Arzt, um seinen Mann auf gründliche Art gesund zu machen, und für einen Giftmischer, um ihn sicherlich zu töten, sind in sofern von gleichem Wert, als eine jede dazu dient, ihre Absicht vollkommen zu bewirken.»[83] Die Suizidhilfe wirft also die Frage nach dem Status der Ärztin bzw. des Arztes als handelnde Personen auf. Welche Rolle nehmen sie in einem Handlungszusammenhang ein, der durch die Willensäusserung der suizidwilligen Person konstituiert wird? Wie kommen sie als handelnde Subjekte ins

---

[81] Ebd.

[82] Vgl. dazu die biomedizinischen Prinzipien von Tom L. Beauchamp/James F. Childress, Principles of Biomedical Ethics (1987), New York ⁵2001.

[83] Immanuel Kant, Grundlegung der Metaphysik der Sitten, in: ders., Werke, Ed. Weischedel, Bd. IV, Darmstadt 1983, BA 42.

Spiel und was heisst es für sie, sich in einer solchen Situation am ärztlichen Ethos zu orientieren?

Eine weitere – in der Literatur breit diskutierte – Unterscheidung zwischen Suizid- und Sterbehilfe betrifft die so genannte Tatherrschaft. «Von Suizidbeihilfe kann nach allgemeiner Übereinkunft nämlich nur da gesprochen werden, wo die Tötung aktiv vom Sterbewilligen selbst ausgeführt wird, etwa durch das Einnehmen eines ihm bereitgestellten Natrium-Pentobarbitals. [...] Demgegenüber wäre Sterbehilfe zu definieren als eine Handlung durch Drittpersonen, mit welcher auf Wunsch der sterbenden Person die Verkürzung ihres qualvollen Sterbeprozesses eingeleitet wird – sei es durch Unterlassung lebenserhaltender Massnahmen (passive Sterbehilfe, sei es durch den gezielten Einsatz lebensgefährdender schmerzstillender Medikamente (aktive Sterbehilfe).»[84]

Quer zu der Sterbe- und Suizidhilfe steht die gegenwärtig unter dem Begriff *palliative care* diskutierte *Sterbebegleitung*. Ein Versuch die Handlungen im Rahmen von Sterbehilfe, Suizidhilfe und Sterbebegleitung in ein typisierendes Schema zu rücken, ergäbe ungefähr das folgende Bild:[85]

---

[84]   Fenner, Suizid, 55f. Bei der Gabe lebensgefährdender schmerzstillender Medikamente handelt es sich nicht um *aktive*, sondern um *indirekte Sterbehilfe*, sofern die Verabreichung nicht ausschliesslich dem Zweck der Beendigung des Lebens dienen soll.

[85]   Der folgenden Tabelle liegt die Grafik von Markus Zimmermann-Acklin, Zwischen Suizid und Euthanasie. Erkundungen in einem Übergangsfeld, in: Folia Bioethica 22, Genf 1998, 6, zugrunde.

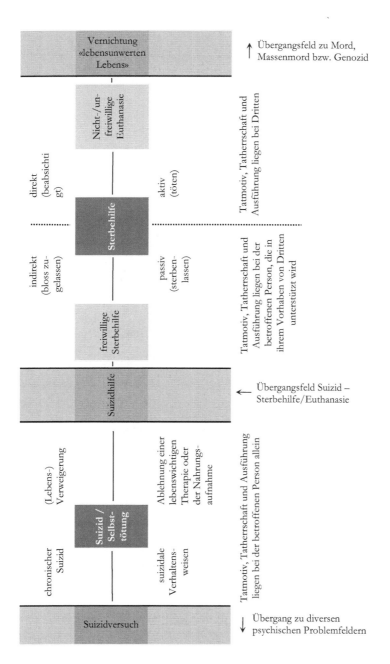

Vernichtung «lebensunwerten Lebens»

↑ Übergangsfeld zu Mord, Massenmord bzw. Genozid

Nicht-/un- freiwillige Euthanasie

direkt (beabsichtigt)

aktiv (töten)

Tatmotiv, Tatherrschaft und Ausführung liegen bei Dritten

Sterbehilfe

indirekt (bloss zugelassen)

passiv (sterbenlassen)

freiwillige Sterbehilfe

Tatmotiv, Tatherrschaft und Ausführung liegen bei der betroffenen Person, die in ihrem Vorhaben von Dritten unterstützt wird

Suizidhilfe

← Übergangsfeld Suizid – Sterbehilfe/Euthanasie

(Lebens-) Verweigerung

Ablehnung einer lebenswichtigen Therapie oder der Nahrungsaufnahme

Suizid / Selbsttötung

chronischer Suizid

suizidale Verhaltensweisen

Tatmotiv, Tatherrschaft und Ausführung liegen bei der betroffenen Person allein

Suizidversuch

↓ Übergang zu diversen psychischen Problemfeldern

Abb. 1: Begriffsfelder ‹Suizidhilfe› und ‹Sterbehilfe›

Sterbehilfe und Suizidhilfe umfassen alle Handlungen und Unterlassungen jenseits individueller Suizidhandlungen und diesseits solcher Delikte, die den Straftatbestand der «vorsätzlichen Tötung» (Artikel 111–113 StGB) erfüllen. Die innerhalb dieses Rahmens möglichen Handlungen lassen sich wie folgt typisieren:

| Geltungsbereich (AdressatInnen) | Sterbende | Die Ausdrücke ‹Sterbehilfe› und ‹Sterbebegleitung› beziehen sich auf Entscheidungen und Handlungen bei und an *Sterbenden*. Sie betreffen ausschliesslich die letzte Lebensphase. ‹Sterbehilfe› und ‹-begleitung› betonen die *Sterbesituation* der Person, an der gehandelt wird. |
| | Sterbe-willige | ‹Suizidhilfe› bezeichnet alle Handlungen an und mit *sterbewilligen* Menschen, unabhängig davon, ob sie sich im Sterbeprozess befinden oder nicht. ‹Suizidhilfe› fokussiert auf den *Willensausdruck* und *-entschluss* einer Person *zu sterben*. |

| Sterbebegleitung Hilfe *beim* Sterben | Sterbebegleitung (*palliative care*) meint die ganzheitliche Betreuung und Begleitung von Sterbenden (palliativ von lat. pallium = Mantel und palliare = lindern). Palliative Care – hervorgegangen aus der in den 1960er Jahren von Cicely Saunders gegründeten Hospizbewegung – bemüht sich darum, dass der sterbende Mensch und sein soziales Umfeld den Sterbeprozess als bewusste, sozial integrierte Lebensphase mit möglichst hoher Lebensqualität leben und erleben können. |

Sterbehilfe Hilfe *zum* Sterben	passiv	*Behandlungsabbruch* oder *Verzicht* auf lebensverlängernde Massnahmen unter Beibehaltung von Pflege und Schmerztherapie.
	indirekt	Schmerzlindernde, sedierende Behandlung unter *Inkaufnahme* einer (*nicht bezweckten*) Lebensverkürzung.
	aktiv	*Zielgerichtete* und *aktive* Beschleunigung oder *Herbeiführung* des Todeseintritts (gegenüber der indirekten Sterbehilfe ist der Tod als *Handlungszweck* beabsichtigt).

| Suizidhilfe | Suizidhilfe wird vor allem – aber nicht ausschliesslich – von Sterbehilfeorganisationen angeboten. Sie betrifft assistierende Handlungen zur *Umsetzung des Sterbewunsches sterbewilliger Personen*. Die Suizidhandlung muss von der sterbewilligen Person in jedem Fall *selbst ausgeführt* werden. |

Abb. 2: Handlungsaspekte

Eine 2007 veröffentlichte europäische Vergleichsstudie des Pariser Institut national d'etudes démographiques zu lebensverkürzenden Massnahmen in der Medizin stellt fest: «The circumstances of death have changed over the last hundred years in Europe. Most people die at old or very old ages, often in a hospital or care home after a long chronic illness. A much wider range of medical treatments and palliative care has also become available. Patients, for their part, more often prefer to die peacefully rather than prolong life at all costs.»[86] Welche Formen der Sterbehilfe, wie häufig und mit welchen Resultaten eingesetzt werden, untersucht die sogenannte EUREKD-Studie (Medical End-of-Life Decisions in six European Countries), «die wohl umfassendste wissenschaftliche Bestandsaufnahme medizinischer Entscheidungen am Lebensende in Europa».[87] In den sechs untersuchten Ländern sterben ca. ein Drittel der Patientinnen und Patienten aus medizinischer Sicht unerwartet. Bei den zwei Dritteln vorhersehbarer Todesfälle wurde in unterschiedlichem Umfang medizinische Sterbehilfe geleistet: in Italien mit 23 % am seltensten, in der Schweiz mit 51 % am häufigsten.[88] In der Schweiz entfielen 28 % auf Massnahmen passiver Sterbehilfe (Behandlungsabbruch oder Behandlungsverzicht)[89], 22 % auf Massnahmen der indirekten Sterbehilfe (etwa die Gabe von Opiaten in Dosierungen, die den Todeseintritt termial Kranker unter Umständen beschleunigt haben könnte) und 1 % auf Suizidhilfe und aktive Sterbehilfe.[90]: 0,36 % auf Suizidhilfe, 0,27 % auf aktive Sterbehilfe auf Verlangen und 0,42 % auf aktive Ster-

---

[86] Johan Bilsen/Joachim Cohen/Luc Deliens, End of life in Europe: an overview of medical practices, in: Bulletin mensuel d'information de l'institut national d'études démographiques. Population & Societies, No. 430/2007, 1.

[87] Georg Bossard, Ärztliche Entscheidungsfindung am Lebensende im internationalen Vergleich, in: Jan Schildmann/Uwe Fahr/Jochen Vollmann (Hg.), Entscheidungen am Lebensende in der modernen Medizin: Ethik, Recht, Ökonomie und Klinik, Münster 2006, 199–211 (199); dort finden sich Literaturhinweise zu weiteren Publikationen der EURELD-Studiengruppe.

[88] Diese und die folgenden statistischen Angaben sind der eben genannten Publikation von Bossard entnommen.

[89] Die am meisten verbreiteten Formen des Therapieabbruchs oder -verzichts betreffen in absteigender Häufigkeit die Medikation, Hydration/Ernährung, Respiration, Onkotherapie, Chirurgie und Dialyse. Dabei wird bei den drei zuletzt genannten Formen des Therapieabbruchs häufiger die Zustimmung der Betroffenen eingeholt als in den zuerst genannten Formen, weil dort die lebensverkürzende Wirkung stärker ins Gewicht fällt.

[90] Die Schweiz liegt dort hinter den Niederlanden (3,4 %) und Belgien (1,8 %).

behilfe ohne ausdrückliches Verlangen. Bossard kommentiert die Ergebnisse: «Insgesamt zeigen diese Resultate, dass der Todeszeitpunkt in modernen westlichen Staaten sehr oft nicht nur schicksalhaft erfolgt, sondern die Folge eines ärztlichen Entscheids darstellt. In der Regel handelt es sich dabei um Entscheidungen im Rahmen passiver oder indirekter Sterbehilfe. Das Vorkommen von Suizidbeihilfe und aktiver Sterbehilfe auf Verlangen weist grosse Länderunterschiede auf – wo diese Formen der Sterbehilfe legal resp. straffrei sind, kommen sie auch häufiger vor. Des Weiteren zeigen die Resultate, dass trotz Illegalität von Ärzten in allen untersuchten Ländern in seltenen Fällen auch aktive Sterbehilfe ohne ausdrückliches Verlangen praktiziert wurde.»[91]

Die durch einen ärztlichen Entscheid bewirkte geschätzte Lebensverkürzung betrug in über 80 % der Fälle weniger als einen Monat, häufig sogar weniger als eine Woche. Die Lebensverkürzung durch Suizidhilfe oder aktive Sterbehilfe war dagegen vergleichsweise beträchtlich. In Holland und in der Schweiz waren in mehr als drei Viertel aller Fälle die Sterbehilfemassnahmen mit den Patientinnen und Patienten oder den Angehörigen abgesprochen worden. Im Ländervergleich zeigt sich eine unterschiedliche Gewichtung der ärztlichen Pflicht zur Lebenserhaltung und der Pflicht zur Wahrung der Patientenautonomie. «In Ländern wie Holland oder der Schweiz wird offenbar eher zugunsten des Patientenwillens, in Ländern wie Schweden oder Italien eher im Sinne einer absolut verstandenen Pflicht zur Lebenserhaltung entschieden. Entsprechend wird in den letzteren Ländern deutlich seltener Sterbehilfe geleistet, und wenn, dann ist der lebensverkürzende Effekt derselben sehr gering, wogegen der Wille des Patienten für die Entscheidung eine eher untergeordnete Rolle spielt.»[92]

Interessant sind die ärztlichen Motive bei der Sterbehilfe. Immerhin sind Formen passiver Sterbehilfe in ungefähr der Hälfte aller Fälle mit der ärztlichen Absicht verbunden, den Todeseintritt zu beschleunigen. Die Motive bei der indirekten Sterbehilfe (Abgabe von Opiaten in eventuell lebensverkürzenden Dosierungen) wurden gesondert für die Deutschschweiz ermittelt. Dabei wurden die Opiattherapien bei 261 Fällen indirekter Sterbehilfe und 10 Fällen aktiver Sterbehilfe analysiert. Es zeigte sich, dass in 116 (indirekte) beziehungsweise 5 (aktive) Fällen die

---

[91] Bossard, Ärztliche Entscheidungsfindung, 202.
[92] A.a.O., 204.

Dosierung eine Lebensverkürzung ausschloss, in 138 beziehungsweise 4 Fällen die Dosierung eine Lebensverkürzung möglich machte und nur in 7 Fällen beziehungsweise 1 Fall die Dosierung fast sicher zu einer Lebensverkürzung führte. Allein im letzten Fall entsprach die Dosierung der ärztlichen Absicht, eine Lebensverkürzung herbeizuführen.

Im Ländervergleich kristallisieren sich in der Studie – nach Bossard – die folgenden Tendenzen heraus, die weniger medizinisch als kulturell bestimmt seien. Für Länder, in denen Sterbehilfe-Entscheidungen häufiger mit Betroffenen besprochen werden (Holland, Schweiz, Belgien) gilt: 1. Es werden insgesamt mehr Sterbehilfeentscheidungen gefällt; 2. die lebensverkürzenden Effekte pro Entscheidung sind ausgeprägter und 3. die Suizidhilfe oder aktive Sterbehilfe auf Verlangen spielen eine grössere Rolle. Die Ergebnisse der Studien, die auf Fragebogenauswertungen beruhen, zeichnen ein Bild, das einigen weit verbreiteten Vorstellungen hinsichtlich der medizinischen Sterbehilfe widerspricht. So besteht die Unterscheidung zwischen aktiver/indirekter und passiver Sterbehilfe nicht darin, dass in den ersten Fällen etwas getan, im zweiten lediglich etwas unterlassen wird. Auch die damit verbundenen Vorstellungen, bei der aktiven und indirekten Sterbehilfe sei eine Lebensverkürzung intendiert, während sie bei der passiven Sterbehilfe nur in Kauf genommen werde, trifft nicht zu. Fast 50 % aller Fälle passiver Sterbehilfe wurden mit der Absicht durchgeführt, den Todeseintritt zu beschleunigen.[93]

---

[93] Bereits früher hat Johannes Fischer die Brauchbarkeit der Unterscheidung zwischen aktiver und passiver Sterbehilfe überzeugend kritisiert und durch die «Wahrnehmung des Todes eines Menschen» als «Tat» oder «Geschick» ersetzt. Medizinische Massnahmen lassen sich dabei nicht *an sich* beurteilen, sondern indem sie in den «Situationsrahmen des ‹Wartens auf den Tod›» eingefügt und vor diesem Hintergrund beurteilt werden; vgl. Johannes Fischer, Aktive und passive Sterbehilfe, in: ZEE 40/1996, 110–127 (112.114).

«Unmässig verdichtet hat so das Bild menschliches Leben. Seine immerzu kritische Lage ist
darin, die dasselbe ist wie seine noch unge-
wusste, zentral unbeherrschte [...] über den
nächsten Augenblick kann nicht gesehen, nur
gedacht werden.»

Ernst Bloch[1]

III. Sterben in der ‹Risikogesellschaft›

«Wir werden uns nicht in eine andere Richtung entwickeln als zum Tod
hin, ein grosser Fortschritt ist ein grosser Schritt zum Ende hin. [...] Der
Mensch ist nicht weiter, er wird nicht weiter kommen, obwohl er weiter
geht und geht und geht. Die Technik ist zu stark für unseren schwachen
Körper, sie wissen das, sie wissen, einen wie mich werden sie brauchen,
je länger, je mehr. Einer, der den Schalter dreht, wenn die Birne längst
verglüht und das Licht aus ist. Einer, der ihnen die Finsternis bringt. Was
wäre, wenn sie mich lieben würden. Zugeben müssten sie, dass sie ge-
scheitert sind.»[2]

Für den Sterbehelfer Gustav Strom aus Lukas Bärfuss' Theaterstück
Alices Reise in die Schweiz liegen die Fakten klar auf dem Tisch: Wir sind
dankbar für die medizinischen Errungenschaften, wir vertrauen der Medizin unsere stets gefährdeten Leben an, setzen auf die ärztliche Kunst
und profitieren von den einmaligen, vorher nie dagewesenen diagnosti-
schen und therapeutischen Möglichkeiten. Es gibt aber Grenzen, jenseits
derer das medizinische Wissen und Können nur noch zur Belastung für
die Patientin oder den Patienten werden und medizinische Massnahmen
lediglich ein schmerzvolles Leiden, ein aussichts- oder besinnungsloses
Dahinvegetieren fortzusetzen scheinen. Aber: Wo liegt diese Grenze?
Wer bestimmt sie? Und was tun, wenn ein Mensch diese Grenze erreicht
hat?

Die Vertrautheit, mit der wir inzwischen dem Thema begegnen, darf
nicht darüber hinwegtäuschen, dass sich die Fragen keineswegs von

---

[1]   Ernst Bloch, Schlitten in Kopfhöhe, in: ders., Literarische Aufsätze, Gesamtausgabe 9, Frankfurt/M. 1965, 263f. (263).
[2]   Lukas Bärfuss, Alices Reise in die Schweiz, in: ders., Alices Reise in die Schweiz.
Die Probe. Amygdala. Stücke, Göttingen 2007, 7–57 (56f.).

selbst verstehen. Vor nicht allzu langer Zeit wäre über sie kaum öffentlich diskutiert worden, und in vielen Ländern finden solche Debatten – vor allem in dieser Breite – auch heute nicht statt. Der tiefgreifende Wandel in den Überzeugungen zu Fragen von Entscheidungen am Lebensende zeigt sich unmittelbar im Rückblick auf die Anfänge der gesellschaftlichen Debatten in den 1970er Jahren. «Zunächst hat das Bekanntwerden *spektakulärer Einzelfälle* und deren öffentliche Diskussion in den Medien zu einem breit abgestützten Problembewusstsein beigetragen. Für die USA kann in diesem Kontext das inzwischen berühmte Beispiel ‹Karen Ann Quinlan› (bekannt seit 1975 durch die Klage ihrer Eltern, die künstliche Beatmung abstellen zu dürfen, bis zu ihrem Tod nach zehnjährigem Koma im Jahr 1985), für die Schweiz bzw. Zürich der Name Urs Peter Haemmerli (1976) und für Deutschland derjenige von Julius Hackethal (1986) erwähnt werden. Dabei gehörte es zur Absicht der beteiligten Personen, öffentlich auf sich und ihre Not aufmerksam zu machen, persönliche Entscheidungen durch Gerichtsurteile bestätigen zu lassen bzw. auf diese Weise auf die Notwendigkeit der Veränderung des Strafrechts hinzuweisen.»[3]

Die Sterbehilfediskussion in der Schweiz beginnt Anfang 1975 mit einem Strafverfahren gegen den Mediziner Urs Peter Haemmerli am Zürcher Triemli-Spital wegen des Verdachts der vorsätzlichen Tötung, weil er gegenüber seiner Vorgesetzten – der Stadträtin Regula Pestalozzi – bemerkt hatte, bei sterbenden Menschen durch Nahrungsentzug (nicht Flüssigkeitsentzug) den Sterbeprozess beschleunigt zu haben.[4] Diesen Debatten gingen Gründungen von Sterbehilfegesellschaften in den USA und Grossbritannien in den 1960er und 1970er Jahren voraus, denen in den 1980er Jahren analoge Vereinsgründungen in Deutschland (1980 die Deutsche Gesellschaft für humanes Sterben, DGHS) und in der Schweiz (1982 in Zürich die Suizidhilfeorganisation EXIT Deutsche Schweiz. Vereinigung für humanes Sterben und 1998, als Folge interner Auseinandersetzungen bei EXIT die Suizidhilfeorganisation Dignitas – Menschenwürdig leben – Menschenwürdig sterben) folgten. Nachdem sich die Organisationen anfangs für die aktive Sterbehilfe stark gemacht hatten, traten – auch aufgrund der Aussichtslosigkeit ihrer Forderun-

---

[3] Zimmermann-Acklin, Euthanasie, 80.

[4] Vgl. Heine, Schweiz, 593; Ludwig A. Minelli, Rechtliche, politische und ethische Aspekte der Sterbehilfe-Debatte in Deutschland, in: Aufklärung und Kritik, Sonderheft 11/2006, 113–130 (115).

gen – zunehmend zwei Ziele in den Vordergrund: 1. die Patientenautonomie und die Verhütung unnötigen Leidens sterbender Menschen und 2. die Liberalisierung der entsprechenden nationalen strafrechtlichen Bestimmungen.[5]

1. Über die Gegenwart des Todes im Leben

Das Wissen um die eigene Begrenztheit und Sterblichkeit rückt das Leben in ein bestimmtes Licht. «Philosophieren heisst sterben lernen» lautet die viel zitierte Überschrift des 20. Essays aus dem ersten Buch von Michel de Montaignes *Essais*.[6] Wie aber begegnet der Tod im wirklichen Leben? Der französische Philosoph Vladimir Jankélévitch unterscheidet drei Perspektiven, in denen wir Lebenden dem Tod begegnen: 1. den «Tod in der dritten Person, de[n] Tod irgend jemandes», einen «Tod ohne Geheimnis»; 2. den «Tod in der ersten Person», also den eigenen, über den ich nicht reden kann, «weil es mein Tod ist», und 3. den «Tod in der zweiten Person, der Tod eines Nahestehenden», der dem eigenen Tod am meisten ähnelt, «ohne es zu sein und ohne auch der unpersönliche und anonyme Tod eines sozialen Phänomens zu sein». «Es ist ein anderer als ich, also werde ich überleben. Ich kann ihn sterben sehen. Ich sehe ihn tot. Es ist ein anderer als ich, und gleichzeitig ist es das, was mich am nächsten betrifft. Jenseits davon wäre es mein Tod – für mich».[7] Tote haben einen paradoxen Status, sie verkörpern die «Anwesenheit eines Abwesenden».[8] Wer ist noch da, im Augenblick des Todes meines Gegenübers? Oder muss die Frage angemessener lauten: Was ist noch da, was mir dort gegenüberliegt? Ist das der Mensch, dessen Hand

---

[5] Vgl. den Überblick bei Zimmermann-Acklin, Euthanasie, 76–86. Trotz dieser veränderten *policy* blieben – wie der Autor zusammenfassend festhält – «die angestrebten Ziele, nämlich die Legalisierung der Tötung auf Verlangen bzw. der ärztlichen Suizidbeihilfe, dieselben, wie in den dreissiger Jahren» des letzten Jahrhunderts (a.a.O., 82).

[6] Vgl. Michel de Montaigne, Essais. Erstes Buch, übers. v. Hans Stilett, München 2000, 126–146; vgl. dazu Bernhard H. F. Taureck, Philosophieren: Sterben lernen? Versuch einer ikonologischen Modernisierung unserer Kommunikation über Tod und Sterben, Frankfurt/M. 2004.

[7] Vladimir Jankélévitch, Die Unwiderrufliche. Gespräche mit Daniel Diné, in: ders., Kann man den Tod denken?, Wien 2003, 11–32 (12).

[8] Thomas Macho, Tod und Trauer im kulturwissenschaftlichen Vergleich, in: Jan Assmann, Der Tod als Thema der Kulturtheorie, Frankfurt/M. 2000, 89–120 (99).

ich eben noch hielt, in dessen Augen ich gerade noch schaute? Oder ist mit seinem Leben auch der Mensch selbst verschwunden? Obwohl ich weiterhin die Hand halten und nach wie vor in die Augen blicken kann? Oder sehe ich nur noch Augen, nicht aber mehr in die Augen? Halte ich noch die gleiche Hand, in der ich eben noch einen immer schwächer werdenden Puls spürte?[9]

Natürlich sind diese Zeilen die Gedanken eines Lebenden: «Der Tod ist ein Problem der Lebenden. Tote Menschen haben keine Probleme.»[10] Wir leiden in und an unserem Leben (und am Tod der Anderen), nicht an unserem Tod, in und an unserem Sterben (und an der Sterblichkeit anderer), nicht an unserer Sterblichkeit. Epikur hat aus dieser Einsicht sein Analgetikum gegen die Todesfurcht gewonnen, wonach uns der Tod nichts angehe, «denn solange wir existieren, ist der Tod nicht da, und wenn der Tod da ist, existieren wir nicht mehr».[11]

Allerdings käme damit nur die eine Seite der Präsenz des Todes im Leben in den Blick. Dem Tod der anderen begegnen wir mit Betroffenheit, Entsetzen, Trauer oder auch Gleichgültigkeit und Erleichterung. Wie aber begegnen wir unserem ‹eigenen› Tod? Erneut stehen wir vor einem Paradox: Nichts trifft uns existenzieller als der eigene Tod. Zugleich existiert er niemals in der ersten Person: Mein Tod ist mir verschlossen. ‹Meinen Tod› gibt es nur für andere als den Tod eines anderen, weil im Moment des Todes jegliche Beziehung zu dem, was ich ‹mein› nennen könnte, abbricht. Mein Tod ist immer nur ihr oder sein Tod, weil nur Lebende mit dem Tod konfrontiert werden können. Ich (er-)lebe nur die Tode anderer und meinen Tod (er-)leben nur andere.

---

[9]   Vgl. Erich Fried, Kobenhavns Amts Sygehus Gentofte, in: ders., Das Unmass aller Dinge. Erzählungen, Berlin 1982, 75: «Und ob dieses Gesicht noch ein Gesicht ist? Neben einem, im Halbdunkel, sagt der, der einen kennt, mit dem man hergekommen ist, leise aber ganz deutlich auf Englisch: ‹I don't feel that is still her.› Er hat nicht das Gefühl, dass das noch sie ist. Man hört diese Worte und man versteht sie, und sie betreffen einen nicht. [...] Dieser Mensch soll also kein Mensch mehr sein. Dieses Gesicht soll also kein Gesicht mehr sein. Aber dieses Gesicht ist ein Gesicht. Dieses Gesicht ist ganz und gar ein Gesicht, das man kennt und das man kennen wird, wie man noch nie zuvor gekannt hat. Dieses Gesicht ist und ist und ist. Es gibt nichts, was so ist wie dieses Gesicht, es gibt nichts, was so dauert wie dieses Gesicht, obwohl man nicht einmal weiss und sagen kann, ob die Augen offen oder zu sind.».

[10]   Norbert Elias, Über die Einsamkeit der Sterbenden in unseren Tagen, Frankfurt/M. 1982, 10.

[11]   Epikur, Von der Überwindung der Furcht, Zürich 1949, 45.

Spätestens im Tod bewahrheitet sich der Satz Arthur Rimbauds: «Ich ist ein anderer.»[12]

Natürlich wissen wir um unsere Endlichkeit. Das Bedenken der eigenen Sterblichkeit (vgl. Ps 90,12) hat nicht nur eine lange christliche Tradition. Dem heimkehrenden, siegreichen Feldherrn im alten Rom folgte ein Sklave, der den Lorbeerkranz oder andere Machtinsignien über den Kopf des Triumphators hielt und ununterbrochen die Worte rezitierte: «Memento mori / Memento te hominem esse / Respice post te, hominem te esse memento».[13] Das Drama des menschlichen Sündenfalls als ‹Preis› für die (Selbst-)Erkenntnis erfasst uns nirgends erbarmungsloser als in dem Wissen um den eigenen Tod, dem wir bis zum Tod nicht entgehen können. Drastisch und unmissverständlich folgert Erich Fried:

«Ein Hund	und der sagen kann
der stirbt	dass er weiss
und der weiss	dass er stirbt
dass er stirbt	wie ein Hund
wie ein Hund	ist ein Mensch.»[14]

Das Wissen um die Vergänglichkeit der eigenen Existenz haben wir nicht nur. Das Wissen hat auch uns. Die Sterbenden und Toten, denen wir in unserem Leben begegnen, erinnern uns immer und zugleich an unsere eigene Endlichkeit. Und je mehr wir unsere Begrenztheit, Zeitlichkeit und Sterblichkeit verdrängen, desto stärker bestimmt die nicht zu leugnende Gewissheit unseres Todes unser Leben.

Aber wie wissen wir unsere Endlichkeit, wo doch der Tod jeder Wahrnehmung und Erfahrung verschlossen ist? Und wie kann das Sterben – im Sinne der mittelalterlichen *ars moriendi* – gelernt werden? Hier stehen wir vor einem dritten Paradox: «Der Tod ist» – wie der Philosoph Ludwig Wittgenstein bemerkt hat – «kein Ereignis des Lebens.

---

[12] Zum Satz von Arthur Rimbaud aus seinen *Lettres du voyant* von 1871 vgl. Henning Luther, ‹Ich ist ein Anderer›. Die Bedeutung von Subjekttheorien (Habermas, Levinas) für die Praktische Theologie, in: Dietrich Zillessen et al. (Hg.), Praktisch-theologische Hermeneutik, Rheinbach 1991, 233–254.

[13] ‹Bedenke, dass du sterben musst. Bedenke, dass du ein Mensch bist. Schau hinter dich! Vergiss nicht, dass du ein Mensch bist›. Vgl. Tertullian, Apologeticum/Verteidigung des Christentums, Lat.-dt., München 1961, 33, 4.

[14] Erich Fried, Definition, in: ders., Warngedichte, Frankfurt/M. 1980, 134.

Den Tod erlebt man nicht.»[15] Wir lernen aus Erfahrungen, indem wir Vergangenes in der Aktualität unserer Lebensvollzüge vergegenwärtigen. Wir machen irgendwann irgendwelche Erfahrungen und können zu einem späteren Zeitpunkt erinnernd darauf zurückgreifen. Oder wir berufen uns auf ein Wissen, das uns in den Erzählungen der Erfahrungen anderer zugänglich ist. Dagegen sammeln wir in der letzten Lebensphase keine Erfahrungen mehr. Sterben erleben wir immer nur als Sterbende und im Sterben selbst. Wenn das Sterben in den Tod mündet, sind zugleich alle unsere Erfahrungen damit erloschen. Sterben ist einmalig, unwiederholbar und damit auch uneinholbar. Es gibt kein ‹Danach›, das uns im Leben zugänglich wäre. Der Tod sträubt sich somit gegen alles, was uns im Leben vertraut ist und was wir uns er-lebend vertraut machen. Er ist uns fremder, als jede neue Situation uns befremden könnte. Weil uns jegliche Erfahrung fehlt – sowohl die eigene, wie die in den Erzählungen anderer erschlossene –, bleibt der Tod uns verborgen. Nichts führt uns radikaler die eigene Fremdheit, die unüberbrückbare Distanz zu uns selbst, das der eigenen Existenz Nicht-habhaft-werden-Können, in gewisser Weise auch die Ohnmacht gegenüber dem eigenen Selbst vor Augen, wie das Wissen um den eigenen Tod.

«Dem Glücklichen raubt der Tod definitiv das gefundene Glück, dem Unglücklichen die Möglichkeit, es zu finden.»[16] Der Tod kommt für das Leben stets zu früh. Jede andere Auffassung wäre – jenseits metaphorischer Rede – bloss zynische Lebensverneinung.[17] Genau diese Widersprüchlichkeit von *Präsenz* und *Absenz* charakterisiert unser Nachdenken über den eigenen Tod. Er bewegt sich aus der Zukunft auf unsere Gegenwart zu. Aber: «Der Tod ist nicht einfach der Schluss (was eine Art von Trost wäre)» – wie Max Frisch in seiner Totenrede für Peter Noll bemerkt – «und hat nichts zu tun mit dem Alter, das ihm erspart bleibt: Alter als die Erfahrung unsres langwierigen Schwundes – sondern der

---

[15] Ludwig Wittgenstein, Tractatus logico-philosophicus, in: ders., Werkausgabe, Bd. 1, Frankfurt/M. 1984, Nr. 6.4311.

[16] Taureck, Philosophieren, a.a.O., 38.

[17] E. M. Cioran hat die Möglichkeiten und Abgründe der metaphorischen Rede vom Tod wie kein anderer ausgelotet; vgl. etwa: Begegnung mit dem Selbstmord, in: ders., Die verfehlte Schöpfung, Frankfurt/M. 1979, 53–71 (54): «Wenn sich unser die Idee bemächtigt, ein Ende zu machen, so erstreckt sich ein Raum vor uns, eine gewaltige Möglichkeit, jenseits der Zeit und der Ewigkeit selber, eine schwindelerregende Öffnung, eine Hoffnung, noch *jenseits* des Todes zu sterben.»

Tod ist von Anbeginn und ohne Ende.»[18] Das gilt auch für das Sterben selbst, denn: «Das Sterben wird von seinem Ende her als Sterben begreifbar, niemals zuvor.»[19] Nur als Tote könnten wir unsere ‹Lebensuhr› lesen und nur retrospektiv ein Datum in unserer dann vergangenen Biographie für den Beginn unseres Sterbens angeben.

Die Sicht ‹nach vorn› ist uns verschlossen. Wir schauen immer nur ‹zurück›, und dieser Blick ist von der Gegenwart auf die Zukunft gerichtet. In der Zeit bewegen sich Leben und Tod wie zwei Duellierende aus gegenüberliegenden Richtungen aufeinander zu. Im Moment ihres Zusammentreffens verschwinden beide. *Der Tod wird mit der Tötung mit getötet.*[20] Im Auslöschen der Gegenwart als Bezugspunkt von Vergangenheit und Zukunft, bewirkt der Tod den Verlust jeder Erinnerung und Erfahrung. Er liegt jenseits der Zeit und deshalb jenseits des Lebens. Er ist – mit den Worten des Philosophen Georg Picht – der «Austritt aus der Zeit».[21] Insofern kann auch nicht in einem nicht-metaphorischem Sinn vom Tod als ‹Ende des Lebens› gesprochen werden, weil das ‹Ende› selbst noch ein Moment in der Zeit wäre. Darin liegt für Picht der tiefere Sinn der Äusserung in Joh 18,36: «Mein Reich ist nicht von dieser Welt.» Theologisch gewendet bedeutet jener «Austritt aus der Zeit […] daher die Begegnung mit dem, was Gottes Ewigkeit heissen kann».[22]

Aber die bedrohliche, schlechthin alles beendende Dimension des Todes, hat auch eine Gegenseite: «Das Bewusstsein unserer Sterblichkeit ist ein köstliches Geschenk, nicht die Sterblichkeit allein, die wir mit den Molchen teilen, sondern unser Bewusstsein davon; das macht unser Dasein erst menschlich, macht es zum Abenteuer.»[23] Vor dem Hintergrund der letzten Abschnitte wirkt die enthusiastische Bemerkung von Max Frisch befremdlich. Allerdings: wer weiss schon, wie ein Abenteuer – jedenfalls ein wirkliches Abenteuer – ausgeht? Frisch wiederholt nicht einfach irgendeine plakative Definition von *homo sapiens*. Das Bewusstsein

---

[18]   Max Frisch, Totenrede von Max Frisch, in: Peter Noll, Diktate über Sterben und Tod. Mit der Totenrede von Max Frisch, München 2002, 261–266 (265).

[19]   Thomas Macho, Todesmetaphern. Zur Logik der Grenzerfahrung, Frankfurt/M. 1987, 28.

[20]   Taureck, Philosophieren, 216.

[21]   Georg Picht, Einleitung und Antworten von Georg Picht, in: ders./Enno Rudolph (Hg.), Theologie – was ist das?, Stuttgart, Berlin 1977, 24.

[22]   Wolfgang Schoberth, Einführung in die theologische Anthropologie, Darmstadt 2006, 147.

[23]   Max Frisch, Tagebuch 1946–1949, Frankfurt/M. 1977, 349.

der Sterblichkeit macht nicht den Menschen aus, sondern seine Menschlichkeit. Die Menschlichkeit des Menschen kommt nicht in dem schlichten Wissen um die eigene Sterblichkeit zum Ausdruck, sondern im Umgang damit. Aber wie damit umgehen? Und womit eigentlich umgehen?

Das ‹Abenteuer der Sterblichkeit› zeigt sich vielleicht am ehesten in der Konfrontation mit der Langeweile der Unsterblichkeit. Zunächst ist Unsterblichkeit, wie der Schriftsteller Jorge Luis Borges lakonisch bemerkt hat, etwas ganz Normales: «Unsterblich zu sein ist nichts Besonderes; vom Menschen abgesehen sind es alle Geschöpfe, da sie den Tod nicht kennen.»[24] Das Sterben beschäftigt uns nur, weil wir um die Endlichkeit unseres Lebens wissen. Und dieses Wissen ist ein spezifisches. Denn die Tatsache, dass meine Vorfahren alle gestorben sind und viele andere Menschen um mich herum sterben, ist streng genommen kein Beweis für meine eigene Sterblichkeit. Wir haben uns nur daran gewöhnt, so zu denken – was immer wir uns dabei denken mögen – und verdächtigen daher jede abweichende Haltung der Todesverdrängung. Aber gegen den Satz des Theologen Eberhard Jüngel spricht im Grunde genommen nichts: «Alle Menschen sind sterblich. Aber seine Geltung gilt mir, nur gerade mir, eben nicht.»[25]

Was wäre aber mit dieser Einsicht gewonnen? Die Aussicht, immer weiter zu leben, würde – so der Philosoph Bernard Williams – weitaus mehr Angst einflössen als das Bewusstsein, irgendwann einmal sterben zu müssen: «[W]ie gut, dass wir nicht unsterblich sind. Unsterblichkeit, so meine ich, oder ein Zustand ohne Tod wäre sinnlos; es ist also in gewissem Sinne der Tod, der dem Leben Sinn gibt. Dies bedeutet nicht, dass wir den Tod nicht fürchten sollten – was sollte Furchtlosigkeit hier denn noch heissen? Ja, es gibt sehr verschiedene Möglichkeiten, wie der Tod zur gleichen Zeit dem Leben Sinn verleihen und bei gleichen Rahmenbedingungen etwas Furchtbares sein kann.»[26] Der Philosoph Peter Bieri greift in seinem – unter dem Pseudonym Pascal Mercier erschienenen – Roman *Nachtzug nach Lissabon* die Frage von Williams auf. Pater Bartolomeu entwickelt darin den Gedanken, dass Unsterblichkeit – im

---

[24]   Jorge Luis Borges, Der Unsterbliche, in: ders., Sämtliche Erzählungen, München 1970, 17.

[25]   Eberhard Jüngel, Tod, Gütersloh ³1985, 14.

[26]   Bernhard Williams, Die Sache Makropulos: Reflexionen über die Langeweile der Unsterblichkeit, in: ders., Probleme des Selbst, Stuttgart 1978, 133–162 (133).

Sinne einer Zeitlosigkeit – auf eine völlige Gleichgültigkeit gegenüber uns selbst und unserem Leben hinauslaufen würde:

«Wer möchte im Ernst unsterblich sein? Wer möchte bis in alle Ewigkeit leben? Wie langweilig und schal es sein müsste zu wissen: Es spielt keine Rolle, was heute passiert, in diesem Monat, diesem Jahr: Es kommen noch unendlich viele Tage, Monate, Jahre. Unendlich viele, buchstäblich. Würde, wenn es so wäre, noch irgendetwas zählen? Wir bräuchten nicht mehr mit der Zeit zu rechnen, könnten nichts verpassen, müssten uns nicht beeilen. Es wäre gleichgültig, ob wir etwas heute tun oder morgen, vollkommen gleichgültig. Millionenfache Versäumnisse würden vor der Ewigkeit zu einem Nichts, und es hätte keinen Sinn, etwas zu bedauern, denn es bliebe immer Zeit, etwas nachzuholen. Nicht einmal in den Tag hinein leben könnten wir, denn dieses Glück zehrt vom Bewusstsein der verrinnenden Zeit, der Müssiggänger ist ein Abenteurer im Angesicht des Todes, ein Kreuzritter wider das Diktat der Eile. [...] Es ist der Tod, der dem Augenblick seine Schönheit gibt und seinen Schrecken. Nur durch den Tod ist die Zeit eine lebendige Zeit. Warum weiss das der HERR nicht, der allwissende Gott? Warum droht er uns mit einer Endlosigkeit, die unerträgliche Ödnis bedeuten müsste?»[27]

Unsterblichkeit liefe genau auf jene Zementierung der Gegenwart hinaus, deren einziger Sinn darin bestehen kann, sie endlich im Tod loszuwerden. Der Sterbewunsch wird vor diesem Hintergrund nicht nur zur radikalen Negation des Wunsches nach ‹Unsterblichkeit›. Vielmehr erscheint er durch und durch menschlich in der Verweigerung, sich gegen die Grenzen des Sinns zu immunisieren. Erfahrungen von Sinnlosigkeit gibt es nur im Horizont von Sinnhaftigkeit. Sinnlosigkeit negiert nicht Sinn, sondern bestätigt ihn in der Wahrnehmung seiner Grenzen. So kann die Einsicht Sinn machen: «Man kann sich glücklich schätzen, dass man die Möglichkeit hat, zu sterben.»[28] Das Sterben macht also Sinn – aber gilt das in gleicher Weise auch für mein Sterben?

Wie verhält sich die Allgemeinheit des ersten Halbsatzes zur Einzigartigkeit des Bezugspunktes in der zweiten Fragehälfte? Gar nicht! Denn über ‹das Sterben› zu sprechen, bedeutet etwas ganz anderes, als über *mein Leben* zu reden, von dem ‹mein Sterben› ein Teil ist. Sterben gibt es – jenseits medizinischer, ethischer oder anthropologischer Reflexionen dar-

---

[27]   Pascal Mercier, Nachtzug nach Lissabon, München 2006, 201f.
[28]   Williams, Die Sache Makropulos, 162.

über – nicht anders als im Modus meines, deines, ihres oder seines Sterbens. Insofern gilt für das Sterben, was der Philosoph Ernst Tugendhat über das Leben gesagt hat, «dass das Leben als solches neutral ist, es ist an und für sich ohne Sinn, es kann mir ebensowohl als erfüllt wie auch als leer erscheinen, das aber hängt jetzt auch von mir ab: Ich kann ihm Sinn geben.»[29] Sinnstiftung meint nicht, etwas aus dem Nichts zu zaubern. ‹Sinn› ist eine soziale Kategorie, Sinngebung ein Sich-in-Beziehung-Setzen – in jedem Fall ein reflexiver Vorgang, bei dem das ‹Ich› sich in ein Verhältnis zum ‹anderen› und zu seiner Umwelt stellt und gestellt findet.

Die Komplementarität von aktiver Positionierung und rezeptivem Auffinden zeigt sich besonders eindrücklich im Sterben.[30] In eigentümlicher Weise verbinden sich im letzten Lebensabschnitt Aktivität und Passivität, Handeln und Erleiden, Identitätsstabilisierung und -verschiebung, Wahrnehmungsschärfung und -verlust sowie die Erfahrungen von Selbst-Sein und Angewiesensein. «Keiner stirbt für sich allein»[31], weil niemand für sich allein lebt und leben kann. Leben vollzieht sich in den drei Dimensionen von «Handeln, Leiden und Identitätsstreben. In allen drei Aspekten kommt dem Verhalten des Menschen das Bewusstsein von Bedingtheit und Freiheit zu.»[32] Menschliches Leben ruht auf den sich ergänzenden Voraussetzungen von Angewiesensein und Freiheit und – wie aus christlicher Perspektive hinzugefügt werden muss – im Angesicht der Unbedingtheit des Anspruchs Gottes auf den Menschen. Der Umgang mit Sterbenden und dem eigenen Sterben ist für uns Lebensaufgabe: aktiv in unserem solidarischen Handeln, passiv in der anerkennenden und annehmenden Haltung unserer Begrenztheit – und beides im Hinblick auf die Gewinnung und Wahrung der eigenen Identität. Dietrich Bonhoeffer hat dieses Wechselverhältnis angesichts der Bedrohung seines Lebens in die zuspitzende Formulierung von «Widerstand und Ergebung»[33] gefasst.

---

[29] Ernst Tugendhat, Über den Tod, Frankfurt/M. 2006, 34.

[30] Dass das Ergänzungsverhältnis von Selbstbestimmtheit und Angewiesensein freilich die gesamte Existenz des Menschen als *animal sociale* kennzeichnet zeigt Alasdair MacIntyre, Die Anerkennung der Abhängigkeit. Über menschliche Tugenden, Hamburg 2001.

[31] Vgl. Tomein, Keiner stirbt, vgl. dazu Frank Mathwig, Sterben – Zur professionellen Abwicklung sozialer Vereinsamung, in: Bioethica Forum 50/2006, 21–24.

[32] Heinz Eduard Tödt, Versuch einer ethischen Theorie sittlicher Urteilsfindung, in: ders., Perspektiven, 21–48 (27f.).

[33] Vgl. Dietrich Bonhoeffer, Widerstand und Ergebung. Briefe und Aufzeichnungen aus der Haft, DBW 8, Gütersloh 1998.

Der Mensch lebt und stirbt als Person und Individuum. Beide Begriffe spiegeln die grundlegenden Dimensionen wider, in denen sich menschliches Leben vollzieht: In der Person (lat. *per-sonare*, durchklingen, durchtönen; griech. *prosôpon*, Maske, Rolle) scheint das in jedem Menschen über die eigene Existenz Hinausgehende durch. Die Stimme dringt durch die Maske, hinter der sich die sprechende Person verbirgt. In der Individualität des Menschen (lat. *in-dividere*, nicht teilen, unteilbar) kommt seine unauflösbare Einheit zum Ausdruck. Diese Einheit, die in ein positives Verhältnis zu sich selbst gebrachte Identität, besteht nicht für sich, sondern weist in dem je individuellen Dasein der Person über das eigene Selbst hinaus.

2.   Vom Tod zum Sterben

Vor dem Hintergrund der knappen Bemerkungen im letzten Abschnitt fällt sofort auf, dass die aktuellen Diskussionen um die Suizidhilfe in der Schweiz seltsam unberührt bleiben von dieser ‹Tiefendimension›. Der Tod begegnet zumeist nur als das Ergebnis entsprechender Handlungen im Leben. Darüber hinaus spielt er keine Rolle. Damit korrespondiert ein bestimmter Blick auf das Leben. Es erscheint entweder als unerträgliche Last und qualvolle Perspektive oder – unabhängig davon – als Medium und Gegenstand der Planung und Umsetzung eigener Interessen. Unvermittelt steht die Frage nach den rechtlichen und moralischen Regeln des Umgangs mit dem Leben im Hinblick auf sein Ende bzw. seine Beendigung im Raum. Auch ethische Überlegungen, die auf Verfahrensfragen der Sterbehilfe fokussieren, ohne den Gegenstand ihrer Beschäftigung – also Leben, Sterben und Tod – selbst zu reflektieren, agieren in einer ‹black box›.

Die Schlagzeilenträchtigkeit der Suizidhilfediskussion verdeckt schnell die Frage, worum es bei dem Streit überhaupt geht. Wie können sich an den pragmatischen oder technischen Detailfragen um die rechtliche Regelung von Suizidhilfe ernsthafte gesellschaftliche Kontroversen entzünden? Warum gibt es überhaupt eine Suizidhilfekontroverse? Ist die Lösung nicht denkbar einfach? Wir stimmen darin überein, dass die – in der Verfassung als Grundrecht verbriefte – Würde des Menschen bis zum Tod (und darüber hinaus) reicht. Weiterhin besteht Konsens darüber, dass ein würdevolles Leben konstitutiv mit der Freiheit zur Selbstbestimmung der und des Einzelnen verbunden ist. Anerkennung der Würde der anderen Person und Missachtung ihrer Persönlichkeits- und Freiheitsrechte können nicht zusammengehen. Schliesslich muss das, was im Leben gilt, auch im Sterben – das unbestreitbar zum Leben gehört – sein Recht behalten. Wer sein Sterben aktiv in die Hand nimmt, tut dies mit der gleichen Selbstverständlichkeit, Berechtigung und Verpflichtung (gegenüber sich selbst und anderen), wie er sein gesamtes Leben gestaltet und lebt. Leben in Würde meint verantwortliches und selbst verantwortetes Leben. Solange der Mensch lebt, ist er prinzipiell – gegenüber sich selbst, seiner Umwelt und den für ihn zentralen Instanzen (Menschen, Institutionen, Prinzipien, Gott etc.) – verantwortlich. Erst mit dem Tod löst sich dieses Bedingungsverhältnis von Freiheit und Verantwortung auf. Wenn unser Leben – als zu verantwortendes – wesentlich ‹gemachtes›, handelnd gestaltetes Leben ist, warum werden dann Sterbe- und Suizidhilfe – im Sinne der aktiven Gestaltung unserer letzten Lebensphase – überhaupt zum Problem?

Dass die eben vorgeschlagene Antwort – wie die heftigen Kontroversen deutlich machen – nicht ausreicht, spricht dafür, den Streit um die Suizidhilfe nicht als eigenständiges, isolierbares Thema aufzufassen, sondern als Anlass oder Symptom für eine andere, grundsätzliche Fragestellung. Der Theologe Jean-Pierre Wils bemerkt in diesem Zusammenhang: «Aber relativ selten wird nach der offenkundigen Aktualität der *Sterbehilfekontroverse* gefragt. Wer so fragt, fragt prä-ethisch, denn es handelt sich hier nicht um die Ausarbeitung einer normativen Praxis. Wir wollen noch nicht wissen, *wie* gestorben werden *sollte*, als vielmehr *warum* überhaupt danach gefragt wird, wie wir sterben *könnten*. Das Sterben wird hier als existenzielle Gegebenheit, aber noch nicht als moralisch relevante Wirklichkeit anvisiert.»[34]

3.   Von der Gefahr zum Risiko

Warum hat die Frage nach dem ‹Wie› des Sterbens so nachhaltig Konjunktur? Die ‹Wie›-Frage thematisiert das menschliche Sterben in zwei Hinsichten. Auf der einen Seite handelt sie von *homo sapiens*, dem Lebe-

---

[34]   Jean Pierre Wils, Zur Kulturanthropologie der Sterbehilfe, in: Adrian Holderegger et al. (Hg.): Theologie und biomedizinische Ethik. Grundlagen und Konkretionen, Freiburg/Br., Freiburg/Ue. 2002, 327–336 (327).

wesen, das von seiner Sterblichkeit weiss, auf der anderen Seite von *homo faber*, dem Lebewesen, das – wie kein anderes – die Fähigkeit besitzt, die Lebensbedingungen aktiv herzustellen und zu gestalten. So sehr Menschen als biologische Spezies ‹Mensch› festgelegt sind, so sehr verändern sich fortwährend die zivilisatorischen Bedingungen, unter denen sie als Menschen existieren. Deshalb stand bereits an der Wiege der abendländischen Ethik die Frage im Raum, wie Menschen ihre Welt gestalten sollen, damit sie darin ‹gut› leben können.[35] Das wäre bereits eine allgemeine Antwort auf die Frage von Wils: Wir stellen die Wie-Frage beim Sterben, weil wir in einer von Menschen gestalteten Welt und in einer von Menschen bewohnten und – in vielfältiger Weise – gemachten Umwelt sterben.

Zumindest für die westlichen Wohlfahrtsgesellschaften gilt heute, dass aus den meisten Todes*gefahren* längst Lebens*risiken* geworden sind. Einen frühen Tod durch Seuchen oder Krankheiten riskieren fast ausschliesslich diejenigen, die risikoreich reisen, sich den medizinischen Errungenschaften verweigern (bzw. denen diese verweigert werden) oder sich nicht verantwortungs- und ‹gesundheitsbewusst› verhalten. Dass Hungersnöte, Kriege und Wirtschaftskrisen lebensbedrohend sind, wissen wir eigentlich nur aus den Medien. Die Aufteilung der Welt in eine ‹Erste› und ‹Dritte› markiert verschiedene Stufen der Gefahr und Wahrscheinlichkeit, bereits mit dem Lebensbeginn und von da an permanent mit dem eigenen Sterben und Tod konfrontiert zu werden.

In der Welt von *homo faber* gilt ein universales Prinzip: Wer über mehr Handlungsmöglichkeiten verfügt, ist zu strengerer Selektivität verpflichtet. Je mehr uns unsere zivilisatorisch-technologischen Möglichkeiten in die Lage versetzen, dem ‹Schicksal in die Karten zu sehen›, desto weniger können wir uns – mit dem Hinweis auf das Schicksalhafte des Lebens – aus der Verantwortung zurückziehen. Anders gesagt: Je erfolgreicher wir

---

[35] Die grundlegenden Überlegungen zur Unterscheidung zwischen Herstellen (*poiesis*) und Handeln (*praxis*) bei Aristoteles haben nichts von ihrer Aktualität verloren; vgl. Aristoteles, Nikomachische Ethik, übers. v. Olof Gigon, Zürich, München 1967, VI. Buch, und zur Rezeption etwa Hannah Arendt, Vita activa; Rüdiger Bubner, Handlung, Sprache, Vernunft. Grundbegriffe praktischer Philosophie, Neuausg. m. e. Anhang, Frankfurt/M. 1982; Cornelius Castoriadis, Durchs Labyrinth. Seele, Vernunft, Gesellschaft. Frankfurt/M. 983; Theodor Ebert, Praxis und Poiesis. Zu einer handlungstheoretischen Unterscheidung des Aristoteles, in: Zeitschrift für Philosophische Forschung 30/1976, 12–30, Jürgen Habermas, Erkenntnis und Interesse, Frankfurt/M. 1968; ders., Theorie des kommunikativen Handelns, 2 Bde., Frankfurt/M. 1981.

die Gefahren des Lebens in den Griff bekommen, desto riskanter wird unser Leben. Der Soziologe Niklas Luhmann bringt es mit einem ganz alltäglichen Beispiel auf den Punkt: «Wenn es Regenschirme gibt, kann man nicht mehr risikofrei leben: Die Gefahr, dass man durch Regen nass wird, wird zum Risiko, das man eingeht, wenn man den Regenschirm nicht mitnimmt. Aber wenn man ihn mitnimmt, läuft man das Risiko, ihn irgendwo liegenzulassen.»[36]

Bevor die Intensivmedizin Menschenleben retten und erhalten konnte, stellte sich die Frage nach Weiterbehandlung oder Therapieabbruch nicht: Es gab schlichtweg nichts zu entscheiden. Wo noch vor nicht allzu langer Zeit Menschen zum passiven Hinnehmen und Erwarten verurteilt waren, müssen heute aktiv Entscheidungen getroffen werden. Immer weniger geschieht einfach so. Sogar der Entschluss, auf intensivmedizinische Massnahmen zu verzichten, ist eine Entscheidung und nichts, was von selbst passiert. Wir kommen um Entscheidungen nicht herum. Wir können nicht nicht entscheiden. Und wer entscheiden muss, setzt sich unweigerlich dem Risiko aus, eine falsche Wahl zu treffen. Oder mit dem Soziologen Niklas Luhmann in Abwandlung der berühmten Zeilen aus Hölderlins Gesang *Patmos* «Wo aber Kontrolle ist / Wächst das Risiko auch».[37]

Vor diesem Hintergrund hat der Soziologe Ulrich Beck im Jahr des Reaktor-GAUs von Tschernobyl 1986 den Begriff *Risikogesellschaft* geprägt.[38] Das Schlagwort spielt auf eine Entwicklung an, die als Wandel des ‹Aggregatzustands› der Unsicherheiten menschlicher Existenz beschrieben werden kann. Mit den ökologischen, gesundheitlichen, sozialen

---

[36] Niklas Luhmann, Die Moral des Risikos und das Risiko der Moral, in: Gotthard Bechmann (Hg.), Risiko und Gesellschaft. Grundlagen und Ergebnisse interdisziplinärer Risikoforschung, Opladen 1993, 327–338 (328).

[37] Niklas Luhmann, Soziologie des Risikos, Berlin, New York 1991, 103. Der Soziologe vertritt darin die These, «dass die Entscheidungsabhängigkeit der Zukunft der Gesellschaft zugenommen hat und heute die Vorstellungen über Zukunft so stark dominiert, dass jede Vorstellung von ‹Wesensformen›, die von sich her als Natur einschränken, was geschehen kann, aufgegeben worden ist. Die Technik und das mit ihr gegebene Könnensbewusstsein hat das Terrain der Natur okkupiert, und Vermutung wie Erfahrung weisen darauf hin, dass dies viel leichter destruktiv als konstruktiv geschehen kann. Die Befürchtung, dass es schief gehen könnte, nimmt daher rapide zu und mit ihr das Risiko, das auf Entscheidungen zugerechnet werden kann.» (a.a.O., 6).

[38] Vgl. Ulrich Beck, Risikogesellschaft. Auf dem Weg in eine andere Moderne, Frankfurt/M. 1986.

oder politischen Wirkungen unseres Handelns sind wir in anderer Weise konfrontiert, als mit den Folgen eines Erdbebens. Zwar können die Zerstörungen ganz ähnliche Ausmasse annehmen, aber die Voraussetzungen und Umstände ihres Eintreffens sind völlig verschieden. Ob ein Erdbeben passiert oder nicht, hängt allein von den Bewegungen der Lithosphärenplatten ab. Wir Menschen stehen diesen natürlichen Vorgängen völlig machtlos gegenüber.

Je mehr wir aber in der Lage sind, (vormals) natürliche Prozesse zu kontrollieren – angefangen mit dem Regenschirm zum Schutz vor dem Nasswerden im Wolkenbruch über die Vorsorge gegenüber Ertragsschwankungen bei der Nahrungsmittelproduktion durch Missernten, Wetter und Jahreszeiten bis hin zur wirkungsvollen Bekämpfung von Krankheiten –, desto mehr werden die darin liegenden Unsicherheiten zu Bedingungen unserer Entscheidungen. Wer beispielsweise die Möglichkeit des Impfschutzes gegen eine bestimmte Krankheit ablehnt, geht das selbstgewählte Risiko einer Erkrankung ein. Für eine Person dagegen, die nicht über diese Schutzoption verfügt, stellt das Vorhandensein jener Krankheit eine permanente und unabwendbare Gefahr dar. Unabhängig von der alltagssprachlich häufig synonymen Verwendung eröffnet die Unterscheidung zwischen den Begriffen ‹Risiko› und ‹Gefahr› eine Perspektive, die einen erweiterten Blick auch auf den Problemkomplex von Entscheidungen am Lebensende erlaubt.

Von Risiken oder Gefahren ist die Rede, wenn «in Bezug auf künftige Schäden Unsicherheit besteht».[39] Die Gefahr zu erkranken, liegt für die Person ohne Impfmöglichkeit ebenso in der Zukunft wie das Risiko für die Person mit Impfmöglichkeit, dass sich ihre Entscheidung auf Präventionsverzicht als falsche Wahl herausstellen könnte. Beide wissen nicht, ob sie irgendwann einmal erkranken werden. Für die Person ohne Schutzmöglichkeit ist die Frage allerdings irrelevant, weil es für sie nichts zu entscheiden gibt. Ihr Gesundheitszustand hat mehr oder weniger den Charakter eines Schicksals. Anders liegt der Fall bei der Person, die sich bewusst gegen den Impfschutz entschieden hat. Sollte sie irgendwann einmal Opfer jener Krankheit werden, hat sie sich den Schaden selbst zuzurechnen. Denn ihr stand die Möglichkeit der Prävention offen.

Die unterschiedliche Lage beider Menschen verweist auf einen allgemeinen Zusammenhang: Je nachdem, ob ein mögliches Ereignis in der

---

[39] Luhmann, Soziologie des Risikos, 30.

Zukunft aus einer zuvor getroffenen Entscheidung resultiert oder nicht, nehmen wir diese Zukunft als Risiko oder Gefahr wahr.[40] Die Differenz besteht nicht in dem ‹Was› möglicher zukünftiger Zustände und Ereignisse. Die gesundheitlichen Folgen für die Personen, die von der Krankheit betroffen sein werden, sind völlig gleich und unabhängig davon, ob in der Vergangenheit Vorsorgemöglichkeiten bestanden oder nicht. Ein Unterschied ergibt sich aber hinsichtlich der Frage, wie diese Krankheit erlebt wird, wenn sie eintrifft. Die eine Person ereilt ein Schicksal, die andere Person wird Opfer ihres Risikoverhaltens. Die Situation beider Personen unterscheidet sich darin, dass die eine – im Gegensatz zur anderen – für den Fall ihrer Erkrankung verantwortlich gemacht werden kann, weil sie – wiederum im Gegensatz zu der anderen Person – im Augenblick ihrer Entscheidung einen möglichen zukünftigen Gesundheitszustand ‹in der Hand hatte›.

Natürlich funktionieren unsere Lebenswelten nicht wie die einfachen Beispiele, die wir uns ausdenken, um ihre verwickelten Zusammenhänge besser zu verstehen. Bestünde die ganze Entscheidungssituation nur darin, ein Krankheitsrisiko zu vermeiden oder nicht, müsste nicht gross überlegt werden. Aber unsere Handlungswelten sind viel verflochtener und komplizierter. Mit jeder Entscheidung zur Vermeidung eines Risikos produzieren wir stets neue Risiken. Wer sich für die Impfung entscheidet, riskiert die Nebenwirkungen des Medikaments, eventuell Resistenzen, die weitaus gravierendere Erkrankungen nach sich ziehen können, den Schmerz der Impfung, die Behandlungskosten etc. Wer deshalb auf die medizinische Prävention verzichtet, riskiert die Möglichkeit der Primärerkrankung. Es klingt paradox, ist aber völlig unvermeidbar: Wir können nicht auf Risikovermeidung ‹spielen›, sondern lediglich zwischen Risiken wählen. Wir haben keine Möglichkeit, die tatsächlich eintretenden Handlungs*wirkungen* mit den beabsichtigten Handlungs*folgen* völlig in Übereinstimmung zu bringen. Es gehört zu den fundamentalen Erfahrungen unserer technologischen Zivilisation, dass Handlungsfolgen und Handlungswirkungen niemals deckungsgleich sind. Es passiert immer mehr und stets noch anderes, als wir mit unseren Entscheidungen und Handlungen erreichen wollen. Das ist eine ganz alltägliche Erfah-

---

[40] Vgl. a.a.O., 30f.: «Entweder wird der etwaige Schaden als Folge der Entscheidung gesehen, also auf die Entscheidung zugerechnet. Dann sprechen wir von Risiko, und zwar vom Risiko der Entscheidung. Oder der etwaige Schaden wird als extern veranlasst gesehen, also auf die Umwelt zugerechnet. Dann sprechen wir von Gefahr.»

rung. Niemand, der ein Auto benutzt, um von einem Ort an einen anderen zu gelangen, beabsichtigt damit die Produktion umweltschädlicher Emissionen. Trotzdem ist mit dem Handlungszweck, das Ziel der Autofahrt zu erreichen, die nicht gewollte Wirkung der Erzeugung von Abgasen, unweigerlich verbunden. Die Nebenwirkungen des Autofahrens kennen wir, die Wirkungen verwickelter Handlungszusammenhänge dagegen häufig nur bruchstückhaft oder gar nicht. Wir leben sozusagen in einer Welt komplexer und schwer zu kalkulierender *Nebenwirkungen*.

Das Schicksalhafte ist nur um den Preis des Risikos zu bändigen. «*Es gibt kein risikofreies Verhalten.*» Das hat zwei Konsequenzen: «Es gibt keine absolute Sicherheit» und «man kann Risiken, wenn man überhaupt entscheidet, nicht vermeiden. [...] Je mehr man weiss, desto mehr weiss man, was man nicht weiss, und desto eher bildet sich ein Risikobewusstsein aus. Je rationaler man kalkuliert und je komplexer man die Kalkulation anlegt, desto mehr Facetten kommen in den Blick, in Bezug auf die Zukunftsungewissheit und daher Risiko besteht.»[41] Wir sind für immer mehr verantwortlich, ohne dass damit die Zukunft gewisser würde – im Gegenteil.

Diese Einsicht gilt – wenn auch zumeist mit zeitlicher Verzögerung – für jede Ausweitung der Reichweite und Eingriffstiefe menschlicher Handlungsmöglichkeiten. Das zeigt sich in beeindruckender Weise auch an Anfang und Ende des menschlichen Lebens. Immer mehr kann getan werden, entsprechend wächst ständig die Notwendigkeit, Entscheidungen zu treffen. Diese Entwicklungen werden seit einigen Jahrzehnten in der Medizinethik intensiv reflektiert. In gewisser Weise ist die boomende Medizin- und Bioethik selbst ein Symptom jener wissenschaftlich-technologischen Grenzverschiebungen.[42]

---

[41] A.a.O., 37.
[42] In diesem Sinne der Titel eines Aufsatzes von Stephen Toulmin, How Medicine Saved the Life of Ethics, in: Joseph P. DeMarco/Richard M. Fox (Eds.), New Directions in Ethics. The Challenge of Applied Ethics, New York, London 1986, 265–281.

4. Sterben als Risiko

4.1 Der Modus des Sterbens zwischen aktiv und passiv

«Wenn man das Leben nicht mehr machen kann, muss der Tod gemacht werden.»[43] Die Bemerkung des Philosophen Robert Spaemann bringt – unabhängig von ihrer zweifellos kritischen Intention – die eben beschriebene Entwicklung auf den Punkt. Die mittelalterliche «Kunst zu Sterben» (*ars moriendi*) – auf die gern als bessere Alternative verwiesen wird – verdankt ihre Plausibilität und Bedeutung den damaligen Lebensumständen.[44] Angesichts grassierender Seuchen, Krankheiten und Hungersnöten, Herren- und Zunftfehden, Kriegen und Wirtschaftskrisen waren Todesgefahren allgegenwärtig. Die Menschen waren dem Tod mehr oder weniger wehrlos ausgeliefert. Tod war Schicksal, dem der Mensch in den meisten Fällen nur im Modus des Annehmens begegnen konnte.

Unsere Einstellungen gegenüber der Begrenztheit des Lebens und unser Umgang damit haben sich tiefgreifend verändert. Aber worin besteht dieser Wandel, auf den vor allem die Befürworterinnen und Befürworter von Suizidhilfe zur Begründung ihrer Anliegen verweisen? Vier Beobachtungen sind hervorzuheben:

1. Heute sterben die Menschen allgemein weitaus länger als früher. Trotz der Unmöglichkeit einer präzisen Abgrenzung zwischen Leben und Sterben – wo liegt der Übergang zwischen gerade noch leben und schon sterben? – ist der Prozess des Sterbens «zu einem vitalen Abschnitt des Lebens geworden. Das bedeutet, dass sogar dann, wenn der Vorgang des Sterbens, also die finale Phase, noch nicht eingesetzt hat, zahllose Menschen mit dem Bewusstsein eines dem Ende unwiderruflich zustrebenden Lebens zurechtkommen müssen.»[45] Die Medikalisierung des Lebens führt auch dazu, dass das Sterben selbst bewusster erlebt

---

[43] Robert Spaemann, Es gibt kein gutes Töten, in: Rainer Beckmann/Mechthild Löhr/Julia Schätzle (Hg.), Sterben in Würde. Beiträge zur Debatte über Sterbehilfe, Krefeld 2004, 103–117 (116).

[44] Vgl. Hubert Herkommer, Die alteuropäische ‹Ars Moriendi› (Kunst des Sterbens) als Herausforderung für unseren Umgang mit Sterben und Tod, in: Praxis 49/2001, 2144–2151; Frank Mathwig, ‹In Geschichte(n) verstrickt›. Das Story-Konzept als gelebtes Einüben der Ars Moriendi, in: Praxis 49/2001, 2157–2162.

[45] Wils, Zur Kulturanthropologie, 328.

wird und ertragen werden muss. Vor diesem Hintergrund wird es verständlich, warum der moderne Mensch das lange Sterben ähnlich fürchtet, wie der mittelalterliche Mensch umgekehrt den unvorbereiteten, plötzlichen Tod. Anstelle der Aufforderung im Basler Totentanz von 1440: «Drumb sperrt Euch nicht, ihr muest darvon, / Und tantz'n nach meiner Pfeiffen Thon» tritt heute Elias Canettis Sehnsucht «Wenn es sein muss, dann mitten in einem Wort, das durch das Sterben entzweibricht.»[46]

2. Mit dem bewussten Erleben der eigenen Vergänglichkeit eng verbunden sind Erfahrungen oder Befürchtungen «radikaler, im einzelnen sogar kompletter Hilflosigkeit und entsprechender Abhängigkeit von anderen».[47] Niemals zuvor mussten Menschen über so lange Zeiträume teilweise extreme Hinfälligkeit und Abhängigkeit aushalten (Demenzerkrankungen) und niemals zuvor hatte es die Medizin ermöglicht, diese Zustände in der Regel auch in wachem und vollem Bewusstsein wahrzunehmen (chronisch und genetisch degenerative physiologische Erkrankungen).[48] Das Erleben eigener Ohnmacht und das existenzielle Angewiesensein auf andere führt häufig zu einer «Leidensverdoppelung» (Wils): Zum körperlichen Schmerz und zum leiblichen Leiden treten Wahrnehmungen der eigenen Begrenztheit, Anfälligkeit, Schwachheit, Hilfsbedürftigkeit, Hilf- und Ratlosigkeit, Angst, Ungewissheit, Bedrohtheit, das Erleben des Angewiesenseins auf andere und auf anderes: «Nicht vom Brot allein wird der Mensch leben» (Mt 4,4a) – weil das Leben mehr ist, als der Mensch (sich) selbst machen und für sich selbst gestalten kann.

3. Besonders prekär und widersprüchlich erscheinen diese Aspekte des Pathischen vor dem Hintergrund der Ideologie vom aktiven Menschen. Leiden wird dann zusätzlich als unerträglicher Angriff auf die eigene Autonomie wahrgenommen, der das Selbstbild, Selbstverständnis und den Selbstrespekt der sterbenden oder hilfsbedürftigen Person mas-

---

[46] Basler Totentanz zit. n. Eberhard Jüngel, Der Tod als Geheimnis des Lebens, in: Johannes Schwartländer (Hg.), Der Mensch und sein Tod, Göttingen 1976, 108–125 (111); Elias Canetti, Über den Tod, München, Wien 2003, 108.

[47] Wils, Zur Kulturanthropologie, 328.

[48] Der Psychiater Klaus Dörner spricht von der ganz neuartigen gesellschaftlichen Herausforderung der «neue[n] menschliche[n] Seinsweise der Demenz»; vgl. ders., Leben und sterben, wo ich hingehöre. Dritter Sozialraum und neues Hilfesystem, Neumünster 2007, bes. 14–18.

siv in Frage stellt. Der Mensch erlebt sich nicht (mehr) ‹souverän› im Modus der Aktivität, er ist nicht (mehr) der uneingeschränkte Regisseur seiner Lebensgeschichte. Leiden, Verletzbarkeit, Versehrtheit und Ohnmacht sind der Stachel im Fleisch von *homo faber*, dem Typus des aktiven Menschen, der sein Leben stets fest im Griff haben muss. Wenn der Griff schwächer wird, weil die Kraft der Hände und die Spannung des Körpers nachlassen, wenn das Leben beginnt, durch die Finger zu rinnen, wenn es kein Halten mehr gibt, zeigt sich die ‹andere› Wirklichkeit menschlicher Existenz. Jenes Wesen, das sich – im Rätsel der Sphinx von Theben – am Morgen auf vier, am Mittag auf zwei und am Abend auf drei Beinen fortbewegt und das Ödipus im Mythos als Mensch identifizierte, ist uns wieder zum Rätsel geworden: Das Erleben der eigenen Hilflosigkeit und Begrenztheit ‹passt› nicht in unsere Lebensentwürfe. Es steht quer zu dem, was das ‹Leben› von uns ‹fordert›.

Umgekehrt zeigt sich die Wirklichkeit des selbstbestimmten Menschen gerade in dem unauflösbaren Spannungsverhältnis von Machbarkeit und Angewiesensein, Souveränität und Abhängigkeit, Handeln und Leiden. Die Pointe des neuzeitlichen Freiheitsbegriffs besteht genau deshalb in der Kontrafaktizität seines Anspruchs, das heisst in der Anerkennung der Freiheit angesichts der unbestreitbaren Erfahrung existenzieller Abhängigkeit. Das gilt in besonderer Weise für sterbende Menschen. «Autonom Handelnde und Entscheidende sind sie nur selten, frei und nüchtern Reflektierende keineswegs. […] Die Autonomie eines Menschen ist eingebunden in einen Prozess, der heftigen biographischen Schwankungen unterliegt. Wenn man die Autonomie aus diesem Kontext isoliert, bleibt lediglich ein strenges, aber lebensweltlich verhältnismässig wirkungsloses Kriterium übrig.»[49]

4. In einer technologisch-zivilisierten Welt hat das Schicksalhafte des Lebens seine ‹natürliche Unschuld› in immer mehr Bereichen verloren. Das «Prinzip Verantwortung»[50] markiert den Orientierungsrahmen für den Menschen in der technologischen Zivilisation. Wer Verantwortung trägt, kann *ipso facto* auch verantwortlich gemacht werden. Den ‹Hand-

---

[49] Wils, Zur Kulturanthropologie, 330. Deutlich zeigt sich diese Diskrepanz in der allseits behaupteten ‹Patientenautonomie› auf der einen Seite und der kritischen und ambivalenten Beurteilung von ‹Patientenverfügungen› – als Dokumentation eben jenes autonomen Willens der Betroffenen – auf der anderen Seite.

[50] Vgl. Hans Jonas, Das Prinzip Verantwortung. Versuch einer Ethik für die technologische Zivilisation, Frankfurt/M. 1984.

lungslogiken› der Weltgestaltung können sich Menschen nicht einfach
entziehen und es wäre ein fataler Irrtum, von der Ambivalenz der Folgen
auf die Unerwünschtheit ihrer Ursachen zu schliessen. «‹Machbarkeit› in
ihrer Verbindung mit ‹Gesundheit› gehört zu den tiefverwurzelten und
durchaus humanisierenden Imperativen unserer Kultur. Sie *tatsächlich* in
Frage zu stellen und auch entsprechend so zu leben, hätte einen *buchstäb-
lichen* Auszug aus dieser Kultur zur Folge.»[51]

4.2 Sterben und Krankheit

Immer mehr Menschen mit chronischen und multimorbiden Erkrankungen verdanken ihr Leben und ihre Lebensqualität den Fortschritten der
kurativen und rehabilitativen Medizin. Die Grenzen verschieben sich
ständig, allerdings um den Preis neuer Grenzen an anderen Stellen. Immer unverhohlener wird die Sterbehilfediskussion mit den sozialpolitischen Problemen der Finanzierbarkeit, der Gestaltungsmöglichkeiten
und des Fortbestands der Gesundheits- und Sozialsysteme kurzgeschlossen.[52] Auch darin zeigt sich die gesellschaftliche Seite des Sterbens und es
wäre gänzlich unangemessen, diese Entwicklungen der Medizin anzulas-
ten beziehungsweise ihr die Lösung des Problems aufzubürden. Dass die
Sozialversicherungssysteme der westlichen Welt längst zu ‹Opfern› ihrer
Erfolge geworden sind, ist unbestreitbar. Die Bevölkerung wird immer
älter, der demographische Wandel beschleunigt sich, weil mit steigender
durchschnittlicher Lebenserwartung der Anteil Älterer gegenüber den
Jüngeren von selbst anwächst. Unter den jetzigen Finanzierungsmodali-
täten entwickelt sich das Verhältnis von Beitragszahlerinnen und Leis-
tungsempfängern immer ungünstiger. Der Gedanke, bei der Gruppe der
Betagten, terminal Erkrankten und Sterbenden mit dem ‹Sparen› anzu-
fangen, legt sich damit in doppelter Weise nahe, und es ist nur eine Frage

---

[51] Wils, Zur Kulturanthropologie, 329; vgl. auch Alfons Labisch, Homo hygienicus.
Gesundheit und Medizin in der Neuzeit, Frankfurt/M., New York 1992.
[52] Vgl. dazu kritisch Ruth Baumann-Hölzle, Freiheit und Beihilfe zum Suizid im
Kontext von Mittelknappheit und Kostendruck im Gesundheitswesen – vom Gewis-
sensentscheid zur öffentlichen Gesundheitsvorsorge, in: Christoph Rehmann-Sutter et al.
(Hg.), Beihilfe zum Suizid in der Schweiz. Beiträge aus Ethik, Recht und Medizin, Bern
2006, 271–284, sowie die entsprechenden Aufsätze in: Markus Zimmermann-Acklin/
Hans Halter (Hg.), Rationierung und Gerechtigkeit im Gesundheitswesen. Beiträge zur
Debatte in der Schweiz, Basel 2007.

der Zeit, wann diese Arithmetik zur selbstverständlichen Forderung in der sozialpolitischen Diskussion wird.[53]

Für die Schweiz formuliert das Bundesamt für Gesundheit fünf Konsequenzen: 1. «Die Anzahl Todesfälle pro Jahr nimmt in den nächsten Jahrzehnten altersstrukturell bedingt zu.» 2. «Mehr Menschen werden an unheilbaren, fortschreitenden Erkrankungen leiden. Die Krankheitsverläufe vor dem Tod werden länger und komplexer.» 3. «Menschen die an unheilbaren und komplexen Krankheiten leiden, leben häufig in eingeschränkter Selbständigkeit und verminderter Lebensqualität.» 4. «Gegenwärtig sind Alters- und Pflegeheime wichtige Sterbeorte. Die meisten Menschen möchten jedoch zu Hause sterben.» Und 5. «Mit dem Anstieg der Lebenserwartung und der Zunahme von unheilbaren, fortschreitenden Krankheiten wird der Pflegebedarf zunehmen.»[54]

Diese Einschätzungen kontrastiert das BAG mit der Entwicklung der gesellschaftlichen Ressourcen familiärer und informeller Pflegeleistungen. Heute gilt: «Von allen in der Schweiz erbrachten Pflege- und Betreuungsleistungen wird der überwiegende Teil durch Angehörige und Familienmitglieder erbracht. In rund 5% der Mehrpersonenhaushalte in der Schweiz lebt mindestens eine pflege- und betreuungsbedürftige erwachsene Person.»[55] Aber: «Die veränderte Familiensituation (Berufstätigkeit der Frauen, veränderte Wohnverhältnisse, generelle Instabilität familiärer Bindungen) trägt dazu bei, dass der familiäre Raum immer weniger als der geeignete Ort für das Sterben verstanden wird. Die Betreuung der Menschen in der letzten Lebensphase durch Fachkräfte wurde immer bedeutsamer, so dass die Familie in der Versorgung Sterbender gar als ‹unprofessionell› erscheint. Das hat zur Folge, dass das Sterben aus dem alltäglichen Erfahrungshorizont der Menschen verschwindet.»[56]

Das ist die eine Seite des gesellschaftlichen Umgangs mit dem Sterben und ihren Sterbenden. Die andere Seite betrifft die unter der Über-

---

[53] In der seit einigen Jahrzehnten geführten so genannten ‹Rationierungsdiskussion im Gesundheitswesen› sind solche Tendenzen unverkennbar.

[54] Bundesamt für Gesundheit (BAG), Nationale Strategie Palliative Care 2010–2012, Oktober 2009, 12.

[55] A.a.O., 13.

[56] A.a.O., 14 mit Verweis auf Werner Schneider, Wandel und Kontinuität von Sterben und Tod in der Moderne. Zur gesellschaftlichen Ordnung des Lebensendes. In: Ingo Bauerfeind/Gabriela Mendl/Kerstin Schill (Hg.), Über das Sterben. Entscheiden und Handeln am Lebensende, München 2005, 30–54.

schrift «Professionalisierung des Sterbens» beschriebenen Phänomene. In Rainer Maria Rilkes Tagebuch-Roman *Die Aufzeichnungen des Malte Laurids Brigge* aus dem Jahr 1904 findet sich dazu die folgende Schilderung:

«Dieses ausgezeichnete Hotel ist sehr alt, schon zu König Chlodwigs Zeiten starb man darin in eigenen Betten. Jetzt wird in 559 Betten gestorben. Natürlich fabrikmässig. Bei so enormer Produktion ist der einzelne Tod nicht so gut ausgeführt, aber darauf kommt es auch nicht an. Die Masse macht es. Wer giebt heute noch etwas auf einen gut ausgearbeiteten Tod? Niemand. Sogar die Reichen, die es sich doch leisten könnten, ausführlich zu sterben, fangen an, nachlässig und gleichgültig zu werden; der Wunsch, einen eigenen Tod zu haben, wird immer seltener. Eine Weile noch, und er wird ebenso selten sein wie ein eigenes Leben. Gott, das ist alles da. Man kommt, man findet ein Leben, fertig, man hat es anzuziehen. Man will gehen oder man ist dazu gezwungen: nun, keine Anstrengung: Voilà votre mort, monsieur. Man stirbt den Tod, der zur Krankheit gehört, die man hat (denn seit man alle Krankheiten kennt, weiss man auch, dass die verschiedenen letalen Abschlüsse zu den Krankheiten gehören und nicht zu den Menschen; und der Kranke hat sozusagen nichts zu tun).»[57]

Rilke beschreibt vor immerhin mehr als 100 Jahren eine Entwicklung, die seit Georges Canguilhem, Michel Foucault und Ivan Illich als «Medikalisierung» des Sterbens beschrieben wird.[58] Sterben wird zu einer Krankheit, zu einem Ressort der Medizin, die sich – wie bei jeder Krankheit – darum bemüht, ihre Diagnose zu verfeinern, die Genese aufzudecken, die Ursachen zu bekämpfen und die Symptome zu lindern. Der Tod dokumentiert dann nur noch das Ende oder Versagen einer medizinischen Krankheitstherapie. Damit verschiebt sich die Wahrnehmung des Todes von dem Schlusspunkt der Biographie jedes Menschen hin zu einem medizinischen Phänomen, das sich von den Betroffenen tendenziell ablöst und ihnen in eigentümlich verobjektivierter Weise gegenübertritt. Die Äusserung «Ich bin nicht krank, ich sterbe nur!»[59] gibt diese Realität auf geradezu komische Weise wieder.

---

[57]   Rainer Maria Rilke, Die Aufzeichnungen des Malte Laurids Brigge, in: ders., Werke, Bd. III/1, Frankfurt/M. 1984, 113f.

[58]   Vgl. Canguilhem, Das Normale; Michel Foucault, Die Geburt der Klinik. Eine Archäologie des ärztlichen Blicks, Frankfurt/M. 1988; Ivan Illich, Die Nemesis der Medizin. Von den Grenzen des Gesundheitswesens, Reinbek 1981.

[59]   Tolmein, Keiner stirbt, 7.

5. Vom Realismus des Sterbens

Die Debatten über medizinische Sterbehilfe wurden anfangs äusserst kontrovers geführt. Im Laufe der Jahre bewegten sich die konkurrierenden Positionen zusehends aufeinander zu. Heute hat die Frage nach medizinischer Sterbehilfe einen Teil ihrer ethischen Brisanz eingebüsst. Wir scheinen uns zunehmend an die Notwendigkeit oder Unvermeidbarkeit solcher Entscheidungen am Lebensende gewöhnt zu haben.[60] Selbstverständlich müssen lebensverkürzende Massnahmen nicht akzeptiert werden. Aber sie stehen zur Diskussion, d. h. sie verpflichten jede Person darauf, sich *für* oder *gegen* solche Optionen zu *entscheiden*.

Die damit verbundene Verantwortungsübernahme kann nur in dem Masse in einer Gesellschaft selbstverständlich oder alltäglich werden, wie sie den mehrheitlich geteilten normativen Überzeugungen nicht nur nicht widerspricht, sondern ihnen gegenüber auch anschlussfähig ist. Die Veralltäglichung von Entscheidungen am Lebensende verweist somit auf einen Wandel – oder eine Anpassung – der relevanten moralischen Einstellungen. Was vor nicht allzu langer Zeit als moralisch anstössig galt, ruft heute kaum noch Protest hervor. Im Gegenteil: Medizinische Sterbehilfe wird inzwischen dezidiert als Ausdruck der Selbstbestimmung der Patientin oder als Akt der Barmherzigkeit des Arztes ausdrücklich positiv bewertet. Auch in diesen Fragen besteht ein Pluralismus der Meinungen und Moralvorstellungen.

In diesem Pluralismus kommt auch eine Tendenz zur *Enttabuisierung* des Todes, als Gegenbewegung zu der im 20. Jahrhundert diagnostizierten Todesverdrängung, zum Ausdruck. Wird das Fernsehprogramm als ein Indikator für gesellschaftliche Gewohnheiten und Interessen betrachtet, dann zeigt sich eine unverkennbare Tendenz zur Enttabuisierung von Krankheit, Sterben und Tod. Die US-amerikanische Fernsehserie über ein Bestattungsunternehmen *Six Feet Under*, deren Titel auch als Überschrift für eine Ausstellung zur «Autopsie unseres Umgangs mit Toten» im Kunstmuseum Bern (2006/2007), diente, steht ebenso für die wiederentdeckte Alltäglichkeit von Sterben und Tod, wie die neuen, im

---

[60] Vgl. Georg Bossard, Sterbehelfer – eine neue Rolle für Europas Ärzteschaft?, in: SÄZ 89/2008, 10: 406–410 (406): «In den letzten zwanzig Jahren hat in fast allen westlichen Staaten eine intensive Diskussion zur Frage der Liberalisierung von Sterbehilfe eingesetzt. Gleichzeitig liess sich in fast allen westeuropäischen Staaten eine zunehmende Akzeptanz von Sterbehilfe in der Allgemeinbevölkerung feststellen.»

kriminalistischen, forensischen oder medizinischen Milieu angesiedelten Fernsehserien. All das, was vorher ausschliesslich hinter verschlossenen Türen stattfand oder – sofern es in den Medien auftauchte – der moralischen oder ästhetischen Zensur zum Opfer fiel, begegnet heute zu jeder Tageszeit und mit kaum zu überbietender Deutlichkeit und Detailliertheit in den heimischen Wohnzimmern. Die Grenzen zwischen Realismus, Expressionismus und Exhibitionismus verschwimmen.[61] Dem professionellen Blick bleibt nichts verborgen – aber auch nichts erspart. Die inszenierte Idylle der einstigen moralischen ‹Helden in weiss› ist der rauhen Wirklichkeit widersprüchlicher Antihelden und Alltagsheldinnen gewichen. Die Realität des *Dr. House* – im Gegensatz zu seinen antiquierten filmischen Vorgängern – ist ambivalent, und die menschlichen Schicksale sind oft hässlich anzusehen. An dieser Erkenntnis lässt uns das Zoom der Kamera auf jedes Detail des beschädigten, sterbenden und toten Körpers nicht vorbei.

Der neue ‹Realismus› von Sterben und Tod erinnert auf den ersten Blick an die mittelalterliche ‹Kunst des guten Sterbens›, die damals konstitutiv verbunden war mit der ‹Kunst des guten Lebens›. Die *ars moriendi* war Teil der *ars vivendi*, das Sterben hatte seinen festen Sitz im Alltagsleben. Die Art und Weise, wie Menschen lebten, hatte nach der damals herrschenden Auffassung unmittelbar Einfluss darauf, wie sie starben. Auch wenn heute – im Unterschied zum Mittelalter – der Schrecken des plötzlichen Todes weitgehend gebannt ist, wenn – im Gegenteil – der Sekundentod als glückliche Alternative zu einem scheinbar endlosen Leiden betrachtet wird, hat sich das Bedingungsverhältnis von Leben und Sterben grundsätzlich nicht geändert. Allerdings spricht einiges dafür, dass sich die Beziehung umgekehrt hat: Die Frage, wie gelebt werden soll, um gut sterben zu können, wird ersetzt durch die gegenläufige Frage nach den Handlungsoptionen beim Sterben, um im Blick auf diese Aussichten gut leben zu können. An die Stelle der Angst vor dem Tod tritt somit die Angst vor dem Sterben.

In der Umkehrung der Wahrnehmungs- und Fragerichtung – anstatt von der Gegenwart auf das zukünftige Ende hin, nun von den Optionen am Lebensende in die Aktualität zurück – spiegelt sich symptomatisch jene zu Beginn beschriebene Ausweitung der menschlichen Handlungs-

---

[61] Diesen Voyeurismus bedient perfekt die skurrile Performance von Gunter von Hagens Körperwelten; vgl. Franz-Josef Wetz/Brigitte Tag (Hg.) Schöne neue Körperwelten, Stuttgart 2001.

räume wider. Die Suizidhilfe ist ein Symptom dieser Entwicklung, bei
der zwei Aspekte besonders hervorzuheben sind: Einerseits rückt das
Sterben – anstelle des Todes – in den Mittelpunkt des Interesses. Damit
korrespondiert andererseits die Fokussierung auf ein aktives Tun und
Unterlassen, anstelle eines passiven Erleidens und Geschehenlassens.
Das ‹selbstbestimmte Sterben› bildet in gewisser Weise die konsequente
Antwort der ‹Risikogesellschaft› auf die Herausforderungen am Lebensende. Sterben und Tod sind in einem doppelten Sinne riskant: 1. weil der
Tod nicht mehr dem Handeln entzogen ist, sondern in der aktiven Gestaltung des Sterbens zu einem entscheidbaren Ereignis wird; 2. weil der
aktive Umgang mit Sterben und Tod auf Entscheidungskriterien und
Handlungsmassstäbe zurückgreifen muss, die selbst riskant sind. Denn
angesichts der Irrtumsanfälligkeit menschlicher Urteile und der prinzipiellen Ungewissheit über die Zukunft haben solche existenziellen Entscheidungssituationen einen prekären Status. Wir stehen im Alltag nicht
vor Entscheidungen über Leben und Tod. Wir streben auch – aus guten
Gründen – nicht danach, in solche Konfliktsituationen zu geraten. Mehr
noch, unseren Alltagswelten liegt – bewusst oder unbewusst – die Prämisse zugrunde, Entscheidungen über «letzte Fragen» von Leben und
Tod prinzipiell[62] auszuschliessen.

6. ‹Moralische› Risiken

Wie sehr die gegenwärtigen Debatten um die organisierte Suizidhilfe die
Spannung zwischen den Wahrnehmungen der Kontingenzen menschlicher Existenz einerseits und seiner enormen Entscheidungsmacht andererseits widerspiegeln, zeigt sich besonders im Umgang mit dem Argument des Lebensschutzes. Tritt man einen Schritt hinter die öffentlichen
Kontroversen zurück, fällt zweierlei unmittelbar auf: 1. die spezifische
Art und Weise, wie über den Suizid gesprochen wird und 2. die signifi-
kant marginale Bedeutung des für unsere Moralgeschichte so zentralen
Tötungsverbotes. Der Suizid begegnet mehrheitlich als gewöhnliche -

---

[62] Deshalb stehen Tötungsdelikte *prinzipiell* unter Strafe, die Ausnahmen regelt das
Gesetz. Wenn über die Entpönalisierung von Tötungshandlungen nachgedacht wird,
muss immer im Hinterkopf bleiben, zu welchem Sinn und Zweck solche Taten unter
Strafe stehen, wem sie dienen, wen sie schützen, und welche Schutzfunktion bei ihrer
Revision riskiert wird.

Handlungsoption, klar kalkuliert, irritierend weder für die Person, die ihn ins Auge fasst, noch für die Beteiligten, die dem Verlust eines Menschen entgegensehen. In eigentümlicher Weise wird der Suizid von den vertrauten Intuitionen, die mit Akten des (Selbst-)Tötens verbunden werden, abgekoppelt.[63] Das zeigen die euphemistisch-einseitige Beschreibung von Sterbewünschen und die fehlende Thematisierung der für unsere Kultur fundamentalen Normen des Tötungsverbots und Lebensschutzes.

Skepsis gegenüber einem Rückzug auf kategorische moralische Haltungen ist aber noch aus einem anderen Grund geboten. Fischer beobachtet – im Anschluss an Rüdiger Bittner – in den Suizidhilfedebatten eine «Verwüstung durch Moral».[64] Der Philosoph bemerkt: «Moral ist anziehend und verwüstend, durch das Sprechen von oben herab. Das ist anziehend, weil man mit solchem Sprechen gültige, von Reaktionen und Affekten unabhängige Urteile fällen kann, was hätte geschehen sollen, was nicht. Das ist verwüstend, weil es ein Urteilen von aussen ist, vor dem das Leben der Beteiligten zum blossen Objekt wird.»[65] In der Suizidhilfediskussion zeigt sich, was auch in anderen öffentlichen Debatten über moralische Fragen beobachtet werden kann: «Auch hier wird gerichtet, und im Gegenzug sucht man zu rechtfertigen.»[66]

Aber es geht nicht nur um moralische ‹Zurückhaltung›. Zugleich wäre es ein Irrtum, die aktuellen öffentlichen Kontroversen als ethische zu begreifen. «Das Sterben wird hier als existenzielle Gegebenheit, aber noch nicht als moralisch relevante Wirklichkeit anvisiert. In diesem Zusammenhang müssen *Motive* genannt werden, die jene Aktualität der Sterbehilfe *erklären*.»[67] Die sich ereignenden Verschiebungen betreffen (zunächst) die gesellschaftlichen Verhältnisse und ihre Kommunikation darüber. Es geht um eine veränderte Problemwahrnehmung und nicht um einen Wandel mehrheitlich geteilter Moralvorstellungen – geschweige

---

[63] Vgl. dazu den wichtigen Beitrag von Johannes Fischer, Warum überhaupt ist Suizid ein ethisches Problem? Über Suizid und Suizidbeihilfe, in: ZME 55/2009, 243–253.

[64] Johannes Fischer, Zur Aufgabe der Ethik in der Debatte um den assistierten Suizid. Wider ein zweifaches Missverständnis, in: Rehmann-Sutter et al. (Hg.), Beihilfe, 203–215 (204).

[65] Rüdiger Bittner, Verwüstung durch Moral, in: Brigitte Boothe/Philipp Stoellger (Hg.), Moral als Gift oder Gabe? Zur Ambivalenz von Moral und Religion, Würzburg 2004, 98–103 (102).

[66] Fischer, Zur Aufgabe der Ethik, 204.

[67] Wils, Zur Kulturanthropologie, 326.

denn um eine Veränderung der Einstellungen gegenüber dem Tod. Insofern wundert es kaum, dass eine die sittliche Verfallsgeschichte beklagende Moralkritik an den Diskussionen ziemlich eindruckslos abprallt. Das Sterben wird auf der Ebene der Problemwahrnehmung kaum als moralische Herausforderung, sondern vor allem als lebenspraktische Aufgabe betrachtet. Im Blickpunkt steht weniger das Risiko, moralisch zu versagen oder auf dem dünnen Eis moralischer Konflikte auszurutschen oder einzubrechen, als vielmehr das Risiko, in einer extremen Lebenslage die Kontrolle zu verlieren.

Der Kontrollverlust droht einerseits dem Subjekt, dessen Selbstbestimmung auf dem Spiel steht. Andererseits betrifft er die Situation selbst, weil der Verlust der Entscheidungsfähigkeit einer Person nicht die Entscheidungssituation aufhebt, in der sie sich befindet. Der Verlust der eigenen Urteilsfähigkeit enthebt nicht von der Notwendigkeit, entscheiden zu müssen. Verändert hat sich die Situation ausschliesslich im Blick auf das Verschwinden des Entscheidungssubjekts. Bildlich gesprochen, existiert es nur noch zur Hälfte: als betroffene, aber nicht länger entscheidende Person. Das hat drei wesentliche Konsequenzen: 1. die Entscheidung muss von der betroffenen Person an Dritte delegiert werden, 2. Letztere tragen nun die Bürde der Entscheidungsrisiken und 3. die von den Entscheidungen betroffene Person gerät in ein Abhängigkeitsverhältnis gegenüber Dritten, das aus der Perspektive des Subjekts – gemäss der oben gemachten Unterscheidung[68] – eine Gefahr darstellt. Denn zukünftig eintretende Ereignisse im Leben der betroffenen Person können nicht mehr dieser selbst, sondern müssen Dritten zugerechnet werden. Darin besteht das wohl bedeutendste Risiko in der ‹Risikogesellschaft›: das Risiko, die eigenen Risiken nicht mehr selbst kalkulieren und entscheiden zu können. Wer sich entscheidet, zu entscheiden, entscheidet sich damit zugleich für das Risiko, dass im Falle des nicht mehr Selbst-Entscheiden-Könnens Dritte entscheiden werden.

---

[68] Vgl. Mathias Heidenescher, Die Beobachtung des Risikos. Zur Konstruktion technisch-ökologischer Risiken in Gesellschaft und Politik, Berlin 1999, 106: «Entscheider rechnen sich die Folgen des Einlassens auf Unsicherheiten selbst zu (zum Beispiel: Rauchen, Glücksspiele, Unternehmertum); es handelt sich um eine internale oder Selbst-Zurechnung. Betroffenheiten dagegen entstehen, wenn die Folgen des Einlassens auf Unsicherheiten nicht auf das eigene, sondern auf das fremde Entscheiden zugerechnet werden, an denen die dann Betroffenen selbst nicht mitgewirkt haben; es handelt sich um externale- oder Fremdzurechnung.»

Dieser Zusammenhang verweist auf die eigentümliche Dialektik menschlicher Handlungsmacht. Ihre Ausweitung lässt nicht nur die Anzahl riskanter Entscheidungssituationen stetig anwachsen. Sie bewahrt auch nicht davor, in den ‹gefährlichen› Status überwunden geglaubter Ohnmacht zurückzufallen – nun in neuem Gewand. Bedroht wird das Handlungssubjekt weniger von einer übermächtigen Natur, sondern von asymmetrischen sozialen Konstellationen, in der andere über sein Leben entscheiden. Freilich wird das einst metaphysische Schicksal nun physisch und leibhaftig in den Menschen verlegt, der die Macht hat, willkürlich, despotisch, paternalistisch, stellvertretend oder advokatorisch über andere zu entscheiden. Die zentrale Frage für die betroffene Person heisst an dieser Stelle also nicht mehr: ‹*Willst* du entscheiden?›, sondern: ‹*Kannst* du entscheiden?›. Diese Verschiebung markiert aus risikosoziologischer Perspektive den Rückfall vom Risiko in die Gefahr. Richtig oder falsch entscheiden lautet die Herausforderung unter Risikobedingungen, Nicht-Entscheiden-Können die Herausforderung in der Gefahr.

Momente eines solchen Umschlagens von der Aktivität in die Passivität gehören ganz selbstverständlich zu unseren Lebensgeschichten und prägen die Biographie jedes Menschen. Darin besteht die unbestreitbare «Fragmentarität» (Henning Luther) menschlicher Existenz. Unter dem Diktat der Selbstbestimmung wird das Fragmentarische des Lebens allerdings selbst noch einmal fragmentiert: Es wird anerkannt für die Zerbrechlichkeit des Leibes, nicht aber für die Gebrochenheit der eigenen Souveränität. Der drohende Kontrollverlust angesichts des sich abzeichnenden Schwindens der eigenen Entscheidungs- und Handlungsfähigkeit oder des Rückfalls in ein Leben unter die ‹gefährlichen› Vorzeichen des Angewiesenseins auf andere kann weder akzeptiert noch hingenommen werden. Das hat einschneidende Konsequenzen: Die Möglichkeit eigener Unsicherheiten und Unfähigkeiten eigener Passivität und eigenen Leidens nicht auf der menschlichen Lebensrechnung zu haben, verengt konsequenterweise die eigenen Lebensoptionen auf die binären Alternativen völliger Selbstkontrolle oder Totalverweigerung, Souveränität oder Tod – *tertium non datur*.

7. Risikoabsicherungen

In der Lebenswirklichkeit sind wir ständig mit Wahrnehmungen und Erfahrungen von Fragmentarität konfrontiert. Sie sind einerseits Anlass zur Sorge und andererseits Anstoss für die Erfindung von Kompensationsmassnahmen. Die spezifische Art, mit individuellen und kollektiven Lebensrisiken umzugehen, gilt in modernen rechtsstaatlichen Gesellschaften als Massstab für ihre Sozialität und Solidarität. Niemals zuvor in der Menschheitsgeschichte gab es derart ausgebaute soziale Sicherungssysteme, wie in den meisten Industriestaaten der nördlichen Hemisphäre. Der französische Soziologe François Ewald hat für diese Entwicklungen vor allem in der zweiten Hälfte des 20. Jahrhunderts den Begriff «Vorsorgestaat»[69] geprägt. Unabhängig von dem Prinzip der kollektiven oder individuellen Absicherung, reagieren Versicherungen auf die prinzipielle Unsicherheit gegenüber zukünftigen Entwicklungen und Ereignissen.

Die damit verbundene Mentalität, sich gegen Unvorgesehenes und Unvorhersehbares abzusichern sowie eventuell eintretende Schäden (und auch Schadensansprüche) abzuwehren, prägen unsere Lebensweise und die Gesellschaft durch und durch. Die Kreativität im Erfinden neuer Risiken und entsprechender Versicherungsangebote dagegen ist offenbar grenzenlos. Aus der Perspektive eines solchen Sicherheitsdenkens wirkt es weder unpassend, noch ungewöhnlich, auch das letzte grosse Lebensrisiko – das Sterben – durch die Brille unseres Risikomanagements zu betrachten. Wenn es als vernünftig und klug gilt, sich gegen Krankheiten, Unfälle, nicht angetretene Urlaubsreisen oder undichte Waschmaschinen zu versichern, ist es nicht unpassend, sondern – im Gegenteil – ratsam, auch das Risiko des Sterbens aus dieser Optik zu bedenken. Wenn wir bei Krankheiten, Unfällen, kollabierenden Terminplänen oder Kollateralschäden im Haushalt keine Risiken einzugehen bereit sind, liegt es dann nicht nahe, beim ultimativen Lebensrisiko die gleiche Vorsicht walten zu lassen? Die Frage mag merkwürdig klingen, sie entspricht aber präzise unserer Haltung, zukünftige Schäden, wenn möglich zu vermeiden oder zumindest in erträglichem Rahmen zu halten. Im Zusammenhang unserer Strategien zur Reduzierung oder Vermeidung von Unsicherheit ist es auf jeden Fall klug, die Frage zu stellen. Plausibel wird dieser Entschluss auch angesichts der – oben beschriebenen – Tatsache, dass mit jeder

---

[69]   Vgl. François Ewald, Der Vorsorgestaat, Frankfurt/M. 1993.

96

Risikobearbeitung neue Unsicherheiten produziert und neue Risiken eingegangen werden.

Wie die Argumente der Suizidhilfeorganisationen und die Gründe von Menschen, die Suizidhilfe in Anspruch nehmen wollen, zeigen, spielen die Absicht der Risikominimierung und der Wunsch nach Absicherung eine massgebliche Rolle. Eindrücklich wird das durch die Aussagen vieler Mitglieder der Sterbehilfeorganisation EXIT belegt, die ihren Beitritt damit begründen, im Zweifelsfall die Sicherheit einer letzten Handlungsmöglichkeit in der Hinterhand zu haben. Aus der Risikoperspektive entspricht die Entscheidung für oder gegen eine EXIT-Mitgliedschaft dem oben diskutierten Fall der Wahl oder Verweigerung des Impfschutzes (s. oben 79f.).

Menschen sind – wie die moderne Ökonomie lehrt – risikoadvers. Allgemein scheuen sie das Risiko, es sei denn, sie nehmen bewusst bestimmte Risiken in Kauf oder suchen ihren Reiz. Aber letztgenannte Risiken sind gewählte Unsicherheiten, die wenig mit den hier ins Auge gefassten Kontingenzerfahrungen zu tun haben. Wir können das Eintreten solcher ‹Schäden› nicht verhindern. Wir verfügen lediglich über Möglichkeiten, gewisse Schadensfolgen zu dämpfen oder abzumildern, etwa den finanziellen Ruin bei Krankheit, die Verelendung und den sozialen Absturz bei Arbeitslosigkeit, das ohnmächtige Verharren in unerträglichem Leiden oder die Aussicht auf ein leidvolles Siechtum beim Sterben.

Entscheidend ist dabei, dass wir uns nicht beliebig zu unseren Sicherheitsüberlegungen verhalten. Nachlässigkeiten bei der gesundheitlichen Vorsorge oder bei der gewissenhaften Absicherung von Lebensrisiken sind ökonomisch als Leichtsinn und moralisch als Verantwortungslosigkeit diskreditiert. Das macht vielleicht verständlich, warum kritische Einwände gegen die organisierte Suizidhilfe mit grosser Heftigkeit attackiert werden. Kritische Stimmen geraten zuweilen in das falsche Licht, sie wollten den Menschen eine Absicherung für ihr Leben vorenthalten oder wegnehmen. Genau gegen diese Bedrohung richtet sich die Forderung nach einem ‹Recht auf ein selbstbestimmtes Sterben›. Es geht um das Recht, sich gegen die zukünftige Möglichkeit eigenen Leidens oder eines scheinbar endlosen, sinnentleerten Sterbeprozesses zu versichern.

Angesichts des tatsächlichen Leidens vieler Sterbender und der prognostizierten Verläufe von chronischen, multimorbiden und degenerativen Erkrankungen sollte der Wunsch nach einer letzten Absicherung nicht – vorschnell und aus einer Haltung moralischer Überheblichkeit – als sicherheitsfixiert oder lebensverweigernd zurückgewiesen werden. Es gehört genauso zu den Risiken des Lebens, dass niemand sagen kann, ob sie oder er nicht einmal darum bitten werden, von dem eigenen, als erbärmlich und sinnlos empfundenen Leben erlöst zu werden. Wir können nicht einmal davor sicher sein, in eine Situation zu geraten, in der wir uns von einem nahen Angehörigen – wenn auch nur heimlich – nichts mehr wünschten, als dass er endlich sterben und die Menschen um ihn von den unerträglich gewordenen Belastungen seines Sterben erlösen möge. Natürlich würden wir mit aller moralischen Macht, die wir zur Verfügung haben, gegen diesen Gedanken ankämpfen. Aber zum Leben gehört auch die Erfahrung, an die Grenzen der eigenen moralischen Überzeugungen zu stossen – unabhängig davon, ob dies als Tatsache, als Niederlage oder auch Befreiung erlebt wird.[70]

Bei der unverzichtbaren Aufgabe der Kontextualisierung des Streits um die Suizidhilfe stehen sechs Aspekte im Vordergrund:

1. Die Debatte wird von Vertretern und Befürworterinnen der organisierten Suizidhilfe ausdrücklich in den Zusammenhang der medizinischen und biotechnologischen Entwicklungen und ihre Folgen für die Selbstbestimmung der und des Einzelnen gerückt. Damit werden zwei zentrale Themen der neueren Medizinethik aufgeworfen, die sich bei Entscheidungen am Lebensende in aller Schärfe stellen.

2. Die Kontroverse um Art. 115 des Strafgesetzbuches (StGB) dreht sich auch um eine Bestimmung des Verhältnisses zwischen Suizidhilfe und Tötungshandlungen. Bereits seine Position im Strafgesetzbuch verweist auf die enge Beziehung zwischen Suizidhilfe und Delikten gegen das Leben. Die Frage nach der rechtlichen Regelung der organisierten Suizidhilfe muss diesen Kontext berücksichtigen. Die Meinung, dass ein enges Abhängigkeitsverhältnis bestünde, ist ebenso begründungsbedürftig wie die umgekehrte These, dass die Suizidhilfe von (anderen) Tö-

---

[70] Eine sachgemässe Diskussion darf diese – aus moralisch unmittelbar einsichtigen Gründen häufig ausgeblendete – Dimension des Leidens und Sterbens nicht ausblenden. Sozialwissenschaftliche und psychologische Untersuchungen zu Gewalt und Tötungsdelikten in der Pflege von kranken und betagten Menschen zeigen die durchaus erschreckende Normalität der Motive, psychischen und sozialen Bedingungen für solche Taten; vgl. etwa Karl-H. Beine, Sehen. Hören. Schweigen. Krankentötungen und aktive Sterbehilfe, Freiburg/Br. 1998; Ralf Scherer et al. (Hg.), Menschenwürde an den Grenzen des Lebens: Sterbehilfe und Sterbebeistand im Widerstreit, Münster 2007.

tungshandlungen grundsätzlich zu unterscheiden sei. Die Frage nach dem Verhältnis von Suizidhilfe und Tötungsverbot thematisiert das in unseren moralischen Überzeugungen und unserem Rechtsempfinden tief verankerte Grundverständnis von der Schutzbedürftigkeit des menschlichen Lebens und seiner Würde, das sich auch in den entsprechenden Gesetzestexten widerspiegelt. Bei der ethischen Reflexion der Suizidhilfediskussion geht es auch um ihre Kontextualisierung in den für eine Gesellschaft fundamentalen und massgebenden, normativen Traditionen.

3. Die Frage nach dem Umgang mit den technologischen Möglichkeiten und ihren Folgen sowie nach der menschlichen Würde in Grenzbereichen des Lebens sind keine genuinen Themen der Suizidhilfediskussion. Beide Fragestellungen werden auch in anderen Zusammenhängen kontrovers diskutiert: die erste etwa im Rahmen der Techniksoziologie, Technikfolgenabschätzung, Ökologie und Umweltwissenschaften, die zweite beispielsweise in den Debatten um den Status von menschlichen Embryonen, aber auch in denjenigen um eine Relativierung des Folterverbots oder die rechtliche Legalität und politische Legitimität ‹humanitärer› militärischer Interventionen. Vor diesem Hintergrund rückt das Thema ‹Suizidhilfe› als Anwendungsfall in einen umfassenderen Problemhorizont: Die Diskussion um die Suizidhilfe muss auch danach befragt werden, ob und inwiefern in ihr ein Wandel der Einstellungen gegenüber dem menschlichen Leben in einer durch die wissenschaftlichen und technologischen Dynamiken geprägten Zivilisation zum Ausdruck kommt.

4. Die Suizidhilfediskussion verweist auf kein gesellschaftliches und ethisches ‹Sonderproblem›, sondern ist in die übergreifenden Prozesse gesellschaftlicher Selbstverständigung, -orientierung und -organisation eingebettet. Nicht die Suizidhilfe bildet den ‹Sonderfall›, sondern die Gesellschaft, in der Suizidhilfe stattfindet – freilich in der Weise, wie Gesellschaft zu jedem historischen Zeitpunkt einen ‹Sonderfall› darstellt. Die Gesellschaftsperspektive begegnet darüber hinaus der heute verbreiteten Tendenz zu einer Individualisierung gesellschaftlicher Konflikte. Suizidhilfe betrifft natürlich die Frage individueller Entscheidungen vor dem Hintergrund eines modernen Verständnisses von Selbstbestimmung und einer personalen (Tugend-)Ethik, aber sie kann nicht darauf reduziert werden. Die Reflexion ihrer gesellschaftlichen und politischen Dimension ist unverzichtbar. Damit wird auch einem diskursverweigernden Moralismus entgegengewirkt, wie er auf der einen Seite im Vorwurf der

Lebensverachtung und menschlichen Anmassung und auf der anderen Seite in der Zurückweisung eines realitätsfremden Rigorismus und eines menschenverachtenden Paternalismus begegnet.

5. Kein moralischer Konflikt lässt sich durch Diskreditierung der jeweils anderen Seite lösen. Pauschalantworten sind ebenso unangemessen, wie politisch-pragmatische Verfahrenslösungen. Entscheidungen am Lebensende sind riskant, weil es um das Leben der Betroffenen selbst geht. Weil wir entscheiden können, tragen wir Verantwortung für die Entscheidungen, die wir treffen und denen wir ausweichen. Um diesen Kontext zu beleuchten, wurde der Risikobegriff gewählt: 1. Er erlaubt einen Zugang zum Thema, der die Lebens- und Verantwortungssituation von Menschen in individualisierten und funktional ausdifferenzierten Gesellschaften aufnimmt. 2. Er ist nicht moralisch kontaminiert, weil er bei den Entscheidungssituationen von Menschen ansetzt und nicht bei den Massstäben, an denen Menschen ihre Entscheidungen orientieren. 3. Er signalisiert den spezifischen Status von Entscheidungen in Grenzsituationen, der in ein Verhältnis gerückt werden kann zum Krisenbegriff in der Medizin.

6. Schliesslich geht es auch um die Grenzen des Risikobegriffs selbst. Es ist sozusagen riskant, die Welt als Verhandlungsmasse für das eigene Risikoverhalten zu betrachten. An dieser Stelle kommt die anthropologische Dimension der Frage nach dem Umgang mit dem eigenen und dem Leben anderer ins Spiel. Seine auf Zukunft hin angelegte Existenz ist dem Menschen ungewiss. Nicht aufgrund der stets nur begrenzten Prognostizierbarkeit von Handlungsfolgen und -wirkungen. Sondern im Blick auf die Aspekte des Lebens, die keiner Risikokalkulation zugänglich sind, weil sie menschlichem Handeln entzogen bleiben. So stellt *Faust* im Disput mit den «vier grauen Weibern» «Mangel», «Schuld», «Sorge» und «Not» nüchtern fest: «Im Weiterschreiten find' er Qual und Glück, / Er unbefriedigt jeden Augenblick!»[71] Glück und Qual sind nicht die Einsätze, um derentwillen Menschen Risiken eingehen oder vermeiden können. Goethes Protagonist weiss, dass Glück und Unglück nicht gemacht, sondern gefunden werden. Dort gibt es nichts zu riskieren, nicht einmal die moralische Integrität der handelnden Person.

---

[71] Johann Wolfgang von Goethe, Faust. Eine Tragödie, in: ders., Werke. Hamburger Ausgabe in 14 Bänden, Hamburg 1948ff., Bd. 3, 345.

«Das Leben ist kein zweiter Gott.»
Karl Barth[1]

«Es wird regiert.»
Karl Barth[2]

IV. Theologische Überlegungen zu Sterben und Tod

1. Vorbemerkungen

Kirchen gelten auch in säkularisierten Gesellschaften nach wie vor als ‹Expertinnen für Sterben und Tod›. Bereits vor zwei Jahrzehnten warnte der praktische Theologe Manfred Josuttis davor, dass sich die Lebendigkeit der Volkskirche «überspitzt formuliert, im Bedürfnis nach der Beerdigung der Toten» erschöpfe.[3] Und Ulrich H. J. Körtner kritisiert daran anschliessend die naheliegende Versuchung der Kirchen, mit Hilfe solcher Kompetenzzuschreibungen «gesellschaftlichen Relevanzverlust zu kompensieren». Kirche sollte ihre gesellschaftliche Bedeutung nicht «nur noch dadurch unter Beweis stellen, dass sie sich als Marktführer auf dem neu entstehenden und inzwischen bereits umkämpften Markt der Sterbebegleitung zu positionieren versucht.»[4] Andersherum können Kirche, Diakonie und Theologie gerade dort einen Beitrag leisten, wo die Gesellschaft ihren Sterbenden und dem Tod unübersehbar mit «Verlegenheit und Hilflosigkeit» begegnet.[5]

Wie bereits die in Kapitel 2 diskutierten Filme gezeigt haben, entzünden sich die Kontroversen um Sterbe- und Suizidhilfe nicht zuletzt an christlichen bzw. christlich vermittelten Traditionen und Überzeugungen. Ramón arbeitet sich ebenso kritisch an der römisch katholischen

---

[1]   Karl Barth, Die Kirchliche Dogmatik, KD III/4: Die Lehre von der Schöpfung, Vierter Teil, Zürich 1969, 388.

[2]   Karl Barth, Gespräch mit Eduard Thurneysen 1968, in: ders., Gespräche 1964–1968, Karl Barth-Gesamtausgabe, Bd. 28, Zürich 1997, 562.

[3]   Manfred Josuttis, Der Pfarrer ist anders. Aspekte einer zeitgenössischen Pastoraltheologie, München [3]1987, 52.

[4]   Körtner, Sterben in der modernen Stadt, 200.

[5]   Ebd.

Kirche seines Landes ab, wie Frankies Gewissenskonflikt als Ausdruck seines christlichen Glaubens entfaltet wird. In der aktuellen Diskussion sehen sich Kirchen und Theologie mit einem doppelten Einwand konfrontiert: einerseits der Partikularität ihres spezifischen Zugangs und andererseits der Rigidität ihrer moralischen Forderungen. Den ersten Vorwurf fasst der Ethiker Peter Dabrock im Blick auf die politische Philosophie so zusammen: «Entweder sage die theologische Ethik das qua Vernunft oder (politischer) Klugheit Gebotene, dann ist sie überflüssig, weil redundant und so dem Effizienzgebot zuwiderlaufend, oder sie sage Unvernünftiges oder Unkluges, dann lohne es sich erst recht nicht, auf sie zu hören. Ob redundant oder unvernünftig – in jedem Fall sei sie verzichtbar.»[6] Die typische Form des zweiten Vorwurfs präsentiert das ehemalige EXIT-Vorstandsmitglied Andreas Blum mit Bezug auf die theologische Rede vom Leben als Geschenk Gottes: «Entsprechend heftig und intolerant sind in der Debatte die Stimmen von kirchlicher Seite. Ich will darauf nicht näher eingehen. Eine kritische Auseinandersetzung mit Menschen, die sich im Besitz der allein gültigen Wahrheit wissen, führt zu nichts. Wer glaubt, entzieht sich dem rationalen Diskurs, ist frei von Skepsis und Zweifel, verweigert sich anderen Überzeugungen.»[7] Unabhängig von Gehalt und Qualität solcher Kritiken bewegen sich Kirchen in dem komplexen Spannungsfeld zwischen «Dialogfähigkeit und Standfestigkeit» (Hans Küng). Die doppelte «Erwartungserwartung» (Niklas Luhmann) von und gegenüber Kirchen und Gesellschaft schliesst stets mit ein, dass Kirchen einerseits missverstanden werden und andererseits auch missverständlich sprechen können.

So selbstverständlich das Thema Sterben und Tod mit christlicher Theologie und Kirche verbunden wird, so unklar bleibt häufig, worin diese thematische Affinität besteht und worauf sie gründet. «Der T[od] selbst ist kein eigenes Thema der *Dogmatik* oder Gegenstand des Bekenntnisses; seine theol[ogische] Relevanz hat er in seinen *Zusammenhängen*: Sünde und T[od], Jüngstes Gericht und T[od], T[od] und Auferstehung usw. Gerade weil der T[od] kein eigener Gegenstand der Theologie

---

[6] Peter Dabrock, Wirklichkeit verantworten. Der responsive Ansatz theologischer Ethik bei Dietrich Bonhoeffer, in: Nethöfel/Dabrock/Keil (Hg.), Verantwortungsethik, 117–158 (119).

[7] Blum, Das grosse Tabu, 10. Kritik kommt aber auch aus kirchlichen Reihen vgl. Friess, ‹Komm süsser Tod› und Friedrich Wilhelm Graf, Klerikaler Paternalismus, in: Süddeutsche Zeitung vom 19.02.2009.

sein kann, bleibt der Blick offen für seine schreckliche Macht, die jede Erklärung und jedes Verstehen unmöglich macht.»[8] Nach christlichem Verständnis ist der Tod nicht nur das *Ende* (des *bios*), sondern auch *Ziel* (*telos*) des Lebens. «Mitten wir im Leben sind von dem Tod umfangen» übersetzt Martin Luther in seinem Kirchenlied von 1524 die gregorianische Antiphon «Media vita in morte sumus» aus dem 11. Jahrhundert. Der Choral reflektiert nüchtern die selbstverständliche Tatsache irdischer Existenz: Biologisch läuft das Leben unweigerlich auf seinen Tod hinaus. «[D]er Mensch stirbt, weil und insofern er einen Leib hat, besser: weil und insofern er Leib ist.»[9] Kohelet zerstört jegliche Illusion: «Das Geschick der Menschen gleicht dem Geschick der Tiere, es trifft sie dasselbe Geschick. Jene müssen sterben wie diese, beide haben denselben Lebensgeist, und nichts hat der Mensch dem Tier voraus, denn nichtig und flüchtig sind sie alle. Alle gehen an ein und denselben Ort, aus dem Staub sind alle entstanden, und alle kehren zurück zum Staub.» (Koh 3,19–20).

Luther hat allerdings den Liedanfang an anderer Stelle in ein Wortspiel eingebaut: «Mitten wir im Leben sind von dem Tod umfangen – kehr's auch um: Mitten in dem Tode sind wir vom Leben umfangen.»[10] Die Pointe des Reformators nimmt den Dank des Paulus am Schluss des ersten Korintherbriefes – «Verschlungen ist der Tod in den Sieg. Tod, wo ist dein Sieg? Tod, wo ist dein Stachel?» (1Kor 15,54b–55; vgl. Hos 13,14) – und die apokalyptische Gewissheit des Johannes – «Und abwischen wird er jede Träne von ihren Augen, und der Tod wird nicht mehr

---

[8]   Wolfgang Schoberth, Tod, in: EKL³, Bd. 4, Göttingen 1996, 897–901 (900). Eine differenzierte Analyse des biblischen Todesverständnisses kann an dieser Stelle nicht geleistet werden. Überblicksdarstellungen und weiterführende Lesehinweise bieten die einschlägigen Lexikonartikel sowie manche der in dieser Untersuchung zitierten Literatur; vgl. auch Walter Dietrich/Christian Link, Die dunklen Seiten Gottes, 2 Bde., Neukirchen-Vluyn 1995/2000; Erhard Gerstenberger/Wolfgang Schrage, Leiden. Biblische Konfrontationen, Stuttgart u. a. 1977; Manfred Görg, Ein Haus im Totenreich. Jenseitsvorstellungen in Israel und Ägypten, Düsseldorf 1998; Ulrike Kostka, Der Mensch in Krankheit, Heilung und Gesundheit im Spiegel der modernen Medizin. Eine biblische und theologisch-ethische Reflexion, Münster 2000; Eberhard Schockenhoff, Krankheit – Gesundheit – Heilung. Wege zum Heil aus biblischer Sicht, Regensburg 2001.

[9]   Jüngel, Tod, 57.

[10]   Martin Luther, Predigt am Tag Mariä Heimsuchung, in: ders., WA 11, 141, 22. Karl Barth zitiert nur den ersten Teil aber bezeichnenderweise im Zusammenhang seiner Reflexionen zum alttestamentlichen Todesverständnis; Barth, Karl, Die Kirchliche Dogmatik. Die Lehre von der Schöpfung, Bd. III/2, Zollikon-Zürich 1948, 719.

sein, und kein Leid, kein Geschrei und keine Mühsal wird mehr sein; denn was zuerst war, ist vergangen.» (Offb 21,4) – auf. Die irdische Existenz springt an dieser Stelle aus der Kreisbahn des biologischen Zirkels von Werden und Vergehen und erscheint theologisch als ein – die Zeit in der Zeit transzendierender – Prozess von Sein, Vergehen und Werden.

2. Leiblichkeit

«Man kann sich eigentlich wundern, dass die christliche Kirche und Theologie die Bedeutung des für die neutestamentliche Botschaft konstituierenden Faktums der *Inkarnation* für die *Ethik* nicht längst viel energischer geltend gemacht hat, statt sich in dieser brennenden Frage – warum der Mensch und das Menschenleben zu respektieren sei? – mit allgemeinen religiösen Redensarten und mit Anleihen aus den Aufstellungen des nichtchristlichen Humanismus zu behelfen.»[11] Barths kritische Bemerkung und Anfrage an Kirche und theologische Ethik werfen im vorliegenden Zusammenhang die Fragen auf, welche Konsequenzen sich aus dem neutestamentlichen Heilsgeschehen für ein christliches Verständnis von Leben, Sterben und Tod sowie den in diesem Kontext verorteten Umgang mit Lebenden, Sterbenden und Toten ergeben. Wenngleich theologische Aussagen über Leben und Tod von konkreten Entscheidungen darüber sorgfältig unterschieden werden müssen, bildet das – ausgesprochene oder unausgesprochene – theologische Verständnis von der Welt und vom Menschen den Bezugsrahmen für (moralische) Orientierungen im Horizont christlicher Ethik. Theologische Sätze reflektieren den *Glauben* von Menschen, deren Wirklichkeit im Leben und Sterben durch diesen bestimmt wird.

Die Wahrheit der biblischen Botschaft zeigt sich einerseits nicht in irgendeiner theoretischen Erkenntnis, sondern *in der* und *als konkrete Lebenswirklichkeit* der Menschen, die sich als Geschöpfe Gottes verstehen und in ihrem Leben Jesus Christus nachfolgen. Andererseits werden wir unbestreitbar mit einer Wirklichkeit konfrontiert, in der «die Vorstellung, dass das Leben ein Geschenk Gottes ist, manchmal an der erbärmlichen

---

[11] Barth, KD III/4, 385.

Lage eines Menschen zerbricht».[12] Sowohl die Wirklichkeit des Handeln Gottes an seinen Geschöpfen, wie auch das Dunkel der (Gott-)Verlassenheit im Leiden (Mk 15,34; vgl. Ps 22,2) sind leibhaftige, somatisch-psychisch-seelische Erfahrungen. «Die Briefe des Paulus durchzieht die Einsicht, dass die gegenwärtige Existenz durch Begrenzungen und Zerstörungen geprägt ist, die er und die Menschen in seinem Umfeld am eigenen Leib erfahren: Hunger, ungerechte Herrschaft, Versklavung, Krankheit, Leidern, zerstörte Beziehungen und daraus resultierende Gewalt.»[13] Das ‹Ich› des Menschen erscheint dort in den Perspektiven von Leib (*soma*), Seele (*psyche*) und Geist (*pneuma*). Aber: «Der Mensch besteht nicht aus zwei oder gar drei Teilen [...]. Sondern der Mensch ist eine lebendige Einheit, ein Ich, das sich selbst gegenständlich werden kann, ein Verhältnis zu sich selbst hat (*soma*), und das lebendig ist in seiner Intentionalität, im Aus-sein auf etwas, im Wollen und Wissen (*psyche*, *pneuma*).»[14]

Unser Leib ist Raum, Medium und Werkzeug, in und mit dem unsere Fähigkeiten, Möglichkeiten, Grenzen, Erfahrungen, Erwartungen, Hoffnungen, Freuden, Ängste und auch unser Glauben wirklich sind und werden:[15] «Ich *bin* mein Leib. Indem ich meinen Leib selber existiere, ist er mein konkretes Für-mich-sein. Als Leib verdichtet sich das ‹Da› meines Seins»[16] zu meinem leibhaftigen und einzigartigen «Dasein» als «In-der-Welt-Sein» (Martin Heidegger). Leiblichkeit ist der Modus, in der

---

[12] Reformierte Kirchen der Niederlande, Euthanasie und Seelsorge, zit. n. Fischer, Aktive und passive Sterbehilfe, 125.

[13] Claudia Janssen, Anders ist die Schönheit der Körper. Paulus und die Auferstehung in 1 Kor 15, Gütersloh 2005, 307 mit biblischen Verweisen.

[14] Rudolf Bultmann, Theologie des Neuen Testaments, Tübingen 9 1984, 210. Vgl. Peter Wick, Leib. Ein Beitrag zur paulinischen Anthropologie und Theologie, in: Kerstin Schiffner/Klaus Wengst/Werner Zager (Hg.), Fragmentarisches Wörterbuch. Beiträge zur biblischen Exegese und christlichen Theologie. Horst Balz zum 70. Geb., Stuttgart 2007, 275–286 (277), mit Verweis auf 1Thess 5,23 («Er aber, der Gott des Friedens, heilige euch durch und durch; Geist, Seele und Leib mögen euch unversehrt und untadelig erhalten bleiben bis zur Ankunft unseres Herrn Jesus Christus»): «Dieser Segen zählt drei Grössen auf, die den Menschen im zweiten Schöpfungsbericht zum Lebewesen machen: Geist, Seele, Leib. Die Einheit und Ganzheit, die diese drei bilden, wird durch die Worte ‹ganz und gar› und ‹vollständig› gesichert. Eine trichotomische Anthropologie liegt hier nicht vor.»

[15] Vgl. Kirsten Huxel, Leib/Leiblichkeit. III. Ethisch, in: RGG4, Bd. 5, Tübingen 2002, 220–221.

[16] Joachim Ringleben, Leib/Leiblichkeit. II. Dogmatisch, in: RGG4, 218–220 (218).

menschliche Freiheit wirklich wird.[17] Oder mit den Worten des Neutesta-mentlers Ekkehard W. Stegemann: «Nur Leibhaftiges, Körperliches kann die Kompetenz seiner Transzendierung ausbilden.»[18] Aus theologischer Perspektive ist diese phänomenologisch-anthropologische Einsicht in dreierlei Weise zu akzentuieren:[19] 1. Die mit der Leiblichkeit verbundene natürliche Abhängigkeit verweist auf die Geschöpflichkeit des Lebens. 2. Leibliches Leben ereignet sich im «Erfahrungsmodus von *Endlichkeit*» in der individuellen Bestimmtheit des So- und nicht Andersseins (Ge-schlecht, genetische Disposition, psychosoziale Determination etc.) des von Gott *so* gewollten Menschen. 3. Mit der Sterblichkeit als der leiblich-seelischen Auflösung des kreatürlichen Lebens verbindet sich die Sehn-sucht nach endgültiger Erlösung: «Leiblichkeit ist das Ende der Werke Gottes.»[20]

Wenn aus biblisch-theologischer Perspektive vom Leben die Rede ist, dann vom leiblichen Leben. Die grundlegende Erkenntnis, dass irdisches Leben in Raum und Zeit und damit in räumlicher Ausdehnung und zeit-lichen Prozessen stattfindet,[21] schliesst jene andere Einsicht und Erfah-rung von der Räumlichkeit und Zeitlichkeit der Anwesenheit Gottes bei seinen Geschöpfen mit ein. Die Rede von der Wirklichkeit und vom Handeln des lebendigen Gottes macht nur Sinn, wenn sie *leibhaftig* erfah-ren werden können. Im Zentrum einer theologischen Anthropologie steht daher – «geradezu provokativ»[22] – die eingefleischte (hebr. *basar*,

---

[17] Vgl. Wick, Leib, 282: «Das Heil Christi ist körperlich erwirkt und hat Kon-sequenzen für die menschlichen Leiber. Die Freiheit in Christus soll sich gerade auch in körperlicher Freiheit äussern. […] Konsequenterweise fordert Paulus in Röm 13,1 alle Menschen als *psyche* und nicht als *soma* oder ‹alles Fleisch› auf, sich den (staatlichen) Mächten zu unterstellen.»

[18] Ekkehard. W. Stegemann, Der Leib des Menschen und die Gestalt der Gottheit. Inkarnation im Christentum versus Exkarnation im Judentum, in: ders., Paulus und die Welt. Aufsätze, ausgew. u. hg. von Christina Tuor u. Peter Wick, Zürich 2005, 141–158 (141).

[19] Vgl. Ringleben, Leib / Leiblichkeit, 219 und Martin Luther (WA 25, 107,4f.): «Ne audiamus eos, qui dicunt: Caro nihil prodest. Tu potius, inverte et dic: Deus sine carne nihil prodest.» («Lasst uns nicht auf die hören, die sagen: Das Fleisch ist nichts nütze. Kehre die Sache eher um und sage: Gott ohne Fleisch ist nichts nütze.»).

[20] Friedrich Christoph Oetinger, Biblisches und Emblematisches Wörterbuch, Heil-bronn 1776, 407.

[21] Vgl. Wick, Leib, 275: «*Soma* nimmt immer Raum ein und hat Masse. Er ist be-grenzt und Materialität gehört *per definitionem* zu ihm.»

[22] Stegemann, Der Leib, 145.149: «Der Mensch hat jedoch nicht nur Fleisch nach

griech. *soma*) Beziehung zwischen Gott und den Menschen in Jesus Christus: «Und das Wort, der Logos, wurde Fleisch und wohnte unter uns» (Joh 1,14a). Inkarnation bringt – so die Theologin Magdalene L. Frettlöh im Anschluss an Athanasius und Luther – «die intimste Nähe zwischen Gott und Mensch als Ziel jener Bewegung auf den Begriff, in der Gott Mensch wird, damit Menschen nicht wie Gott werden müssen, sondern wahrhaft menschlich sein und bleiben können. So dient die Inkarnation der Offenbarung und Ermöglichung wahren Menschseins und zeitigt ethische Konsequenzen.»[23] Wahres Menschsein ist Leiblichkeit in körperlicher Endlichkeit und Sterblichkeit. Der Leib ist räumliche und zeitliche Grenze des kreatürlichen Lebens. Es gibt kein (irdisches) Leben ausserhalb des Leibes (der sich mit seinem Tod auflöst). Die protestantische Theologie hat diesen Gedanken auch eschatologisch in der Spannung zwischen kreatürlicher Existenz und «ewigem Leben» strikt durchgehalten.[24]

Die christliche Theologie denkt von der biblischen Überlieferung her Leib und Seele «in der Lebenseinheit des Menschen»[25] zusammen, ohne dabei die Differenzen zu übersehen. Vor allem für Paulus ist die Gottesbeziehung des Menschen konstitutiv mit seiner Leiblichkeit verbunden: «Wisst ihr nicht, dass eure Leiber Glieder des Christus sind? […] Oder wisst ihr nicht, dass euer Leib ein Tempel des heiligen Geistes ist, der in euch wirkt und den ihr von Gott habt, und dass ihr nicht euch selbst gehört?» (1Kor 6,15a.19). Zugleich wurden Gen 2,7; Koh 12,7 – «und

---

biblischer Auffassung, er ist Fleisch. Es gibt nichts Unvergängliches an ihm, nichts Unverwesliches, das ihm selbst innewohnt. […] Es ist auffällig, wie im Neuen Testament geradezu provokativ das Stichwort ‹Fleisch›, also das die irdisch-menschliche von der göttlichen Sphäre am deutlichsten Trennende für die Offenbarungsgestalt des Sohnes bzw. des Wortes Gottes gebraucht wird.»

[23] Magdalene L. Frettlöh, ‹Gott im Fleische …›. Die Inkarnation Gottes in ihrer leibeigenen Dimension beim Wort genommen, in: Jürgen Ebach, et al. (Hg.), ‹Dies ist mein Leib›. Leibliches, Leibeigenes und Leibhaftiges bei Gott und den Menschen, Jabboq, Bd. 6, Gütersloh 2006, 186–229 (197); vgl. Athanasius, De incarnatione Verbi (Bibliothek der Kirchenväter, 1. Reihe, Bd. 31, München 1917), 54, 3: «Denn er [Gott] wurde Mensch, damit wir vergöttlicht würden.»

[24] Vgl. grundlegend Michael Weinrich, Auferstehung des Leibes. Von den Grenzen beim diesseitigen Umgang mit dem Jenseits, in: Ebach, et al. (Hg.), ‹Dies ist mein Leib›, 103–143; Janssen, Anders ist die Schönheit; Sebastian Schneider, Auferstehung. Eine neue Deutung von 1 Kor 15, Würzburg 2005.

[25] Rochus Leonhard, Grundinformation Dogmatik, 4., durchges. Aufl., Göttingen 2009, 263.

der Staub zurückkehrt zur Erde, wie es gewesen ist, und der Lebensgeist zurückkehrt zu Gott, der ihn gegeben hat» – und vor allem Mt 10,28 – «Fürchtet euch nicht vor denen, die den Leib töten, die Seele aber nicht töten können» – als Belege für die Trennung von Leib und Seele interpretiert. Denn die Abkoppelung des körperlichen vom seelischen Zustand «ermöglichte es, an einer den Tod überdauernden Identität des Menschen festzuhalten. Unter dieser Voraussetzung konnte das Auferweckungshandeln Gottes auf den konkreten Einzelnen bezogen werden.»[26]

Die Reformatoren standen diesem Dualismus sehr kritisch gegenüber, nicht zuletzt, weil er als Harmonisierung von Theologie und philosophischer Seelenlehre betrachtet wurde. Vor diesem Hintergrund weist Karl Barth – neben Paul Althaus, Emil Brunner, Oscar Cullmann, Eberhard Jüngel oder Jürgen Moltmann und im Gegensatz zur römisch-katholischen Lehre[27] – in seiner Schöpfungslehre die Trennungsthese als platonisches Gedankengut zurück, das in der Bibel nicht bezeugt werde und dem neu schaffenden Handeln Gottes widerspreche:

«Der Jesus Christus des Neuen Testaments ist vor allem darin wahrer Mensch, dass er gerade nicht, wie man den Menschen später definierte, in der Vereinigung von zwei Teilen, von zwei ‹Substanzen› gar existierte, sondern als *einiger* und *ganzer* Mensch, leibhaftige Seele, beseelter Leib, Eines im Anderen und nie bloss neben ihm, das Eine nie ohne das Andere, sondern mit ihm, ja in ihm gegenwärtig, tätig und bedeutsam, das Eine in all seinen Prädikaten immer ebenso ernst zu nehmen, wie das Andere. Als dieser einige und ganze Mensch und so als wahrer Mensch wird der Jesus des Neuen Testaments geboren, lebt er, leidet und stirbt er, aufersteht er. Zwischen seinem Tod und seiner Auferstehung liegt wohl eine Verwandlung, aber keine Veränderung, keine Teilung und keine Substraktion von allem, kein Zurückbleiben des Leibes und kein Davoneilen der Seele, sondern als derselbe einige und ganze Mensch, als Seele und Leib aufersteht er, wie er gestorben ist, ist er zur Rechten Gottes, wird er wiederkommen.»[28]

---

26 Ebd.

27 Vgl. dazu Christian Henning, Wirklich ganz tot? Neue Gedanken zur Unsterblichkeit vor dem Hintergrund der Ganztodtheorie, in: NZSTh 43/2001, 236–252.

28 Karl Barth, Die Kirchliche Dogmatik, KD III/2: Die Lehre von der Schöpfung, Zollikon-Zürich 1948, 394. Vgl. die kritischen Bemerkungen dazu und die vermittelnde Position von Kirsten Huxel, Unsterblichkeit der Seele versus Ganztodthese? – Ein

Das christliche Verständnis vom leiblichen Leben kann nicht abgelöst werden von der konstitutiven Beziehung zwischen irdischem und ewigem Leben. Damit wird die Frage aufgeworfen, wie diese Relation, Einheit oder sogar Identität zwischen dem sterblichen und dem in die Ewigkeit eingehenden Menschen verstanden werden kann. Es geht an dieser Stelle nicht um eine Klärung eschatologischer Fragestellungen, sondern lediglich um eine Skizzierung des Horizonts, in dem Leben, Sterben und Tod aus evangelischer Perspektive verortet sind. Die Theologen Wilfried Härle und Wolfgang Schoberth plädieren für ein *relationales Verständnis* vom «Geist Gottes» (Härle) beziehungsweise von «Gottes Gedenken» (Schoberth), um einen platonischen Dualismus zu vermeiden. Härle interpretiert die «Teilhabe am Geist Gottes» als «dasjenige Lebensprinzip, das sich im Tod *durchhält*, den sterblichen Menschen dauerhaft [...] *mit Gott verbindet* und so den *Keim der Auferstehung* bildet.»[29] Der Geist Gottes überwindet das «eschatologische Dilemma zwischen *Kontinuität und Diskontinuität*» insofern er beides ist: «die dem irdisch-geschichtlichen Menschen zuteil werdende *Gabe*, die im Tode nicht vergeht, *und* die eschatisch neu-schaffende *Kraft*, durch die Gott seinen Geschöpfen Anteil an seinem ewigen Leben gibt».[30]

Für Schoberth ist der «Austritt aus der Zeit [...] zugleich der Eingang in Gottes ewiges Gedenken. Darum ist die Zukunft des Menschen sowohl neue Schöpfung als auch Kontinuität zu diesem Leben.» Der Theologe wendet sich in seiner Deutung sowohl gegen den Rigorismus der Platonkritik Barths, wie gegen eine Identifikation von Körper und Leib: «Eher liesse sich formulieren: Der Körper ist die irdische Gestalt des menschlichen Leibes. Von hier aus ist die Unterscheidung von Leib und Seele keine prinzipielle: Der Mensch in seinen Empfindungen, in seinem Denken, in seinem Handeln und seinem Sprechen, in seinem Lachen und Weinen, ist der ganze Mensch. Aber diese Dimensionen des Menschseins sind nicht hinreichend als Objekte in Raum und Zeit zu erfassen. Was derart nicht an die Zeit gebunden ist, aber wohl in der Zeit geschieht, muss im Tod nicht enden. Die biblische Rede vom Menschen geht nicht auf in einer Ontologie von Raum und Zeit. Sie verweist auf die Dimensionen leibhaftigen Lebens, die die materielle Welt nicht erfas-

---

Grundproblem christlicher Eschatologie in ökumenischer Perspektive, in: NZSTh 48/2006, 341–366.
[29] Härle, Dogmatik, 636.
[30] Ebd.

sen. Sie wehrt zugleich einer individualistischen Verengung des Auferstehungsglaubens: Weil Leib das In-der-Welt-Sein des Menschen bezeichnet, ist Auferstehung immer im Kontext der neuen Schöpfung zu denken, die die alte nicht vernichtet, sondern vollendet. Das, was von einem Menschen bleibt, bestimmt in dieser Perspektive auch sein irdisches Leben. Gerade weil der Mensch in seiner Körperlichkeit nicht aufgeht, bedarf es der Aufmerksamkeit auf sein leibliches Sein.»[31]

«Gottes ewiges Gedenken» meint kein «statisches Aufbewahren, gleichsam passives Reproduzieren und Festschreiben des Gewesenen», sondern muss – wie Kirsten Huxel ausführt – als ein «wirkmächtiges Gedenken verstanden werden, welches im Unterschied zum menschlichen Gedenken bewirkt, was es intendiert [...]. [...] Gott gedenkt des Menschen, indem er selbst im Tode nicht aufhört, durch sein schöpferisches und erlösendes Wort mit dem Menschen als seinem geliebten Kind zu reden und ihm darin Anteil zu geben an seinem eigenen ewigen Leben. In diesem Sinne hat etwa Luther die Unsterblichkeit des Menschen an der schöpferischen Anrede in Gottes Wort selbst festgemacht: ‹Wo also und mit wem Gott redet, sei es im Zorn sei es in Gnaden, der ist gewiss unsterblich.›»[32]

Mit der biblischen Tradition gilt es, zwei Dimensionen des Todes zu vermitteln: den erklärbaren biologischen Tod «als Ereignis der die Lebensverhältnisse total abbrechenden *Verhältnislosigkeit*» und den geglaubten Tod als Angebot in der Rede vom «*Sieg* des am Tod des Menschen partizipierenden Gottes *über den Tod*».[33] Worin besteht die Einheit der «unser Anschauungsvermögen transzendierenden qualitativen Differenz»,[34] die Paulus in 1Kor 15 unter die Begriffspaare ‹irdisch› – ‹himmlisch› (V. 40.47), ‹verweslich› – ‹unverweslich› (V. 42), ‹sterblich› – ‹unsterblich› (V. 53), ‹Niedrigkeit› – ‹Herrlichkeit›, ‹Schwachheit› – ‹Kraft› (V. 43) oder ‹naturhaft› – ‹geistlich› (V. 44) fasst? Vor dem Hintergrund dieser eschatologischen Spannung wird das ‹Andere› eines christlichen Todesverständnisses greifbar: Der menschliche Tod, wie es vor allem in der neutestamentlichen Briefliteratur begegnet, führt zu einer christologisch-eschatologischen Ausweitung und Kontextualisierung, die sich nicht nahtlos philosophisch-

---

[31]   Schoberth, Einführung, 148f.
[32]   Huxel, Unsterblichkeit, 361 (Luther, WA 43, 481, 32–34).
[33]   Jüngel, Tod, 145f.
[34]   Weinrich, Auferstehung, 129.

anthropologischen und ethischen Überlegungen einpassen lassen.[35] Wenn der Tod – um den Gedanken aus der Einleitung aufzunehmen – als Schwelle in ein zukünftiges Leben verstanden wird, das mit Jesu Tod und Auferstehung bereits im irdischen Leben wirklich ist, dann gilt dieses theologische Bedingungsverhältnis auch für das Nachdenken über Entscheidungen am Lebensende. Die Nivellierung jenes Kontextes liefe auf eine eigenartig dualistische ‹Entleiblichung› der biblischen Heilsbotschaft hinaus. Der Soziologe Dietmar Kamper hat den Zusammenhang auf die prägnante Formel gebracht: «Tod des Körpers – Leben der Sprache».[36] Dagegen setzt Paulus kurz und knapp: «Der Leib [...] für den Herrn, und der Herr für den Leib» (1Kor 6,13b).[37] Deshalb muss – mit

---

[35] Grundsätzlich geht es an dieser Stelle um das wechselseitige Bedingungsverhältnis – modern gesprochen: die konstitutive Interdisziplinarität – von Theologie und Anthropologie, wie es für die reformatorische Theologie wesentlich ist. Vgl. die ersten Zeilen von Jean Calvin, Institutio (1559), Neukirchen-Vluyn ³1984, I, 1,1: «All unsere Weisheit, sofern sie wirklich den Namen Weisheit verdient und wahr und zuverlässig ist, umfasst im Grunde eigentlich zweierlei: die Erkenntnis Gottes und unsere Selbsterkenntnis.» Ingolf U. Dalferth, Homo definiri nequit. Logisch-philosophische Bemerkungen zur theologischen Bestimmung des Menschen, in: ZThK 76/1979, 191–224 (191), kommentiert: «Theologie ist demzufolge immer auch, und zwar wesentlich und nicht nur beiläufig oder zufällig, Rede vom Menschen. Erst wenn sie vom Menschen spricht, ist sie ganz bei ihrer Sache.»

[36] Dietmar Kamper, Tod des Körpers – Leben der Sprache. Über die Intervention des Imaginären im Zivilisationsprozess, in: Gunter Gebauer et al., Historische Anthropologie. Zum Problem der Humanwissenschaften heute oder Versuche einer Neubegründung, Reinbek b. Hamburg 1989, 49–81 (49): «Hier [im Zusammenhang der Abstraktionsleistungen des christlichen Abendlandes] hatte zwar die Botschaft eine entgegengesetzte Richtung: Fleischwerdung des Wortes statt Wortwerdung des Fleisches. Aber die Medien ihrer Aufnahme, die Väter-Theologie und die Mönchs-Askese, verdrehten geradezu den Sinn: Exkarnation statt Inkarnation. Von der ausgeführten Dogmatik des Kreuzestodes Christi, von der Aufforderung zur Nachfolge über die asketischen Mönchsregeln bis in die protestantische Ethik mit ihren säkularisierten und säkularen Auslegern in der bürgerlichen Erziehung und Disziplinierung reicht die Karriere dieser Vorschrift: Tod des Körpers – Leben der Sprache. Nach wie vor bietet sie ein Programm mit der grössten Reichweite, da das Muster der Abstraktion, die Entmaterialisierung des Materiellen, die Substituierung des Körperlichen durch sprachliche Zeichen die gesamte Technik, Interaktion und Kommunikation der inzwischen globalen Weltzivilisation durchzieht und beherrscht.»

[37] Vgl. Wick, Leib, 284: «Nur durch den Leib vollzogene Ethik hat Bedeutung (vgl. 2Kor 5,10).» Der Neutestamentler kritisiert den «chronische[n] Leibverlust» moderner evangelischer Ethiken; vgl. in diesem Zusammenhang auch die Kontroverse des Autors mit Johannes Fischer: Peter Wick, Evangelische Ethik contra Kasuistik. Evangelische

Eberhard Jüngel – daran erinnert werden, dass die Hoffnung auf die Auferstehung nicht darin besteht, dass Gott den Menschen *aus* seinem Leben erlöst, sondern «dass [Gott] *dieses gelebte* Leben erlöst».[38]

Die kurzen Hinweise auf das biblisch-theologische Verständnis von Leiblichkeit als körperlich-geistig-seelischer Einheit rücken das Thema Sterben und Tod bewusst in den Horizont der Frage nach der Bedeutung des leiblichen Lebens im Gegensatz zu der Fokussierung auf seine biologischen Korrelate. Das Lebensende ist biblisch-theologisch sowohl das Ende, wie auch das Ziel des irdischen Lebens und meint – in dieser konstitutiven Doppelbedeutung – nicht das Ende des Menschen. Insofern wäre es ein Irrtum, die Ganztodthese als theologisch verkappte Bestätigung oder Harmonisierung mit einer – wie immer gearteten – menschlichen Souveränität über das eigene Leben aufzufassen, die mit dem Tod enden würde. Der *ganze Tod* des Menschen vollzieht sich *in* – nicht chronologisch *vor* – der eschatologisch bestimmten Wirklichkeit der zum ewigen Leben mit Gott eingeladenen Geschöpfe. In diesem Sinne verweist die christliche Hoffnung nicht auf das Ende der menschlichen Verantwortung, sondern ihre Begrenzung im Vollzug des verantwortlichen Lebens.

Drei Haltungen müssen deshalb zurückgewiesen werden: 1. Der Leib sei gegenüber einer davon unabhängigen und weiterlebenden Seele theologisch irrelevant. 2. Weil der Tod auch theologisch das schlechthinnige Ende bedeute, gäbe es über ihn hinaus nichts zu bedenken. Und 3. Menschliches Leben muss verantwortet werden und falle deshalb allein in die Zuständigkeit der Menschen. Alle drei Thesen können nur gegen die christologisch-eschatologische Perspektive und damit gegen das Proprium christlicher Theologie behauptet werden.

Bio- und Medizinethik in der Sackgasse?, in: ZEE 53/2009, 34–45; ders., Kasuistik als evangelische Herausforderung. Reaktion auf Johannes Fischers Erwiderung, in: ZEE 53/2009, 198–203 sowie die Reaktionen von Johannes Fischer, Evangelische Ethik und Kasuistik. Erwiderung auf Peter Wicks Beitrag, in: ZEE 53/2009, 46–58 und ders., Zu Peter Wicks Kritik an den ‹Verinnerlichungstendenzen› evangelischer Ethik, in: ZEE 53/2009, 204–208.

[38] Jüngel, Tod, 151f.

3. Bedingungen und Grenzen geschöpflicher Freiheit

«Sehet nun, dass ich, ich es bin und dass es keinen Gott gibt neben mir. Ich töte und mache lebendig» (Dtn 32,39a) rezitiert Moses vor dem Volk Israel. Johannes Paul II. zitiert den Vers in der Überschrift des Abschnitts über Euthanasie in der Enzyklika *Evangelium vitae* (25. März 1995). Der Papst folgt darin der Argumentation von Augustinus und Thomas, dass der Mensch kein Recht habe, über das zu verfügen, was ihm nicht gehört: das von Gott geschenkte Leben. Gott ist der Herr über Leben und Tod, nicht der Mensch. Jenseits der katholischen Soziallehre verdankt der Gedanke von der Unverfügbarkeit des Lebens seine neuere Popularität vor allem den philosophisch-ethischen Debatten im Anschluss an Albert Schweitzer und Hans Jonas.[39] Bezeichnenderweise ersetzen der Rat der Evangelischen Kirche in Deutschland (EKD) und die Deutsche Bischofskonferenz (DBK) in ihrer Erklärung *Gott ist ein Freund des Lebens* die Formel ‹Unverfügbarkeit des Lebens› durch «Unverfügbarkeit des anderen».[40] Mit dem Ausdruck wird dann auf den unbedingten Schutz des würdebegabten Lebens als Bedingung der Möglichkeit menschlichen Zusammenlebens und Ausdruck liebender Mitmenschlichkeit verwiesen, mit der Folgerung: «Das Töten eines anderen Menschen kann unter keinen Umständen eine Tat der Liebe, des Mitleids mit dem anderen, sein, denn es vernichtet die Basis der Liebe.»[41] An die Stelle des apodiktischen Charakters des fünften resp. sechsten Gebots[42] tritt also ein bedingtes, auf das Liebesgebot bezogenes Verständnis. Damit wird einerseits dem Heilshandeln Gottes in Jesus Christus als Vollendung (*telos*) des Gesetzes Rechnung getragen (Röm 10,4). Andererseits eröffnet sich

---

[39] Vgl. Ulrich H. J. Körtner, Ehrfurcht vor dem Leben? Der Lebensbegriff in der bioethischen Diskussion, in: ders., Unverfügbarkeit des Lebens? Grundfragen der Bioethik und der medizinischen Ethik, Neukirchen-Vluyn 2001, 9–17, der der Unverfügbarkeitsthese einen umgekehrten naturalistischen Fehlschluss attestiert.

[40] Vgl. Deutsche Bischofskonferenz/Rat der Evangelischen Kirche in Deutschland, Gott ist ein Freund des Lebens. Herausforderungen und Aufgaben beim Schutz des Lebens, jetzt in: dies., Sterbebegleitung statt aktiver Sterbehilfe. Eine Textsammlung kirchlicher Erklärungen, Gemeinsame Texte 17, Hannover, Bonn 2003, 16–20 (17).

[41] A.a.O., 18.

[42] Vgl. einführend Hermann Deuser, Die Zehn Gebote. Kleine Einführung in die theologische Ethik, Stuttgart 2002, 83–94, sowie die das Gebot in verschiedenen Themenfeldern explizierende Untersuchung von Werner Wolbert, Du sollst nicht töten. Systematische Überlegungen zum Tötungsverbot, Freiburg/Br., Freiburg/Ue, Wien 2009.

damit die Möglichkeit, den engeren biblischen Verweisungszusammenhang menschenrechtlich zu universalisieren. Denn wird der Ausdruck ‹Liebe› durch – diesen sozialethisch umschreibende – Begriffe wie ‹Solidarität›, ‹Gemeinschaft›, ‹Verantwortung›, ‹Empathie› oder ‹Fürsorge› ersetzt, wird die spezifisch biblisch-theologischen Aussage in eine allgemein menschenrechtlich-anthropologische Forderung transformiert.

Kirchlich-theologische Überlegungen zu Sterben und Tod kommen am biblischen Tötungsverbot und an der – darin zum Ausdruck kommenden – kategorialen Differenz zwischen Schöpfer und Geschöpf nicht vorbei. Über das in Ex 20,13 (vgl. Ex 21,12) verwendete, selten vorkommende Verb *rsh* ist viel geschrieben worden.[43] Drei Bedeutungen stehen dabei im Vordergrund: töten als moralisch-indifferente Handlung mit Todesfolge, totschlagen als spezifizierte Handlung und morden als moralisch verwerfliche Tötungshandlung. Dietmar Mieth hat diese Differenzen in seiner Deutung des Tötungsverbots aufgegriffen: «Mit dem Tötungsverbot ist festgehalten: das Leben des Menschen ist ein fundamentales Gut. Töten ist zuerst einmal radikal unerlaubt. Ausnahmen von diesem Verbot bedürfen der Rechtfertigung. Beim Morden geht es um ein Töten ohne Rechtfertigung.»[44]

Die exegetischen Kontextualisierungen stellen weder die Bedeutung des Dekaloggebots noch seine beispiellose Wirkungsgeschichte in Frage. In der christlichen Tradition verbindet sich das alttestamentliche Verbot untrennbar mit seiner radikalisierten Neuformulierung in den beiden Antithesen der neutestamentlichen Bergpredigt: «Ich aber sage euch: Jeder, der seinem Bruder zürnt, sei dem Gericht übergeben.» (Mt 5,22) und «Ich aber sage euch: Liebet eure Feinde und betet für die, die euch verfolgen.» (Mt 5,44).

In diesem Sinne erscheint das Tötungsverbot auch bei den Reformatoren, etwa in Luthers *Grossem Katechismus* von 1529 oder im reformierten *Heidelberger Katechismus* von 1563, der das Tötungsverbot in den Fragen 105–107 behandelt. Dort heisst es: «Ich soll meinen Nächsten weder mit Gedanken noch mit Worten oder Gebärden, erst recht nicht mit der Tat, auch nicht mit Hilfe anderer, schmähen, hassen, beleidigen

---

[43] Vgl. die Darstellung der Diskussion bei Frank L. Hossfeld, ‹Du sollst nicht töten!› Das fünfte Dekaloggebot im Kontext alttestamentlicher Ethik, Stuttgart 2003; Werner H. Schmidt, Die Zehn Gebote im Rahmen alttestamentlicher Theologie, Darmstadt 1993.

[44] Dietmar Mieth, Kleine Ethikschule, Freiburg/Br. 2004, 131f.

oder töten. Ich soll vielmehr alle Rachgier ablegen, mir auch nicht selbst Schaden zufügen oder mich mutwillig in Gefahr begeben. Darum hat auch der Staat den Auftrag, durch seine Rechtsordnung das Töten zu verhindern. [...] Gott will uns durch das Verbot des Tötens lehren, dass er schon die Wurzel des Tötens, nämlich Neid, Hass, Zorn und Rachgier hasst und dass alles für ihn heimliches Töten ist.»[45]

Drei Aspekte der reformatorischen Zeugnisse sind in unserem Zusammenhang von Bedeutung: 1. Die Reformatoren betonen beim Tötungsverbot die menschlichen Motive, die ein Töten verwerflich machen. Diese Motive stehen interessanterweise auch am Anfang der Diskussion um den heutigen Art. 115 im Schweizerischen Strafgesetzbuch.[46] 2. Das sechste Gebot wird im Heidelberger Katechismus dezidiert auch auf Handlungen bezogen, die sich gegen die eigene Person richten (vgl. in dem Zusammenhang die kantischen Pflichten gegen sich selbst). 3. Die Reformatoren weisen dem Staat die klare gesetzgeberische Aufgabe zu, das Tötungsverbot in der Gesellschaft durchzusetzen. Jean Calvin schliesst seine *Institutio* von 1559 mit der sogenannten *clausula Petri* «Man muss Gott mehr gehorchen als den Menschen» (Apg 5,29) und kommentiert: «So wollen wir uns mit der Erwägung trösten, dass wir jenen Gehorsam, den der Herr verlangt, dann leisten, wenn wir lieber alles Erdenkliche leiden als von der Frömmigkeit weichen».[47] Natürlich geht es an dieser Stelle um die Frage politischen Gehorsams vor dem Hintergrund der Bestimmung des Verhältnisses von Kirche und Staat. Aber es kann gefragt werden, ob die Vermittlung von menschlichem Leiden und frommem Gehorsam nicht auch über diesen Bereich hinaus grundsätzliche Bedeutung hat.

Die Menschen als Geschöpfe Gottes verdanken ihr Leben nicht sich selbst. Das Leben, das sie leben, ist mehr als die Lebensentwürfe, die sie hervorbringen, gestalten und umsetzen. Was aber folgt aus einem christlichen Verständnis von Leben als Gabe Gottes für den Umgang des Menschen mit seinem Leben und dem Leben der anderen? Moralisch gewendet fragt der Ethiker Markus Huppenbauer: «Verpflichtet die

---

[45]   Heidelberger Katechismus, Frage 105 und 106, in: Georg Plasger/Matthias Freudenberg (Hg.), Reformierte Bekenntnisschriften. Eine Auswahl von den Anfängen bis zur Gegenwart, Göttingen 2005, 180. In Luthers Grossem Katechismus vgl. BSLK, Göttingen [12]1998, 607.

[46]   Vgl. Kap. V.1.

[47]   Calvin, Inst. (1559), IV, 20,32.

Wahrnehmung des Lebens als Gabe Gottes Menschen *moralisch* dazu, diese Gabe zu erhalten?», wobei seine Antwort negativ ausfällt.[48]

Grundsätzlich findet das ‹Nein› des Ethikers die Unterstützung der beiden wichtigsten deutschsprachigen Theologen des 20. Jahrhunderts. Im Abschnitt über den Suizid in seinen Ethikmanuskripten bemerkt Dietrich Bonhoeffer: «Nicht das leibliche Leben als solches hat ein letztes Recht an dem Menschen, der Mensch steht in Freiheit seinem leiblichen Leben gegenüber und ‹das Leben ist der Güter höchstes nicht›.»[49] Und Karl Barth pflichtet ihm im vierten Teil seiner Schöpfungslehre kurz und knapp bei: «Das Leben ist kein zweiter Gott.»[50] Darin sind sich die drei auf den ersten Blick einig. Allerdings weisen die beiden Theologen im gleichen Atemzug darauf hin, dass die Frage des Ethikers falsch gestellt ist und am Kern der Sache vorbei geht. Während Huppenbauer ethisch argumentiert, warum es keine (unbedingte) «moralische Pflicht zum Leben» gibt, begründen Bonhoeffer und Barth in ihren Reflexionen über den Suizid, warum die Frage nach der Beendigung des von Gott geschenkten Lebens nicht ethisch, sondern theologisch beantwortet werden muss. Die Reflexionen der beiden Theologen sind ausserordentlich dicht und komplex. Ihre Argumentation lässt sich auf drei Ebenen rekonstruieren: auf der 1. Ebene: die schöpfungstheologische Kontextualisierung der Fragen von Leben und Tod; auf der 2. Ebene: der Mensch im christologisch-rechtfertigungstheologischen Horizont; auf der 3. Ebene: die theologische Kritik an moralischen Urteilen über Menschen.

---

[48] Markus Huppenbauer, Die Gabe Gottes zurückgeben. Überlegungen zum Problem der Sterbehilfe aus der Perspektive evangelischer Ethik, Probevorlesung vor der Theologischen Fakultät der Universität Zürich vom 25.06.1999, 8; vgl. mit ähnlicher Fragestellung Friess, ‹Komm süsser Tod›. Schon die Formulierung der Frage hat es in sich, wie Pierre Bühler, Der Suizid – Leiden und Freiheit: Ethisch-theologische Überlegungen, in: Pascal Mösli/Hans-Balz Peter/Jacqueline Rutgers-Cardis (Hg.), Suizid ...? Beziehungen und die Suche nach Sinn, Zürich 2005, 121–130 (124), festhält: «Nimmt sich das Leben›, wer sich suizidiert, wie wir auf Deutsch sagen, oder ‹gibt er sich den Tod› (*se donner la mort*), wie wir auf Französisch sagen? Nehmen oder Geben, Verlust oder Geschenk? Und welches ist der Verlust, um welches Geschenk handelt es sich?»

[49] Dietrich Bonhoeffer, Ethik, DBW 6, Gütersloh 1992, 194f., mit einem Zitat aus dem Schlusswort von Schillers Trauerspiel *Braut von Messina*.

[50] Barth, KD III/4, 388. Barth bemerkt zu Beginn seiner Passage über den Suizid: «Das Umsichtigste, was zu der Sache geschrieben ist, findet sich meines Erachtens in der ‹Ethik› von *D. Bonhoeffer*» (a.a.O., 460).

116

1. Karl Barth beginnt seinen Abschnitt über den Suizid nach einer kurzen Einleitung mit den Worten: «Wir werden mit dem Eindeutigen beginnen müssen: Selbsttötung als Betätigung einer vermeintlichen, einer angemassten Souveränität des Menschen über sich selbst ist Verletzung des Gebotes, ist Leichtsinn und Willkür, ist Frevel, ist Selbstmord. Sein Leben von ihm zu nehmen, ist Sache dessen, der es dem Menschen gegeben, nicht seine eigene Sache. […] Von *Gott* und darum mit der *Freiheit*, es [das Leben] zu bejahen: es mag diese Freiheit dem Menschen weithin zur Last fallen; es steht ihm aber nicht zu, sie als Souveränität, das heisst als Freiheit zu seiner Vernichtung zu entschliessen und dementsprechend zu handeln.»[51] Und Bonhoeffer führt aus: «Der Mensch hat sein Leben im Unterschied zum Tier nicht als einen Zwang, den er nicht abwerfen kann, sondern er hat sein Leben in der Freiheit es zu bejahen oder zu vernichten. Der Mensch kann, was kein Tier kann, sich selbst freiwillig den Tod geben. […] Das Recht des Lebens will im Menschen durch Freiheit gewahrt sein. Es ist also kein absolutes, sondern ein durch Freiheit bedingtes Recht. […] Schuldig wird der Selbstmörder allein vor Gott, dem Schöpfer und Herrn über sein Leben. Weil ein lebendiger Gott ist, darum ist der Selbstmord verwerflich als Sünde des Unglaubens. […] Der Unglaube aber rechnet im Guten wie im Schlechten nicht mit dem lebendigen Gott. Das ist die Sünde. […] Gott, der Schöpfer und Herr des Lebens, nimmt das Recht des Lebens selbst wahr. Der Mensch braucht nicht Hand an sich zu legen, um sein Leben zu rechtfertigen. Weil er es nicht braucht, darum darf er es auch nicht.»[52]

Auf den ersten Blick scheinen sich Bonhoeffers und Barths Aussagen über den Suizid wenig von solchen Positionen zu unterscheiden, wie sie in der Theologiegeschichte im Anschluss an Augustinus entwickelt wurden:[53] Selbsttötung ist eine Sünde gegen den Schöpfer allen Lebens, Verletzung des göttlichen Gebots, und sie verstösst gegen die göttlichen Ordnungen der Natur und der Gemeinschaft. Allerdings übersähe eine solche Lesart die für Bonhoeffer und Barth konstitutive christologisch-rechtfertigungstheologische Einbettung ihrer schöpfungstheologischen Aussagen. Bei genauerem Hinsehen springen vier Punkte ins Auge: 1. Der Entschluss, das eigene Leben zu beenden, liegt nicht in der von

[51] Barth, KD III/4, 460f.
[52] Bonhoeffer, Ethik, 192–194.
[53] Vgl. Schardien, Sterbehilfe, 73ff.; Stephan Ernst/Thomas Brandecker, Beihilfe zum Suizid. Anfragen aus theologisch-ethsicher Sicht, in: ZME 55/2009, 271–288.

Gott dem Menschen geschenkten Freiheit, sondern ist Gott allein vorbehalten. 2. Die menschliche Freiheit *im* Leben muss unterschieden werden, von einer menschlichen Souveränität *über* das Leben. 3. Das Leben im Herrschaftsbereich Gottes ist Freiheit. Und 4. kann es kein Recht (Gesetz) und keine Pflicht (Moral/Ethik) geben, die ein Weiterleben erzwingen (nicht zu verwechseln mit der starken Pflicht, das Leben der und des anderen zu schützen!).[54]

2. Vor allem die vierte These irritiert, weil sie uns einen wunden Punkt unserer alltäglichen, ‹christlich› gefärbten Intuitionen über die Selbsttötung vor Augen führt: Wir neigen dazu, das biblische Tötungsverbot – geht es dabei um ‹Tötung› oder ‹Mord›?[55] – moralisch zu lesen und pauschal gegen jedes individuelle, das eigene Leben beendende Handeln zu richten. Bezeichnenderweise fehlt bei beiden Theologen – wie auch in der Bibel – jedes moralische Urteil über den Suizid. Barth bemerkt: «Wir streifen die merkwürdige Tatsache, dass der Selbstmord nirgends in der Bibel ausdrücklich verboten wird. Eine beschwerliche Tatsache für alle, die sie moralisch verstehen und anwenden wollen.»[56] Anschliessend zeigt er an den biblischen Geschichten der drei Selbstmörder Saul, Achitofel und Judas, dass es an keiner Stelle um moralische Fragen oder Urteile geht, sondern um die Verkehrung der Souveränität Gottes in eine menschliche. Und Bonhoeffer konstatiert: «Den Verzweifelten rettet kein Gesetz, das an die eigene Kraft appelliert, es treibt ihn nur noch in hoffnungslosere Verzweiflung; [...] Wer nicht mehr leben kann, dem hilft auch der Befehl, dass er leben soll, nicht weiter.»[57]

Beide Theologen betrachten den Suizid nicht aus dem ethischen Blickwinkel menschlicher Selbstbestimmung, sondern aus der reformatorischen Perspektive geschöpflicher Freiheit. Barth: «Eine Selbstrechtfertigung, Selbstheiligung, Selbsterrettung, Selbstverherrlichung des Menschen kann in keiner Form gelingen und so auch in dieser nicht. *Nostri non sumus sed Domini* (Calvin). Selbsttötung als dieses Nehmen des eigenen Lebens ist eindeutig *Selbstmord*. [...] Solid und unzweideutig wird man die Verwerflichkeit des Selbstmordes überhaupt nur von der Er-

---

[54] Pointiert Barth: Die Tötung fremder Menschen kann «viel törichter, viel boshafter sein als der Selbstmord» (ders., KD III/4, 461).

[55] Barth unterscheidet an dieser Stelle strikt zwischen Selbstmord und Selbsttötung (vgl. etwa a.a.O., 460).

[56] A.a.O., 465f.

[57] Bonhoeffer, Ethik, 196.

kenntnis her begründen können, dass der Schöpfer, Geber und Herr des Lebens der *gnädige* Gott ist, vom Evangelium und vom Glauben und also von keinem Gesetz her.»[58] Und Bonhoeffer: «Der Selbstmord ist die letzte und äusserste Selbstrechtfertigung des Menschen als Menschen […]. Nicht die Verzweiflung, in der sich diese Tat meist ereignen wird, ist selbst der eigentliche Urheber des Selbstmordes, sondern die Freiheit des Menschen, selbst in seiner Verzweiflung noch seine höchste Selbstrechtfertigung zu vollziehen. […] Wenn nun dennoch von der Verwerflichkeit des Selbstmordes gesprochen werden muss, so gilt das nicht vor dem Forum der Moral oder der Menschen, sondern allein vor dem Forum Gottes.»[59]

Es geht um die Freiheit. Dieses Anliegen teilen die Theologen mit denjenigen, die in der Suizidhilfe einen Akt der Realisierung menschlicher Freiheit erblicken. Menschliche Freiheit ist die Bedingung der Möglichkeit zur Wahrnehmung von Verantwortung für die eigene Person und die Welt. Wenn von Verantwortung die Rede ist, stellen sich unmittelbar drei Fragen: Wer ist verantwortlich? Wofür ist sie oder er verantwortlich? Und gegenüber wem oder was ist sie oder er verantwortlich? An dieser Stelle ist vor allem die dritte Frage nach der Verantwortungsinstanz bedeutsam, also danach, wem gegenüber eine Person in ihrem Verhalten rechenschaftspflichtig ist. Die neuzeitliche Antwort darauf lautet bekanntlich: Der Mensch ist sich selbst gegenüber rechenschaftspflichtig – mit den Worten Immanuel Kants: vor dem «Gerichtshof der eigenen Vernunft»[60], vor dem das autonome Subjekt Angeklagter, Ankläger und Richter zugleich ist. Dieser Zusammenhang begegnet noch in einem Alltagsverständnis von ‹Selbstbestimmung›, nach dem der Wortteil ‹Selbst› 1. auf das Subjekt verweist, das ‹bestimmt›, 2. auf den Gegenstand, über den ‹bestimmt› wird und 3. auf die Instanz, vor der ‹bestimmt› wird.

Barth und Bonhoeffer stellen dieser Freiheit als Selbstbestimmung das reformatorische Verständnis von Freiheit gegenüber, zu der Gott die Menschen bestimmt: «Zur Freiheit hat uns Christus befreit! […] Denn zur Freiheit seid ihr berufen worden» (Gal 5,1.13a). Die Pointe dieses relationalen Verständnisses menschlicher Freiheit wäre verkannt, würde

---

[58]   Barth, KD III/4, 460–462.
[59]   Bonhoeffer, Ethik, 192f.
[60]   Kant, KrV, B 779.

Von der Freiheit eines Christenmenschen[61] als anthropologischer Bestimmung gesprochen. Das liefe lediglich auf eine philosophische «Anthropodizee»[62] mit anderen Mitteln hinaus. Die *libertas christiana* meint das Berufen- oder Bestimmtsein zu einer Freiheit, die einerseits konstitutiv ein berufendes bzw. bestimmendes Gegenüber voraussetzt und andererseits die Realisierung dieser Freiheit als wesentlich dialogisches Geschehen zwischen dem schöpferisch handelnden Gott und dem seine Verantwortung wahrnehmenden Menschen beinhaltet. Die Rede von der christlichen Freiheit darf nicht anthropologisch, sondern muss christologisch verstanden werden, als ein von Gott in Jesus Christus gestiftetes Sein-in-Beziehung, das nicht durch ein Immanenz-, sondern ein Transzendenz-Verhältnis ausgezeichnet ist.[63] Freiheit ist kein dem Menschen als Menschen zukommendes Attribut, sondern ein dem Menschen als Geschöpf Gottes gemachtes Geschenk.

Vor diesem Horizont wird der Kategorienfehler in der Frage Huppenbauers nach den ethischen Implikationen des menschlichen Lebens als Geschenk greifbar. Die Fragestellung ergibt erst einen Sinn, wenn menschliches Leben als Gegenstand der Verfügungsmacht menschlicher Freiheit betrachtet wird und deshalb moralisch konnotiert ist. Leben wird so zu einem normativen Begriff, dem so etwas wie ein ethischer – oder auch theologischer – Beipackzettel beiliegt, der darüber Auskunft gibt, wie mit diesem Geschenk umgegangen werden soll. Aus einer ethischen Frageperspektive drehen sich die daran anschliessenden Überlegungen zwangsläufig um das (immanente) Verhältnis des Menschen zu seinem – ihm als Gegenstand seines Entscheidens und Handelns gegenübertretenden – Leben. Gegen dieses Verständnis von Geschöpflichkeit als ethische Kategorie, explizieren Bonhoeffer und Barth Geschöpflichkeit als relationale Bestimmung. Die Rede von dem Geschöpf

---

[61]   Martin Luther, Von der Freiheit eines Christenmenschen/De libertate christiana, WA 7, 20–38/49–73; zum christlichen Freiheitsverständnis vgl. die Textsammlung von Hans G. Ulrich (Hg.), Freiheit im Leben mit Gott. Texte zur Tradition evangelischer Ethik, Gütersloh 1993; zur christlichen Freiheit im Verhältnis zu philosophischen Freiheitsverständnissen Lienemann, Grundinformation, 90–110.

[62]   Vgl. dazu Ulrich, Wie Geschöpfe leben, 143–170.

[63]   Vgl. dazu Christoph Schwöbel, Menschsein als Sein-in-Beziehung. Zwölf Thesen für eine christliche Anthropologie, in: ders., Gott in Beziehung. Studien zur Dogmatik, Tübingen 2002, 193–226 (195), und zur Negation der «relationale[n] Konstitution der personalen Identität des Menschen» ders., Imago Libertatis: Freiheit des Menschen und Freiheit Gottes, in: ders., Gott, 227–256 (240).

‹Mensch› betrifft den Seinsmodus menschlichen Lebens in Freiheit.[64] Entsprechend steht nicht die Frage im Vordergrund, wie mit diesem Leben umgegangen werden kann und soll, sondern wie die – für den Gedanken christlicher Freiheit konstitutive – Relationalität zwischen dem menschgewordenen Gottessohn als Befreier und dem Menschen als Befreitem in der Lebenswirklichkeit und als Lebenswirklichkeit real werden kann. Die Transzendenzperspektive problematisiert also den immanenten Fehlschluss menschlicher Weltgestaltung, die ethische ‹Rechnung ohne den Wirt zu machen›.

3. Deshalb fokussieren die Theologen weder auf eine ethische noch pointiert schöpfungstheologische Betrachtung des Suizids. Denn beide Zugänge richten sich an das moralische Subjekt, das auf sich selbst, eine heteronome Moral, ein wie auch immer bestimmtes Lebensprinzip oder eine hochgehängte göttliche Schöpfungsordnung verpflichtet wäre.[65] Darum mag es immer auch gehen, aber die Tragweite der Frage nach dem Suizid wäre damit nur unzureichend erfasst. Die menschliche Hybris (*superbia*) besteht nicht in der Suizidhandlung, sondern in dem Versuch der menschlichen (Selbst-)Rechtfertigung (vgl. Röm 3,23f.) als Grund seiner Freiheit, aus der auf die Möglichkeit der moralischen Beurteilung und ethischen Begründung der Selbsttötung geschlossen wird.

Der theologische Einwand kann auch als dekonstruktivistische Kritik an dem anthropologischen Entwurf des souveränen Menschen gelesen werden: an dem Menschen, der allein dasteht, der selbst-bezogen ist, weil er nur so selbst-bestimmt dem Souveränitätsideal entsprechen kann. Vor dem Hintergrund der bekannten Definition des Staatsrechtlers Carl Schmitt – «Souverän ist, wer über den Ausnahmezustand entscheidet»[66] – wäre dieses Menschenbild in einer Anthropologie des Ausnahmezustands zu verorten. Diesem Menschen wird nichts geschenkt – genauer: ihm kann nichts geschenkt werden, weil er kein Gegenüber kennt, das

---

[64] Vgl. Bonhoeffer, Ethik, 188: «Das Recht auf Leben besteht im Seienden und nicht in irgendwelchen Werten.»

[65] Bekanntlich spricht Bonhoeffer nicht – seiner lutherischen Tradition gemäss – von «Schöpfungsordnungen», sondern von «Erhaltungsordnungen».

[66] Carl Schmitt, Politische Theologie. Vier Kapitel zur Lehre von der Souveränität, Berlin ⁸2004, 13; zum Verhältnis von Herrschaft, Macht und Ethik vgl. Judith Butler, Kritik der ethischen Gewalt, Frankfurt/M. 2003; Matthias Junge, Macht und Moral: eine programmatische Skizze, in: ders. (Hg.), Macht und Moral. Beiträge zur Dekonstruktion von Moral, Wiesbaden 2003, 7–20.

ihm etwas geben könnte. Der souveräne Mensch muss alles selbst tun – einschliesslich der Rechtfertigung seiner selbst.[67] «Und darum wird der Weg, der einen Menschen in die Anfechtung hineinführt, immer der Weg des Gesetzes, die eitle, die gottlose Vorstellung sein: er *müsse* leben. Und nun *will* er – er, er! – leben, nun sieht er sich – und damit ist er, ob er es weiss oder nicht, schon mitten in der Anfechtung – als jenen Einsamen, als Souverän, nun hat er schon niemand und nichts mehr über sich, nun ist er, von jenem vermeintlichen Lebenmüssen getrieben, schon in eisiger Verlassenheit mit seinem souveränen Lebenwollen.»[68]

Für Bonhoeffer bedeutet der Suizid die «letzte und äusserste Selbstrechtfertigung des Menschen als Menschen». Und deshalb ist eine solche Tat verwerflich «nicht vor dem Forum der Moral oder der Menschen, sondern vor dem Forum Gottes».[69] Allerdings unterscheidet sich vor dem «Forum Gottes» – das nicht mit dem Gerichtshof der menschlichen Vernunft identisch ist – eine Strategie, die um jeden Preis Leben erhält, nicht von einer Auffassung, die Leben und Tod der Willkür menschlicher Entscheidungen ausliefert. Denn die eigenmächtige Entscheidung

---

[67] Vgl. Philipp Stoellger, Einleitung, in: ders. (Hg.), Sprachen der Macht. Gesten der Er- und Entmächtigung in Text und Interpretation, Würzburg 2008, 1–32 (4): «Zum einen aber ist die selbsternannte Souveränität keine creatio ex nihilo, sondern von dem gezeichnet, wogegen sie sich absetzt, etwa gegen den ‹Absolutismus der natürlichen Wirklichkeit› oder gegen den eines Allmachtsgottes, zum anderen geht jede Aktualisierung der Vermögen des Subjekts mit entsprechenden ‹Opfern› einher. Der Preis der Souveränität ist die Leugnung, Abspaltung oder Negierung der *nicht* souveränen Dimensionen menschlichen Daseins, nicht zuletzt des Pathos, der Abhängigkeit und der Verantwortung für den Nächsten. Zum dritten schliesslich ist der Traum des souveränen Subjekts längst zum Albtraum geworden, angesichts dessen Risiken und Nebenwirkungen.»

[68] Barth, KD III/4, 464. An dieser Stelle könnte ein Gespräch zwischen Barth und der Souveränitätskritik von Adorno, Foucault, Agamben oder Butler ansetzen; vgl. etwa die Bemerkung von Theodor W. Adorno, Kulturkritik und Gesellschaft, in: ders., Ges. Schriften, Bd. 10.1, Frankfurt/M. 2003, 11–30 (15f.), über den Kulturkritiker: «Gerade seine Souveränität, der Anspruch tieferen Wissens dem Objekt gegenüber, die Trennung des Begriffs von seiner Sache durch die Unabhängigkeit des Urteils, droht der dinghaften Gestalt der Sache zu verfallen», oder von Butler, Kritik, 11: Man muss «nicht souverän sein, um moralisch zu handeln; vielmehr muss man seine Souveränität einbüssen, um menschlich zu sein».

[69] Bonhoeffer, Ethik, 192f. Und er bekräftigt: «Über jede kleinliche moralisierende Beurteilung als Feigheit und Schwäche ist diese Tat, sofern sie in Freiheit vollzogen wird, erhaben.» (193).

über das Leben – seine willkürliche Verlängerung oder Verkürzung – «zerbricht allein an dem lebendigen Gott».[70]

Weil das Leben – aus biblisch-theologischer Perspektive – kein Selbstzweck ist, sondern im Leben über sich selbst hinausweist, läuft jede Verteidigung des Lebens *an sich* ins Leere. Sie mündet in einen infiniten Regress im «Denken des *cor curvum in se*» – des in sich gekrümmten oder um sich kreisenden Herzens –, wie Bonhoeffer im Anschluss an eine Wendung Martin Luthers formuliert.[71] Die Spitze dieser Zurückweisung richtet sich nicht gegen den Menschen, wie es auf den ersten Blick aussehen mag. Dass die Anthropologie bei Bonhoeffer und Barth angesichts der Präsenz der reformatorischen Grundeinsicht vom Menschen als «simul iustus et peccator», wie Luther im Anschluss an Röm 7 betont, ebenfalls einem Pessimismus verfällt, wie ihn Schardien in der Durchsicht von kirchlichen «evangelischen und zum Teil auch anglikanischen Positionen» zur Sterbehilfe beobachtet,[72] muss bezweifelt werden. Die Bemerkung Bonhoeffers in seiner Habilitationsschrift *Akt und Sein*: «Das Denken vermag ebenso wenig das *cor curvum in se* aus sich zu befreien wie das gute Werk», fällt kein moralisches Urteil über den Menschen. Sie zielt auf das menschliche Erkenntnisvermögen und damit auch auf die Leistungsfähigkeit und Grenzen von Ethik und Moral. Bonhoeffers Thema ist «das Wissen in Wahrheit um sich selbst wie um Gott». Allerdings darf dieses «Wissen in Wahrheit» nicht im Sinne irgendeines *know that* oder *know how* verstanden werden, das sich willige und entsprechend begabte Menschen aneignen könnten. Der Theologe hat ein anderes Wissen im Blick, eines, das Menschen nicht einfach haben, sondern das sie sind, zu dem sie selbst in einer unauflösbaren, konstitutiven Beziehung stehen, sofern es sie hat. Dieses Wissen «ist schon ‹Sein in…›, sei es nun ‹Adam› oder ‹Christus›».[73]

---

[70] A.a.O., 199.

[71] Dietrich Bonhoeffer, Antrittsvorlesung: Die Frage nach dem Menschen in der gegenwärtigen Philosophie und Theologie (Berlin, 31. Juli 1930), in: ders., Barcelona, Berlin, Amerika 1928–1931, DBW 10, München 1991, 357–378 (369). Zu Bonhoeffers Verwendung des Lutherzitats vgl. Ernst Feil, Die Theologie Dietrich Bonhoeffers. Hermeneutik, Christologie, Weltverständnis, München, Mainz 1971, 41ff. et passim.

[72] Schardien, Sterbehilfe, 433.

[73] Dietrich Bonhoeffer, Akt und Sein. Transzendentalphilosophie und Ontologie in der systematischen Theologie, DBW 2, München 1988, 74. Zur Frage des Zusammenhangs und der Einheit von Erkenntnis, Glauben und Handeln vgl. die erkenntnistheoretischen, theologischen und ethischen Überlegungen in Johannes Fischer, Glaube als

Das menschliche Erkenntnisvermögen, einschliesslich des Wissens von dem Guten und Gerechten, ist Teil und Ausdruck jener spezifischen Relation, in der sich Gott mit den Menschen verbündet hat. Der Theologe Matthias Zeindler führt in diesem Zusammenhang mit Blick auf Barth aus: «Nach Massgabe des Grundsatzes ‹fides quaerens intellectum› [der Glaubens*gegenstand* bestimmt die Glaubens*erkenntnis*] ist damit zunächst einmal über die spezifische Erkenntnis*weise* der Theologie entschieden. Wenn Jesus Christus als Gegenstand theologischer Erkenntnis sich primär dem Glauben vermittelt, dann kann sich theologisches Erkennen nicht anders denn als Reflexion der Gestalt und des Gehalts dieses Sich-Gebens Gottes vollziehen. Und der Ausweis der universalen Geltung theologischer Erkenntnis kann sich dann [...] nicht unter Absehung von dieser Struktur theologischer Erkenntnis ergeben.»[74] Die Verortung menschlicher Erkenntnis in der Praxis des Glaubens gilt genauso für das ‹moralische Wissen›. In diesem Sinne folgen bei Luther die guten Werke aus dem Glauben. «Denn der innerliche Mensch ist mit Gott eins, fröhlich und lustig um Christi willen, der ihm so viel getan hat, und all seine Lust besteht darin, dass er umgekehrt Gott auch umsonst in freier Liebe dienen möchte.»[75]

Bonhoeffer und Barth wenden sich gegen jeden Versuch, die Welt auf den Begriff zu bringen, der unser Denken strukturiert und an dem wir uns in unserem Denken orientieren. Ihre Zurückweisung gilt entsprechend auch einer Überhöhung und Verabsolutierung des Lebens – sowohl in die eine wie die andere Richtung.[76] Jeder Versuch einer ‹Vergöttlichung› oder ‹Vergötterung› des Lebens wird klar zurückgewiesen.[77] Aus dem Begriff des Lebens lässt sich keine Verpflichtung ableiten zu

---

Erkenntnis. Studien zum Wahrnehmungscharakter des christlichen Glaubens, München 1989, bes. 17–75.

[74] Matthias Zeindler, Der wirkliche Mensch. Zur Aktualität von Karl Barths Anthropologie, in: Michael Graf/Frank Mathwig/Matthias Zeindler (Hg.), ‹Was ist der Mensch?› Theologische Anthropologie im interdisziplinären Kontext. FS f. Wolfgang Lienemann, Stuttgart 2004, 261–279 (268f.).

[75] WA 7,30,20–22 (zit. nach der Übertragung in Martin Luther, Ausgewählte Werke, hg. v. Karin Bornkamm/Gerhard Ebeling, Bd. 2, Frankfurt/M. 1982, 287).

[76] Vgl. in der Konsequenz auch Emil Brunner, Das Gebot und die Ordnungen. Entwurf einer protestantisch-theologischen Ethik, [4]1978, 155.

[77] Dieser Punkt verdient auch in der aktuellen sogenannten ‹Kreationismusdebatte› Beachtung, weil er den Blick für die Gefahren eines biblisch-theologisch unterfütterten Biologismus und Sozialdarwinismus schärft.

leben oder weiterzuleben. Jede Behauptung einer Pflicht zur Lebensverlängerung wie auch eines Rechts auf Lebensverkürzung ersetzen zudem das christlich-relationale Verständnis vom Leben aus Gott durch ein physiozentristisches Prinzip seiner Selbstzweckhaftigkeit.

Leben als Prinzip begegnet – wie der Philosoph Jean-François Malherbe bemerkt – nicht nur in dem Gedanken der Lebensverkürzung, sondern auch in der entgegengesetzten Absicht der Lebensverlängerung. In den gegenläufigen Strategien wird der beiden gemeinsame Versuch greifbar, sich des eigenen Todes zu bemächtigen. «Es gibt zwei Möglichkeiten, den Augenblick des Todes zu umgehen. Die erste besteht darin, diesen Augenblick bewusst so weit wie möglich hinauszuzögern, die andere darin, sich zu fügen und diesem Augenblick vorzugreifen; therapeutischer Übereifer und Euthanasie sind die beiden symmetrischen Versuche, der Begegnung mit dem Tod auszuweichen.»[78]

Dem Versuch des Ausweichens vor dem Tod bei Malherbe entspricht die Illusion menschlicher Selbstrechtfertigung bei Bonhoeffer und Barth, die darin besteht, sich zum Richter in eigener Sache machen zu wollen. Wenn aber der Selbstmord als letzter Versuch menschlicher Selbstrechtfertigung zurückgewiesen werden muss, dann gilt ebenso das Umgekehrte: Auch eine – etwa aus der Vorstellung von der ‹Heiligkeit des Lebens› abgeleitete – ‹Lebenspflicht› kann den Menschen nicht vor Gott rechtfertigen. Aus theologischer Perspektive versteckt sich hinter der moralischen Frage nach einer ‹Lebenspflicht› ein Scheinproblem. Man wird die beiden Theologen umgekehrt verstehen müssen: Wäre der Mensch Schöpfer seiner selbst, wäre der Suizid eine – unter entsprechenden Umständen – ethisch legitime und moralisch geforderte Handlungsoption.[79] In diesem Sinne wendet sich Bonhoeffer gegen die – auch

---

[78] Zit. n. Fuat Oduncu et al., Sterbebegleitung und Seelsorge, in: Volker Heinemann (Hg.), Manual Supportive. Massnahmen und symptomorientierte Therapie in der Hämatologie und Onkologie, Tumorzentrum München, München 2001, 298–310 (299).

[79] Ethisch relevant wären dann (lediglich) Fragen, was mit dem Suizid den Hinterbliebenen zugemutet, welcher Verantwortung man sich mit der Selbsttötung entzöge oder welche sozialen Verpflichtungen damit verletzt würden. Das sind wichtige Fragestellungen, die aber – entgegen mancher irrtümlichen Behauptungen – an der theologischen Herausforderung des Suizids vorbeigehen; vgl. Sören Kierkegaard, Die Krankheit zum Tode, in: ders., Ges. Werke und Tagebücher, 24. u. 25 Abt., Simmenrath 2004, 44: «[R]ein heidnisch gedacht ist Selbstmord das Gleichgültige, etwas, bei dem es jeder machen kann wie es ihm beliebt, weil es niemand etwas angeht. Sollte man vom Standpunkt des Heidentums her vor dem Selbstmord warnen, so müsste es auf dem langen

aktuell vertretene Meinung –, die «menschliche Gemeinschaft» könne «ein letztes Recht auf das leibliche Leben des Einzelnen begründen. Ihr gegenüber ist dem Menschen von Natur aus ein letztes Verfügungsrecht über sich selbst gegeben.»[80] Bonhoeffers und Barths Überlegungen stehen in der Tradition reformatorischer Kritik der Moral[81] – einer Moral, die christlichen Gehorsam an menschlichen Massstäben des Guten und Gerechten festmachen will. Dagegen schärfen sie ein, dass sich die christlich-theologische Frage nach dem Menschen und seiner Bestimmung nicht ethisch beantworten oder auflösen lässt. «Unglaube ist keine moralische Verfehlung»![82]

4. ‹Ethik ohne Gewissheiten›[83]

Die anhand von Bonhoeffer und Barth skizzierte theologische Kritik der Moral stellt sich der ethischen Frage nach Entscheidungen am Lebensende unbequem in den Weg. Sie problematisiert die Voraussetzungen bzw. den Kontext der Frage, ohne – zumindest auf den ersten Blick – einen alternativen Zugang anzubieten. Aus der Sicht problemorientierter oder Angewandter Ethik sind die Einwände der beiden Theologen ohnehin schwer nachvollziehbar. Was hat eine theologische Debatte über Rechtfertigungstheologie mit konkreten bereichsethischen Entscheidungssituationen zu tun?

Vor dem Hintergrund dieser Frage muss der theologische Ansatz gegen zwei mögliche Schlussfolgerungen verteidigt werden. Die eine Kon-

---

Umweg geschehen, dass man zeigte, man breche damit sein pflichtmässiges Verhältnis gegen andre Menschen. Die Pointe am Selbstmord, dass er eben ein Frevel wider Gott ist, entgeht dem Heiden völlig.»

[80] Bonhoeffer, Ethik, 195.

[81] Dieser Impetus gehört natürlich in den Rahmen der protestantischen Bestimmung des Verhältnisses von Gesetz und Evangelium; vgl. grundlegend Albrecht Peters, Gesetz und Evangelium, Gütersloh ²1994; Christopher Frey, Die Ethik des Protestantismus. Von der Reformation bis zur Gegenwart, Gütersloh 1989; Ulrich (Hg.), Freiheit.

[82] Bonhoeffer, Ethik, 194; Bonhoeffer ergänzt in einem Brief vom 22.02.1941: Der Selbstmord «ist eine Sünde des Unglaubens, das ist aber keine moralische Disqualifikation» (ebd., Anm. 90).

[83] Vgl. Jean-Claude Wolf, Ethik ohne Gewissheiten? *John Deweys* Beitrag, in: ders., Utilitarismus, Pragmatismus und kollektive Verantwortung, Freiburg/Ue., Freiburg/Br. 1993, 48–82.

sequenz könnte darin bestehen, aus der Kritik das Desinteresse von Theologie an der Ethik und ihre Nicht-Zuständigkeit abzuleiten oder die Haltung der Theologen als Beleg für einen ethischen Relativismus zu deuten. Das andere Fazit könnte lauten, dass sich die theologischen Einwände ethisch von selbst diskreditierten, weil sie sich bereits im Ansatz gegen jedes ethische Argument immunisierten.[84] Der ethische Verdacht gegen die theologische Kritik wirft natürlich die grundsätzliche Frage nach den Bedingungen der Möglichkeit theologischer Ethik auf, der hier nicht nachgegangen werden kann. Aber weil theologische Argumente die schlichte Tatsache, dass am Lebensende Entscheidungen getroffen werden, nicht vom Tisch wischen können und wollen, muss sich theologische Ethik vor dem Hintergrund ihrer Prämissen zu dieser Praxis verhalten, will sie sich nicht dem Verdacht einer weltfremden oder gar zynischen Gleichgültigkeit aussetzen.

So berechtigt diese Forderung ist, so wenig lässt sich die damit verbundene Kritik gegen die beiden Theologen richten. Die jüngere Theologiegeschichte kennt wenige Gestalten, die mit der Frage des Suizids so existenziell konfrontiert waren, wie Dietrich Bonhoeffer. Im Mai 1943 notierte er auf einen Packzettel: «Trennung von Menschen, von der Arbeit, von der Vergangenheit, von der Zukunft, von der Ehre, von Gott».[85] Darüber hinaus zeigen seine in jener Phase entwickelten Gedanken über die «mündig gewordene Welt», die bereits in seiner Vorlesung über *Schöpfung und Fall* angelegt sind, die radikale Weltzugewandtheit des Theologen. Auch Barth treibt mit der Grundlegung der Ethik in seiner Christologie und Erwählungslehre keinen Keil zwischen Theologie und Ethik. Vielmehr hält er umgekehrt fest: Theologische Ethik kann sich «von der Verpflichtung, allgemein gültig zu reden, auf keinen Fall dispensieren. […] Sie hätte insofern auf alle andere Ethik zu *hören*, als sie von dieser auf der ganzen Linie den *Stoff* ihrer eigenen Überlegungen entgegenzunehmen hätte. Sie würde sich insofern der sonstigen Ethik

---

[84] Vor allem der zweite Verdacht steht auch im Hintergrund der Auseinandersetzungen der Münchener Theologen Trutz Rendtorff, Falk Wagner oder Friedrich Wilhelm Graf mit Barth; vgl. zuletzt die materialreiche Darstellung des Konflikts bei Stefan Holtmann, Karl Barth als Theologe der Neuzeit. Studien zur kritischen Deutung seiner Theologie, Göttingen 2007.

[85] Bonhoeffer, Widerstand, 60f.; vgl. die editorischen Anm. 1–8 zu der Notiz. Eberhard Bethge, Dietrich Bonhoeffer. Eine Biographie, Gütersloh [8]2004, 934, berichtet von Bonhoeffers Selbstmordgedanken in dieser Zeit.

gegenüber durchaus nicht negativ, sondern komprehensiv zu verhalten haben. Aber eben weil komprehensiv, darum auch grundsätzlich kritisch und gerade nicht schiedlich-friedlich.»[86]

Die Frage nach dem Wirklichkeitsverständnis einer christologisch und rechtfertigungstheologisch situierten Ethik lässt sich im Kern mit dem bekannten Aphorismus von Theodor W. Adorno aus seiner *Minima Moralia* beantworten: «Es gibt kein richtiges Leben im falschen»:[87] Moral hat eine Orientierungsfunktion bei der Gestaltung des Lebens, die Ethik aus einer methodischen Distanz reflektiert. Dabei kommt die Frage nach dem «richtigen Leben» heute nicht (notwendig) mit ins Spiel, jedenfalls nicht in der Weise, wie etwa Aristoteles in seiner Ethik nach der *eudaimonia* oder Thomas nach dem *summum bonum* fragten. Kant antwortete darauf – freilich unter ganz anderen Bedingungen – mit seiner Bestimmung des vernünftigen und freien Willens. Seine transzendentale Begründung der Würde des autonomen Subjekts positioniert die Ethik endgültig in einem neuen Raum, in dem neue Fragen aufgeworfen werden. Freilich wurde die Frage nach der menschlichen Freiheit schon viel früher gestellt, nicht zuletzt im Rahmen reformatorischer Theologie.[88]

Es geht um die menschliche Freiheit als Bedingung der Möglichkeit zur Wahrnehmung von Verantwortung und als Voraussetzung für die Ethik. Das Thema fordert heute genauso heraus wie damals, erst recht die Theologie, wie der Ethiker Wolfgang Lienemann bemerkt: «Das ausgerechnet von der theologischen Ethik behauptet wird, eine Freiheitsethik zu sein, versteht sich ganz gewiss nicht von selbst. Viele, ja die meisten nicht-theologischen Ethiker werden diesen Anspruch wohl vehement bestreiten, wenn sie sich überhaupt auf eine Auseinandersetzung mit theologischen Ethiken einlassen und diese nicht von vornherein unter ‹Heteronomie›, ‹Theonomie›, ‹Metaphysik› und ‹aufklärungsfeindlich› abbuchen würden.»[89] Ein Blick auf die gegenwärtige Kontroverse um die Suizidhilfe bestätigt unmittelbar diesen Befund: Die Kirchen werden einer reaktionären Moral bezichtigt, die Gegenseite stilisiert sich

---

[86]   Barth, KD II/2, 585; vgl. dazu Wolfgang Lienemann, Karl Barth, in: ders./Frank Mathwig (Hg.), Schweizer Ethiker im 20. Jahrhundert. Der Beitrag theologischer Denker, Zürich 2005, 33–56 (47f.).

[87]   Adorno, Minima Moralia, 42.

[88]   Vgl. dazu Lienemann, Grundinformation, 76–110 sowie die dort angegebene Literatur.

[89]   A.a.O., 76.

als Verteidigerin einer aufklärerischen Freiheitsphilosophie.[90] Im Mittelpunkt steht die Frage, wie frei die Freiheit wirklich ist.

Für die biblische Schöpfungsgeschichte ist die Erkenntnis von ‹gut› und ‹böse› der Preis des Sündenfalls. Die menschliche Freiheit, die in der Ethik vorausgesetzt wird, ist zuerst als Freiheit *post lapsum* ausgezeichnet. «Unser Denken, d. h. das Denken derer, die zu Christus müssen, um von Gott zu wissen, der gefallenen Menschen ist anfangslos, weil es ein Ring ist. Wir denken im Ring. Wir fühlen und wollen aber auch im Ring. Wir existieren im Ring. [...] Das Entscheidende aber ist dies, dass das Denken diesen Ring für das Unendliche, Anfängliche selbst hält und sich doch damit in einen circulus vitiosus verwickelt. [...] Am Anfang zerreibt sich das Denken.»[91] Aus diesem Zirkel kommt auch die Ethik nicht heraus. Sie reflektiert ihn mit ihrem Wissen um ‹gut› und ‹böse›, aber stets aus der Innenperspektive. Deshalb besteht für Bonhoeffer die «erste Aufgabe» von christlicher Ethik darin, «dieses Wissen aufzuheben. [...] Die christliche Ethik erkennt schon in der Möglichkeit des Wissens um Gut und Böse den Abfall vom Ursprung. [...] Im Wissen um Gut und Böse versteht der Mensch sich nicht in der Wirklichkeit seiner Bestimmtheit vom Ursprung, sondern in seinen eigenen Möglichkeiten, nämlich gut oder böse zu sein.»[92]

Bonhoeffer geht es nicht um eine Diskreditierung von Ethik, sondern um die kritische Rekonstruktion ihres Fragehorizonts und Ortes. In der Ethik spiegeln sich die Möglichkeiten und Grenzen menschlicher Freiheit wider. Aus theologischer Sicht stösst sie an zwei Grenzen: 1. an die Grenze des selbstbezogenen, autonomen Subjekts und 2. an die Grenze des handelnden Gottes, dem der Mensch seine Freiheit verdankt. Der Mensch ist frei im Angesicht der Freiheit Gottes. In diesem Sinne kann christliche Freiheit als «Gehorsam des freien Menschen gegen den freien Gott»[93] beschrieben werden. Und im glaubenden Gehorsam kann der Mensch gar nicht anders, als die Freiheit Gottes zu erwarten. Gott ist

---

[90] Wie später noch zu diskutieren ist, macht die eine Seite ebenso wenig das ihr Unterstellte, wie die andere Seite das von sich behauptete.

[91] Bonhoeffer, Schöpfung, 26.

[92] Bonhoeffer, Ethik, 301f.

[93] Ulrich H. J. Körtner, Theologie des Wortes Gottes. Positionen – Probleme – Perspektiven, Göttingen 2001, 225.

nicht nur «mitten in unserem Leben jenseitig»[94], sondern zugleich in seiner Jenseitigkeit (Ewigkeit) mitten in unserem Diesseits.

Wenn Ethik die Freiheit des ethischen Subjekts voraussetzt, stellt sich die Frage, wie sie mit dem Wissen um die Freiheit des handelnden Gottes umgeht. Wie ist die Geschöpflichkeit allen Seins mit einer Ethik des freien Menschen vereinbar? Wie bringt eine Ethik der Freiheit Gottes Schöpfung als ihren Gegenstand zur Sprache? Welche Norm folgt – um die Frage Huppenbauers aufzunehmen (Kapitel IV, 3, 116) – aus der Wahrnehmung des eigenen Lebens als Ausdruck des befreienden Handeln Gottes? Die ethischen Antworten darauf sind unbefriedigend: Dass Geschöpfe einer besonderen Aufmerksamkeit oder Verantwortung bedürfen, dass wir ihnen mit einer ausdrücklichen Achtung begegnen sollen, sind nicht Haltungen, die wir erst aus einem Verständnis von Geschöpflichkeit ableiten müssten. In der Regel genügt es vollständig, wenn Eltern ihr Kind als ihr Kind wahrnehmen und erleben, um ihm liebevoll zu begegnen. Dazu bedarf es nicht noch des Zusatzprädikats ‹Mein Kind, das Geschöpf›. Und obwohl sich in dem heutigen menschenrechtlich verankerten Würdeschutz auch das Menschenbild des seinem Schöpfer entsprechenden Geschöpfes (*imago dei*, Gen 1,27) widerspiegelt, wird der Gedanke von der jedem Menschen innewohnenden Würde keineswegs nur von christlich oder religiös geprägten Menschen geteilt.

Die Schwierigkeiten, die Vorstellung von der Geschöpflichkeit normativ umzumünzen, bestätigen im Grunde bereits die bonhoeffersche Kritik an der Ethik. Geschöpflichkeit lässt sich nicht in die moralische Sprache von ‹gut› und ‹böse› übersetzen.[95] Wenn Bonhoeffer die Ursprungs- und Wirklichkeitsvergessenheit moralischer und ethischer Kategorien betont, dann besteht die theologische Aufgabe gerade nicht in der Wahl der dazu passenden moralischen Forderungen oder Normen, sondern in der Explikation der solchen Normierungen vorausgehenden Wahrnehmung der Wirklichkeit. Zwei Fragen stehen dabei im Mittelpunkt: 1. Wie kommt Ethik zu ihren Gegenständen? Und 2. Wer ist das Subjekt von Ethik? Dazu einige wenige Bemerkungen aus theologisch-ethischer Sicht.

---

[94] Bonhoeffer, Widerstand, 408 (Brief an Eberhard Bethge vom 30.4.1944).

[95] Vgl. dazu die Bemerkungen zu einer «Ethik der Geschöpflichkeit» von Christoph Schwöbel, Theologie der Schöpfung im Dialog zwischen Naturwissenschaft und Dogmatik, in: ders., Gott, 131–160 (156ff.) sowie programmatisch und grundlegend Ulrich, Wie Geschöpfe leben.

1. Eine theologisch-ethische Wirklichkeitswahrnehmung zeichnet sich – mit dem Theologen Ingolf U. Dalferth – dadurch aus, dass sie «unsere Welt in all ihren Details und unter jeder Beschreibung *coram deo* beurteilt. [...] Wer Menschen, Mäuse oder Misteln als *Geschöpfe* bezeichnet, beschreibt sie nicht genauer oder besser als die Wissenschaften, sondern bringt seine Einstellung zum Ausdruck, wie man sich ihnen gegenüber angesichts der Gegenwart Gottes angemessen zu verhalten hat. Diese Einstellung ist aber weder willkürlich noch unfundiert. Sie gründet in der – durchaus strittigen – Wahrnehmung der Gegenwart Gottes in unserer Wirklichkeit, die Christen im trinitarischen Bekenntnis auf den kürzesten Nenner bringen.»[96] Die moralische Sicht der Welt steckt also nicht in den Gegenständen selbst, sondern wird konstituiert durch die Art und Weise, wie Menschen dieser Wirklichkeit begegnen.

Hier berühren sich theologische Ethik- und kantische Erkenntniskritik. Kant hatte die Vorstellung, nach der unsere Erkenntnis mit den Dingen selbst – also objektiv – gegeben wäre, als Irrtum entlarvt, weil damit die unvermeidbare Kontaminierung des Wahrgenommenen durch das wahrnehmende Subjekt unterschlagen würde. Christinnen und Christen erkennen sich, ihr Leben und die Welt aus der Perspektive von Gott angesprochener und angenommener Menschen. Das Wahrgenommensein bildet den Ausgangspunkt ihres Wahrnehmens. Weil wir uns erst und nur durch das gnädige Sich-zu-erkennen-Geben des dreieinigen Gottes (*coram deo*) als seine Geschöpfe erkennen, prägt dieses Wissen von der eigenen Geschöpflichkeit unsere Wahrnehmung der Wirklichkeit und unser Handeln in der Welt (*coram mundo*). Hier geht es nicht um eine konstruktivistische Interpretationskategorie, nach dem Motto ‹Christen schauen die Welt halt anders an›. Sie tun das tatsächlich, aber nicht, weil sie eine metaphysische Brille auf der Nase hätten oder mit einer entsprechend gefärbten Gebrauchsanweisung durchs Leben liefen, sondern weil sie von Gott in diese Wirklichkeit gestellt sind. Diese Wirklichkeit ist der Ort der ‹guten Werke›. Dort nimmt auch die theologische Ethik ihren Ausgang, nicht im Sinne einer Wachablösung, in deren Folge sie den Platz Gottes übernehmen würde. Christliche Ethik stellt menschliches Urteilen und Handeln in die Wirklichkeit des schöpferischen Handelns Gottes. Christliche Erkenntnis ist Glaubenspraxis in der einen Wirklich-

---

[96] Ingolf U. Dalferth, ‹Was Gott ist, bestimme ich!› Theologie im Zeitalter der ‹Cafeteria-Religion›, in: ders., Gedeutete Gegenwart. Zur Wahrnehmung Gottes in den Erfahrungen der Zeit, Tübingen 1997, 10–35 (24).

keit. Bonhoeffer hat das so formuliert: «Der Nachfolgende sieht immer nur Christus. Er sieht nicht Christus *und* das Gesetz, Christus *und* die Frömmigkeit, Christus *und* die Welt. Er tritt in diese Reflexion gar nicht ein, sondern er folgt in allem allein Christus. So ist sein Auge einfältig.»[97]

2. Damit ist die Frage nach dem Subjekt von Ethik aufgeworfen. Wer ist der moralisch Handelnde und ethisch reflektierende Mensch? Und woran orientiert er sich in seinem Denken und Handeln? Eberhard Jüngel bemerkt in diesem Zusammenhang: «Es gehört zu den anthropologisch unbestreitbaren Einsichten der Theologie, dass der Mensch sich selbst – im Bösen wie im Guten! – entzogen ist. Der *ganze* Mensch ist als solcher nur erfahrbar, wo die Ganzheit des Menschen schon transzendiert ist. Das heisst, dass der Mensch nicht von innen heraus, sondern nur von ausserhalb seiner zum ganzen Menschen wird. Zur Wahrnehmung des ‹totus homo›, des ganzen Menschen, gehört die Struktur des ‹nos extra nos esse›, des Ausserhalb-unser-selbst-Seins. Will sich der Mensch als ‹totus homo› erfahren, muss er *mehr* als sich selbst erfahren.»[98]

Der Mensch kann sich nur von aussen verstehen, nicht im objektivierenden Blick eines Beobachters, sondern aus der Perspektive des Glaubens als *creatura verbi divini.*[99] Geschöpflichkeit verweist auf die Relation zwischen Schöpfer und Geschöpf, nicht im Sinne eines verobjektivierenden Herstellens, sondern als gegenwärtiges ‹Bundesverhältnis› Gottes mit den Menschen.[100] Das Subjekt der christlichen Ethik ist der Mensch im Verhältnis zu dem sich ihm zuwendenden Schöpfer und Erlöser. Der Mensch erfährt sich in dieser Beziehung nicht in moralischen Kategorien von ‹gut› und ‹böse›, sondern als Sünder in seiner Erlösungsbedürftigkeit und als Gerechtfertigter durch das heilsame Handeln Gottes in dem Mensch gewordenen Gottessohn. Die Freiheit befreit zu einem Leben

---

[97] Dietrich Bonhoeffer, Nachfolge, DBW 4, München 1989, 167.

[98] Eberhard Jüngel, Der Gott entsprechende Mensch. Bemerkungen zur Gottebenbildlichkeit des Menschen als Grundfigur theologischer Anthropologie, in: ders., Entsprechungen: Gott – Wahrheit – Mensch. Theologische Erörterungen II, 3., erw. Aufl., Tübingen 2002, 290–317 (292).

[99] Vgl. Christoph Schwöbel, Gott, die Schöpfung und die christliche Gemeinschaft. Dogmatische Grundlagen eines christlichen Ethos der Geschöpflichkeit, in: ders., Gott, 161–192 (164).

[100] Vgl. Zeindler, Der wirkliche Mensch, 264, der mit Blick auf die philosophische Anthropologie bemerkt, dass diese, weil sie von dem konstitutiven Bundesverhältnis von Gott mit den Menschen nichts wisse, auch keine Vorstellung von dem menschlichen Versagen in dieser Beziehung, d. h. der Sünde, haben könne.

mit Gott in der Verantwortung für die Welt. Insofern bildet sie auch die Voraussetzung für den Menschen als ethisches Subjekt, ohne dass diese Freiheit selbst zum Gegenstand von Ethik werden könnte. Das «Geschenk der Freiheit» (Barth) als Bedingung der Möglichkeit von Ethik, bleibt dieser entzogen.

Nun sollte verständlich geworden sein, warum beide Theologen das Thema Suizid aus einer christologisch-rechtfertigungstheologischen und nicht ethischen Perspektive aufrollen. Freilich ist dieser Ausgangspunkt manchmal übersehen worden und hat beiden Theologen zu Unrecht den Ruf eingetragen, sie würden den Suizid aus ethischen Gründen ablehnen. Klar tritt die Differenz zwischen beiden Argumentationslinien in den Fragen nach Gegenstand, Status und Reichweite moralischer Urteile hervor.

In seiner relationalen Existenz ist der Mensch in zweifacher Weise limitiert: in der «ewigen Begrenzung» (Jüngel) durch den sich ihm zuwendenden, gnädigen und gebietenden Gott und durch die ihm eigene Begrenzung seines In-der-Welt-Seins.[101] Unter diesen Voraussetzungen steht der Mensch in seinem Sein und Handeln auch in zweifacher Hinsicht selbst «auf dem Spiel» (Heinz Eduard Tödt): in der Wahrnehmung seiner zu verantwortenden Freiheit und im Angesicht des lebendigen Gottes, der die Menschen seine Gegenwart und Freiheit leibhaftig spüren lässt. «Gott *muss* überhaupt nicht […] Gott wäre nicht Gott, wenn er nicht frei wäre, es mit ihnen auch so zu halten, den Tod auch ihrer Sünde Sold sein zu lassen. Und es geschieht nichts Ungeheuerlicheres, wenn er von dieser seiner Freiheit auch ihnen gegenüber Gebrauch macht.»[102] Irritierend wirkt diese Zuspitzung von Barth dann, wenn – ganz analog zu der bonhoefferschen Rede vom Unglauben – nicht mit dem lebendigen Gott gerechnet, sondern von einem, den menschlichen Moralvorstellungen entsprechenden Gottesbild ausgegangen wird.

---

[101] Vgl. Bonhoeffers Bemerkungen im Abschnitt *Die Struktur des verantwortlichen Lebens* in ders., Ethik, 267: «Wirklichkeitsgemässes Handeln steht in der *Begrenzung durch unsere Geschöpflichkeit*. Wir schaffen uns die Bedingungen unseres Handelns nicht selbst, sondern wir finden uns in ihnen bereits vor. Wir stehen handelnd nach vorwärts wie nach rückwärts in bestimmten Grenzen, die nicht übersprungen werden können. Unsere Verantwortung ist nicht eine unendliche, sondern eine begrenzte. Innerhalb dieser Grenzen freilich umfasst sie das Ganze der Wirklichkeit.»

[102] Barth, Einführung in die evangelische Theologie, 150.

Die Einsicht des Psalmisten, «Verbirgst du dein Angesicht, erschrecken sie, nimmst du ihren Atem weg, kommen sie um und werden wieder zu Staub.» (Ps 104,29) enthält eine Absage an die Götter der Moral und weist die Ethik in ihre Schranken. Die Inkarnation Gottes in Jesus Christus ist die Grenze jeder Moral. «Die Lehre von der Menschwerdung Gottes ist die Grenze, an der der Moralismus das Recht verliert, das letzte Wort über den Menschen und die Menschheit als solche zu sagen. Hier ist das Refugium Gottes erreicht, das allen denen offensteht, die es in einer nur moralischen Welt nicht mehr aushalten. Hier erscheint die menschliche Existenz in einem anderen Lichte als dem seiner moralischen – oder auch unmoralischen – Möglichkeiten, hier geht es vielmehr darum, ob der Mensch als Geschöpf Gottes, als Geschöpf, das der Ehre Gottes dient, in dem sich Gott verherrlicht, ob dieser Mensch eine Utopie geworden, ob die Sünde, der Tod und der Teufel *am Menschen* über Gott triumphiert haben.»[103] Die Grenze der Moral – auf die der Theologe Hans Joachim Iwand aufmerksam macht – wäre missverstanden, würde sie im Sinne einer normativen Selbstbeschränkung von Ethik aufgefasst. Nicht unsere begrenzten ethischen Kompetenzen oder unser fragmentarisches Erkenntnisvermögen von ‹gut› und ‹böse› ziehen die Grenze, sondern unser Menschsein in der Geschöpflichkeit gegenüber einem Schöpfer, der auf sein Recht – auch im Hinblick auf seine Geschöpfe – nicht verzichtet hat.[104]

Barth hat diesen Gedanken im Rahmen seiner Reflexionen über den Suizid konkretisiert: «Und was Gott vom Menschen haben will, deckt sich nicht einfach damit, dass dieser leben – für sich und im Zusammensein mit den Anderen leben wollen soll. Gott kann des Menschen Lebenswillen für sich und im Zusammensein mit den Anderen auch einschränken, auch schwächen, auch brechen, schliesslich auch aufheben wollen. Er tut das auch wirklich. Und wenn er das tut, dann darf ihm der Gehorsam auch nicht versagt werden. Er hat als der Schöpfer und Herr des Lebens das Recht, auch das zu wollen und zu tun [...]. Er hat ja mit dem Menschen auch mehr im Sinn als das, was im Vollzug von dessen

---

[103] Hans Joachim Iwand, Christologie. Nachgelassene Werke. Neue Folge, Bd. 2, Gütersloh 1999, 452.

[104] Vgl. Eberhard Busch, ‹Gott hat nicht auf sein Recht verzichtet›. Die Erneuerung der Kirche im Verhältnis zum politischen Bereich nach dem Verständnis der reformierten Reformatoren, in: EvTh 52/1992, 160–176.

Lebensakt jetzt und hier sichtbar werden kann.»[105] Es kommt an dieser Stelle entscheidend darauf an, das Handlungssubjekt nicht zu verwechseln: Gott nimmt – dem Menschen wird genommen. Das muss aus moralischer Sicht skandalös erscheinen. Aber es geht an dieser Stelle nicht um Moral, weil es nicht um das Handeln von Menschen geht. Daraus folgt umgekehrt, dass das Handeln Gottes nicht als ethische Begründung und Rechtfertigung menschlichen Handelns vorgebracht werden kann. Auch hier gilt das bekannte Diktum Bonhoeffers: «Gott als moralische, politische, naturwissenschaftliche Arbeitshypothese ist abgeschafft, überwunden.»[106]

Was ist damit für die ethische Frage von Entscheidungen am Lebensende gewonnen? Deutlich markieren Bonhoeffer und Barth ihre Kritik gegenüber Antworten, die aus einem hermetischen System ethischer Prinzipien und moralischer Normen schöpfen. Ethik im Angesicht des lebendigen Gottes ist in zweifacher Weise ausgezeichnet: 1. Moralische Überzeugungen und ethische Theorien darüber sind stets ‹ungewiss› im Hinblick darauf, was Gott mit den Menschen vorhat. 2. Im Gehorsam gegenüber dem göttlichen Gebot – «wenn wir Christus haben» – «können wir neue Dekaloge machen» (Martin Luther). Der Reformator predigt keinen Anarchismus oder Relativismus, sondern spricht aus der Sicht der Gemeinschaft der Gläubigen in der Nachfolge. Daraus folgt nicht eine Relativierung von Ethik, sondern ihre Kontextualisierung im Sinne einer Ethik der Mitgeschöpflichkeit. Was aus der Wahrnehmung dieser Struktur für die konkrete ethische Fragestellung folgt, zeigen abschliessend zwei Zitate der beiden Theologen. Bonhoeffer bemerkt:

«Selbst dort, wo eine äussere Lebenskatastrophe vorangegangen ist, entzieht sich die innere Begründung der Tat dem fremden Einblick. Weil die Grenze zwischen der Freiheit des Lebensopfers und dem Missbrauch dieser Freiheit zum Selbstmord für ein menschliches Auge oft kaum zu erkennen ist, ist dem Urteil über die einzelne Tat damit die Grundlage entzogen.»[107] Während Bonhoeffer auf die Nichtobjektivierbarkeit der Lebens- und Entscheidungssituation fokussiert, betont Barth – mit theologiekritischer Spitze – die Grenzen moralischer Urteile angesichts der Relationalität menschlicher Existenz im Bezogensein auf Gott: «Man kann nicht von Jedem, auch nicht jedem Ethiker verlangen, dass er aus

---

[105] Barth, KD III/4, 388.
[106] Bonhoeffer, Widerstand, 532.
[107] Bonhoeffer, Ethik, 196.

eigener Erfahrung wisse, was *Anfechtung* ist: ‹wenn wir in *höchsten* Nöten sein und wissen *nicht,* wo aus noch ein.› In der Anfechtung ist der Mensch, allen Anderen und letztlich wohl auch sich selbst verborgen, einsam mit Gott im Gedränge der furchtbaren Frage, ob Gott mit ihm, ob Gott überhaupt für ihn sei, oder ob er sich selbst für einen Atheisten, das heisst aber für einen von Gott Verworfenen und Verlassenen halten müsse? Viele Theologen und theologische Ethiker wissen darum praktisch nicht oder nicht so recht, was Anfechtung ist, weil sie theoretisch, exegetisch, dogmatisch, auch als Seelsorger und Lehrer Anderer theoretisch nur zu gut darum wissen. Selbsttötung geschieht aber auf alle Fälle, wo und weil sich ein Mensch – ob er sich darüber Rechenschaft gibt oder nicht – in der Anfechtung befindet. Diese letztere Einsicht dürfte Jedermann, auch dem hartgesottensten theologischen Ethiker, zuzumuten sein, darum aber auch die Erinnerung: er könnte vielleicht letztlich doch nicht so genau wissen, was sich zwischen Gott und dem Selbsttöter nun eigentlich zugetragen hat, in welcher Entscheidung dieser dann zu seiner so bedenklichen Tat geschritten sein möchte. Als Selbst*mörder?* Mindestens die Bereitschaft zu der Anerkennung, er könnte nun doch kein Selbst*mörder* gewesen sein, ist von Jedem zu verlangen, der auch nur theoretisch weiss, was Anfechtung ist.»[108]

5. Vom ‹Stachel der Freiheit›[109]

Die Überlegungen in den vorangegangenen Abschnitten stehen seltsam quer zu den aktuellen Diskussionen über Entscheidungen am Lebensende. Sie bieten keine abschliessende Antwort auf die Frage, ob es erlaubt ist, sich das eigene Leben zu nehmen oder einer anderen Person dabei behilflich zu sein. Dafür lenken sie den Blick auf zwei Aspekte, die mit jenen Fragen verbunden sind, ohne dass sie üblicherweise bei der

---

[108] Barth, KD III/4, 460; zum Begriff der Anfechtung vgl. ders., Einführung in die evangelische Theologie, Zürich 1962, 146–158.

[109] Vgl. Friedrich Nietzsche, Also sprach Zarathustra, Dritter Teil, Von alten und neuen Tafeln, 2, in: ders., Werke in drei Bänden, Ed. Schlechta, München 1966, 443–445 (444f.): «Wo alle Zeit mich ein seliger Hohn auf Augenblicke dünkte, wo die Notwendigkeit die Freiheit selbst war, die selig mit dem Stachel der Freiheit spielte: – wo ich auch meinen alten Teufel und Erzfeind wiederfand, den Geist der Schwere, und alles, was er schuf: Zwang, Satzung, Not und Folge und Zweck und Wille und Gut und böse».

Suche nach Antworten zur Sprache kommen. Aus theologisch-ethischer Perspektive zeigte sich ein Klärungsbedarf einerseits hinsichtlich der Bestimmung der Wirklichkeit, in der die Frage nach Entscheidungen am Lebensende begegnet, und andererseits im Hinblick auf den Orientierungsrahmen für die zur Diskussion stehenden Entscheidungen.

Die Beschäftigung mit den Überlegungen von Bonhoeffer und Barth zum Suizid haben einen Einblick in die Komplexität der theologischen Fragestellungen nach dem Grund und Ziel, den Bedingungen, Möglichkeiten und Grenzen menschlicher Freiheit gegeben. Die christologisch-rechtfertigungstheologische Rede von der durch das Handeln Gottes in Jesus Christus bedingten Freiheit behauptet keinen Determinismus, sondern präsentiert ein relationales Verständnis, das nur im Glauben fassbar wird – ohne auf die Gläubigen beschränkt zu sein. «Die Rechtfertigung allein aus Glauben definiert deshalb, wie Luther in seiner *Disputatio de homine* ausdrücklich behauptet, nicht etwa den Christen, sondern den Menschen.»[110] Aber es geht um weit mehr, als das ethische Problem von Determinismus und Indeterminismus. Die grundsätzliche Frage, die in Bonhoeffers und Barths Überlegungen zum Suizid immer mitschwingt, betrifft den Ort christlicher Ethik. Wie muss der Raum menschlichen Handelns für eine Ethik bestimmt werden, die von der Wirklichkeit Gottes in der Welt ausgeht? Wie gehen göttliches und menschliches Handeln zusammen? Darauf antwortet Bonhoeffer im ersten Abschnitt seiner Ethik unter der Überschrift «Christus, die Wirklichkeit und das Gute. Christus, Kirche und Welt». Gegen ein «Pseudoluthertum»[111] gerichtet, weist er jede Aufteilung der Wirklichkeit in einen Raum der Kirche und einen Raum der Welt klar zurück, weil «es sowohl dem biblischen wie dem reformatorischen Denken zutiefst widerspricht, und [...] daher an der Wirklichkeit vorbeigeht. Es gibt nicht zwei Wirklichkeiten, sondern *nur eine Wirklichkeit*, und das ist die in Christus offenbargewordene Gotteswirklichkeit in der Weltwirklichkeit. An Christus teilhabend stehen wir zugleich in der Gotteswirklichkeit und in der Weltwirklichkeit. Die Wirklichkeit Christi fasst die Wirklichkeit der Welt in sich. Die Welt

---

[110] Eberhard Jüngel, Der menschliche Mensch. Die Bedeutung der reformatorischen Unterscheidung der Person von ihren Werken für das Selbstverständnis des neuzeitlichen Menschen, in: ders., Wertlose Wahrheit. Zur Identität und Relevanz des christlichen Glaubens. Theologische Erörterungen III, Tübingen ²2003, 194–213 (194), mit Verweis auf Luther, WA 39/I, 176,33–35.
[111] Bonhoeffer, Ethik, 41.

hat keine eigene von der Offenbarung Gottes in Christus unabhängige Wirklichkeit.»[112] Es gibt mit anderen Worten, «kein wirkliches Christsein ausserhalb der Wirklichkeit der Welt und keine wirkliche Weltlichkeit ausserhalb der Wirklichkeit Jesu Christi».[113]

Diese Wirklichkeit ist der Raum der Kirche und der Ort christlicher Ethik. In diesem Wirklichkeitsraum stellt sich entsprechend auch die Frage nach der Verantwortung des Menschen bei Entscheidungen am Lebensende. Vor dem Hintergrund der Überlegungen des vorliegenden Kapitels lässt sich dieser Raum durch drei – im Text zitierte – Aussagen näher bestimmen: 1. «Es wird regiert.» (Barth), 2. «Das Leben ist kein zweiter Gott.» (Barth) und 3. «Das Recht des Lebens will im Menschen durch Freiheit gewahrt sein.» (Bonhoeffer). In diesen Sätzen spiegelt sich die biblische und reformatorische Einsicht wider, dass die Frage nach dem menschlichen Sollen nicht von der Frage nach seinem (Bestimmt-) Sein abgelöst werden kann.

Das Nachdenken über Sterben und Tod wird in einen Kontext gerückt, der einen rigiden Moralismus ebenso zurückweist wie eine selbstgenügsame Souveränität. Vor allem gilt es – im Anschluss an Bonhoeffer, Barth und an ein christologisch-rechtfertigungstheologisch fundiertes Wirklichkeitsverständnis –, die eschatologische Hoffnung und die Gestaltung der Welt nicht auseinanderzureissen oder gegeneinander auszuspielen. Ewigkeit ist nicht die zeitliche Verlängerung der Zukunft ins Jenseits,[114] weil damit «die Rede von der Entmachtung des Todes allein der gesellschaftlichen Verdrängung des Todes zur Hilfe»[115] käme. Die Rede vom ‹Ewigen Leben› wäre aber gleichermassen eine billige Jenseitsvertröstung, würde sie nicht in die Zeit hineinreichen und dort wirklich werden. Ob die Frage nach der – jenseits aller in der Zeit gewonnenen subjektiven Sinngebungen liegenden – Bestimmung der Zeit Sinn macht, hängt davon ab, ob sie in die Zeit hinein beantwortet werden kann.[116] Im

---

[112] A.a.O., 43; die Nähe zur zweiten Barmer These ist unübersehbar.

[113] A.a.O., 47.

[114] Vgl. Weinrich, Auferstehung, 135: «Es gibt keinen Weg von der Wahrnehmung der Zeit zur Ewigkeit Gottes. Wenn wir mit der Zeit beginnen, kommen wir niemals in der Ewigkeit an.»

[115] A.a.O., 136.

[116] Die Frage nach dem Verhältnis von Zeit und Ewigkeit nimmt im Grunde genommen die Zwei-Naturen-Lehre im Bekenntnis von Chalcedon von 451 auf. Die Formel ‹unvermischt und ungeschieden› beschreibt eine Relationalität, die im Kern auch auf das Verhältnis zwischen theologischer – präziser: christologischer – und anthropolo-

Kern geht es darum, die Fragen nach Leiden, Sterben und Tod nicht einfach stehen zu lassen, sondern theologisch – in der Explikation der Wirklichkeit des Glaubens an den Auferstandenen in der Zeit – einzuholen. Hierbei handelt es sich nicht um eine theologische ‹Sonderfrage› oder einen irgendwie gearteten ‹Kunstgriff› des Glaubens. Denn mit dem Theologen Henning Luther muss daran erinnert werden, «dass der österliche Ursprung der Kirche eine Protestbewegung gegen den Tod war».[117] Festzuhalten ist zweierlei: Einerseits bleibt jeder theologisch motivierte Beitrag seine Antwort schuldig, wenn er Sterben und Tod nicht in Beziehung zu der christlichen Wirklichkeit setzt, in der Menschen leben, leiden, sterben und ihren Tod finden. Andererseits mündet jede ethische Reflexion über Sterben und Tod in die Beliebigkeit, wenn sie diese Aufgaben nur im Sinne einer Frage ihrer praktischen Handhabung in den Blick nimmt.

Die gesellschaftliche Relevanz eines solchen Denkens hängt wesentlich *auch* davon ab, ob und wie es gelingt, theologische Kategorien für gesellschaftliche Diskurse anschlussfähig zu machen. Das Anliegen, den christlichen Glauben und seine Hoffnung vor dem Hintergrund des je aktuellen Nachdenkens über den Menschen plausibel zu machen, war schon immer ein zentrales Anliegen von Theologie und Kirche. Dabei gehen Anthropologie und Theologie – jedenfalls seit der Neuzeit – nicht wechselseitig ineinander auf. Unter neuzeitlichen Bedingungen gibt es zu der Notwendigkeit diskursiver Vermittlung und Plausibilisierung keine Alternative. Theologische Aussagen über den Menschen können keinen Sonderstatus beanspruchen. Gerade deswegen können und müssen sie klar und unmissverständlich ihre Wahrnehmungs- und Begründungsvoraussetzungen sowie Deutungsangebote in die gesellschaftlichen Debatten einbringen.

---

gischer Bestimmung des Menschen zutrifft. Vgl. die Formulierung des Konzils von Chalkedon, in: DH [40]2005, Nr. 302: «ein und derselbe ist Christus, der einzig-geborene Sohn und Herr, der in zwei Naturen unvermischt, unveränderlich, ungetrennt und unteilbar erkannt wird, wobei nirgends wegen der Einung der Unterschied der Naturen aufgehoben ist».

[117] Henning Luther, Tod und Praxis. Die Toten als Herausforderung kirchlichen Handelns, in: ZThK 88/1991, 407–426 (420). Und er ergänzt: «Ich fürchte, in den Jahrhunderten der Kirche war für die meisten die asketische Mahnung, dass wir sterben müssen, lauter als die frohe Botschaft, dass wir leben sollen.» (ebd.).

Von ihrem Gegenstand her und aus ihrem Selbstverständnis heraus haben Theologie und Kirche an dieser Stelle eine kritische Aufgabe. Sie richtet sich gegen ein verkürzendes oder instrumentelles Verständnis vom Menschen und seiner Lebenswirklichkeit. Gegen die Einsamkeit des Menschen erzählen sie von der Wirklichkeit Gottes mit den Menschen im Mensch gewordenen Gottessohn. Gegen eine Verabsolutierung der Fragen nach dem ‹Guten› und ‹Gerechten› rücken sie die ethische Aufgabe in den Raum der durch Jesus Christus bedingten Freiheit. Die Verweigerung jeglicher Versöhnung Gottes oder des Menschen mit dem Elend begegnet in der jüngeren Vergangenheit – unter anderen Vorzeichen – als Zurückweisung gegenüber jedem Versuch, Leiden einen Sinn zu geben. Im Umkehrschluss wird Vermeidung von Leid und Leiden mit Humanität selbst gleichgesetzt. Gegen die Gleichung ‹Leiden = Un-Sinn› muss aus christlicher Sicht die ganze Menschlichkeit des Menschen betont werden, die im Leiden und Sterben nicht an ihre Grenzen stösst und deshalb nicht *per se* jeder Sinngebung entbehrt.

Mit der Unterscheidung zwischen dem ‹Vorletzten› und dem ‹Letzten› (Dietrich Bonhoeffer) oder dem ‹Bedingten› und dem ‹Unbedingten› (Paul Tillich) bietet die theologische Tradition eine Ebenendifferenzierung zwischen Handlungsorientierung und Sinnstiftung an, die die Spannung zwischen den Sinnhorizonten menschlichen Lebens und den konkreten Erfahrungen von Verzweiflung und Sinnlosigkeit aufrechterhält und nicht vorschnell kurzschliesst oder einebnet. Leiden darf weder zwanghaft zur Sinnkategorie erhoben, noch automatisch als Sinnlosigkeit diskreditiert werden. Beide Reflexe sind diskriminierend, weil sie die Subjekte des Leidens und der Verzweiflung systematisch ausblenden. Dann wird die anthropologische Herausforderung ‹Mensch› technisch-pragmatisch auf Strategien seiner Verfügbarmachung reduziert. Ein krudes Freiheitsverständnis wird zum Treibriemen für ein Menschen- und Selbstverständnis, dem jenseits der Organisation und Normierung der eigenen Machbarkeit, alle Fragen – einschliesslich der Fraglichkeit des Menschen selbst – abhanden gekommen sind.

Die Nüchternheit und Unaufgeregtheit des christlichen Blicks auf den Tod machen den Unterschied. Tatsächlich lässt sich die spezifisch theologische Relationalität im Nachdenken über Sterben und Tod nicht ohne weiteres mit den politischen und medizinethischen Debatten über Sterbe- und Suizidhilfe vermitteln. So sehr die Not im Leben den biblischen Autoren und ihren theologischen Interpretinnen und Interpreten präsent ist, so sehr relativiert sich die daraus erwachsende Erklärungsnot. Wird das Faktum menschlicher Freiheit ausschliesslich als ethische Herausforderung begriffen, ergeben sich Begründungszumutungen, die aus einer theologischen Sicht nicht – zumindest nicht in gleicher Weise – bestehen. Der biologische Tod ist nicht nur das Ende des Lebens, sondern ebenso dessen Ziel. Genaugenommen wird der Tod theologisch nicht aus der Perspektive diesseits, sondern jenseits seines Eintretens thematisiert. Erst und nur weil Diesseits und Jenseits in Tod und Auferstehung des Gekreuzigten unauflösbar miteinander verbunden sind, wird der Tod als Ende des Lebens theologisch bedeutsam. Dabei eröffnet die eschatologische Sicht den Blick auf die Grenzen von Ethik. Wovon Ethik nicht sprechen kann, darüber muss Theologie nicht schweigen. Freilich muss auch Theologie ethisch darüber schweigen, wovon sie nur theologisch sprechen kann.

Bonhoeffer und Barth geht es bei ihrer theologischen Sprachkritik auch um die Bestimmung der Grenze zwischen Theologie und Ethik. Menschliches Leben im Modus der Gnade lässt sich nicht noch einmal auf der Ebene ethischer (Selbst-)Rechtfertigung einholen oder gar abbilden. Aus der göttlichen Rechtfertigung des Menschen können nicht sekundär moralische Kategorien oder Begründungen gewonnen werden. Gegen solche ethischen Vereinnahmungen – sowohl in moralisch bestätigender wie ablehnender Absicht – richten sich die Überlegungen der beiden Theologen. Der Mensch hat die Möglichkeit, sein Leben zu beenden, aber er kann diese Entscheidung nicht souverän treffen, weil er nicht Souverän des eigenen Lebens ist. Er ist fähig, sich das Leben zu nehmen, aber er kann diese Tat nicht rechtfertigen. Dort stösst Ethik an ihre Grenzen. Anders formuliert: Aus theologischer Sicht stellt der Suizid keine *ethische* Handlungsoption dar. Aber ein Mensch kann eine solche Tat ins Auge fassen oder ausführen, aus Überzeugung, aus innerer Not («Anfechtung»), «Gehorsam» – (kausal) aus Freiheit, aber nicht *aufgrund* seiner Freiheit. Deshalb müssen aus theologischer Perspektive alle verallgemeinernden Antworten über Entscheidungen am Lebensende zurückgewiesen werden.

Die Kritik an einer Moral des souveränen Subjekts redet weder einem rigiden Moralismus noch einem gesinnungsethischen Dezisionismus das Wort. Die christologisch-rechtfertigungstheologische Pointe der Theologen lässt sich nicht ethisch paraphrasieren. Deshalb beruhen auch theologische Versuche einer ethischen Verrechnung christlicher Freiheit auf einem Kategorienfehler. Bonhoeffers und Barths Bemerkungen sind nicht als Handlungsanweisungen zu lesen, weil sie theologisch und nicht ethisch argumentieren und weil sich die theologische Frage nach dem Menschen nicht auf der Ebene moralischer Handlungsdilemmata beantworten lässt. Die Verweigerung gegenüber moralischen und ethischen Vereinnahmungen erklärt auch die eigentümliche Stellung theologischer Argumente in den öffentlichen Kontroversen um die Suizidhilfe. Durch eine moralische Brille betrachtet, erscheinen sie wie ein Fremdkörper, weil sie sich direkten Antworten darauf, was getan und unterlassen werden soll verweigern und weil sie mit ihrem kritischen Blick auf die gewohnten Verkürzungen im Nachdenken über Leben und Tod die vertrauten Debatten gegen den Strich bürsten.

Theologie und Ethik stehen somit vor eine doppelten Herausforderung: Einerseits können sie nicht selbstverständlich davon ausgehen, dass ihr Fragefokus verstanden wird, d. h. sie müssen ihren eigenen Zugang im interdisziplinären Diskurs plausibel machen. Andererseits darf ihr kritische Blick nicht zu einer neuen – sozusagen hyperethischen – Hermetik verleiten, indem die wesentliche Pluralität biblisch-christlicher Zugänge unterschlagen wird. In ihrer spezifischen Multiperspektivität unterscheiden sich theologische und christlich-kirchliche Stellungnahmen zu Fragen von Sterbehilfe und Suizidhilfe unter Umständen dezidiert von anderen – etwa philosophischen, juristischen oder sozialwissenschaftlichen – Positionen. Damit wird keineswegs die Möglichkeit von Übereinstimmungen bestritten. Eine christliche Positionierung muss sich aber daran messen lassen, ob sie ihren Glauben, ihr Bekenntnis, Denken und Handeln in der genuinen – sie konstitutiv bestimmenden – Einheit von Glauben, Hoffen und Handeln zur Sprache bringt.

«A law cannot guarantee what
a culture will not give.»

Mary Johnson[1]

V. Suizid- und Sterbehilfe im Recht

Die rechtliche Diskussion um Sterbe- und Suizidhilfe divergiert in den einzelnen Ländern und nationalen Rechtssystemen stark. Die Gesetze in demokratischen Rechtsstaaten können als Ausdruck gesellschaftlich anerkannter und etablierter Praktiken betrachtet werden, für die das Recht die gesetzlichen Leitplanken festlegt. Wie die erheblichen Unterschiede in der Gesetzgebung selbst im geographisch kleinräumigen und kulturell eng verbundenen Europa deutlich machen, werden die jeweiligen rechtlichen Bestimmungen über Entscheidungen am Lebensende offenbar stark durch länderspezifische Faktoren geprägt.

Auf der Grundlage seiner Analyse verschiedener Länderstudien zur Sterbehilfe kommt Markus Zimmermann-Acklin zu dem Ergebnis: «Die Studienresultate zeigen deutlich, dass in Europa kulturelle Entscheidungsmuster bestehen, die sich nach nationalstaatlichen Gesellschaften unterscheiden. Therapieentscheidungen bei Patienten am Lebensende werden je nach Land sehr unterschiedlich getroffen und lassen ein Nord-Süd-Gefälle erkennen: Während in den nördlichen Ländern beispielsweise häufig Entscheidungen zum Behandlungsabbruch oder -verzicht gefällt werden, wird in den südlichen Ländern unabhängig von den Folgen oftmals weiterbehandelt. Andere Variablen wie Geschlecht, Religiosität, Alter oder Erfahrung der Ärztinnen und Ärzte spielen im Vergleich zum nationalstaatlichen Kontext eine untergeordnete Rolle; am stärksten wirkt sich dabei offensichtlich der Faktor der Religiosität der entscheidenden Ärzte aus, wobei die Zusammenhänge zwischen Staat, Kultur, Religiosität und Konfessionalität, rechtlichen Regelungen und dem Grad der in Europa sehr unterschiedlichen medizinischen Versorgung höchst komplex sein dürften».[2]

---

[1] Motto in Mary Johnson, Make them go away. Clint Eastwood, Christopher Reeve and the case against disability rights, Louisville 2003.
[2] Markus Zimmermann-Acklin, Der gute Tod, in: APuZ B 23–24/2004, 31–38 (32).

Angesichts solcher Unterschiede beschränken sich die Bemerkungen in diesem Kapitel auf die Strafrechtsdiskussion in der Schweiz mit einigen Seitenblicken auf die Gesetzgebung und Rechtsprechung auf europäischer Ebene. Diese Einschränkung ist einerseits dem Thema der Untersuchung geschuldet, lässt sich aber auch damit begründen, dass die Frage der rechtlichen Regelung von Suizidhilfeorganisationen eine genuin schweizerische Debatte darstellt,[3] weil es solche Vereine in keinem anderen Land gibt. Das öffentliche Interesse an rechtlichen Aspekten von Sterbe- und Suizidhilfe ist aber in vielen Ländern zu beobachten und entspricht der – oben bereits erwähnten – allgemeinen Tendenz zu einer Verrechtlichung moralischer und ethischer Konflikte.

1. Historische Anmerkungen zu einer aktuellen Frage

Die Anfänge der rechtlichen Diskussion über Suizid liegen auch in der Schweiz bei dessen strafrechtlicher Entpönalisierung, die im 18. Jahrhundert in Kontinentaleuropa mit der Entstehung des modernen Strafrechts einsetzt. Im Zuge dieser Entwicklungen argumentiert der ‹Vater› des Schweizerischen Strafgesetzbuches Carl Stoss: «[...] eine Bestrafung des Selbstmörders, dessen Versuch misslungen ist, sehen die schweizerischen Gesetze mit Recht nicht vor; in den meisten Fällen liegt der That Geistesstörung zu Grunde, in allen ein Zustand, der Mitleid und nicht Strafe herausfordert.»[4] Nicht straffrei soll dagegen eine Person bleiben, die zum Suizid anstiftet oder dabei Hilfe leistet. Art. 52 in dem von Stoss 1894 verfassten Vorentwurf zu einem Allgemeinen und einem Besonderen Teil des Schweizerischen Strafgesetzbuches lautet: «Wer jemanden vorsätzlich zum Selbstmord bestimmt, oder ihm dazu Hülfe leistet, wird mit Gefängnis von 3 Monaten bis zu 1 Jahr bestraft.»[5] Die zuständige

---

[3] Zum Vergleich zwischen der Schweiz und dem US-amerikanischen Bundesstaat Oregon vgl. Stephen J. Ziegler/Georg Bossard, Role of non-governmental organisations in physician assisted suicide, in: BMJ 2007; 334, 295–298.

[4] Carl Stoss, Die Grundzüge des Schweizerischen Strafrechts, Basel, Genf 1893, 15, zit. n. Nationale Ethikkommission im Bereich Humanmedizin (NEK), Beihilfe zum Suizid. Stellungnahme Nr. 9/2005, 31.

[5] Carl Stoss, Schweizerisches Strafgesetzbuch: Vorentwurf mit Motiven, Basel 1894, 148, zit. n. Lorenz Engi, Die ‹selbstsüchtigen Beweggründe› von Art. 115 StGB im Licht der Normenentstehungsgeschichte, in: Jusletter 4. Mai 2009, 2.

Kommission teilte den Grundsatz von der Strafbarkeit der Teilnahme am Suizid, erhöhte aber das Strafmass.

Interessant waren die danach einsetzenden Diskussionen im Rahmen verschiedener Vorentwurfsrevisionen.[6] Im Raum stand auch die Frage der generellen Strafbarkeit der Beteiligung an einem Suizid. In der Folge tauchte 1908 erstmals das subjektive Tatbestandsmerkmal der «selbstsüchtigen Beweggründe» des heutigen Art. 115 StGB in einem Vorentwurf auf. Der Strafrechtler Emil Zürcher begründete seinen Ergänzungsvorschlag: «Es ist mir ein Fall bekannt, wo ein Offizier wegen eines gemeinen Verbrechens, das er begangen hatte, in Untersuchungshaft gesetzt wurde und ein Freund ihm einen Revolver in die Zelle brachte, um ihm Gelegenheit zum Selbstmorde zu geben; hätte der Verhaftete von dem Revolver wirklich Gebrauch gemacht, so wäre es für ihn und seine Familie das beste gewesen, und ich finde, der Freund, der lediglich *im Interesse* des Verhafteten handelte, hätte keine Strafe verdient.»[7]

Obwohl der Strafrechtler Ernst Hafter grundsätzlich für eine Bestrafung der Suizidteilnahme eintrat, stimmte er später der Position Zürchers zu: «Es widerstrebt einem feineren menschlichen Empfinden, den Freund zu strafen, der dem vor der Welt durch ein Verbrechen ehrlos gewordenen, in seiner Existenz vernichteten Freund das Mittel zum Selbstmord verschafft, gleichgültig ob im einzelnen Fall Anstiftung oder Beihilfe vorliegt. Es widerstrebt der Gerechtigkeit, den Gehilfen zu strafen, der einen unrettbaren Kranken, zum Tode Entschlossenen in seinem Entschluss, sich selbst den Tod zu geben, bestärkt und ihm die Mittel dazu in die Hand gibt.»[8] Hafter wiederholt im ersten Teil seiner Begründung das damals vorherrschende Argument, nach dem «ein Suizid zur Ehrenrettung und im Interesse des Suizidenten als notwendig erschien und die Teilnahme daran ein Freundesdienst war».[9] So fremd dieses Argument aus heutiger Sicht erscheinen mag, so aktuell klingt der zweite Teil der Begründung mit dem Verweis auf den «unrettbaren Kranken».

---

[6]   Vgl. dazu Venetz, Suizidhilfeorganisationen, 109–120; Schwarzenegger, Selbstsüchtige Beweggründe.

[7]   Zit. n. Engi, Die ‹selbstsüchtigen Beweggründe›, 2.

[8]   Ernst Hafter, Zum Tatbestand: Anstiftung und Beihilfe zum Selbstmord, In: Monatsschrift für Kriminalpsychologie und Strafrechtsreform 8/1912, 397ff., zit. n. a.a.O., 3.

[9]   Schwarzenegger, Selbstsüchtige Beweggründe, 103.

Zwar wurde der Passus der «selbstsüchtigen Beweggründe» im damaligen Art. 102 von der zuständigen Expertenkommission und dem Bundesrat gebilligt, aber er blieb nicht ohne Kritik. Diese entzündete sich daran, dass mit der Beschränkung auf ein Handeln aus selbstsüchtigen Gründen andere «objektiv abzulehnende, aber nicht selbstsüchtige Motive vom Straftatbestand nicht erfasst werden».[10] Ein weiteres Gegenargument betraf das Problem der Beweislast. Es sei äusserst schwierig, die Motive der teilnehmenden Person am Suizid festzustellen.

Beide Kritikpunkte sind erwähnenswert, weil sie die aktuelle Diskussion im Grunde schon vorwegnehmen. Es geht zum einen um die Frage, gegen welche Handlungsmotive eine strafrechtliche Regelung gerichtet sein soll, und zum anderen darum, ob und wie ein solches Recht durchgesetzt werden kann. Der Strafrechtler Christian Schwarzenegger sieht fünf Motive, die in den damaligen Debatten als achtenswerte Beweggründe für eine Suizidbegleitung galten und die deshalb von anderen, nicht akzeptablen Intentionen abgegrenzt werden sollten: als Freundschaftsdienst, aus dem ernstlichen oder dringlichen Verlangen des Suizidwilligen heraus, um die Ehre des Suizidwilligen zu retten, im Interesse des Suizidenten, wenn die Beteiligung konsequentialistisch «für alle nur Gutes bewirken» oder deontologisch «aus ethisch billigenswerten, loyalen und ehrenhaften Motiven» heraus geschehen würde.[11] Die juristische Schwierigkeit besteht einerseits darin, dass diese Motivpalette keine eindeutig definierten Rechtsbegriffe enthält und andererseits, dass «vom Gericht bei der Feststellung der selbstsüchtigen Beweggründe letztlich eine *normative Bewertung der Tatmotive nach ethischen Gesichtspunkten* verlangt wird».[12]

Gerade das zuletzt genannte Problem wird heute mehrheitlich als Argument für das entmoralisierte und materialisierte Kriterium der «selbst-

---

[10] Engi, Die ‹selbstsüchtigen Beweggründe›, 4. Der Autor zitiert aus der Dissertation von Willi Rothenberger, Die Teilnahme am Selbstmord im Entwurf eines schweizerischen Strafgesetzbuches. Dissertation, Bern 1927, 72: «So müsste nach dieser Fassung die Teilnahme am Selbstmord beispielsweise straflos bleiben, wenn der Teilnehmer aus blosser Bosheit, aus Gemeinheit gehandelt hat, oder um das Opfer auf die Probe zu stellen, um die eigene Suggestivkraft am Opfer zu erproben, um ein psychologisches Experiment mit ihm zu machen, oder aus Neugierde, was sich ereignen werde, und aus einer ganzen Reihe anderer nicht minder verwerflicher Beweggründe.»

[11] Ebd.

[12] Schwarzenegger, Selbstsüchtige Beweggründe, 104.

süchtigen Beweggründe» geltend gemacht.[13] Dennoch hat die damalige Problemwahrnehmung ihre Aktualität keineswegs eingebüsst. Der Mangel an klaren, im kriteriologischen Sinne operationalisierbaren Begriffen spiegelt sich in der unbedeutenden Rolle des heutigen Art. 115 im Recht wider. Zwischen 1984 und 2007 kam es zu sechs rechtskräftigen Verurteilungen wegen Verleitung und Beihilfe zum Suizid.[14] Der ehemalige Direktor des Bundesamts für Justiz Heinrich Koller vermutet einen Zusammenhang zwischen der geringen Zahl der Verurteilungen und einer defensiven Strafverfolgungspraxis. Diese hänge mit der Befürchtung der staatlichen Organe zusammen, ihr Beweismaterial könnte vor Gericht nicht bestehen. Eine gerichtliche Niederlage sei aber riskant, weil sie die «Schleusen noch mehr öffnen» könnte.[15] Der Hinweis auf die faktische Unmöglichkeit einer klaren Beweisführung bildete auch ein starkes Argument für den Abschluss der Vereinbarung zwischen der Oberstaatsanwaltschaft Zürich und der Suizidhilfeorganisation EXIT im Sommer 2009.[16] Ihr zugrunde liegt die Selbstverpflichtung der Suizidhilfeorganisation auf Transparenz und Überprüfbarkeit ihrer Praxis für staatliche Anerkennung.

Aus ethischer Sicht müssen zwei Beobachtungen an den damaligen Diskussionen hervorgehoben werden: einerseits die dort vorausgesetzten Fälle bzw. Situationen und andererseits die ins Auge gefassten Akteurinnen und Akteure. Ausgegangen wurde in jedem Fall von einer persönlichen Nahbeziehung zwischen der suizidenten und der beteiligten Person. Ein anderes soziales *setting* hatten die damaligen Juristen überhaupt nicht im Blick. Im Grunde musste es ihnen auch unvorstellbar erscheinen,

---

[13] Vgl. a.a.O., 104f.: «Der Nachweis selbstsüchtiger Beweggründe materieller Art dürfte leichter gelingen, weil sich aus objektiv erkennbaren Tatsachen – wie Geld- und sonstigen Vermögensverschiebungen – Rückschlüsse auf die Motivlage ziehen lassen. Hinsichtlich der egoistischen Beweggründe ideeller oder affektiver Art kann der Beweis allenfalls über schriftliche Äusserungen des Täters, Zeugeneinvernehmungen, Täteraussagen in der Einvernahme und eventuell ein Geständnis gewonnen werden.»

[14] Bundesamt für Statistik, Strafurteilsstatistik, Stand des Strafregisters: 30.06.2009: im Jahr 1991: 1 Fall; 1993: 2; 2002: 1; 2005: 1; 2006: 1.

[15] Zit. n. Schwarzenegger, Selbstsüchtige Beweggründe, 116. Koller fährt anschliessend fort: «ich würde es halt doch mal wagen und ein paar giftige Staatsanwälte auf die Spur ansetzen» (ebd.).

[16] Vgl. Oberstaatsanwaltschaft des Kantons Zürich/EXIT Deutsche Schweiz, Vereinbarung über die organisierte Suizidhilfe. Fassung vom 30.06.2009; http://www. staatsanwaltschaften.zh.ch/Diverses/Aktuelles/Vereinbarung%20EXIT.pdf (30.05.2010).

angesichts der hohen moralischen Anforderungen, die sie bei den beteiligten Personen voraussetzten. Gegenüber heute erscheint die Situation damals als geradezu umgekehrt: Wurde in der Vergangenheit ein starkes Ethos als Grund für die Beteiligung an einem Suizid unterstellt, begegnen aktuell moralische Argumente vor allem auf der Seite derjenigen, die Suizidhilfe in Frage stellen. Anders formuliert: Wurden damals starke positive Motive für eine Beteiligung am Suizid vorausgesetzt, so gilt heute Suizidhilfe bereits beim Nichtvorliegen bestimmter Motive als legal. Unter dem Strich sind die Suizidhelferinnen und -helfer heute nicht mehr die gleichen wie damals, denn: 1. Die Intensität der Sozialbeziehung bildet nicht mehr die Grundlage für eine Beteiligung am Suizid. 2. Empathie, Solidarität und Verantwortung aus einer persönlichen, affektiven Bindung heraus werden nicht mehr als konstitutiv vorausgesetzt. 3. Moralische Haltungen und Motive spielen keine Rolle. Und 4. Das negative Ausschlusskriterium zielt nicht mehr auf ‹innere› Motive, sondern hat ‹äussere› Handlungen im Blick. Diese Charakteristika entsprechen einem modernen Rechtsverständnis mit seiner konstitutiven Unterscheidung zwischen Recht und Moral.[17] Allerdings führt die Auffassung in eine Sackgasse, wenn die Unterscheidung als kategorische Trennung missverstanden wird. Dieses Dilemma zeigt sich in der aktuellen Strafrechtsdiskussion in der Tatsache, dass allein negative Ausschlussbestimmungen, wie sie Art. 115 StGB formuliert, nicht ausreichen.

2. Artikel 115 StGB

Artikel 115 StGB lautet: «Wer aus selbstsüchtigen Beweggründen jemanden zum Selbstmorde verleitet oder ihm dazu Hilfe leistet, wird, wenn der Selbstmord ausgeführt oder versucht wurde, mit Freiheitsstrafe bis zu fünf Jahren oder Geldstrafe bestraft.» Der Strafgesetzbuchartikel geht den Mittelweg zwischen den Extremen völliger Straflosigkeit und undifferenzierter Bestrafung. Darin unterscheidet sich das schweizerische Strafgesetzbuch etwa von seinem deutschen Pendant, das die Beihilfe

---

[17] Vgl. zur Unterscheidung zwischen ‹inneren› Haltungen und ‹äusseren› Handlungen im Anschluss an Kant: Wolfgang Lienemann, Recht und Moral. Unterschiedlich, aber aufeinander bezogen, in: NZZ vom 17.04.2002, 16, sowie ders., Grundinformation, 302–319.

zum Suizid nicht eigenständig regelt. Der Artikel befindet sich im Abschnitt «Strafbare Handlungen gegen Leib und Leben», in dessen erstem Teil Handlungen gegen das Leben geregelt werden: Art. 111 StGB vorsätzliche Tötung; Art. 112 StGB Mord; Art. 113 StGB Totschlag; Art. 114 StGB Tötung auf Verlangen; Art. 115 StGB «Verleitung und Beihilfe zum Selbstmord»; Art. 116 StGB Kindstötung; Art. 117 StGB fahrlässige Tötung; Art. 118 StGB strafbarer Schwangerschaftsabbruch und Art. 119 StGB strafloser Schwangerschaftsabbruch. Art. 115 StGB erkennt die Strafwürdigkeit der Beihilfe zum Selbstmord grundsätzlich an, die Strafbarkeit wird aber auf Handlungen aus eigennützigen Motiven beschränkt. Als wesentliche Tatbestandsmerkmale sind hervorzuheben:[18]

– *Objektiver Tatbestand*: Der Suizid «ist eine (1) tatherrschaftlich und (2) eigenverantwortlich durch die sterbewillige Person ausgeführte (3) Selbsttötungshandlung.»[19]
– *Urteilsfähigkeit*: Die Anwendung von Art. 115 StGB setzt voraus, dass der Suizidwillige in der Lage ist, die Bedeutsamkeit seines Vorhabens zu erkennen und sich dazu zu verhalten. Sind diese Bedingungen nicht erfüllt, machen sich Beteiligte unter Umständen eines Tötungsdelikts nach Art. 111 ff. StGB schuldig.
– *Subjektiver Tatbestand*: Eine dritte Person ruft vorsätzlich und aus «selbstsüchtigen Beweggründen» den Entschluss zum Selbstmord hervor oder unterstützt dessen Ausführung.
– *Tatmotiv*: Die Beihilfe zum Suizid erfüllt dann die Strafnorm «selbstsüchtiger Beweggründe» wenn die Drittperson damit einen materiellen Vorteil verfolgt oder ein affektives Bedürfnis befriedigt (etwa Hass, Rachsucht oder Bosheit).

Die Suizidhilfe wird «*nicht explizit* durch Strafnormen erfasst».[20] Nicht zuletzt diese Unbestimmtheit führte in der jüngeren Vergangenheit zu

---

[18] Vgl. zum Folgenden Venetz, Suizidhilfeorganisationen, Kap. 4; NEK, Beihilfe, 33 f., sowie Franz Riklin, Die strafrechtliche Regelung der Sterbehilfe. Zum Stand der Reformdiskussion in der Schweiz, in: Holderegger (Hg.), Das medizinisch assistierte Sterben, 328–350; Andreas Donatsch, Die strafrechtlichen Grenzen der Sterbehilfe, in: Matthias Mettner (Hg.), Wie menschenwürdig sterben? Zur Debatte um die Sterbehilfe und zur Praxis der Sterbebegleitung, Zürich 2000, 121–137; zur aktuellen Auslegung Schwarzenegger, Selbstsüchtige Beweggründe, 105 ff.
[19] NEK, Beihilfe, 9.
[20] Riklin, Die strafrechtliche Regelung, 331.

einer Reihe von rechtlichen Vorstössen und Initiativen sowie zu einer Erarbeitung bereichsspezifischer Richtlinien, etwa von der Schweizerischen Akademie der Medizinischen Wissenschaften (SAMW) und der Nationalen Ethikkommission im Bereich Humanmedizin (NEK). Angesichts der Disparatheit der parlamentarischen Vorstösse kommt ein Bericht des Eidgenössischen Justiz- und Polizeidepartements (EJPD) von 2006 zu dem Schluss: «Eine Richtung, in welche die Gesetzgebung gehen sollte, ist unter diesen Umständen nicht klar auszumachen.»[21] Ein Blick auf die zurückliegenden Diskussionen zeigt einen sich wandelnden Themenfokus. Zunächst standen Fragen der medizinischen Sterbehilfe im Vordergrund, die zunehmend durch die Beschäftigung mit den Aktivitäten organisierter Suizidhilfe abgelöst wurden. Die jüngere politisch-rechtliche Diskussion zur Sterbe- und Suizidhilfe lässt sich in vier Phasen einteilen:

1. *Die Vorphase 1975–1993*: Beginnend mit der Initiative *Allgäuer* (75.221), geht es einerseits um eine Legalisierung passiver, indirekter oder sogar aktiver Sterbehilfe und andererseits um die Zurückweisung einer verfassungsmässigen Verankerung des Lebensschutzes von der Zeugung bis zum natürlichen Tod.

2. *Von der Motion Ruffy zur Arbeitsgruppe Sterbehilfe des Eidgenössischen Justiz- und Polizeidepartements (EJPD)*: Victor *Ruffy* reicht eine Motion (94.3370) ein, nach der das Gesetz unheilbar Kranken das Recht einräumen sollte, selbst über ihr Lebensende zu bestimmen. Das EJPD nimmt diese Motion zum Anlass, 1997 eine Arbeitsgruppe ‹Sterbehilfe› einzusetzen. In ihrem 1999 vorgelegten Bericht tritt die Arbeitsgruppe für eine Entpönalisierung der aktiven Sterbehilfe unter bestimmten Bedingungen ein. Der Bundesrat unterstützt 2000 die Vorschläge einer gesetzlichen Regelung der passiven und indirekten Sterbehilfe, lehnt aber jede Legalisierung aktiver Sterbehilfe entschieden ab. Explizit wird die Bedeutung von Palliative Care hervorgehoben.

3. *Reaktionen auf die Haltung des Bundesrates bis zum EJPD-Bericht ‹Suizid und Suizidprävention in der Schweiz›* 2006: Im gleichen Jahr nimmt Franco *Cavalli* in einer parlamentarischen Initiative (00.441) den Vorschlag der Arbeitsgruppe zur Tötung auf Verlangen wieder auf. Stéphane *Rossini* reicht eine Motion (00.3342) zur Finanzierung der Palliativbehandlung

---

[21] Eidgenössisches Justiz- und Polizeidepartement, Sterbehilfe und Palliativmedizin – Handlungsbedarf für den Bund?, Bern 2006, 10.

durch Einbindung in den obligatorischen KVG-Leistungskatalog ein. Die inzwischen publik gewordenen Missbrauchsfälle bei der Suizidbegleitung durch EXIT (Deutschschweiz) und die in der Stadt Zürich seit dem 1. Januar 2001 geltende Regelung zur Sterbehilfe in Kranken- und Altenheimen sind Anlass der parlamentarischen Initiative von Dorle *Vallender* (01.407), die sich für eine Neufassung von Artikel 115 StGB einsetzt. Erstmals wird die organisierte Suizidhilfe explizit zum Gegenstand eines parlamentarischen Vorstosses. Vallender fordert – neben dem Ausschluss «selbstsüchtiger Beweggründe» – die Festschreibung expliziter Kriterien für die Straffreiheit von Suizidhilfe (Urteilsfähigkeit, Unterstützung durch einen Angehörigen und nicht eine Ärztin) sowie die rechtliche Regelung der Aktivitäten von Suizidhilfeorganisationen (Bewilligungspflicht, geregeltes Verfahren, Staatsaufsicht, genaue Festlegung der Aktivitätsräume). Der Vorschlag findet im Nationalrat keine Mehrheit. Guido *Zäch* reicht im gleichen Zeitraum eine Motion (01.3523) ein, in der er die Schliessung von Gesetzeslücken bei der Sterbehilfe entsprechend der SAMW-Richtlinien fordert. Die Motion wird angenommen, das Thema aber nicht für prioritär erachtet. Eine weitere Motion von Dorle *Vallender* (02.3500) und J. Alexander *Baumann* im Jahr 2002 (02.3623) richtet sich gegen das zunehmend in die Schweiz einreisende, ausländische Klientel der Suizidhilfeorganisation Dignitas und macht sich für die Anpassung der schweizerischen Rechtspraxis an europäische Regelungen stark. Die Kommission für Rechtsfragen des Ständerates fordert den Bundesrat im April 2003 in einer Motion auf (RK-S 03.3180), Vorschläge für eine gesetzliche Regelung der indirekten aktiven und der passiven Sterbehilfe und Massnahmen zur Förderung der Palliativmedizin auszuarbeiten. Nachdem das EJPD im Juli 2003 die *Nationale Ethikkommission im Bereich Humanmedizin* um eine Prüfung der Gesamtproblematik der Sterbehilfe in ethischer und rechtlicher Hinsicht gebeten hatte, setzt sie 2004 eine eigene Arbeitsgruppe ein.

   4. *Vom EJPD-Bericht über Sterbehilfe und Palliativmedizin vom April 2006 bis zur Vernehmlassung des Entwurfs zur Änderung des Strafgesetzbuches und des Militärstrafgesetzes betreffend die organisierte Suizidhilfe im November 2009*: Der Bericht bestätigt im Wesentlichen die bestehende Rechtslage. In einem derart schwierigen Bereich sei eine rechtlich klare Regelung weder möglich noch – wegen der Gefahr der Überregulierung – wünschenswert. Positiv aufgenommen wird die Aufgabe der Förderung von Palliative Care in den Bereichen Forschung und Aus- und Weiterbildung durch

den Bund. Die Kantone seien entsprechend ihres Versorgungsauftrags für eine Verbesserung des stationären palliative-Care-Angebots verantwortlich. Im Juli 2007 legte das EJPD einen Ergänzungsbericht zum Bericht ‹Sterbehilfe und Palliativmedizin – Handlungsbedarf für den Bund?› vor, der sich mit der – in einem Bundesgerichtsurteil vom November 2006 aufgeworfenen – Frage nach der Verschreibungspflichtigkeit des Suizidmittels Natrium-Pentobarbital (NaP) befasst und noch einmal den Ausbau von Palliative Care betont.

Bestimmte, in der Öffentlichkeit auf Empörung und Ablehnung stossende Praktiken der Suizidhilfeorganisation Dignitas, aber auch der Wechsel an der Spitze des EJPD führen dazu, dass die organisierte Suizidhilfe erneut zum Thema in der Bundespolitik wird. Im Juli 2008 beschliesst der Bundesrat, die Frage nach einer rechtlichen Regelung der organisierten Suizidhilfe vertieft abzuklären. Er beauftragt das EJPD, einen Bericht zu verfassen. Dieser gibt den Anstoss für die Eröffnung eines Vernehmlassungsverfahrens zur Änderung von Art. 115 StGB und Art. 119 MStG im Oktober 2009.[22]

3. Ein Recht auf Suizidhilfe?

Forderungen nach einem Recht auf ein ‹selbstbestimmtes Sterben›, einen ‹selbstbestimmten Tod› (*right to die*), ‹Suizid› oder ‹Suizidhilfe› begegnen im Rahmen der Suizidhilfediskussion häufig. Allerdings bleibt in der Regel unklar, worauf ein solcher Rechtsanspruch zielt. Bereits Rainer Maria Rilke notierte am 15. April 1903 jenen vielzitierten Vers in sein *Stundenbuch*: «O Herr, gieb jedem seinen eignen Tod. / Das Sterben, das aus jenem Leben geht, / darin er Liebe hatte, Sinn und Not.»[23] Allerdings war die – ebenfalls gegen die medizinische Professionalisierung und Standardisierung des Sterbens gerichtete – Bitte des Dichters weder moralisch motiviert, noch an einen Gesetzgeber adressiert. Er hatte die Fragmentierung des eigenen Lebens angesichts der Anpassungszwänge an die ‹Handlungslogiken› moderner und – wie wir heute sagen würden – funktional ausdifferenzierter Gesellschaften im Blick. Solche Gedanken

---

[22] Die Vernehmlassungsfrist endete am 1. März 2010. Bei Drucklegung des Buches standen die Ergebnisse noch aus.

[23] Rainer Maria Rilke, Stundenbücher (III. Buch: Von der Armut und dem Tode), in: ders., Sämtliche Werke. Gedichte. Erster Teil, Frankfurt/M. 1984, 347.

mögen aktuell eine gewisse Rolle spielen, aber es geht in den genannten Forderungen um mehr. Eine zeitgenössische Antwort versucht Andreas Blum, ehemaliges Vorstandsmitglied von EXIT, im Rahmen seiner Überlegungen zum Selbstverständnis der Suizidhilfeorganisation: «Im Dilemma zwischen dem grundrechtlich geschützten Recht auf Leben, bei gleichzeitiger Nicht-Anerkennung eines Rechts auf den eigenen Tod einerseits, und den Prinzipien der Autonomie und Menschenwürde andererseits stehen wir klar im Lager der ‹Autonomisten›. Dieses Dilemma beinhaltet darüber hinaus einen Widerspruch. […] Wie kann man sagen, der Mensch habe ein Recht auf Leben, also auf etwas, das ihm zugekommen ist durch einen Akt der Fremdbestimmung; ein Recht auf den eigenen Tod – als Akt der Selbstbestimmung, der freien persönlichen Gewissensentscheidung und damit als Ausdruck seiner Menschenwürde – dagegen nicht? Recht auf Leben und Recht auf ein selbstbestimmtes Sterben gehören für uns untrennbar zusammen.»[24]

Blum kontrastiert ein Recht auf Leben, das kein «Recht auf den eigenen Tod» einschliesst, mit den Prinzipien von Autonomie und Menschenwürde und diagnostiziert ein «Dilemma». Aber worin genau besteht es? Wird unter dem ‹Recht auf das eigene Sterben› die aus freien Stücken gewählte und selbst bestimmte Beendigung des eigenen Lebens verstanden, dann gibt es kein Problem, 1. weil Suizid (sofern er erfolglos bleibt) straffrei ist und 2. weil die schweizerische Rechtspraxis keine Garantenpflicht kennt, nach der eine Drittperson genötigt wäre, eine suizidwillige Person an der Ausführung ihres Plans zu hindern oder aber bei deren Bewusstlosigkeit lebensrettend einzugreifen.[25] Die Formel von einem ‹Recht auf …› muss also anders gemeint sein.

Der Rechtsbegriff begegnet in ganz verschiedenen Zusammenhängen: etwa als Synonym für die staatliche Gesetzgebung, im Zusammenhang eines (gerichtlichen oder aussergerichtlichen) Urteils, das jemandem ‹Recht gibt›, umgangssprachlich zur Verstärkung von Forderungen (‹ich habe ein Recht darauf›) oder als Beleg für die nachgewiesene bzw. objektive Richtigkeit einer Behauptung (‹siehst du, ich habe Recht gehabt›). In allen Fällen wird mit Hilfe des Ausdrucks ‹Recht› ein soziales Verhältnis näher bestimmt.

---

[24] Andreas Blum, Ethische Fragen in der Praxis von EXIT, in: Rehmann-Sutter et al. (Hg.), Beihilfe, 149–156 (151 f.).

[25] Vgl. NEK, Beihilfe, 34 und die dort zitierte Literatur.

Die Sterbe- und Suizidhilfediskussion kreist um die beiden Fragen nach dem Schutz des Menschen vor staatlicher Bevormundung und den Ansprüchen, die eine Person gegenüber dem Gemeinwesen geltend machen kann. Um besser zu verstehen, was mit der Rechtsforderung der Sterbehilfebefürworter und Suizidhilfeverteidigerinnen gemeint sein könnte, lohnt es sich, einen kurzen grundsätzlichen Blick auf die Funktion von Recht zu werfen.

«Recht schafft Freiheit, indem es Grenzen setzt.»[26] In dieser – an Immanuel Kant angelehnten[27] – Formel steckt das Konstruktionsprinzip moderner Rechtsstaaten: Ohne Recht gibt es keine Freiheit. Denn hätte «jeder von uns absolute, nicht durch Recht begrenzte Freiheit, könnte er gegenüber und mit anderen tun und lassen, was er wollte, entstünde daraus im Zusammenleben der Menschen nichts anderes als die Macht des Stärkeren. Jeder hätte soviel Freiheit, wie er stark genug wäre, sich zu nehmen und gegenüber der gleichen absoluten ‹Freiheit› der anderen zu behaupten.»[28] Allerdings reicht die negative Funktion von Freiheit – als Begrenzung subjektiver Willkür – noch nicht aus, sondern muss um eine positive Bestimmung ergänzt werden, die der Verfassungsrechtler in der, von Hegel übernommenen Vorstellung von Freiheit als «Bei-sich-selbst-Sein-Können» findet. Er präzisiert: «Nicht ein objektives Bei-sich-selbst-Sein, das von anderen bestimmt und als ein Muss verordnet wird, macht die Freiheit aus, sondern das Bei-sich-selbst-sein-*Können*, also die Möglichkeit, bei sich selbst zu sein; diese Möglichkeit muss – frei ergriffen werden, in der Vermittlung auf das eigene Selbst und seine Entfaltungsbedingungen hin.»[29]

Um genau dieses (Spannungs-)Verhältnis der beiden Freiheiten kreisen auch die öffentlichen Debatten um die Suizidhilfe in der Schweiz. Gemäss diverser Meinungsumfragen, wollen eine Mehrheit der Bürgerinnen und Bürger selbst über ihren Tod bzw. die Art und Weise ihres

---

[26] Vgl. Ernst-Wolfgang Böckenförde, Recht schafft Freiheit, indem es Grenzen setzt, in: ders., Staat, Nation, Europa. Studien zur Staatslehre, Verfassungstheorie und Rechtsphilosophie, Frankfurt/M. 1999, 233–245.

[27] Vgl. Kant, MdS, A 33/B 34: «Das Recht ist also der Inbegriff der Bedingungen, unter denen die Willkür des einen mit der Willkür des andern nach einem allgemeinen Gesetze der Freiheit zusammen vereinigt werden kann.»

[28] Böckenförde, Recht, 233. Diesen Zusammenhang gibt die Präambel der schweizerischen Bundesverfassung mit den Worten wider, «dass die Stärke des Volkes sich misst am Wohl der Schwachen».

[29] A.a.O., 235.

Sterbens entscheiden. Zugleich reagiert die Öffentlichkeit sehr sensibel und entrüstet auf bestimmte Praktiken von Suizidhilfeorganisationen, die als inhuman, unwürdig oder pietätlos wahrgenommen werden. An solchen Punkten kommt die gesellschaftliche Toleranz gegenüber der Selbstbestimmung des sterbenden Menschen und der ihm assistierenden Personen offenbar an ihre Grenzen. Es besteht ein breiter Konsens darüber, dass bestimmte Machenschaften nicht als Ausdruck der persönlichen Freiheit geduldet werden können und dass ihnen deshalb per Gesetz ein Riegel vorgeschoben werden sollte. Der doppelte Freiheitsschutz des positiven zum Bei-sich-selbst-sein-Können und des negativen vor unrechtmässigen Übergriffen Dritter begegnet hier in den Forderungen nach einem Recht auf Selbstbestimmung und nach einer Begrenzung dieser Freiheit hinsichtlich ihrer Missbrauchsmöglichkeiten.

Der in der Öffentlichkeit wahrgenommene Konflikt ist aber nur ein Beispiel für das grundsätzliche Spannungsverhältnis zwischen individuellen Bedürfnissen und Interessen und den normativen Voraussetzungen für das Gelingen menschlicher Freiheit als soziale Praxis. Niemand wird die Notwendigkeit solcher rechtlichen Grenzen ernsthaft bestreiten. Wo sie aber genau verlaufen sollen, ist immer wieder Gegenstand heftiger Kontroversen. Auch die Suizidhilfedebatte greift die Frage nach der Reichweite individueller Selbstbestimmung auf und der Konflikt entzündet sich daran, dass die Grenze für die eine Seite zu eng, für die andere Seite jetzt schon zu weit gezogen ist.

Eine Antwort auf die Frage, ob und wo das Recht aus guten Gründen eine Grenze ziehen soll, setzt ein Verständnis davon voraus, was mit der allgemeinen Forderung nach einem ‹Recht auf ein selbstbestimmtes Sterben› gemeint sein könnte. Sechs verschiedene Bedeutungen der Forderung nach einem Recht auf einen selbstbestimmten Tod können unterschieden werden:[30]

1. Der Suizid ist moralisch nicht verwerflich und rechtlich nicht illegal. Der Ausdruck ‹Recht› verweist auf die *moralische Erlaubtheit oder Zulässigkeit* der Suizidhandlung.

---

[30] Vgl. Dieter Birnbacher, Gibt es ein Recht auf einen selbstbestimmten Tod?, in: Christian Thies (Hg.), Der Wert der Menschenwürde, Paderborn u. a. 2009, 181–191 (181f.). Während sich Birnbacher auf moralische Gründe konzentriert, wird im Folgenden auf die Rechtsperspektive fokussiert. Angesichts der weitgehenden rechtlichen Unbestimmtheit der Suizidhilfe, spielen moralische Argumente auch in der rechtlichen Diskussion eine wichtige Rolle.

2. Eine sterbewillige Person darf nicht von Anderen daran gehindert werden, diesen Willen auch in die Tat umzusetzen. Der Ausdruck ‹Recht› beinhaltet die *Pflicht Dritter*, «den Sterbewilligen – sei es eines natürlichen, sei es eines gewaltsamen Todes – *sterben zu lassen*».

3. Aus dem negativen Schutz davor, am Suizid gehindert zu werden, kann positiv ein Recht auf den Suizid abgeleitet werden. Der Ausdruck ‹Recht› formuliert einen *Rechtsanspruch* darauf, das eigene Leben beenden zu dürfen.

4. Die Mitwirkung einer nahestehenden Person an der Planung und Ausführung des selbstbestimmten Todes ist moralisch legitim. Der Ausdruck ‹Recht› bezieht sich hier auf die *moralische Rechtfertigung der Suizidhilfe*.

5. Die oder der Suizidwillige hat überzeugende moralische Gründe, von einer anderen Person eine Mitwirkung zu fordern. Der Ausdruck ‹Recht› verweist auf einen *Anspruch der suizidwilligen Person* gegenüber Dritten, die somit zur Beihilfe *moralisch verpflichtet* sind.

6. Die suizidwillige Person kann bei ihrem Anliegen einen rechtlichen Anspruch geltend machen. Der Ausdruck ‹Recht› verweist auf einen *Rechtsanspruch* auf Suizidhilfe und eine entsprechende *Rechtspflicht* Dritter.[31]

Was folgt aus der moralischen Entdiskriminierung und rechtlichen Entpönalisierung des Suizids (1. Bedeutung)? Die prinzipielle Verpflichtung, niemanden an der Umsetzung ihres oder seines Suizidanliegens zu hindern (2. und 3. Bedeutung)? Oder – weiterführend – die ethische Legitimität der Suizidhilfe (4. Bedeutung)? Oder eine – noch weiter reichende – moralische Verpflichtung zur Suizidassistenz (5. Bedeutung)? Oder sogar einen – am weitesten gehenden – Rechtsanspruch auf Suizidhilfe (6. Bedeutung)? Die 2. bis 6. Bedeutung kommt freilich nur dann ins Spiel, wenn die moralische Haltung hinter der 1. Bedeutung akzeptiert wird. Wer den Suizid prinzipiell für moralisch verwerflich erklärt, für die oder den stellen sich die übrigen Fragen – zumindest auf der Ebene der Moral – nicht. Wer dagegen die moralische Prämisse hinter der 1. Bedeutung teilt, sieht sich unweigerlich mit allen Anschlussfragen konfrontiert, die – sofern sie bejaht werden – auf die Forderung nach einer Rechtsgarantie für Suizidhilfe hinauslaufen.

---

[31] Bei Birnbacher fehlt der letzte Punkt, weil er in seinem Beitrag nicht zwischen einer moralischen und einer rechtlichen Pflicht unterscheidet.

So einfach diese Fragen klingen mögen, so sehr sperren sie sich gegen kurze und bündige Antworten. Das Schwierigkeiten beginnen schon bei der 1. Bedeutung: Würden wir einen Suizid auch dann für moralisch «unbedenklich» erklären, wenn Andere dadurch «mutwillig ins Unglück»[32] gestürzt würden? Eine solche Absicht macht den Suizid zumindest moralisch fragwürdig und wirft das Problem auf, was daraus für das Verhalten Dritter folgen sollte. Die mit der 2. Bedeutung verbundene moralische Pflicht, eine suizidwillige Person sterben zu lassen bzw. die in der 3. Bedeutung genannte rechtliche Verpflichtung, diese Person nicht am Sterben zu hindern, stösst spätestens dort an ihre Grenzen, wo einsehbar aus kurzschlüssigen Motiven oder Antrieben ein Suizid gewollt oder unternommen wird. An dieser Stelle würde darüber hinaus die Suizidhilfe nicht nur ihre, in der 4. Bedeutung genannte, moralische Legitimität einbüssen. «Einem Patientenwunsch nach Sterbehilfe zu entsprechen, der Ausdruck einer krankheitsbedingten und vorübergehenden Depression ist, ist ebenso moralisch verfehlt wie ihm Beihilfe zum Suizid zu leisten. Noch weniger sind wir verpflichtet, diesem Wunsch zu entsprechen.»[33] Vielmehr könnte sich unter Umständen die in der 5. Bedeutung genannte moralische Mitwirkungspflicht sogar umkehren in eine moralische Verpflichtung zum Schutz der sterbewilligen Person vor sich selbst. In diesen Fällen wären wir zur Suizidverhinderung «nicht nur berechtigt, sondern sogar verpflichtet».[34]

Entscheidend ist aber die Frage, ob und wie die einzelnen Bedeutungen miteinander verbunden sind. Die Übergänge zwischen den einzelnen Bedeutungsebenen spielen eine wichtige Rolle. So folgt aus dem 1. Schritt der moralischen Entdiskriminierung des Suizids jener 2. Schritt, nach dem niemand aus moralischen Gründen an einer solchen Tat gehindert werden darf. Diese Folgerung spiegelt sich auch in der rechtlichen Beurteilung des Suizids wider. Besonders interessant in diesem Zusammenhang sind – im europäischen Kontext – die Art. 2, 3 und 8 der Konvention zum Schutze der Menschenrechte und Grundfreiheiten vom 4. November 1950 (EMRK).[35] Art. 2 EMRK schützt das «Recht auf Leben», Art. 3 EMRK verbietet die Folter, unmenschliche oder erniedri-

---

[32] A.a.O., 182.

[33] Ebd.

[34] Ebd.

[35] Vgl. Christoph A. Spenlé/Arthur Mattli, Kompendium zum Schutz der Menschenrechte. Quellensammlung für die Schweiz, Bern 2009, 591ff.

gende Strafe oder Behandlung und Art. 8 EMRK garantiert das «Recht auf Achtung des Privat- und Familienlebens». Das in Art. 2 EMRK festgeschriebene «Recht auf Leben» scheint auf den ersten Blick eine negative Bewertung von Selbsttötungshandlungen nahezulegen. Aber für den ehemaligen Präsidenten des Europäischen Gerichtshofes für Menschenrechte (EGMR) Luzius Wildhaber gehört zu der «Entscheidungs- und Willensautonomie […] auch die Möglichkeit, gegenüber sich selbst – nicht aber gegenüber Dritten – auf das eigene Leben zu verzichten, solange man in der Lage ist, darüber verantwortlich zu urteilen und danach zu handeln.» Art. 2 EMRK verpflichte zwar den Staat, das Leben der und des Einzelnen nicht zu gefährden, sondern positiv zu garantieren und vor Übergriffen Dritter zu schützen. Er «verpflichtet den Staat hingegen nicht dazu, den Träger des Rechts auf Leben vor sich selbst zu schützen, wenn dieser auf die Ausübung dieses Rechts verzichten will. Das Recht auf Leben begründet auch keine ‹Weiterlebenspflicht› zulasten Einzelner».[36] Oder mit den Worten von Hans Saner: «Kein Dritter kann mich zum Weiterleben verpflichten, wenn ich sterben möchte, und kein Dritter hat ein Recht, mich zu töten, wenn ich am Leben bleiben möchte.»[37]

Was meint der Philosoph damit, dass ihn niemand «zum Weiterleben verpflichten» könne? Entweder versteht er die Formulierung «nicht zum Weiterleben verpflichten» im Sinne von ‹nicht am Suizid hindern›, dann wäre seine Behauptung falsch. Oder er wählt bewusst seine und nicht die andere Formulierung, dann schliesst er keineswegs aus, dass ein Mensch unter bestimmten Umständen am Suizid gehindert werden darf oder sogar muss. Dann berücksichtigt er, dass aus der Tatsache der moralischen Indifferenz des Suizids nicht automatisch die moralische Legitimität jeder Suizidhandlung abgeleitet werden kann, weil Umstände und Gründe vorstellbar sind, die eine solche Absicht oder Tat fragwürdig machen. So bezieht sich die Forderung, psychisch kranke oder inhaftierte Personen am Suizid zu hindern, nicht auf die beabsichtigte Handlung, sondern auf die Umstände, in denen diese Personen ihren Entschluss gefasst haben. Der Grund, eine in einer bestimmten psychischen Krankheitssituation affekthaft handelnde oder eine in besonderer Weise

---

[36] Luzius Wildhaber, Artikel 8, in: Karl Golsong et al. (Hg.), Internationaler Kommentar zur Europäischen Menschenrechtskonvention, Köln u. a. 1992, N267f.

[37] Hans Saner, Gibt es eine Freiheit zum Tode?, in: Pascal Mösli/Hans-Balz Peter (Hg.), Suizid …? Aus dem Schatten eines Tabus, Zürich 2003, 57–62 (61).

schutzbefohlene Person an der Ausführung einer Suizidhandlung zu hindern, besteht nicht in einem Urteil über ihre geplanten Taten, sondern in der moralischen oder rechtlichen Verantwortung diesen Personen gegenüber, angesichts ihrer aktuell prekären Gesundheits- oder Lebenssituation. Es geht an dieser Stelle also gar nicht um den Suizid, sondern um die Frage, ob eine Person in ihrer konkreten Situation in der Lage ist, die Folgen ihres Handelns – unabhängig davon, ob es um einen Suizid oder eine andere, für sie folgenschwere Entscheidung geht – frei(willig) einzusehen, abzuschätzen und im Hinblick auf das Ganze ihres Lebens zu beurteilen. Die Verhinderung einer Suizidhandlung resultiert aus der Analyse der spezifischen Urteilssituation, in der sich eine Person zum Suizid entscheidet und nicht aus dem Urteil über die Tat als solche.

Der Übergang von der 2. zur 3. Bedeutung, also von der Ablehnung einer moralischen oder rechtlichen ‹Weiterlebenspflicht› zu einem positiven Recht auf Suizid bildet den Ausgangspunkt für die Kontroversen um Sterbe- und Suizidhilfe im Recht. Kann aus der negativen Bestimmung ein positives Recht abgeleitet werden. Wildhaber scheint das nahezulegen, jedenfalls spricht er an einigen Stellen explizit von einem Recht auf Suizid, das durch Art. 8 EMRK geschützt sei. Moderater formuliert er an anderer Stelle: «Der Entscheid einer verantwortlich urteilenden und handelnden Person zur Selbsttötung in Ausübung ihres Persönlichkeits- und Selbstbestimmungsrechts ist somit zu respektieren.»[38] Fenner schlägt mit Verweis auf den Begriff «Achtung» im Titel von Art. 8 EMRK vor, angemessener von «einer ‹Respektierung› eines freien und vernünftigen Suizidentscheids» zu sprechen.[39]

Für ein Recht auf Suizid argumentiert auch die unheilbar an amyotropher Lateralsklerose (ALS) erkrankte Diane Pretty in ihrer Klage vor dem EGMR gegen das Vereinigte Königreich.[40] Die 43-jährige Britin wollte Straffreiheit für ihren Mann erwirken, für den Fall, dass er ihr,

---

[38]   Wildhaber, Artikel 8, N269, Anm. 81.

[39]   Fenner, Suizid, 68.

[40]   Vgl. Europäischer Gerichtshof für Menschenrechte, Vierte Sektion: Rechtssache Pretty gegen das Vereinigte Königreich (Antrag Nr. 2346/02), Urteil, Strassburg 29. April 2002; C. Mahler, Urteile des Europäischen Gerichtshofs für Menschenrechte im Überblick. Pretty ./. Vereinigtes Königreich, in: MRM 3/2002, 164–167; Stephan Breitenmoser, Das Recht auf Sterbehilfe im Lichte des EMRK, in: Petermann (Hg.), Sterbehilfe, 167–211; Venetz, Suizidhilfeorganisationen, 65–72.

aufgrund ihres köperlichen Zustandes, bei ihrem Suizid hätte helfen müssen. In Grossbritannien wird eine solche Tat im seit 1961 geltenden Suicide Act mit bis zu 14 Jahren Freiheitsentzug bestraft. Die Beschwerdeführerin argumentiert, dass aus dem Schutz des Rechts auf Leben, keine Lebenspflicht abgeleitet werden könne, weil das Recht auf Leben und nicht das Leben selbst Gegenstand staatlicher Schutzpflichten sei. Da niemand gegen die eigenen subjektiven Rechte verstossen könne, folge daraus, dass jeder Mensch über Weiterleben oder Sterben selbst entscheiden dürfe. Die Behauptung von einem positiven Recht auf Suizid fügt der Ablehnung seiner Verhinderung auf den ersten Blick kein Argument hinzu. Allerdings wird damit der Schutz der Entscheidungsfreiheit über das eigene Leben in zwei Richtungen ausgedehnt. Einerseits bereitet ein solches ‹Recht auf …› die spätere Forderung nach einem Recht auf Suizidhilfe vor. Andererseits wird damit ein in doppelter Hinsicht problematisches Verständnis von der Verfügbarkeit über den eigenen Leib und das eigene Leben vorausgesetzt: 1. Unterbelichtet bleibt, dass eine solche Selbstverfügung über den eigenen Leib immer nur eine bedingte sein kann, weil ansonsten auch pathologische Formen der Selbstverstümmelung durch ein Recht auf Selbstbestimmung geschützt wären. 2. Der Rechtsforderung liegt eine Unterbestimmung der sozialen Konstitution des Menschen, seiner Konflikte und den Möglichkeiten ihrer Bewältigung zugrunde. Denn ein Recht auf Suizid würde ausschliessen, «dass Dritte versuchen dürften, einen urteilsfähigen Suizidwilligen von der Selbsttötung abzuhalten oder diese an Bedingungen wie die Abklärung der Konstanz des Suizidwunsches oder die Erörterung alternativer Möglichkeiten zu knüpfen, da dies einem Eingriff in sein Recht gleichkäme. Mit der Propagierung eines Rechtes oder gar Menschenrechts auf Suizid wird das Spannungsverhältnis, das der ethischen Problematik des Suizids zugrunde liegt, einseitig nach dem Pol der Selbstbestimmung hin aufgelöst. Die Suizidprävention und -verhinderung wäre dann zumindest bei urteilsfähigen Personen nicht mehr möglich.»[41]

Noch tiefer wird der Graben im Übergang zur 4. und 5. Bedeutung. Aus dem *prima facie* Verbot, eine urteilsfähige Person an der Umsetzung ihrer Suizidentscheidung zu hindern, folgt nicht zwingend die Anerkennung der moralischen Legitimität von Suizidhilfe. Ich kann den Suizid

---

[41] Fischer, Warum überhaupt, 253.

für eine moralisch verwerfliche Tat halten und dennoch die Entscheidung einer suizidwilligen Person respektieren, ohne in einen Selbstwiderspruch zu geraten. Denn meine Achtung gilt nicht diesem konkreten Verlangen, sondern der Person als einem selbstbestimmten, urteils- und verantwortungsfähigen Subjekt. Das hat Konsequenzen für die Frage nach der Verbindung zwischen dem Respekt gegenüber der Entscheidung einer sterbewilligen Person und einer daraus abgeleiteten Mitwirkungspflicht Dritter. Hans Saner gibt zu bedenken: «Wenn es aber ein irreduzibles Recht auf einen freien Tod gibt, fragt es sich, ob es nicht auch ein Recht auf Beihilfe zu einem freien Tod geben müsste.»[42]

Grundsätzlich sind der Respekt und die Achtung gegenüber der Haltung eines Menschen etwas anderes, als der davon völlig unabhängige Akt, die Haltung einer Person zu teilen. Ich kann mit der Überzeugung einer Person übereinstimmen, ohne sie zu respektieren oder zu achten. Es geht lediglich um eine geteilte Meinung in einer Sache und überhaupt nicht – wie bei der Achtung oder dem Respekt – um die Person. «Wird Suizid allein als Ausdruck der Selbstbestimmung betrachtet, korrespondiert der Freiheit, Art und Zeitpunkt des eigenen Todes zu bestimmen, keine moralische Pflicht, Beihilfe zum Suizid zu leisten. [...] Ein Anspruch des Sterbewilligen auf Suizidbeihilfe besteht nicht. Aus ethischer Sicht ist das Recht auf den eigenen Tod kein Anspruchs-, sondern ein Freiheitsrecht. Wie bei anderen Freiheiten ist nur zu diskutieren, ob andere Personen oder der Staat eine Verpflichtung haben, die Handlungen zuzulassen.»[43] Entgegen einer in den öffentlichen Debatten häufig begegnenden ‹logischen› Folgebeziehung – nach der aus der Willensbekundung einer Person direkt auf eine Verpflichtung Anderer geschlossen wird –, gilt grundsätzlich, dass «aus dem Respekt noch keine Pflicht zur Beihilfe folgt».[44]

Entsprechend hat das Bundesgericht in seinem Urteil vom November 2006 zur rezeptfreien Abgabe von Natrium-Pentobarbital und zur Frage, ob das Medikament auch psychisch Kranken zugängig gemacht bzw. verschrieben werden darf, die Behauptung einer solchen rechtlichen Folgerelation im Grundsatz zurückgewiesen:[45] «Nach der bundesge-

---

[42] Saner, Gibt es eine Freiheit, 61.

[43] Klaus Peter Rippe, Suizidbeihilfe und das Recht auf Selbstbestimmung, in: Rehmann-Sutter et al. (Hg.), Beihilfe, 181–194 (186).

[44] Fischer, Zur Aufgabe der Ethik, 210.

[45] Bundesgericht, Urteil 2A.48/2006 und 2A66/2006, Ziff. 6.1f.; vgl. dazu Ruth

richtlichen Rechtsprechung garantiert die persönliche Freiheit (Art. 10 Abs. 2 BV) alle Aspekte, die elementare Erscheinungen der Persönlichkeitsentfaltung bilden; sie umfasst ein Mindestmass an persönlicher Entfaltungsmöglichkeit und die dem Bürger eigene Fähigkeit, eine gewisse tatsächliche Begebenheit zu würdigen und danach zu handeln [...]. Es liegt darin indessen *keine allgemeine Handlungsfreiheit*, auf die sich der Einzelne gegenüber jedem staatlichen Akt, der sich auf seine persönliche Freiheit auswirkt, berufen kann; die persönliche Freiheit schützt nicht vor jeglichem physischen oder psychischen Missbehagen». Das entspricht dem Art. 8 EMRK. Und das Bundesgericht unterstreicht: «Zum Selbstbestimmungsrecht im Sinne von Art. 8 Ziff. 1 EMRK gehört auch das Recht, über Art und Zeitpunkt der Beendigung des eigenen Lebens zu entscheiden; dies zumindest, soweit der Betroffene in der Lage ist, seinen entsprechenden Willen frei zu bilden und danach zu handeln.» Davon zu unterscheiden sei die – in dem zugrunde liegenden Fall erhobene Forderung nach einem «Anspruch auf Beihilfe zum Suizid seitens des Staates oder Dritter». Dieser sei weder Art. 10 Abs. 2 BV noch Art. 8 Ziff. 1 EMRK zu entnehmen: «[E]in Anspruch des Sterbewilligen, dass ihm Beihilfe bei der Selbsttötung oder aktive Sterbehilfe geleistet wird, wenn er sich ausserstande sieht, seinem Leben selber ein Ende zu setzen, besteht nicht». Der Staat sei zwar nicht verpflichtet, das Recht gegen «den ausdrücklichen Willen des urteilsfähigen Betroffenen» zu schützen (Art. 10 Abs. 1 BV und Art. 2 EMRK). Daraus folge aber nicht im Umkehrschluss, dass der Staat «im Rahmen von Art. 8 Ziff. 1 EMRK im Sinne einer positiven Pflicht dafür zu sorgen hätte, dass ein Sterbewilliger Zugang zu einem bestimmten für den Suizid gewählten gefährlichen Stoff oder zu einem entsprechenden Instrument erhält». Und das Gericht kommt zu dem Schluss: «Ein Eingriff in das durch Art. 10 Abs. 2 BV geschützte Recht auf persönliche Freiheit bzw. das Recht auf Schutz des Privatlebens ist zulässig, soweit er auf einer gesetzlichen Grundlage beruht, daran ein überwiegendes öffentliches Interesse besteht, er ver-

---

Baumann-Hölzle, Selbsttötung als Menschenrecht – ethische Überlegungen zur einem gesellschaftlichen Klimawandel, in: SÄZ 88/2007: 35, 1446–1451; Frank T. Petermann, Rechtliche Überlegungen zur Problematik der Rezeptierung und Verfügbarkeit von Natrium-Pentobarbital, in: AJP/PJA 4/2006, 439–467; René Raggenbass/Hanspeter Kuhn, Kein Menschenrecht auf ärztliche Suizidhilfe, in: SÄZ 88/2007, 455–456; Christoph Rehmann-Sutter, Was bedeutet das ‹Recht auf den eigenen Tod›?, in: SÄZ 88/2007, 1109–1112; Schwarzenegger, Das Mittel.

hältnismässig erscheint und der Kerngehalt des Grundrechts dadurch nicht berührt wird (vgl. Art. 36 BV).»

Dieser auch vom EGMR geteilten Auffassung hat der Jurist und Geschäftsführer von Dignitas Ludwig A. Minelli widersprochen. Die Grundrechte seien solange «nicht verwirklicht, als deren Inanspruchnahme dem Einzelnen nicht ohne weiteres oder nicht ohne schwere Beeinträchtigungen seiner Befindlichkeit oder seiner Würde möglich sind, und sie sind auch nicht verwirklicht, wenn ihre Inanspruchnahme tatsächlich nur wenigen Auserwählten [...] überhaupt möglich ist, oder wenn ihre Inanspruchnahme mit der inhärenten Gefahr verbunden ist, beliebige Dritte in ihren geschützten Grundrechten dadurch zu verletzen.»[46] In diesem Sinne argumentierte auch Pretty mit Hinweis auf Art. 3 und 8 EMRK, 1. dass dem Staat – vor dem Hintergrund des Verbots der unmenschlichen und unwürdigen Behandlung – die Aufgabe zukomme, sie vor der zu erwartenden erniedrigenden terminalen Phase ihres Krankheitsverlaufs zu schützen und 2. dass das Recht auf Achtung der Privatsphäre ihr Recht darauf schützen würde, wann und wie sie sterben wolle. Zwar hat das Gericht damals die Klage abgewiesen und dabei vor allem auf die Pflichten des Staates gegenüber den Bürgerinnen und Bürger hingewiesen. «Je grösser die Gefahr einer potentiellen Beeinträchtigung sei, desto stärker wiege in der Güterabwägung das öffentliche Interesse an Sicherheit und Gesundheit gegenüber der Privatautonomie des Einzelnen.»[47] Das Gericht bestätigt die Begründung der Europäischen Menschenrechtskommission in der Sache Reed gegen das Vereinigte Königreich von 1982, dass «die Beihilfe zum Suizid nicht zur Privatsphäre der helfenden Person gehöre. Der Rechtsraum, in dem sich jedes Individuum frei entfalten und entwickeln könne, sei Beschränkungen unterworfen und werde durch andere geschützte Interessen reduziert. Der helfenden Person sei es verwehrt, sich auf ihre Privatsphäre zu berufen, weil sie mit ihrem Handeln in das öffentliche Interesse am Schutz des Lebens eingreife.» Zugleich gibt der Gerichtshof aber zu bedenken: «Weil die Beschwerdeführerin gehindert würde, ihre Entscheidung auszuführen und durch den Tod einem Leiden zu entgehen, das sie als unwürdig und unbillig empfindet, sei er nicht in der Lage auszuschliessen, dass dies ein Eingriff in ihr Recht auf Achtung des Privatlebens darstelle,

---

[46]   Minelli, Die EMRK, 493f.
[47]   Venetz, Suizidhilfeorganisationen, 70.

wie es in Art. 8 Abs. 1 EMRK garantiert ist.»[48] Vor diesem Hintergrund impliziert die Position von Pretty und Minelli eine Kritik an der üblichen Unterscheidung zwischen negativen Freiheits- und positiven Anspruchsrechten. Was nützen einer Person ihre zugesprochenen Freiheiten, wenn sie nicht in der Lage ist, diese auch zu nutzen. Der Psychologe Julian Rappaport hat einmal bemerkt: «Having rights but no resources and no services available is a cruel joke.»[49]

Das Dilemma lässt sich schlechterdings nicht bestreiten. Aber was folgt daraus? Es ist wichtig, an dieser Stelle zwischen zwei diametral entgegengesetzten Perspektiven zu unterscheiden, aus denen das Problem angesehen wird. Über Sterben und Tod denken wir selten in einer abstrakten Weise nach, sondern konkret im Hinblick auf persönliche Erfahrungen und Erlebnisse. Krankheit, Leiden und Sterben sind auch in unserer rationalen Welt mit ihren ausdifferenzierten Sprachcodes in der Regel narrativ vermittelt. Wenn wir darüber sprechen, tun wir das häufig, indem wir Geschichten von uns oder anderen erzählen. Wer in Europa nach der rechtlichen Regelung von Sterbehilfe fragt, landet fast automatisch bei den Krankheitsgeschichten von Diane Pretty oder Ramón Sampedro. Noch mehr Popularität und Wirkung erzielte die Lebensgeschichte der US-amerikanischen Wachkoma-Patientin Terri Schiavo. Und die Zeitungsartikel zur Suizidhilfediskussion in der Schweiz sind voll von den Leidensgeschichten sterbewilliger Menschen. Diese Beobachtung bestätigt, dass wir die Schicksale dieser Menschen und das, was uns daran bewegt, nicht einfach auf den Begriff bringen können. Die Menschen machen uns betroffen, ihre Geschichten berühren uns, wir beobachten aus einem Abstand und sind doch auf eine eigentümliche Weise beteiligt. Es ist tatsächlich so: «den eigenen Tod, den stirbt man nur, doch mit dem Tod der anderen muss man leben».[50]

Aber dort, wo wir hinschauen, wo sich uns im genauen Hinsehen eine Geschichte erschliesst, macht sich das Recht – die *Iustitia* mit ihrer Augenbinde – blind. Denn das Recht ‹betrachtet› den Einzelfall als Kandidaten für eine generalisierte Norm oder als Präzedenzfall, um daraus eine Norm zu generieren. Darin besteht die Herausforderung bei der

---

[48]   Breitenmoser, Das Recht, 196 mit Verweis auf EGMR, Pretty ./. Vereinigtes Königreich, Ziff. 67.

[49]   Julian Rappaport, In praise of paradox: A social policy of empowerment over prevention, in: American Journal of Community Psychology 9/1981, 337–356 (268).

[50]   Mascha Kaléko, Der Stern auf dem wir leben, Hamburg 1984, 13.

Konfrontation der beiden Freiheitsbegriffe. Damit ein singuläres Urteil zu einer Rechtsnorm werden kann, muss – unabhängig von der Bedeutung rechtshermeneutischer Überlegungen – prinzipiell erwartet werden können, dass jede andere Person sich aus freien Stücken und guten Gründen genauso entscheiden würde. Wenn also aus rechtsethischer Sicht über konkrete Beispiele diskutiert wird oder wenn eine Rechtsnorm mit dem Hinweis auf einen Einzelfall bestritten wird, steht immer die ‹Kohärenzforderung› des kantischen Kategorischen Imperativs im Raum: «*handle nur nach derjenigen Maxime, durch die du zugleich wollen kannst, dass sie ein allgemeines Gesetz werde*».[51] Das Urteil und die Entscheidung in einem konkreten Fall müssen – im Rahmen von Rechtsdiskursen – daraufhin geprüft werden, ob sie den Verallgemeinerungsbedingungen von Recht genügen. Wie schwierig diese Vermittlung gerade bei Entscheidungen am Lebensende ist belegt beispielhaft die Rechtsprechung des EGMR.

Ethisch betrachtet kollidiert das Generalisierungsprinzip von Recht mit unseren Vorstellungen von Gerechtigkeit. Tatsächlich zeigt sich Recht auf den ersten Blick als erstaunlich gerechtigkeitsresistent. Allerdings haben wir damit im Alltag wenig Probleme, wie ein einfaches Beispiel zeigt. Der Staat hat die verfassungsmässige Pflicht, Leib und Leben seiner Bürgerinnen und Bürger zu schützen. Viele Menschen werden Opfer im Strassenverkehr, verlieren ihr Leben oder werden schwer verletzt. Gleichwohl verpflichtet niemand den Staat auf die Bereitstellung von Oberklasse-Limousinen für alle Verkehrsteilnehmenden, obwohl in diesen Autos Leben und Gesundheit bei einem Crash nachweislich viel besser geschützt sind als in einem Kleinwagen oder auf einem Zweirad. So seltsam das Beispiel anmuten mag: Auch hier geht es um Fragen von Leben und Tod und auch hier sind die Wahlmöglichkeiten – etwa aufgrund der ökonomischen Unterschiede – ganz ungleich verteilt. Obwohl alle Menschen den gleichen Rechtsschutz geniessen, sind die Lebens- und Gesundheitsrisiken nicht für alle gleich. Und wie das auf den ersten Blick eigentümliche Verkehrsbeispiel zeigt, kollidiert diese Ungleichheit – angesichts der grundsätzlichen Rechtsgleichheit – weder mit unseren Gerechtigkeitsvorstellungen, noch kämen wir auf den Gedanken, diese Ungleichheit per Gesetz beseitigen zu wollen.

Natürlich ‹hinkt› der Vergleich, weil die Folgen der Nicht-Wahl im Verkehrsbeispiel nur mögliche, beim konkreten Sterbewunsch aber wirk-

---

[51]   Kant, GMS, BA 52.

liche sind. Andererseits wäre die Ungleichheit bei der Sicherheit im Verkehr viel unspektakulärer zu korrigieren als im Hinblick auf die Ungleichheit der Möglichkeiten zum Suizid. Wenn wir aber auf die Differenz von Möglichkeit und Wirklichkeit abzielen, haben wir den Boden des Rechtsdiskurses bereits verlassen, weil das Recht Handlungen unter Absehung der handelnden Person im Blick hat und strukturiert. Das Recht ordnet Handlungen und Unterlassungen bestimmten Regeln zu, ohne die Eigenarten konkreter Handlungssituationen und deren Handlungsakteurinnen und -akteure zu beachten. Die rechtliche Frage, was rechtens ist, muss unterschieden werden von der ethischen Frage, was im Einzelfall gerecht ist. Andernfalls müsste *Iustitia* ihre Augenbinde abnehmen und damit ihr oberstes Prinzip der Gleichbehandlung aufgeben.

Diese Differenz liegt der von Minelli und Pretty geforderten rechtlichen Transformation von negativen Freiheitsrechten in positive Rechtsansprüche zugrunde. Aber gelingt ein solcher Übergang im Recht? Kann etwa aus dem negativen Rechtsschutz der Meinungs- und Pressefreiheit die positive Verpflichtung des Staates auf Erstattung der Kosten für Zeitungsabonnemente und andere Informationsmedien abgeleitet werden? Das erwartet niemand ernsthaft, weil eine rechtliche Verpflichtung im Hinblick auf die persönliche Wahrnehmung und Gestaltung jener Grundrechte der staatlichen Verpflichtung gegenüber der Rechtsgemeinschaft als Ganzes zuwiderlaufen würde. Die Formel des «überwiegenden öffentlichen Interesses» verweist auf eine weitere Schwierigkeit der Forderung nach einem Recht auf Suizidhilfe. Als ein Anspruchsrecht formuliert es bestimmte Pflichten Dritter gegenüber der anspruchsberechtigten Person. Wer ein Recht auf Suizidhilfe fordert, behauptet damit eine rechtlich einforderbare Verpflichtung zur Suizidassistenz. Es geht also nicht nur um Rechte, die eine Person hat, sondern zugleich um Pflichten Dritter gegenüber dieser Person. Solche Ansprüche – darin besteht ihre rechtliche Pointe – sind einklagbar. An dieser Stelle reicht es daher nicht aus, auf das Vorhandensein von organisierter Suizidhilfe zu verweisen. Denn selbst wenn niemand zur Suizidhilfe bereit wäre, müsste sie – als Gegenstand eines Rechtsanspruchs – geleistet werden. Der Staat müsste also Suizidhilfe als staatliche Leistung anbieten und im Zweifelsfall Personen – auch gegen deren Willen – auf solche Handlungen verpflichten.

Ein solches rechtliches Konstrukt liefe im Zweifelsfall genau jener praktischen Realisierung der Selbstbestimmungsforderung sowie Art. 8

EMRK zuwider, mit dem Minelli und andere[52] ihre Forderung begründen. Mit Berufung auf die persönlichen Freiheitsrechte der Betroffenen etwas zu fordern, das eben jene persönlichen Freiheiten auf der Seite der Geforderten einschränkt, formuliert einen Widerspruch, weil die konstitutive Wechselseitigkeit von Rechtsverhältnissen – im Sinne der doppelten Funktionsbestimmung von Recht bei Böckenförde – unberücksichtigt bleibt. Verlangt wird nämlich eine Komplizenschaft wider Willen hinsichtlich einer Entscheidung, die – und darüber besteht weitgehend Konsens – nur die einzelne Person für sich selbst treffen kann. Die persönliche Gewissensentscheidung der betroffenen Person könnte nur dann zur Pflicht für Dritte werden, wenn unterstellt würde, dass die Assistenz zum Suizid keine Gewissensfrage impliziert. Davon kann aber angesichts unterschiedlicher Normen- und Wertvorstellungen keine Rede sein. Wenn der Suizidwunsch eine Gewissensfrage ist, muss der Entschluss, Suizidhilfe zu leisten, ebenfalls als Gewissensentscheidung eingestuft werden. Gewissensentscheidungen können aber *per se* nicht durch Rechtspflichten (moralisch) überboten oder ausser Kraft gesetzt werden. Wo immer grundlegende persönliche (moralische) Einstellungen und Überzeugungen berührt werden, darf das Recht keinen Zwang ausüben. Das gilt für den Militärdienst ebenso wie für die Suizidhilfe. Suizidassistenz als Recht festzuschreiben läuft darauf hinaus, die weltanschauliche Neutralität des Staates auszuhebeln und Moral und Recht unzulässig und entgegen den Grundprinzipien der Rechtsstaatlichkeit zu vermischen. Insofern hat – wie die Nationale Ethikkommission in ihren Empfehlungen formuliert – der Staat durch entsprechende rechtliche Regelungen dafür Sorge zu tragen, dass «niemand verpflichtet werden kann, Suizidbeihilfe zu leisten»[53]

An dieser Stelle wird die Unterscheidung zwischen dem Respekt vor der Selbstbestimmung einer Person und der aktiven Beteiligung Dritter bei der Umsetzung autonomer Entscheidungen grundlegend. Der verfassungsrechtliche Menschenwürde- und Persönlichkeitsschutz fordert Toleranz und Respekt gegenüber Entscheidungen und Handlungen, die nur jede Person für sich treffen und ausführen kann, die also in ihre Persönlichkeits- und Privatsphäre fallen. Daraus kann schlechterdings keine Verpflichtung anderer auf Unterstützung abgeleitet werden. Insofern

---

[52] Vgl. auch Blum, Ethische Fragen.
[53] NEK, Beihilfe, 77.

reicht der blosse Respekt vor der Selbstbestimmung als Begründung für die Beihilfe zum Suizid nicht aus. «Respekt bedeutet hier lediglich, dass man seinen Entschluss, aus dem Leben zu scheiden, akzeptiert und ihn nicht am Suizid hindert. Doch ist dies kein Grund, ihm zu helfen.»[54] In einen Widerspruch verstricken sich Positionen, die grundlegenden Freiheitsrechte willkürlich mit materialen Gleichbehandlungsforderungen vermischen. Weil der Rechtsanspruch auf Suizidhilfe die Unterscheidung zwischen Freiheits- und Anspruchsrechten bestreitet, nivelliert er die ebenso konstitutive Differenz zwischen Freiheit und Gleichheit. Nur unter der falschen Voraussetzung, dass Anspruchsrechte die materiale Gleichheit der Anspruchsberechtigten zum Ziel hat, kann der Selbstwiderspruch in der Forderung nach einem Recht auf Suizidhilfe verdeckt werden.

Die Forderung nach einem solchen Rechtsanspruch geht in die falsche Richtung. Damit ist aber noch nichts darüber gesagt, ob es nicht gute Gründe geben kann, warum jemand es als ihre oder seine moralische Pflicht ansieht, eine Person bei der Ausführung ihres Suizidwunsches zu unterstützen. Tatsächlich befindet sich ein Mensch wie Diane Pretty in einer erbärmlichen Zwangslage. Das wird auch von dem EGMR nicht bestritten. Der damit zusammenhängende «cruel joke» verdankt sich aber nicht allein ihrer prekären Lebens- und Gesundheitssituation, sondern ist in gewisser Weise auch konstruktionsbedingt, weil das Recht dem Gleichheitsgrundsatz folgt, also keine Unterschiede zwischen den individuellen Trägern von Rechten macht.[55] Das Rechtsprinzip ‹ohne Ansehung der Person› kann gar nicht anders, als die Verschiedenheit der Ausgangsbedingungen und Möglichkeiten, die Menschen haben, um von

---

[54] Fischer, Zur Aufgabe der Ethik, 209.

[55] Zu der seit Aristoteles diskutierten Unterscheidung zwischen «arithmetischer Gleichheit» und «geometrischer Gerechtigkeit» (Wolfgang Kersting) bzw. dem Verhältnis von Recht und Gerechtigkeit vgl. Ralf Dreier, Der Begriff des Rechts, in: ders., Recht – Staat – Vernunft. Studien zur Rechtstheorie 2, Frankfurt/M. 1991, 95–119; Reiner Forst, Kontexte der Gerechtigkeit. Politische Philosophie jenseits von Liberalismus und Kommunitarismus, Frankfurt/M. 1996; Wolfgang Kersting, Recht, Gerechtigkeit und demokratische Tugend. Abhandlungen zur praktischen Philosophie der Gegenwart, Frankfurt/M. 1997; Peter Koller, Theorie des Rechts. Eine Einführung, Wien u. a. 1997; Angelika Krebs (Hg.), Gleichheit oder Gerechtigkeit. Texte der neuen Egalitarismuskritik, Frankfurt/M. 2000; John Rawls, Gerechtigkeit als Fairness. ein Neuentwurf, Frankfurt/M. 2006; Walter Schweidler, Das Unantastbare. Beiträge zur Philosophie der Menschenrechte, Münster u. a. 2001.

ihren Rechten Gebrauch zu machen, weitgehend zu ignorieren. Es braucht starke Gründe, um aus dem Respekt gegenüber dem autonomen Willen einer Person einerseits oder der rechtlichen Indifferenz des Suizids andererseits für eine moralische Pflicht zur Suizidhilfe zu argumentieren. Das Verlangen einer Person allein liefert noch keinen hinreichenden Grund für eine moralische Verpflichtung Dritter. Es muss etwas hinzukommen, damit die Willensbekundung einer Person eine andere Person in die Pflicht nehmen kann. Nicht, weil eine Person einen bestimmten Willen bekundet, sondern nur weil eine andere Person sich in ein bestimmtes Verhältnis zu dieser Person rückt bzw. dazu in eine spezifische Beziehung gestellt wird, kann eine moralische Verpflichtung begründen. Ein solches Verhältnis besteht entweder prinzipiell, etwa in der Rechtspflicht zur Nothilfe (Art. 128 StGB) oder ist durch bestimmte Umstände (familiäre oder soziale Bindungen, offizielle Stellvertretungsbeziehungen, freiwillige Fürsorge- oder Solidaritätspflichten) gegeben. In Widersprüche verfängt sich allerdings die Strategie, Beihilfe zum Suizid können als Recht behauptet oder als allgemeine moralische Verpflichtung im Sinne eines ethischen Prinzips eingefordert werden.

4. Artikel 115 StGB und die Grenzen der *Normalität*

Nach eingehenden Beratungen hat der Bundesrat im November 2009 zwei Vorschläge für eine Revision von Art. 115 StGB in die Vernehmlassung geschickt. Beide Varianten halten an der Straffreiheit von Suizidhilfe fest, grenzen aber die Handlungsmöglichkeiten ein. Vorschlag 1 nennt einerseits – im Anschluss an die massgeblichen SAMW-Richtlinien[56] – Voraussetzungen im Hinblick auf die suizidwillige Person (frei gefasster und wohlerwogener Suizidwunsch, Urteilsfähigkeit, terminale Krankheitsphase, Erörterung alternativer Optionen) und andererseits Kriterien für die Suizidhilfeorganisationen (kein Erwerbszweck, vollständige Dokumentation, keine Bezahlung, Sorgfaltspflichten bei der Auswahl und Verantwortung für die Tätigkeiten der Suizidhelferin bzw. des Suizidhelfers). Vorschlag 2 formuliert ein Verbot der Suizidhilfe durch Suizidhilfeorganisationen.[57]

---

[56] Vgl. SAMW, Betreuung.
[57] Die zweite Variante lehnt sich an den deutschen Vorschlag Art. 217 StGB an; vgl. Bundesrat, Drucksache 436/08, Empfehlungen der Ausschüsse vom 24.06.2008.

Die öffentlichen Reaktionen auf die Vernehmlassungsvorlage des Bundesrates waren überwiegend kritisch und es bleibt abzuwarten, wie der Bundesrat mit den geäusserten Einwänden umgeht. Der zweite Vorschlag wird fast einstimmig verworfen. Im Mittelpunkt der Kritik am ersten Vorschlag stehen die Beschränkung der Suizidhilfe auf Personen, die «an einer unheilbaren Krankheit mit unmittelbar bevorstehender Todesfolge» leiden (Art. 115 Abs. 2, lit c StGB *Vorentwurf 1*), die Delegierung der Suizidhilfe an Ärztinnen und Ärzte (Art. 115 Abs. 2, lit e StGB *Vorentwurf 1*: «Die Suizidhandlung wird mit einem ärztlich verschriebenen Mittel ausgeführt.») sowie grundsätzlich die Regelung der Suizidhilfeorganisationen mit dem Instrument des Strafrechts, anstatt im Rahmen eines Aufsichtsgesetzes.[58]

Abschliessend soll nicht auf das laufende Gesetzgebungsverfahren eingegangen werden, sondern ein rechtsethischer Blick auf die in den öffentlichen Reaktionen fast einhellig verworfene und inhaltlich ignorierte Variante 2 des Bundesrates geworfen werden. Sie lautet: «Wer aus selbstsüchtigen Beweggründen oder im Rahmen einer Suizidhilfeorganisation jemanden zum Suizid verleitet oder ihm dazu Hilfe leistet, wird, wenn der Suizid ausgeführt oder versucht wird, mit Freiheitsstrafe bis zu fünf Jahren oder Geldstrafe bestraft.» Die Pointe des Vorschlags besteht darin, eine strafrechtliche Situation wiederzubeleben, wie sie – im Hinblick auf die Suizidhilfe – zur Zeit der Verabschiedung des Strafgesetzbuches bestanden hat. Es geht mit anderen Worten um eine Rehabilitierung jenes ‹Geistes› von Art. 115 StGB, wie er in den anfänglichen Bemerkungen dieses Kapitels zur Genese des Strafgesetzbuchartikels aufscheint.

Die Aufnahme von Art. 115 in das Strafgesetzbuch wurde mit Ausnahmesituationen begründet, die mit dem im Recht umgesetzten «Tötungstabu» (Jörg Paul Müller) kollidieren. Die damaligen Diskussionen geben solche Grenzfälle eindringlich wider. Die Konfliktwahrnehmungen verweisen aber nicht auf Defizite, sondern auf Grenzen des Rechts selbst. Deshalb wurden die Bestimmungen über Tötungsdelikte nicht relativiert oder geöffnet, sondern mit Art. 115 StGB eine Selbstbegrenzung des Rechts eingefügt. Der Gesetzgeber stellt fest, dass er sich in diesem Bereich kein Urteil anmassen kann. Es wird weder die Recht-

---

58 Dafür spricht sich die SAMW in ihrer Vernehmlassungsantwort vom 12.01.2010 aus.

mässigkeit noch die Unrechtmässigkeit, sondern die «Straffreiheit»[59] der dort ins Auge gefassten Handlungen festgestellt.[60] Damit hat der Gesetzgeber keinen «rechtsfreien Raum» geschaffen, wie manchmal irrtümlich behauptet wird. Die damaligen Vorschläge drehen sich im Gegenteil um die Frage, wie die Bedingungen für solche Ausnahmen positiv bestimmt werden können. Dabei stellte sich heraus, dass für eine solche Grenzziehung die Kategorien des Rechts nicht ausreichen, sondern durch ethische Maximen ergänzt werden müssen.

An dieser Situation hat sich (bisher) wenig geändert. Lange Zeit konnte der Gesetzgeber auf «die Steuerungskraft der Richtlinien des SAMW»[61] vertrauen. Die regulative Funktion von *soft law* geht allerdings verloren, wenn sein Rückhalt und seine Beachtung schwinden, latenter Missbrauch droht oder die Verunsicherung in der Bevölkerung wächst.[62] Diese Entwicklungen haben den Bundesrat bewogen, in seiner Variante 1 die ethischen Kriterien der SAMW-Richtlinien in eine strafrechtliche Norm zu transformieren. Die öffentlichen Reaktionen auf diesen Versuch zeigen, dass die ethische Grenze, die von der SAMW gezogen und im bundesrätlichen Vorschlag übernommen wird, zumindest im

---

[59]   Vgl. Fenner, Suizid, 58: «Daraus, dass ein Handeln straffrei ist, lässt sich jedoch juristisch gesehen keineswegs deduzieren, dass es rechtmässig wäre und zu irgendwelchen Rechtsansprüchen Anlass geben könnte.»

[60]   Der Schwangerschaftsabbruch ist im Recht analog geregelt. Die SAMW-Richtlinien übernehmen diese normative Konstruktion in ihren Ethikrichtlinien; vgl. SAMW, Betreuung, Abs. 4.1: «Auf der einen Seite ist die Beihilfe zum Suizid nicht Teil der ärztlichen Tätigkeit, weil sie den Zielen der Medizin widerspricht. Auf der anderen Seite ist die Achtung des Patientenwillens grundlegend für die Arzt-Patienten-Beziehung. Diese Dilemmasituation erfordert eine persönliche Gewissensentscheidung des Arztes. Die Entscheidung, im Einzelfall Beihilfe zum Suizid zu leisten, ist als solche zu respektieren.»

[61]   Venetz, Suizidhilfeorganisationen, 145.

[62]   Die Funktion der SAMW-Richtlinien für die organisierte Suizidhilfepraxis wird in dreierlei Hinsicht geschwächt: 1. Durch die kantonale Vereinbarung über die organisierte Suizidhilfe zwischen der Oberstaatsanwaltschaft des Kantons Zürich und die Suizidhilfeorganisation EXIT Deutsche Schweiz vom Juli 2009, in der die ärztliche Beteiligung an der Suizidhilfe faktisch festgeschrieben wird (http://www.staatsanwaltschaften. zh.ch/Diverses/Aktuelles/Vereinbarung% EXIT.pdf), 2. mit Suizidmethoden, bei denen auf kein verschreibungspflichtiges Medikament verwendet wird (zum Beispiel die Helium-Methode von Dignitas) und 3. die Erklärung von EXIT, dass die Ärztinnen und Ärzte, mit denen sie zusammenarbeiten, nicht den SAMW- bzw. FMH-Standesrichtlinien, sondern dem EXIT-Kodex verpflichtet seien.

Hinblick auf die Bedingung der terminalen Krankheitsphase, nicht (mehr) von allen geteilt wird.[63]

Die Fixierung auf die positive Regulierung eines Detailproblems lässt leicht den Blick dafür verschwimmen, welche Aufgaben das Recht hat, welche Chancen es bietet und wo es an seine Grenzen stösst. Recht ist keine statische Grösse, sondern wird mit jedem Urteil interpretierend fortgeschrieben. Es existiert nicht selbstgenügsam, sondern begegnet stets in einem bestimmten Kontext. Deshalb teilt das Recht grundsätzlich die Einmaligkeit jeder historischen Situation in einer kontingenten Welt. Das ist die eine Seite. Quasi auf der Rückseite zeigt sich gleichzeitig eine ‹Kontinuität› von Recht, die sich nicht in gleichen Buchstaben oder gleichlautenden Paragraphen äussert, sondern in – wiederum nicht statischen, aber stabilen – grundlegenden Orientierungen, auf die Recht bezogen ist und die ihm innere Kohärenz verleihen.[64] In diesem Sinne bildet die «Positivierung der Menschenrechte [...] die in der Gegenwart wichtigste Form einer sittlichen Fundierung des Rechts. [...] Um der Integrität und Dignität des Menschen ist es so zu einer gerechtigkeitsorientierten Prüfung, Begrenzung und Weiterbildung des positiven Rechts gekommen.»[65]

Ein Blick auf jene Hintergrundbedingungen und Voraussetzungen positiven Rechts lässt die aktuelle Debatte noch in einem anderen Licht erscheinen. In der Konzentration auf Legalitäts- und Legalisierungsfragen wird die Selbstbegrenzung des Rechts zum Schutz der Gewissensfreiheit der und des Einzelnen in Art. 115 StGB kaum wahrgenommen, geschweige denn angemessen gewürdigt. Die Sensibilität für die Grenzen

---

[63] Inzwischen finden über 30% aller Suizidhilfefälle nicht mehr in einer terminalen Krankheitsphase statt; vgl. Fischer et al., Suicide; sowie EXIT, Selbstbestimmt im Leben und im Sterben, Zürich ²2005, 16: «In der Praxis hat das in den letzten Jahren dazu geführt, dass wir im Gegensatz zu früher auch älteren Menschen helfen, die nicht an einer Krankheit leiden, die in absehbarer Zeit zum Tode führt, denen die Summe ihrer Leiden, Schmerzen und Gebrechen aber so zusetzt, dass sie – im strikten Sinne des Wortes – lebensmüde sind. EXIT hat mit dies Praxis-Änderung einen klaren Schritt weg von der Sterbehilfe hin zur Freitodhilfe getan.»

[64] Diesen Zusammenhang reflektiert das sogenannte Böckenförde-Theorem, nach dem nach dem das Recht auf Voraussetzungen beruht, die es selbst nicht garantieren kann; vgl. Ernst-Wolfgang Böckenförde, Die Entstehung des Staates als Vorgang der Säkularisation, in: ders., Recht, Staat, Freiheit. Studien zur Rechtsphilosophie, Staatstheorie und Verfassungsgeschichte, Frankfurt/M. 1991, 92–114 (112f.).

[65] Lienemann, Grundinformation, 307f.

der Normalität und Normierbarkeit der Welt und der verantwortungs-volle Umgang mit dieser Unbestimmtheit, die sich in dem ursprünglichen Strafrechtsparagraphen widerspiegeln, sollte nicht mit dem Argument, dass sich die Zeiten verändert hätten, achtlos beiseitegeschoben werden. Denn die Bemerkung lässt völlig offen, was sich verändert hat. Die Tatsache, dass es zu Beginn des letzten Jahrhunderts keine Suizidhilfeorganisationen gab, spricht ebenso wenig gegen die Berechtigung und Aktualität der damaligen Überlegungen, wie die Tatsache, dass die Auslöser und Gründe für Suizidhandlungen heute andere sind als früher, dass sich die ‹Suizidtechniken› verändert haben oder dass die zunehmende Pluralisierung der gesellschaftlichen Moralvorstellungen und der sukzessive Bedeutungsverlust religiöser Normen für die konkrete Lebensführung, nicht zuletzt in einer wachsenden soziale Akzeptanz des Suizids zum Ausdruck kommen.

Das alles – und viel mehr – hat sich verändert. Aber folgt daraus *ipso facto* auch ein Wandel jener Vorstellungen von Schutzwürdigkeit, Empathie, Gewissensbildung und -bindung oder Verantwortung, die die Juristen und Politiker damals im Blick hatten? Die Frage nach den Gründen für die unbestreitbare Tendenz, eigene Überzeugungen in die rhetorische Formel eines ‹Rechts auf …› zu packen» oder moralische Überzeugungen und Werturteile mit rechtlich-legalistischen ‹Weihen› auszustatten, drängt sich nicht nur in diesem Zusammenhang auf. Zu Recht gibt die NEK zu bedenken: «Weiter bedeutet die Strafnorm von Art. 115 StGB nicht, dass die Beihilfe zum Suizid ethisch akzeptabel ist, solange nur das Motiv kein egoistisches ist.»[66] Der Hinweis muss auch in umgekehrter Richtung stark gemacht werden: Eine rechtliche Regelung – unabhängig davon, wie eng oder weit sie gefasst ist –, kann niemals die verantwortungsethische Reflexion einer Handlungsweise und ihre Prüfung vor dem eigenen Gewissen ersetzen. Muss es einer liberalen Gesellschaft – um der Freiheit Willen – nicht immer auch darum gehen, die Grenzen zwischen Recht und Moral aufrecht zu erhalten, damit beide ‹zu ihrem Recht kommen› können?

Die Diskussion um eine Revision von Art. 115 StGB dreht sich vor diesem Hintergrund um die Frage nach den Möglichkeiten und Grenzen von Normalität und ihrer Normierbarkeit. Die Schwierigkeiten einer rechtlichen Regelung in Grenzbereichen des menschlichen Lebens zei-

---

[66] NEK, Beihilfe, 13.

gen sich unmittelbar in einer Formulierung des EJPD-Berichts von 2006: «Im Zentrum aller Überlegungen steht deshalb das unserer Rechtsordnung zugrunde liegende und zu beachtende absolute Tötungsverbot. Jede Relativierung dieses Grundsatzes ist nicht nur heikel – man denke an die Senkung der Hemmschwelle –, sondern bedarf einer besonders sorgfältigen Abklärung und Abwägung der auf dem Spiel stehenden (Schutz-)Interessen.»[67] Die Sätze irritieren nicht nur aus ethischer Sicht, weil die «Relativierung» eines «absoluten» Verbots nicht «heikel», sondern nur um den Preis des Selbstwiderspruchs möglich ist. Hier handelt es sich aber nicht um eine nachlässige Äusserung. Vielmehr spiegelt die paradoxe Formulierung einen Sachverhalt wider, in dem nicht angemessen zwischen regelgeleiteter Normalität und – der diese mit dem Bruch der Regel gerade bestätigenden – Ausnahme unterschieden wird. Den ‹Vätern› des Strafgesetzbuches waren die begrenzten Möglichkeiten rechtlicher Normierung bewusst. Die Grenzen des Rechts markieren positiv gewendet den Ort der Gewissensentscheidung oder – in theologischer Perspektive – jenen Punkt, an dem Gott mehr gehorcht werden muss, als den Menschen (Apg 5,29).

Die ethischen Bürden, die die Konstruktion des liberalen demokratischen Rechtsstaats seinen Bürgerinnen und Bürgern auferlegt, sollten durch das Recht respektiert und geschützt werden. Erst darin zeigt sich die Freiheit einer liberalen Gesellschaft. Umgekehrt kann Entwicklungen begegnet werden, die in einem inflationären Sog zur Normalisierung am Ende genau die Bedingungen aufs Spiel setzen, denen wir unsere rechtlichen Freiheiten verdanken. Das spannungsreiche Verhältnis zwischen der Freiheit des «Bei-sich-selbst-sein-Könnens» und der Freiheit vor den willkürlichen Übergriffen Dritter lässt sich nur um den Preis von Anarchie oder Diktatur auflösen. Die Spannung wird besonders greifbar im Rahmen von Entscheidungen am Lebensende, wie der Fall Diane Pretty und die beiden anfangs vorgestellten Filme verdeutlichen. Sie fordert das Recht heraus, bis an seine Grenzen und wirft nicht zuletzt weitreichende ethische Fragen auf.

---

[67]   EJPD, Sterbehilfe, 2

VI. Suizidhilfe aus ethischer Perspektive

1. Anfragen

In Robert Musils *Der Mann ohne Eigenschaften* warnt der Romanheld Ulrich davor, sich von einer «Utopie vom exakten Leben»[2] verführen zu lassen, die in einer «Geistesverfassung» bestehe, «die für das Nächste so scharfsinnig und für das Ganze so blind»[3] sei. Statt dem Drang zu mathematischer Exaktheit in ethischen Entscheidungssituationen empfiehlt er: «Die These, dass der grosse Umsatz an Seife von grosser Reinlichkeit zeugt, braucht nicht für die Moral zu gelten, wo der neuere Satz richtiger ist, dass ein ausgeprägter Waschzwang auf nicht ganz saubere innerliche Verhältnisse hindeutet. Es würde ein nützlicher Versuch sein, wenn man den Verbrauch an Moral, der (welcher Art sie auch sei) alles Tun begleitet, einmal auf das äusserste einschränken und sich damit begnügen wollte, moralisch nur in den Ausnahmefällen zu sein, wo es dafür steht, aber in allen anderen über sein Tun nicht anders zu denken wie über die notwendige Normung von Bleistiften oder Schrauben. Es würde dann allerdings nicht viel Gutes geschehn, aber einiges Besseres.»[4]

Musils *alter ego* wendet sich gegen eine überzogene ‹Moralisierung› des Alltags und plädiert für einen sachlichen, bescheidenen und unspektakulären Umgang mit Moral. Manche Diskussion greife allein aus Unkenntnis und Bequemlichkeit auf eine moralisch aufgeladene Rhetorik zurück.

---

[1] Johann Wolfgang von Goethe, Goethes Gespräche. Eine Sammlung zeitgenössischer Berichte aus seinem Umgang, hg. v. Wolfgang Herwig, 5 Bde., Bd. 5, Zürich, München 1972, 103.

[2] Robert Musil, Der Mann ohne Eigenschaften, Bd. 1, Frankfurt/M. 1978, 246.

[3] A.a.O., 245.

[4] A.a.O., 246. Bemerkenswert philosophisch durchbuchstabiert hat Harry G. Frankfurt diesen Gedanken in seiner Philosophie, ausgehend von dem längst klassischen Aufsatz *Freedom of the Will an the Concept of a Person* von 1971; vgl. die Aufsätze in ders., Freiheit und Selbstbestimmung, Berlin 2001; ders., Gründe der Liebe, Frankfurt/M. 2005, sowie Monika Betzler/Barbara Guckes (Hg.), Autonomes Handeln. Beiträge zur Philosophie von Harry G. Frankfurt, Berlin 2000.

Die laute Empörung über die jeweils andere Seite diene häufig nur der Kaschierung des eigenen Unvermögens, die Realität normativer Konflikte und gesellschaftlicher Dissense anzuerkennen und auszuhalten. Diese Kritik klingt einerseits ganz aktuell und andererseits völlig antiquiert. Zeitgemäss sind die Einwände gegenüber einer Lebensweise, die sich den Exaktheitsidealen wissenschaftlicher Rationalität unterwirft. Eine analoge Kritik an der naturwissenschaftlich und technologisch orientierten Medizin steht am Anfang der medizinethischen Diskussionen um die Sterbehilfe und bildet das zentrale Motiv für die Gründung von Suizidhilfeorganisationen. Unverständlich erscheinen Ulrichs moralkritische Überlegungen dagegen vor dem Hintergrund einer einmaligen Ethikkonjunktur in den verschiedenen Wissenschafts-, Technologie- und Gesellschaftsbereichen. Angewandte Ethik – so scheint es – geht als eindeutige Gewinnerin aus den viel diskutierten moralischen Krisen der Gegenwart hervor. Die Medizin- und Bioethik belegen diesen Trend, der auch vor der Sterbehilfe- und Suizidhilfediskussion nicht Halt macht.

Sogenannte ‹Angewandte›, ‹problemorientierte› oder ‹Bereichsethiken› unterscheiden sich von traditionellen Ethiktypen durch ihr spezifisches Ethikverständnis. Ein wesentliches Charakteristikum besteht in ihrer Handlungsfokussierung, im einfachsten Fall in Form der Fragen ‹Wie soll ich mich entscheiden?› oder ‹Was soll ich tun?›.[5] Diese Fragestellungen liegen angesichts der anfangs beschriebenen enormen Ausweitung der menschlichen Handlungsmöglichkeiten nahe. Wenn immer mehr Handlungsoptionen bestehen und deshalb stets mehr entschieden werden muss, braucht es Regeln und Massstäbe, um diesen Anforderungen zu entsprechen und das Handeln zu strukturieren. Die Attraktivität von Ethik besteht aber nicht in ihren Antworten auf gewohnte und routinierte Handlungsabläufe, sondern in ihrer Konfliktlösungskompetenz.

---

[5] So definiert der Philosoph Julian Nida-Rümelin, Vorwort zur ersten Auflage, in: ders. (Hg.), Angewandte Ethik. Die Bereichsethiken und ihre theoretische Fundierung. Ein Handbuch, 2., aktual. Aufl., Stuttgart 2005, VII: «Fragen des richtigen Handelns stellen sich in allen Bereichen einer von Wissenschaft und Technik geprägten Gesellschaft, und die Antworten der Tradition sind oft unzureichend. [...] Die Ethik ist die *Theorie des richtigen Handelns*. Sie entwickelt Kriterien, systematisiert unsere normativen Überzeugungen und gibt Handlungsorientierung in Entscheidungssituationen, in denen wir uns auf unsere alltäglichen moralischen Intuitionen nicht verlassen können. Je konkreter die Problemstellung ist, desto weniger reichen allerdings abstrakte Prinzipien aus, daher hat sich die Ethik im Verlaufe einer verstärkten Anwendungsorientierung in Bereichsethiken ausdifferenziert.»

Ethik ist typischerweise in Dilemmasituationen gefragt, wenn nicht klar ist, wie entschieden oder gehandelt werden soll, weil konfligierende Interessen aufeinanderprallen oder Situationen entstehen, in denen die überkommenen moralischen Überzeugungen und Intuitionen nicht mehr weiterhelfen oder kollabieren.

Dort findet Ethik ein wichtiges Betätigungsfeld – aber längst nicht ihr einziges. Seit ihren Anfängen in der Antike hat Ethik darüber hinaus eine beschreibende und eine kritische Funktion. Sie analysiert die moralischen Überzeugungen, die das Verhalten von Gemeinschaften steuern (*ethos*), ihre Gewohnheiten und Orientierungen und befragt diese auf ihre Voraussetzungen, Grundlagen und Begründungen. Die Reflexion von Moral ist das kritische Geschäft von Ethik.[6] Schliesslich beschäftigt sich Ethik mit dem für die Menschen ‹Guten› (*eudaimonia, summum bonum*) und ‹Gerechten›. Sie denkt über die Richtung menschlichen Handelns nach und zwar nicht nur im Hinblick auf konkrete Handlungszwecke, sondern immer auch im Blick auf das gesamte, gestaltbare und widerfahrene Leben. Ethik thematisiert aus dieser Perspektive den Menschen (Anthropologie), nicht in der Frage, was er tun und lassen soll, sondern in derjenigen, wer er ist und wozu er da ist. Das Spezifische der Aufgabenstellung und Methodik von Ethik besteht darin, dass sie mit einer konkreten Frage alle anderen Themen zugleich mit aufwirft. Auch wenn sie diese nicht erörtert, stehen sie im Raum. Eine Antwort auf die Ausgangsfrage setzt somit – implizit oder explizit – die Beantwortung der anderen Fragen voraus.

Das ganze Themenspektrum steht auch zur Diskussion, wenn nach der ethischen Legitimität von Suizidhilfe gefragt wird. Bereits im Kapitel IV über die theologische Reflexion des Suizids zeigte sich, dass weder von vornherein klar ist, welche Fragen in dem Zusammenhang virulent werden, noch worin die moralische Herausforderung und der ethische Reflexionsbedarf bestehen. Fest steht nur: Der Tod ist ethisch indifferent und entbehrt jeder Moral. Natürlich brechen an dieser Stelle viele Fragen auf, aber welche davon betreffen Moral und Ethik? Es gibt einen Drang zur moralischen Legitimität, der ganz analog zu den Forderungen nach rechtlicher Legalität besteht. Dahinter steckt die eingangs beschriebene Sehnsucht nach Klarheit in einer riskanten Welt. Systemtheoretisch

---

[6] Zu diesem Verständnis des Verhältnisses von Moral und Ethik vgl. näher Lienemann, Grundinformation, 14–24.

betrachtet, geht es darum, Komplexität zu reduzieren, d. h. möglichst viele Optionen auszuschliessen, um überschaubare Entscheidungssituationen zu generieren.

An dieser Stelle kommt die Wahrnehmung von Sterben und Tod als Risiken ins Spiel. Die Transformation von Gefahren in Risiken entspricht einem Perspektivenwechsel im Verhalten vom passiven Objekt bestimmter Verhältnisse, Zustände oder Ereignisse zum aktiven Subjekt und seinen Gestaltungsmöglichkeiten. Gegenüber Risiken verhalten wir uns aktiv, Gefahren zwingen uns zur Passivität. Mit der Vorstellung von Leiden, Sterben und Tod als Risiken werden die genannten Phänomene auf die Seite der Gegenstände menschlichen Handelns geschoben. ‹Gefahren› zwingen dazu, sich darauf einzustellen, ‹Risiken› fordern dazu auf, sie in den Griff zu bekommen. Daraus resultiert die Dominanz der Fragen, wie entschieden und wie gehandelt werden soll. Angewandte, problemorientierte oder Bereichsethiken, die durch ihre Fokussierung auf jene Fragestellungen gekennzeichnet sind, können – ihrem Fokus entsprechend – auch als ‹Risikoethiken› bezeichnet werden. Ihre Aufgabe besteht darin, riskante Handlungssituationen entscheidbar zu halten. Wichtig ist in diesem Zusammenhang, dass nicht die Gegenstände in der Welt *per se* entweder riskant oder gefährlich wären. Sie sind das eine oder das andere, je nachdem unter welche Beschreibung sie gebracht werden. Anders gesagt, Sachverhalte oder Ereignisse sind riskant oder gefährlich, weil wir in der einen oder anderen Weise darüber kommunizieren.

Die Beschreibung des Sterbens mit Hilfe des Risikobegriffs hat die Funktion einer Interpretationsmatrix. Sterben als Risiko verweist auf eine Wahrnehmung des Lebensendes im Modus Aktiv. Das zeigt sich in der aktuellen «Konzentration auf die Beihilfe zum Suizid» in zweifacher Hinsicht: «Zum einen orientieren sich die stark rechtlich geprägten Debatten pragmatisch an dem, *was politisch umsetzbar ist.* Zum anderen kommt auf diese Weise die starke Betonung der Autonomie zum Ausdruck, welche die gegenwärtigen Debatten wie ein roter Faden durchzieht; im Unterschied zur Lebensbeendigung durch einen Arzt bestärkt die Selbsttötung als Ausdruckshandlung die Idee des freiheitlichen Selbst, *das Todesart und -zeitpunkt gemäss eigener Vorstellungen bestimmt.*»[7] Daraus folgen eine Professionalisierung und Operationalisierung des Sterbens. Sterben wird «institutionalisiert, organisiert, ökonomisiert und auf diese Weise biographisch

---

[7] Zimmermann-Acklin, Dem Sterben zuvorkommen, 223 (Hervorhebungen FM).

exkludiert. Entsprechend häufig wird die Beihilfe zum Suizid in der Schweiz nicht *in* der, sondern *vor* dem Einsetzen der Sterbephase durchgeführt, z. B. anlässlich der Einweisung ins Pflegeheim oder der Mitteilung einer schlimmen Diagnose.»[8]

Es wäre wenig hilfreich, solchen Entwicklungen mit einer kulturkritischen oder -pessimistischen Attitüde zu begegnen. Auch moralische Empörung geht – siehe Musils Ulrich – an der Sache vorbei. Interessant ist vielmehr die Erkenntnis der ‹Normalität› und inneren Folgerichtigkeit jener Entwicklungen. Wer nicht einfach irgendwelchen Risiken erliegen oder an ihnen scheitern will, kümmert sich um eine adäquate Risikokalkulation und -absicherung. Solche Strategien sind der Risikowahrnehmung selbst quasi inhärent. Davon zu unterscheiden ist die anders lokalisierte Frage, warum etwas als Risiko oder Gefahr wahrgenommen wird. Dass Gegenstände und Sachverhalte nicht *per se* riskant oder gefährlich sind, sondern kontextuell situiert als solche wahrgenommen werden, verweist auf die normative Dimension des Wahrnehmungshorizontes.

Der methodische Zusammenhang von Fragestellung und Wahrnehmungshorizont ist konstitutiv für die ethische Arbeit. Die Dringlichkeit der Fragen nach dem «richtigen Handeln», mit denen Ethik konfrontiert ist, erklärt ihre spezifische Konzentration und Fokussierung. Antworten reagieren auf Fragen. Die Fragestellung gibt die Richtung der Beantwortung vor. Wenn nach dem «richtigen Handeln» gefragt wird, geht es selbstredend nicht um eine Antwort auf die Frage nach den ‹richtigen Fragestellungen›. Auf die erste Frage mit einer Antwort auf die zweite zu reagieren, würde bedeuten, das Thema zu verfehlen. Und weil wir es gewohnt sind, nach dem «richtigen Handeln» zu fragen, kommt die andere Fragestellung nach den ‹richtigen Fragen› entweder nicht vor oder gerät in den Verdacht, unbrauchbare Antworten (auf nicht gestellte Fragen) zu liefern, die Probleme unnötig zu verkomplizieren und damit die knappen Zeitressourcen zu verschwenden.

Es geht nicht darum, die Relevanz der Fragen nach dem ‹Wie› und ‹Was› von Entscheidungen und Handlungen anzuzweifeln. Die Notwendigkeit, sich in der ‹Risikogesellschaft› aktiv zu verhalten, kann und soll nicht bestritten werden. Die kritischen Nachfragen richten sich aber

---

[8] Ebd., mit Verweis auf Reimer Gronemeyer, Sterben in Deutschland. Wie wir dem Tod wieder einen Platz in unserem Leben einräumen können, Frankfurt/M. 2007, und Susanne Fischer et al., Suicide assisted by two Swiss right-to-die organisations, in: Journal of Medical Ethics 34/2008, 810–814.

gegen eine ethische ‹Selbstgenügsamkeit›, die sich ihre Aufgaben diktieren lässt, ohne die Fragestellungen selbst auf ihre Voraussetzungen, Absichten und Zielsetzungen hin zu reflektieren. Vier Missverständnisse stehen dabei im Vordergrund:

1. *Das rationalistische Missverständnis:* Der Gedanke, Ethik könne rationale Kriterien für konfliktträchtige Entscheidungs- oder Dilemmasituationen bereitstellen, beruht auf einer theoretischen Annahme und einem bestimmten Anwendungsinteresse. In Analogie zur Anwendung von Recht im Gerichtsverfahren, soll Ethik moralische Prinzipien bereitstellen oder generieren, die einerseits so allgemein und andererseits zugleich so spezifisch formuliert sind, dass sie auf alle möglichen Entscheidungs- und Handlungssituationen eines Typs angewendet werden können. Die rational-kognitivistische Fundierung soll eine breite Zustimmung und die Anwendungstauglichkeit sichern. Lange Zeit wurden Varianten des utilitaristischen Nutzensprinzips als Kandidaten für eine solche Prinzipienethik mittlerer Reichweite gehandelt. Unabhängig von der Karriere des Utilitarismus scheitern so konstruierte Prinzipien an der – gerade in medizinethischen Kontexten virulenten – Frage, «ob es denn rational ist, sich stets *nur* rational zu verhalten oder ob es wirklich immer nützlich ist, den Nutzen möglichst vieler zu maximieren».[9]

2. *Das perfektionistische Missverständnis:* Diese ethische Überforderung resultiert aus der beschriebenen Transformation menschlicher Grenzsituationen in kalkulierbare Risiken und verweist auf ein notorisches Realitätsdefizit. Gerade im Bereich der Medizinethik machen wir ständig die Erfahrung, dass die Entscheidungssituationen viel komplexer sind, als es unsere rationalen Entscheidungsverfahren erfassen. Das Medizinsystem hält medizinische Entscheidungsverfahren bereit, aber sind etwa ein Sterbender, eine Schwangere oder ein HIV-Infizierter – nur oder überhaupt – Kranke im Sinne eines medizinischen Krankheitsverständnisses?

3. *Das instrumentelle Missverständnis:* Damit ist der für viele Anwendungsfelder der Bereichsethiken typische Reduktionismus gemeint, der Ethik auf eine technische oder pragmatische Lösungsstrategie für vorgegebene Problemsituationen verkürzt. Das oben skizzierte Fragennetz, in dem sich Ethik notwendig befindet, also die konstitutive ethische Ver-

---

[9] Wolfgang Lienemann, Das Wohl der Anderen. Zur Kritik der utilitaristischen Ethik bei Peter Singer, in: Hans Ulrich Germann et al. (Hg.), Das Ethos der Liberalität. FS f. Hermann Ringeling, Freiburg/Ue., Freiburg/Br. 1993, 232–253 (233).

mittlungsaufgabe zwischen Theorie und Praxis wird vollständig ausgeblendet.

4. *Das individualistische Missverständnis*: Die hier ins Auge gefasste Verkürzung betrifft das ethische Subjekt. Angesichts der methodischen Probleme von Ethik, aber auch als Ausdruck einer diffusen Moralkritik oder aus der Haltung eines moralischen Relativismus heraus werden ethische Entscheidungssituationen an das einzelne Subjekt delegiert. In medizinethischen Kontexten wird dabei gewöhnlich auf die persönliche Gewissensentscheidung verwiesen, ohne das ausgeführt wird, was damit gemeint ist, woran sich ein solches Urteil orientiert und was aus der so getroffenen Entscheidung folgt. In vielen ethischen und rechtlichen Debatten hat der Gewissensbegriff eine Platzhalter- oder Brückenfunktion, der ethische Desiderata verdeckt. Zugleich korrespondiert der Gewissensbegriff mit dem liberalen Selbstbestimmungsparadigma, der die Autonomie des Entscheidungs- und Handlungssubjekts signalisiert.

Die folgenden Bemerkungen zu einigen exemplarischen Aspekten ethischer Entscheidungsfindung am Lebensende setzen ein kritisches Ethikverständnis voraus. Überprüft wird die Plausibilität und Tragfähigkeit von Entscheidungskriterien, wie sie in den aktuellen Diskussionen häufig begegnen oder implizit vorausgesetzt werden.

2. Medizinethische Aspekte

Die Besonderheit der schweizerischen Suizidhilfediskussion gegenüber den internationalen Debatten beruht auf der spezifischen Praxis der organisierten Suizidhilfe, an der massgeblich medizinische Laien beteiligt sind. In der internationalen Diskussion liegt dagegen der Schwerpunkt auf Fragen der medizinischen Sterbehilfe. «Die erste Perspektive stellt Selbstbestimmung und das Recht auf den eigenen Tod in den Vordergrund. Beihilfe zum Suizid ist unter diesem Gesichtspunkt nicht nur dann erlaubt, wenn eine terminale Krankheit vorliegt. [...] Die zweite Perspektive richtet sich weniger auf ein Recht auf den eigenen Tod als auf die Situation des Arztes. [...] Ethisch steht die Frage im Vordergrund, ob es in der Situation krankheitsbedingten schweren Leidens ein Gebot der ärztlichen Fürsorge sein kann, den Tod herbeizuführen.»[10]

---

[10] Rippe, Suizidbeihilfe, 182.

Bereits ein kurzer Blick auf die entsprechenden Kontroversen verdeutlicht die Bedeutung der gewählten Akteurs- bzw. Adressatenperspektive.[11] Tendenziell eröffnen Voten, die das Selbstbestimmungsrecht Sterbender und Sterbewilliger betonen, grössere Handlungsspielräume, als Stellungnahmen, die die ärztliche Tätigkeit in den Vordergrund rücken.[12]

In seinem Urteil vom November 2006 stellt das schweizerische Bundesgericht allerdings «ein Umdenken» fest, wonach «die Suizidhilfe zusehends als freiwillige ärztliche Aufgabe verstanden wird, die zwar keinem Arzt aufgedrängt werden kann, aber auch aufsichts- bzw. standesrechtlich nicht ausgeschlossen erscheint».[13] Weil die Sterbe- und Suizidhilfepraxis nicht explizit durch Strafnormen erfasst wird, haben die ethischen Richtlinien bzw. Sorgfaltskriterien der Nationalen Ethikkommission im Bereich Humanmedizin (NEK) und der Zentralen Ethikkommission (ZEK) der Schweizerischen Akademie der Medizinischen Wissenschaften (SAMW) ein grosses Gewicht. Die NEK veröffentlichte 2005 ihre – im Auftrag des EJPD angefertigte – Studie *Beihilfe zum Suizid*, die sie ein Jahr später um *Sorgfaltskriterien im Umgang mit Suizidhilfe* ergänzte.[14] Die ZEK der SAMW setzte 2002 eine interdisziplinäre Arbeitsgruppe zur Überarbeitung der – seit 1995 in vierter überarbeiteter Fassung vorliegenden – *Richtlinien für die ärztliche Betreuung sterbender und zerebral schwerst geschädigter Patienten* ein. 2004 wurden zunächst die Richtlinien zur *Behandlung und Betreuung zerebral schwerstgeschädigter Langzeitpatienten* und kurze Zeit später die Richtlinien zur *Betreuung von Patientinnen und Patienten am Lebensende* publiziert.[15]

---

[11] Vgl. Georg Bossard, Die Tätigkeit der Sterbehilfeorganisationen und die Rolle des Arztes, in: Rehmann-Sutter et al. (Hg.), Beihilfe, 21–30, bes. 21–23. Bossard unterscheidet zwei grundsätzliche Blickwinkel bei der Suizidbegleitung: erstens Suizidbegleitung als eine Form *medizinischer Entscheidungen am Lebensende* und zweitens als *Sonderform des Suizids*.

[12] Vgl. Reiter-Theil, Ethische Probleme, die auf die defensive Haltung der schweizerischen Ärztinnen und Ärzte gegenüber Fragen der Sterbehilfe hinweist.

[13] Bundesgericht, 2A.4812006; 2A.66/2006, Abs. 6.3.4.; vgl. SAMW, Betreuung von Patientinnen, Abs. 4.1.

[14] Vgl. NEK, Beihilfe; dies., Sorgfaltskriterien.

[15] Vgl. SAMW, Behandlung und Betreuung zerebral schwerstgeschädigter Langzeitpatienten, Basel 2003; dies., Betreuung; zu Entstehung und Inhalt Markus Zimmermann-Acklin, Die Richtlinien der SAMW: Kernaussagen und Regelung der ärztlichen Suizidbegleitung, in: Rehmann-Sutter et al. (Hg.), Beihilfe, 67–78.

Die ethischen Richtlinien und Sorgfaltskriterien behandeln das weite Feld von Entscheidungen am Lebensende. Es geht um Fragen nach dem Adressatenkreis von Sterbe- und Suizidhilfe sowie danach, welche Handlungen und Unterlassungen in welchen Situationen und unter welchen Bedingungen ethisch vertretbar sind oder nicht. Ausgangspunkt und Zentrum der Überlegungen bilden die Anerkennung und der Schutz des Selbstbestimmungsrechts jeder Person, unabhängig von ihren physischen, kognitiven, mentalen und psychischen Zuständen. Voraussetzungen («Minimalbedingungen») für die Suizidhilfe sind:

– Die betroffene Person befindet sich in einer Krankheitsphase, die aller Voraussicht nach bald zum Tod führen wird (SAMW), oder das krankheitsbedingte Leiden ist so gross, dass ein Weiterleben unerträglich geworden ist (NEK).
– Der Suizidwunsch darf kein Symptom der Erkrankung selbst (z. B. Depression) sein (NEK).
– Alternative Optionen (Palliative Care) wurden mit der betroffenen Person vorher intensiv erörtert (informed consent) oder sind ausgeschöpft (SAMW). Die sterbewillige Person entscheidet sich in genauer Kenntnis der Alternativen (ärztliche Behandlung, Sozialhilfe, Therapie) für den assistierten Suizid (NEK).
– Die sterbewillige Person ist urteilsfähig, ihr Sterbewunsch ist wohlerwogen, ohne äusseren Druck entstanden, dauerhaft und konstant. Das Vorliegen dieser Voraussetzungen wird von einer unabhängigen Drittperson eingehend und über einen bestimmten Zeitraum kontinuierlich geprüft.
– Eine unabhängige Zweitmeinung bestätigt das Urteil (NEK).

Die hier zusammengefassten Kriterien sind – ihrer Absicht, ihrem Anwendungsbereich und Genre entsprechend – pragmatisch an der medizinischen Alltagspraxis orientiert. Die Frage der Beteiligung von Ärztinnen und Ärzten bei der Suizidhilfe wird in dem SAMW-Dokument nicht eindeutig beantwortet. Die Richtlinien präsentieren eine Kompromissformel, die die Suizidassistenz ausdrücklich nicht als ärztliche Tätigkeit deklariert, aber der persönlichen Gewissensentscheidung überlässt.[16] Die Dokumente von NEK und SAMW spielen in der jüngeren Vergangen-

---

[16] Inzwischen wird ihre Ergänzung um explizite Handlungsorientierungen für die Suizidbeihilfe gefordert; vgl. Schwarzenegger, Das Mittel; Raggenbass/Kuhn, Kein Menschenrecht.

heit in zwei Zusammenhängen eine wichtige Rolle. Die SAMW-Richtlinien sind Vorbild für die eine Variante des bundesrätlichen Entwurfs zu
einer Revision von Art. 115 StGB vom Herbst 2009. Das NEK-Dokument bildet die Vorlage für die im Sommer 2009 geschlossene Vereinbarung zwischen EXIT und der Oberstaatsanwaltschaft Zürich.[17]

Die Zürcher Vereinbarung ist trotz seiner rechtlichen Mängel in ver-
schiedenerlei Hinsicht aufschlussreich. Das Papier dokumentiert die erst-
malige offizielle staatliche Anerkennung einer Suizidhilfeorganisation und
ihrer Tätigkeiten. Inhaltlich geht es mit der Definition des Adressatenkreises von Suizidhilfe weiter, als jedes andere offizielle Dokument. Als
Personengruppen eigens aufgeführt werden: psychisch Kranke, Menschen mit einer fortschreitenden Demenz, Menschen, die zusammen
sterben wollen (Doppelsuizide) und junge Menschen (4.4.1–4.4.). Aus
dem Text geht nicht hervor, ob und inwiefern bei solchen Menschen ein
«schweres, krankheitsbedingtes Leiden» (4.2) vorliegen muss. Aufhor-
chen lässt dabei die Formulierung «Personen ohne schweres körperliches
Leiden unter 25 Jahren ist keine Suizidhilfe zu gewähren» (4.4.4).[18]

Die Brisanz dieser Ausweitung zeigt sich, wenn sie zu den derzeit
geltenden Bestimmungen in Beziehung gesetzt wird. Da die kantonale
Vereinbarung festlegt, dass Suizidhilfe ausschliesslich unter Verwendung
des verschreibungspflichtigen Barbiturats Natrium-Pentobarbital (NaP)
durchgeführt werden darf und damit zwingend die Beteiligung von Ärztinnen und Ärzten voraussetzt, sind die entsprechenden standesethischen Bestimmungen heranzuziehen. Die SAMW schreibt als zwingende
Voraussetzung für eine medizinische Beihilfe zum Suizid fest: «Die Erkrankung des Patienten rechtfertigt die Annahme, dass das Lebensende
nahe ist.»[19] Die NEK formuliert an dieser Stelle weiter: «Es sollen darum
nur Personen in Frage kommen, die krankheitsbedingt schwer leiden»,
ergänzt um die Fussnote: «Der Begriff Krankheit wird in einem weiten

---

[17] Am 16. Juni 2010 hat das Bundesgericht in öffentlicher Beratung (1C-438/2010)
die Vereinbarung für nichtig erklärt. Das Gericht betont 1., dass «das geltende Recht
solcher Vereinbarungen zwischen Privaten und Strafverfolgungsbehörden nicht zu[las-
se]», 2., dass der Gegenstand der Regelung von so grundlegender Bedeutung sei, dass nur
der Bundesgesetzgeber zuständig sein könne und 3., dass die Vereinbarung «eine ver-
botene Erweiterung von Artikel 115 des Strafgesetzbuches dar[stelle], der die Suizidbeihilfe abschliessend regle» (Bundesrat kippt die Exit-Vereinbarung, in: NZZ-Online,
16.06.2010).
[18] Oberstaatsanwaltschaft ZH/EXIT, Vereinbarung.
[19] SAMW, Betreuung, Abs. 4.1.

184

Sinn verstanden. Er umfasst beispielsweise auch Leiden, die in Folge von Unfall oder schwerer Behinderung entstehen.»[20]

Die Oberstaatsanwaltschaft Zürich und EXIT orientieren sich bei der Formulierung ihrer eigenen Kriterien an dem NEK-Dokument. Die Spannung zwischen den strengeren SAMW-Formulierungen und der Ausweitung in den entsprechenden NEK-Passagen wird in der oberstaatsanwaltschaftlichen Vereinbarung zugunsten der weiteren Lesart aufgelöst. Damit werden die – für Ärztinnen und Ärzte verbindlichen[21] – SAMW-Richtlinien faktisch ausser Kraft gesetzt. Hatte Ludwig Minelli mit dem Helium-Suizid die begrenzte Reichweite medizinisch-ethischer Richtlinien an einem praktischen Beispiel demonstriert, so wirft die Vereinbarung der Oberstaatsanwaltschaft Zürich die Frage nach dem Status und der Verbindlichkeit von ethischen Richtlinien auf. Die Helium-Methode und die kantonale Vereinbarung zeigen auf je eigene Weise, wie das gut funktionierende Ineinandergreifen von Art. 115 StGB und den medizinisch-ethischen Richtlinien ausgehebelt werden kann. Wurde diese aus einer Synthese von Strafrecht und *soft law* bestehende Grenze vorher allenfalls umgangen, so stellte die Vereinbarung einen Versuch da, diese Grenze – mit oberstaatsanwaltschaftlicher Hilfe – aufzuheben.[22]

Die folgende Tabelle fasst einige wichtige Unterscheidungsmerkmale zwischen Suizidbeihilfe und Sterbehilfe zusammen:

---

[20] NEK, Sorgfaltskriterien im Umgang mit Suizidbeihilfe. Stellungnahme Nr. 13/ 2006, Bern 2006, Abs. 4.2.

[21] Vgl. SAMW: «Die Zentrale Ethikkommission […] formuliert […] Richtlinien und Empfehlungen. Diese werden in der Regel in die Standesordnung der FMH aufgenommen und dadurch für FMH-Mitglieder verbindlich.» (http://www.samw.ch/de/ Ethik/Richtlinien/Aktuell-gueltige-Richtlinien.html; 30.05.2010). Die in den Anhang 1 E der Standesordnung der FMH aufgenommenen SAMW-Richtlinien zur Betreuung von Patientinnen und Patienten am Lebensende sind am 4. September 2005 in Kraft getreten.

[22] Bemerkenswerterweise löste das Dokument, einschliesslich seiner hier skizzierten Konsequenzen keine nennenswerten öffentlichen Reaktionen aus.

	Kriterium	Suizidhilfe	Sterbehilfe
sterbende / sterbewillige Person	*Geltungsbereich*	prinzipiell unbeschränkt	Patienten in der letzten Lebensphase
	Urteilsfähigkeit	vorausgesetzt	nicht vorausgesetzt
	Handlungsfähigkeit	vorausgesetzt	nicht vorausgesetzt
	Sterbewunsch	vorausgesetzt	nicht vorausgesetzt
	Begründung	autonomer, anhaltender (nicht affektgeleiteter, momentaner) und reflektierter Willensentscheid	Patientenverfügung, autonomer Willensentscheid (nicht zwingend und nicht hinreichend), mutmasslicher Wille, wohlverstandenes Interesse
assistierende Personen / Medizinpersonal	*Handlungsmotiv*	Respekt / Fürsorge / Solidarität	Respekt / Fürsorge / Schmerzlinderung / Erhaltung und Förderung der Lebensqualität in der letzten Lebensphase / ärztliche, therapeutische, pflegerische Verantwortung bzw. Rollen- und Selbstverständnis
	Handlungskompetenz	Suizid-Assistenz	passive / indirekte / (aktive) Sterbehilfe / Palliative Care[23]
	Handlungs- und Rechtsgrundlage	Art. 114 und 115 StGB Patientenverfügung[24]	Art. 114 und 115 StGB / Patientenverfügung / Standeskodizes / Ethische Richtlinien

Abb. 3: Zur Unterscheidung von Suizidhilfe und Sterbehilfe

---

[23] Ob und inwieweit Palliative Care eine grundsätzliche Alternative zur Sterbehilfe aber auch Suizidhilfe darstellt oder ob Sterbe- und Suizidhilfe Teilaspekte eines integrativen Palliative-Care-Konzepts darstellen (können), wird kontrovers diskutiert.

[24] Anstelle der relevanten standesethischen Richtlinien von SAMW bzw. FMH gelten nach Aussagen von EXIT-Vorstandsmitgliedern für die mit ihnen zusammenarbeitenden Ärzte die Ethikrichtlinien von EXIT. Die Suizidhilfeorganisation hat selbst eine Patientenverfügung erarbeitet, die nicht nur Vereinsmitgliedern zur Verfügung steht.

3. Von der Natürlichkeit des Sterbens

In modernen, hoch zivilisierten Gesellschaften versteht sich die Frage danach, was natürlich ist, keineswegs von selbst. Genau genommen, ist bereits die Frage selbst Ausdruck kulturell erzeugter Wahrnehmungen und Überzeugungen und damit durch und durch ‹künstlich›. Denn die Begriffe, die wir in der Frage verwenden, haben wir nicht aus der Natur, sondern verdanken sie unserer Kultur. Das gilt umso mehr für unser Nachdenken über uns selbst, das Leben und den Tod. Natürlich ist die Begrenztheit allen Lebens natürlich. Es ist natürlich, dass Leben vergeht, dass Menschen sterben. Aber ist es auch natürlich, wie das geschieht? Und sind den Menschen ihr Sterben und Tod auch in der Weise ‹natürlich› wie ihnen ihr Geschlecht, ihr Schlaf oder ihr Körper selbstverständlich und vertraut sind?

Dass der Tod des Menschen etwas Natürliches ist, sagt nichts darüber aus, ob der individuelle – ihr oder sein – Tod ‹natürlich› ist. Die erste Behauptung bezieht sich auf die biologische Gattung ‹Mensch›, die zweite auf konkrete Personen. Sowohl in der medizinethischen wie in der Sterbehilfediskussion wird häufig vom ‹natürlichen› Sterben oder Tod in Abgrenzung gegenüber zweifelhaften lebensverlängernden medizinischen Interventionen einerseits und willkürlicher Lebensvernichtung andererseits gesprochen. In beiden Fällen wird in konkretes Leben eingegriffen, indem es willentlich verlängert oder ebenso absichtlich verkürzt wird. Was aber wäre das Gegenteil von solchen intendierten Eingriffen? Worin bestünde mit anderen Worten die ‹natürliche› Alternative?

Die Selbstverständlichkeit, mit der Sterben und Tod als zur ‹Natur› des Menschen gehörig betrachtet werden, «steht in schärfstem Kontrast zur alltäglichen, zur medizinischen und zur juridischen Begründung von Todesfällen. Studieren wir die Statistik: ein Teil der Menschen stirbt an Unfällen, ein (neuerdings gar nicht mehr so kleiner) Teil durch Suizid, ein anderer Teil stirbt an Zivilisationskrankheiten, am Krebs oder am Herzinfarkt. Keiner stirbt an seiner Natur, jeder Todesfall wirkt vermeidbar. Vor dreihundert Jahren starb man noch vorwiegend an Krieg, Hunger oder Pest; welchen Todesfaktor sollte man der Natur zurechnen? Es waren doch die Kriege, die zu den Hungersnöten und zu den Epidemien ihren konstitutiven Beitrag leisteten!»[25] Sterben ‹geschieht›

---

[25] Macho, Todesmetaphern, 34.

nicht einfach, sondern wird in vielen – und immer mehr – Fällen *ge-macht*. Kaum ein Mensch stirbt unabhängig oder jenseits menschlichen *Tuns* und *Unterlassens*. Niemand verweigert die Einnahme von Blutdruck oder Cholesterin senkenden Präparaten mit dem Hinweis, hier würde künstlich Leben verlängert, also in einen ‹natürlichen› Ablauf von Leben und Sterben eingegriffen. Tatsächlich aber werde dort massiv in die Natur eingegriffen – oder mit den Worten des französischen Philosophen Victor Jankélévitch: «ich glaube, dass die Idee, der zufolge die Medizin der Natur Gewalt antut, die Grundlage der Medizin ist: er tut nur dies, der Arzt».[26] Anders herum gilt die Verweigerung einer Therapie bei einer lebensbedrohlichen Erkrankung nicht (in jedem Fall) als Sterbewunsch oder Suizidversuch, sondern als selbstverständliche und moralisch unkontroverse Entscheidung einer selbstbestimmten Person, wenngleich der Entschluss tödliche Folgen für sie haben wird. Dass etwa die Gabe von starken Schmerzmitteln oder sedierenden Medikamenten den Sterbeprozess beschleunigen kann, ist bekannt und wird (in vielen Fällen ganz selbstverständlich) in Kauf genommen. In diesen und unzähligen weiteren Situationen, wird in die ‹Natur› des Sterbens – und damit des Lebens – eingegriffen. Leben und Tod sind in vielfältiger Weise ‹künstlich› hergestellte, manipulierte und technologisch gesteuerte Prozesse, denen sich in unserer Zivilisation kaum jemand entziehen kann und in vielen Situationen aus guten Gründen auch nicht verweigern wollen kann.

Wer gegen die gesellschaftliche «Expertisierung» und «Institutionalisierung» des Sterbens[27] für «das natürliche Ende des Lebens»[28] eintritt, muss erklären können, was mit dem «natürlichen Ende» gemeint ist und

---

[26] Vladimir Jankélévitch, Zur Euthanasie. Gespräch mit Pascal Dupont, in: ders, Kann man den Tod denken?, 49–85, hier 57. Ähnlich formulieren die Expertengruppe der SAMW, die Verbindung Schweizer Ärztinnen und Ärzte (FMH) sowie die fünf Medizinischen Fakultäten: Zukunft der Medizin Schweiz: Ziele und Aufgaben der Medizin zu Beginn des 21. Jahrhunderts, Basel 2004, 6: «Seitdem es Menschen gibt, bedeutet die Medizin ein Auflehnen gegen Krankheit, Leiden und Tod.»

[27] Ursula Streckeisen, Sterbekultur im Spital und gesellschaftliche Entwicklungen, in: Competence 7–8/2002, 4–7 (4).

[28] Pia Hollenstein, Sterbehilfe als Lebenshilfe ohne aktive Sterbehilfe, in: Alex Schwank/Ruedi Spöndlin (Hg.), Vom Recht zu sterben zur Pflicht zu sterben. Beiträge zur Euthanasiedebatte in der Schweiz, Zürich 2001, 35–44 (42); vgl. auch das Papier der KEK, Contribution: «If no tube treatment is given, the patient may die a natural death, but without having a chance of the improvement of his/her situation.»

worin die ‹Natürlichkeit› des Sterbens besteht. Ein naturromantisches Ideal vom lebenssatten, zufriedenen, sich selbst ereignenden Sterben widerspricht der Realität heutiger Selbst- und Fremderfahrungen von Krankheit, Siechtum, Sterben und Tod. Wie lange ist ein Sterben ‹natürlich› und wann wird es ‹unnatürlich›: bei der Einlieferung in ein Spital, bei der Einnahme von Medikamenten, bei der Konsultation eines Arztes, bei der Inanspruchnahme von Spitexleistungen oder bei einem Leben in Krieg, Hunger, Not und Elend? Ist der AIDS-Tod in Afrika ‹natürlicher› als der in Europa, weil der eine ohne medizinische Versorgung, der andere aber viel später nach umfangreicher medizinischer Therapie eintritt? Ist es überhaupt ‹natürlich› an AIDS zu sterben? Und: «Wie passt denn der ‹natürliche Tod› zu der erstmals installierten Möglichkeit, die gesamte Gattung auszurotten und diesen Planeten für immer unbewohnbar zu machen?»[29] So befremdlich die Fragen klingen mögen, so berechtigt sind sie angesichts des häufig unreflektierten Hinweisens auf eine angebliche ‹Natur der Sache›.

‹Natürlichkeit› im Sinne eines passiven Geschehen-Lassens oder Hinnehmens widerspricht nicht nur der gesellschaftlichen Wirklichkeit von Sterben und Tod, sondern kollidiert mit unseren – vor allem christlich geprägten – Vorstellungen von Anteilnahme, Solidarität, Verantwortung, Fürsorge und Sympathie. Dabei kommt es zunächst nicht darauf an, ob und wie diese Überzeugungen in die Tat umgesetzt werden, aber der Gedanke, einen sterbenden Menschen einfach den biochemischen Vorgängen seines Körper zu überlassen oder auszuliefern, gilt zurecht als unmenschlich. Das ‹Natürliche› ist genauso wenig *per se* das ‹Menschliche› wie das ‹Künstliche›. Hinter der metaphorischen Gegenüberstellung von ‹natürlich› versus ‹künstlich› verbergen sich auf einer vor-reflexiven Stufe vielmehr alternative Perspektiven des Sterbens: Angesichts einer bedrohlichen, hoch technisierten und daher häufig als ‹unmenschlich› empfundenen Apparatemedizin, erscheint die Vorstellung eines ‹natürlichen›, unabhängig von Geräten und Spezialistinnen vor sich gehenden Sterbens als ‹human›. Diese Position wird von beiden Seiten, Sterbehilfebefürwortern wie Suizidhilfekritikerinnen entschieden vertreten. Die Rede vom ‹natürlichen› oder ‹unkontrollierten› Sterben erfolgt als Gegenentwurf zu einem ‹hospitalisierten› und ‹medizinisch überwachten› Sterbeprozess und meint in dieser Konfrontation nichts anderes als ein – wie auch

---

[29] Macho, Todesmetaphern, 45.

immer näher zu bestimmendes – ‹menschliches› Sterben. Das ‹Menschliche› an solchen Sterbeprozessen betrifft dann sowohl die Situation der sterbenden Person selbst, wie die Art und Weise ihrer sozialen Integration.

Die Rede vom ‹natürlichen› Sterben und Tod muss aber noch in einer anderen Hinsicht hinterfragt werden. In der ‹Ja, natürlich …› verweist der Ausdruck ‹natürlich› auf etwas Selbstverständliches, Evidentes oder Vertrautes. Simone de Beauvoir hat diesen Bezug im Blick, wenn sie am Ende ihres eindrücklichen Berichts über das Sterben ihrer krebskranken Mutter feststellt: «Einen natürlichen Tod gibt es nicht: nichts, was einem Menschen je widerfahren kann, ist natürlich, weil seine Gegenwart die Welt in Frage stellt. Alle Menschen sind sterblich: aber für jeden Menschen ist sein Tod ein Unfall und, selbst wenn er sich seiner bewusst ist und sich mit ihm abfindet, ein unverschuldeter Gewaltakt.»[30] Sterben und Tod entziehen sich jeder harmonisierenden Aneignung. Es kann Gelassenheit gegenüber dem eigenen Sterben und Tod geben, es kann Hoffnung *über* den Tod *hinaus* geben – nicht aber Vertrautheit. Worauf sollte ein solches Vertrauen auch gerichtet sein? Muss es nicht vielmehr – in Anlehnung an den Satz Ludwig Wittgensteins «Das Spiel des Zweifelns selbst setzt schon die Gewissheit voraus»[31] – umgekehrt heissen, dass der Zweifel im Sterben die Gewissheit des Todes voraussetzt?

Die Kategorie des ‹Natürlichen› eignet sich nicht als Kriterium, um ein ungewünschtes von einem gewollten Sterben zu unterscheiden, denn erstens würde damit ein Zustand behauptet, den es weder gibt, noch der in jedem Fall wünschenswert wäre, und zweitens würde zugleich die Evidenz einer Situation suggeriert, die jeder Selbstverständlichkeit spottet. Als Metapher verweist die Rede vom ‹Natürlichen› allerdings auf bestimmte Intuitionen, Hoffnungen oder Ängste, die in der Verweigerung gegenüber unkontrollierbaren – bestimmten sozialen ‹Systemlogiken› oder medizinisch-technologischen ‹Sachzwängen› folgenden – Entwicklungen zum Ausdruck kommen.

---

[30] Simone de Beauvoir, Ein sanfter Tod, Reinbek b. Hamburg 1965, 119f.
[31] Ludwig Wittgenstein, Über Gewissheit, Werkausgabe, Bd. 8, Frankfurt/M. 1989, 115.

4. Selbstbestimmung auf der Grenze

Autonomie (griech. *autos nomos* = Selbstgesetzgebung) als Fähigkeit des Menschen, sich in seiner Eigenschaft als Vernunftwesen, in Freiheit selbst zu bestimmen, ist die Idee der Aufklärung. Selbstbestimmung, im Sinne der souveränen Herrschaft über das eigene Sein, ist das Ideal des post-modernen Individualismus. Das eine hat mit dem anderen weniger zu tun, als es auf den ersten Blick scheint. Während der kantische Begriff die Freiheit gegenüber der Naturkausalität (Heteronomie als Abhängigkeit von den Naturgesetzen) im Blick hat, besteht, wie die Suizidhilfediskussion plastisch zeigt, individualistische Souveränität gerade in einer – unter Umständen prekären – Abhängigkeit von der natürlichen Existenz. Denn unabhängig davon, ob ein Leben zu Ende geht oder von einem Menschen willentlich beendet wird, ist das biologische Sein der bedingende Faktor. Begriffsgeschichtlich können die Vorstellungen als Selbstbestimmung aus Freiheit versus Selbstbestimmung kraft Herrschaft kontrastiert werden.

In der Suizidhilfediskussion wird in gewisser Weise das sehr alte politische und soziale Verständnis von Selbst-Ständigkeit auf die eigene leibliche Existenz übertragen. Es geht viel weniger um die Zurückweisung eines medizinischen Paternalismus, der heute als Standardkritik gegenüber dem Medizinsystem längst ausgedient hat, als um den Widerstand gegen die drohende Heteronomie des Leibes. Mit der ‹Logik› der Suizidhilfe korrespondiert eine Tendenz zur ‹Entleiblichung› des Menschen. Der Leib wird nicht als bedingende Ganzheit des Menschen betrachtet, sondern funktional als bedingte Grösse menschlicher Interessen. So selbstverständlich heute ein selbstbestimmter Tod gefordert wird, so unverständlich ist die Forderung im Hinblick auf die darin vorausgesetzte Leibrelation.

Der Psychiater Klaus Dörner unterscheidet deshalb zwischen der (Patienten-)Autonomie als aufklärerisches Prinzip der Selbst-Gesetzgebung und der Selbstbestimmung der Patienten «im Sinne von Verbraucherschutz-Wunscherfüllung von Dienstleistungskunden».[32] Gegenüber dem kantischen – auf Reziprozität und Universalisierung angelegten – Autonomiekonzept, diagnostiziert Dörner in der Moderne eine «dro-

---

[32] Klaus Dörner, Autonomie am Lebensende, in: Loewy (Hg.), Selbstbestimmtes Sterben, 89–94 (89).

hende Individualisierung der Autonomie zur blossen Willkür».[33] Dass eine solche ermässigte Autonomie die Komplexität und Relationalität menschlicher Existenz niemals einfangen kann, ist offensichtlich. «Denn da die Menschen in der Regel nicht isoliert, sondern in ihrer Lebenswelt in Beziehungen leben, oft genug auch heteronom, abhängig und fremdbestimmt, was mit der Geburt anfängt, während des Erwachsenenlebens in Zeiten von Krankheit, Behinderung und Not immer wieder auftritt, um sich im Sterben wieder zu intensivieren, kann das Medien-Menschenbild der permanenten Steigerbarkeit von Autonomie schlechterdings nicht die ganze Wahrheit sein, muss daher gegen den Strich gebürstet werden.»[34]

Die Einsicht, dass im Leben nicht alles so geschieht, wie es die Lebenden sich vorstellen und dass das eigene Leben nicht nur den eigenen Absichten folgt und von dem Selbst geformt und geprägt wird, ändert nichts an der Tatsache, dass dieses Leben das eigene Leben ist und bleibt, solange der Mensch lebt. Mein Leben kann zu Ende gehen, obwohl ich die Entscheidung nicht getroffen habe und mich mit allen Mitteln dagegen sträube. Aber selbst wenn mir das Leben – metaphorisch gesprochen – zum Gegner wird, sich gegen mich und meine Interessen richtet und mich in meinen Tod zu reissen droht, hört es nicht auf, mein Leben zu sein. Mehr noch, unabhängig von der Ohnmacht, die dem Verfall des eigenen Leibes gegenüber empfunden werden kann, bleibt es das Leben einer selbstbestimmten Person. Diese Einsicht ist auf der einen Seite trivial. Auf der anderen Seite weist sie aber auf einen Irrtum hin, dem die Berufung auf ein Selbstbestimmungsrecht häufig erliegt: Selbstbestimmung zeigt sich nicht in der Herrschaft über den eigenen Leib. Sie steht und fällt auch nicht mit der Möglichkeit oder dem Verlust souveräner Leib- und Lebensbeherrschung. Sie ist keine abhängige Variable des faktischen Lebensverlaufs und der kontingenten Zustände des Leibes, ohne freilich unabhängig davon zu bestehen.

Der häufig zu hörende Einwand, das Plädoyer für den Lebensschutz liefe auf eine ‹Enteignung› des eigenen Leibes und Lebens und damit auf eine Entmündigung der Person hinaus, ist also falsch, weil damit ein Bedingungsverhältnis unterstellt wird, das es nicht gibt. Menschen sind nicht aus sich heraus Menschen (geworden). Ihnen gehören nicht ihr Leib und

---

[33] A.a.O., 90.
[34] A.a.O., 89.

ihr Leben, in dem Sinne, wie sie Gegenstände besitzen und ihr Eigentum nennen. Den eigenen Leib zu verschenken, bedeutet entweder, sich zu verschenken oder sich selbst auszulöschen. Menschen sind ihr Leib und ihr Leben. Beides ist ihnen zugleich Subjekt (im Erleben) und Objekt (im Abstand des Beobachtens und Nachdenkens). Menschen können sich nur in ihrer Leiblichkeit – nicht ausserhalb oder jenseits davon – zu sich und ihrem Leib verhalten. Leiblichkeit ist der Modus, in dem sich Menschen zu sich selbst verhalten können.

Ethisch wird Selbstbestimmung im Rahmen von Entscheidungen am Lebensende häufig mit dem Begriff der persönlichen Gewissensentscheidung[35] verbunden. Wie in Kapitel V gezeigt, geht es dabei um die Abtrennung eines Bereiches, der kategorischen, rechtlichen Regelungen entzogen bleiben soll. Existenzielle Entscheidungen um Leben und Tod entziehen sich abschliessender, prinzipieller oder ‹objektiver› Urteile. Entsprechend formuliert die SAMW in ihren medizinisch-ethischen Richtlinien: «Auf der einen Seite ist die Beihilfe zum Suizid nicht Teil der ärztlichen Tätigkeit, weil sie den Zielen der Medizin widerspricht. Auf der anderen Seite ist die Achtung des Patientenwillens grundlegend für die Arzt-Patienten-Beziehung. Diese Dilemmasituation erfordert eine persönliche Gewissensentscheidung des Arztes. Die Entscheidung, im Einzelfall Beihilfe zum Suizid zu leisten, ist als solche zu respektieren. In jedem Fall hat der Arzt das Recht, Suizidbeihilfe abzulehnen.»[36]

Die hier beschriebene Ambivalenz – «auf der einen Seite [...] auf der anderen Seite» – richtet sich in den aktuellen Debatten zunehmend gegen moralische Kontextualisierungen an sich. Im Zentrum steht der Vorwurf, dass ein moralischer Blick (unvermeidbar) die Dramatik konkreter Lebenssituationen ignoriere und deshalb zu unmenschlichen Konsequenzen führe. Interessanterweise korrespondiert mit der oben beschriebenen Tendenz zur Entleiblichung an dieser Stelle die andere Neigung zu einer ‹ethischen Neutralisierung›. Der Behauptung der moralischen Indifferenz von Entscheidungen am Lebensende muss entgegengehalten werden,

---

[35] Zum Gewissensbegriff vgl. Georg Pfleiderer, Von der Un-Verzichtbarkeit des Gewissensbegriffs. Überlegungen aus protestantisch-theologischer Perspektive, in: Friederike Nüssel (Hg.), Theologische Ethik der Gegenwart. Ein Überblick über zentrale Ansätze und Themen, Tübingen 2009, 101–116.

[36] SAMW, Betreuung, Abs. 4.1.

1. dass die Zurückweisung der normativen Aspekte den – in den Diskussionen an vielen Stellen unübersehbar signalisierten – gesellschaftlichen Orientierungsbedarf verkennt;
2. dass ein als Alternative propagierter Dezisionismus die moralischen Dilemmata von vornherein für irrelevant, unhintergehbar oder unlösbar erklären muss;
3. dass der falsche Eindruck erweckt wird, persönliche Gewissensentscheidungen kämen eigenständig und unabhängig von moralischen Vorstellungen und ihren ethischen Begründungen zustande;
4. dass die diffuse Skepsis gegenüber moralischen Überzeugungen einer moralischen Überforderung der einzelnen Person in ihrer Gewissensnot Vorschub leistet und
5. dass der Gedanke der moralischen Indifferenz im Umgang mit dem eigenen Leben nur unter der Prämisse eines amoralischen anthropologischen Solipsismus gedacht werden kann.

Aus historischer Perspektive bilden Sterbe- und Suizidhilfe eine Folge der, in den 1960er Jahren aufgebrochenen medizinethischen Kritik am paternalistischen Medizinmodell. Heute gehört die Patientenautonomie zu den weltweit anerkannten Grundprinzipien medizinischer Praxis. Gemeint ist die «*Entscheidungsautonomie*» der Patientinnen und Patienten hinsichtlich der an ihnen vorgenommenen medizinisch-therapeutischen Interventionen. Ihr Ziel sind «definitive Weisungen», die den Spielraum «medizinischer Verfügungsautonomie» festlegen.[37] Ohne den Grundsatz der Patientenautonomie gäbe es die heutige Diskussion über Sterbe- und Suizidhilfe gar nicht. Das Thema könnte nur unter den Überschriften ‹Suizid› oder ‹Tötung› zur Sprache kommen. Bei einer Suizidhandlung ist die entscheidende und handelnde Person dieselbe, während Sterbehilfe durch die Nichtidentität der entscheidenden und handelnden Person gekennzeichnet ist. Erst in der zweiten Situation wird die Kommunikation in Entscheidungssituationen virulent, weil die beteiligten Personen in dem (kontrafaktisch) symmetrisch gedachten Entscheidungszusammenhang[38] nicht nur für sich selbst oder im eigenen Interesse handeln,

---

[37] Vgl. Bettina Schöne-Seifert, Medizinethik, in: Nida-Rümelin (Hg.), Angewandte Ethik, 690–803 (706f.).

[38] Mit ihrer symmetrischen Entscheidungsstruktur – also der Kommunikation zwischen gleichberechtigten Personen – unterscheidet sich Sterbehilfe von einer hierarchisch strukturierten medizinischen Euthanasie, wie sie im nationalsozialistischen Deutschland praktiziert wurde und seit den 1980er Jahren von Philosophen und Ethikerinnen wie

194

sondern die assistierende Person zum Zustandekommen von Handlungsfolgen beiträgt, die nicht sie selbst betreffen. Damit diese Assistenz dem ausdrücklichen Willen der assistierten Person entspricht, müssen (institutionalisierte) Kommunikations- und Interaktionsprozesse zwischen der sterbewilligen und der beteiligten Person vorausgesetzt werden. Sterbe- und Suizidhilfe als Verwirklichung der expliziten und willentlichen Entscheidung eines Menschen beruhen – anders als beim Suizid – prinzipiell auf bestimmten Formen expliziter Kommunikation und Interaktion.[39]

Die Patientenautonomie thematisiert solche Kommunikationsbedingungen, die vorausgesetzt werden müssen, damit die strukturell asymmetrische Interaktion zwischen Ärztin und Patient (im Hinblick auf die Anforderungen symmetrischer Entscheidungsfindung) gelingen kann. So besteht heute in der Medizinethik ein breiter Konsens hinsichtlich der Voraussetzungen, die erfüllt sein müssen, damit die Einwilligung oder Ablehnung einer Patientin als autonome Entscheidung gilt:

a) Es muss der bewusste oder *absichtliche Entschluss* einer Person sein, die
b) einsichts-, urteils- und entscheidungsfähig – also: *kompetent* – ist,
c) *versteht*, worum es geht,
d) ihre Entscheidung *ohne steuernde Einflussnahme* durch andere fällt und geltend macht.[40]

Unter diesen Voraussetzungen getroffene Entscheidungen gelten als Weisungen für medizinische Interventionen auf der Grundlage ‹informierter Zustimmung› (*informed consent*). Die intensive internationale Diskussion der einzelnen Kriterien kann hier nicht verfolgt werden. Wichtig ist aber das Motiv für die Entwicklung des *informed-consent*-Prinzips.[41] Der

---

Peter Singer oder Helga Kuhse gefordert wird. Dabei können – wie in medizinischen Zusammenhängen die Regel – symmetrische Entscheidungsszenarien durchaus in asymmetrische Handlungszusammenhänge eingebettet sein.

[39] Der prinzipielle Charakter muss an dieser Stelle betont werden, weil in Situationen medizinischer Entscheidungen am Lebensende die Voraussetzungen expliziter Kommunikation nicht immer gegeben sind. Dann besteht aber die Herausforderung darin, ihr faktisches Fehlen durch Metareflexionen – vgl. die Diskussionen um den ‹mutmasslichen Patientenwillen›, Patientenverfügungen etc. – quasi zu simulieren.

[40] Vgl. Schöne-Seifert, Medizinethik, 708, im Anschluss an Beauchamp/Childress, Principles, Kap. 3.

[41] Das informed-consent-Prinzip bildet historisch eine Kernforderung der Nürnberger Ärzteprozesse aus den Erfahrungen mit der menschenverachtenden nationalsozialistischen Medizin.

US-amerikanische Medizinethiker H. Tristram Engelhardt, Jr. hat dazu bemerkt:

«Personen haben ein grundsätzliches Recht, von anderen unbehelligt zu bleiben. Dieses Recht bildet den innersten Kern der säkularen Moral. Nicht weil es eine erstrebenswerte Sache wäre, sondern weil es unvermeidlich ist und die Quelle moralischer Verpflichtung bildet, wenn Fremde sich begegnen. Da die säkulare Moral über keine allgemeinverbindliche und gehaltvolle Vorstellung des Guten oder des richtigen Handelns verfügt, stellt das Prinzip der individuellen Freiheit die wichtigste Quelle moralischer Verpflichtung dar. Auch wenn sie sich mit anderen einigen, bestimmen die Personen in einer säkularen Moral über sich selbst, sei es zum Guten oder sei es zum Schlechten. Die säkulare Moral ist für diejenigen, die konkrete Wege als Orientierung für ein gutes Leben anerkennen, wie ein Ödland: ohne moralischen Gehalt, ohne moralische Orientierung, und mit der Möglichkeit ernsthafter moralischer Verfehlungen wie Selbstmord und Sterbehilfe [...] Angesichts des Scheiterns der Vernunft und des Fehlens eines gemeinsamen Glaubens bedeutet säkulare Moral eine Moral für moralisch Fremde [moral strangers], die sich einerseits verbunden, andererseits aber durch ihre Präferenzen voneinander getrennt sehen. [...] Die zentrale Rolle des freien und informierten Einverständnisses beruht nicht so sehr auf der Verpflichtung einem liberalen Ideal gegenüber, sondern entspringt vielmehr der Verzweiflung darüber, in einer säkularen und pluralistischen Gesellschaft keine konkreten Ziele für die Gesundheitsversorgung ausmachen zu können.»[42]

So pessimistisch und radikal das Fazit des Mediziners, Philosophen und Bioethikers der ersten Stunde über die Wirklichkeit der Ethik unter «moral strangers» auch aussehen mag, so unbestreitbar ist die Tatsache des moralischen Pluralismus. Der systematische Theologe, Medizinethiker und Psychotherapeut Dietrich Ritschl hat in dem Zusammenhang an das Konzept der ‹Mittleren Axiome› des Ökumenikers Joseph Houldsworth Oldham erinnert, das in der US-amerikanischen Theologie nach dem Zweiten Weltkrieg eine bedeutende Rolle spielte. Die Zurückweisung der Letztbegründung in der Ethik gilt der «verantwortlichen Wahrnehmung der sozialethischen Aufgaben der Christen in einer säkulari-

---

[42] Tristam H. Engelhardt Jr., Freies und informiertes Einverständnis. Therapieverweigerung und das Behandlungsteam: die zahlreichen Facetten der Freiheit, in: Urban Wiesing (Hg.), Ethik in der Medizin. Ein Reader, Stuttgart 2000, 91–93.

sierten Welt». Das Verbindende zwischen Gläubigen und Ungläubigen sei – wie Ritschl den US-amerikanischen Theologen Paul L. Lehmann wiedergibt – nicht «konstruktive ethische Weisung oder Leistung, sondern ‹the common ethical predicament› – die gemeinsame ethische Notlage. Sie sei das Produkt von situativer Verwicklung und menschlichem Streben nach Reife, das die Verfälschung oder die Erfüllung authentischen menschlichen Lebens ans Licht brächte.»[43]

Diese Selbstbeschränkung ethischer Ansprüche gilt nun in gleicher Weise für die bioethischen Prinzipien, einschliesslich der Maxime der Entscheidungsautonomie der Patientinnen und Patienten. Der einer christlichen Konzeption vom Lebensschutz gern attestierte ‹Dogmatismus› ist in gleicher Weise gegen jede Hypostasierung des Autonomieprinzips zu richten.

Was folgt daraus für die Forderung nach einem selbstbestimmten Sterben? «In der Ethik-Diskussion geht man in der Regel davon aus, dass für die Frage des Suizids massgeblich ist, ob es sich eindeutig und zweifelsfrei um eine autonome Entscheidung handelt», bemerkt der Ethiker Klaus Peter Rippe.[44] Und Andreas Blum formuliert das «Credo von EXIT»: «Die Urteilsfähigkeit ist die ‹Conditio sine qua non› eines von EXIT begleiteten Suizids. Urteilsfähig ist, wer zur autonomen Willensentscheidung fähig ist und sich über die Konsequenzen seines Handelns Rechenschaft zu geben vermag. Selbstbestimmt handeln kann nur, wer urteilsfähig ist.»[45] Rippe hat eine Liste von Kriterien zusammengestellt, die einen Sterbewunsch als selbstbestimmten Willensentscheid ausweisen:

1. Der Sterbewunsch darf nicht nur momentan, sondern muss dauerhaft sein.
2. Der Sterbewunsch muss Ausdruck eines wohlerwogenen Entschlusses sein. Dieser liegt vor wenn die Person:
   a) angemessen informiert ist,
   b) ihre Situation angemessen versteht und beurteilt,

---

[43] Dietrich Ritschl, Kleines Plädoyer für J. H. Oldhams ‹Mittlere Axiome›. Zum Ausblenden der Letztbegründung ethischer Sätze, in: Schoberth/Schoberth (Hg.), Kirche, 183–189 (187). Ritschl verweist auf die *Koinonia*-Ethik Lehmanns, die dieser entfaltet hat in Paul L. Lehmann, Ethik als Antwort, München 1966.

[44] Rippe, Suizidbeihilfe, 187.

[45] Blum, Ethische Fragen, 153.

c) ihre zukünftigen Möglichkeiten kennt und ein Urteil über deren Eintretenswahrscheinlichkeit (sofern möglich) fällen kann,

d) diese Möglichkeiten vor dem Hintergrund ihrer Erfahrungen und normativen Überzeugungen prüfen kann,

e) fähig ist, die Situation und Folgen ihrer beabsichtigten Handlung zu verstehen,

f) auf dieser Grundlage, ohne Einfluss Dritter, frei entscheidet.[46]

Diese wesentlich formalen Kriterien orientieren sich stark an der oben vorgestellten ‹Minimal-Moral› des medizinethischen *informed-consent*-Prinzips. Während es aber in der Bio- und Medizinethik zusammen mit den Prinzipien des ‹Nicht-Schadens› (*nonmaleficence*), der ‹Fürsorge› (*beneficence*) und der ‹Gerechtigkeit› (*justice*) eine konstitutive Einheit bildet, steht es vor allem im Rahmen der organisierten Suizidhilfe nahezu isoliert und ausschliesslich da. Da das Autonomieprinzip in der Medizinethik seine Tragfähigkeit erst im Ensemble mit den anderen Grundprinzipien entfaltet, drängt sich die Frage nach den korrespondierenden ethischen Grundsätzen bei der Suizidhilfe auf. Entsprechend fordert die NEK in ihren *Empfehlungen zum Thema Suizidbeihilfe*: «Dennoch ist es gerade im Interesse eines solchen Beistands unabdingbar, bestimmte notwendige (nicht hinreichende) Bedingungen und Kriterien zu formulieren. Diese legen fest, wann überhaupt Beihilfe zum Suizid in Betracht kommen kann.»[47]

Die momentane Regelung der Suizidhilfe ist in zweierlei Hinsicht unbefriedigend: 1. die Praxis der Entscheidungsfindung bleibt ethisch unterbestimmt und 2. der Selbstbestimmungsgrundsatz wird völlig überfrachtet, weil er die gesamte argumentative Begründung tragen muss. Beide Defizite hängen zusammen. Aus dem Fehlen von Erstem folgt die Überlastung und Verkehrung des Zweiten. Der Gedanke der Selbstbestimmung am Lebensende ist aber noch aus einer anderen – in der Diskussion ganz unbeachteten – Perspektive zu hinterfragen. Denn die Idee einer selbstgenügsamen Abwicklung des eigenen Sterbens steht quer zu einer ganz anderen Beobachtung, die mit Alain Ehrenberg als Müdigkeit des modernen Menschen, er selbst zu sein, beschrieben werden kann. Der französische Soziologe diagnostiziert eine zunehmende Überforderung der Menschen: «Wir sind reine Individuen geworden, und zwar in

---

[46] Nach Rippe, Suizidbeihilfe, 189f.
[47] NEK, Beihilfe, 69.

dem Sinne, dass uns kein moralisches Gesetz und keine Tradition sagt, wer wir zu sein haben und wie wir uns verhalten müssen. [...] Damit stellt sich das Problem der regulierenden Grenzen zur Aufrechterhaltung der inneren Ordnung anders: Die Grenze zwischen dem Erlaubten und dem Verbotenen schwindet zugunsten der Spannung zwischen dem Möglichen und dem Unmöglichen.»[48]

Diese Freiheit wird für immer mehr Menschen als ‹Terror der Souveränität› empfunden. Der einzige Ausweg angesichts der permanenten Herausforderung, entscheiden zu müssen, besteht häufig nur noch in der Emigration in die Krankheit – genauer: die Depression: «Der Depressive, den eine Zeit ohne Zukunft erfasst hat, hat keine Energie und verharrt in einem Zustand des ‹Nichts-ist-Möglich›. Müde und leer, unruhig und heftig, kurz gesagt neurotisch, wiegen wir in unseren Körpern das Gewicht der Souveränität. Das ist die entscheidende Verschiebung der schweren Aufgabe, sich richtig zu verhalten, die nach Freud das Schicksal der Zivilisierten ist.»[49] Und Ehrenberg folgert: «Die Depression ist nicht die Krankheit des Unglücks, sondern die Krankheit des Wechsels, die Krankheit einer Persönlichkeit, die versucht, nur sie selbst zu sein: Die innere Unsicherheit ist der Preis für diese ‹Befreiung›.»[50] Auf den ersten Blick scheint diese Zeitdiagnose – die sich ganz ähnlich etwa bei Jürgen Habermas, Richard Sennett oder Zygmunt Baumann findet – der Forderung in der Suizidhilfediskussion nach einer Ausweitung menschlicher Entscheidungsspielräume eklatant zu widersprechen: Jetzt muss auch noch über den eigenen Tod entscheiden werden, nicht einmal der geschieht ‹von selbst›. Aber die Selbstbestimmung über den eigenen Tod kann auch – umgekehrt – als Bestätigung von Ehrenbergs Beobachtungen gelesen werden: Das abschliessende Urteil über das eigene Leben ist dann – wie bei Bonhoeffer und Barth – die grösste Souveränität, die Menschen überhaupt erreichen können.

Die Selbstbestimmungs-Forderung in der Suizidhilfediskussion wird an dieser Stelle zur Gegnerin der eigenen Sache. Das zeigen die ethischen Implikationen der ihr eigentümlichen Tendenz zu einem verobjektivierenden Verständnis von Leib und Leben. Paradoxerweise steht die paternalismuskritische moralische Forderung nach Selbstbestimmung im

---

[48] Alain Ehrenberg, Das erschöpfte Selbst. Depression und Gesellschaft in der Gegenwart, Frankfurt/M, New York 2003, 8.
[49] A.a.O., 10.
[50] A.a.O., 13.

Dienst einer moralischen Immunisierungsstrategie. Die Forderung kann sinnvoll nur gestellt werden, wenn zweierlei vorausgesetzt wird: 1. dass der einzelne Mensch sein Leben in einem dichten sozialen Beziehungsnetz lebt und gestaltet; 2. dass die individuelle Selbständigkeit durch diese Sozialität sowohl überhaupt erst möglich, als auch permanent bedroht wird. Anders gesagt: Für Robinson Crusoe oder Kaspar Hauser stellt sich das Selbstbestimmungsproblem – zumindest in dieser Weise – nicht. Aber in welcher Weise stellt es sich für das *animal sociale*? Gegen wen oder was wird ein Recht auf Selbstbestimmung eigentlich behauptet? Welcher Paternalismus soll damit abgewehrt werden? Wo und wie ist die Selbstbestimmung der und des Einzelnen bedroht? Ausser stereotypen Verdächtigungen gegenüber einer konservativ christlichen Moral und einer angeblich davon infizierten Gesetzgebung – der bezeichnenderweise in anderen Politikbereichen mit geradezu ideologischer Penetranz gehuldigt wird – bleibt die Diskussion zu diesen Fragen inhaltsleer. So verpuffen die konstruktiven Anteile der Kritik in einer Polemik, die mit den propagandistischen Mitteln einer medial gesteuerten Öffentlichkeit die eigenen Pathologien mit der Pathologisierung ihrer Kritik zu therapieren sucht. ‹Pathologisch› ist die Strategie, weil sie sich selbst als Symptom jener gesellschaftlichen «Störungen» gebärdet, «die mit psychischen Krankheiten die Eigenschaft teilen, dass sie Lebensmöglichkeiten einschränken oder deformieren, die als ‹normal› oder ‹gesund› vorausgesetzt werden».[51]

Eine korrespondierende ‹Autopathologisierung› besteht in der Selbstbestimmungsforderung, die in das konstitutiv reziproke Kommunikationsverhältnis zwischen Sender und Empfänger einen Keil treibt. Sozialität wird auf die Eindimensionalität des fordernden Senders gegenüber dem aufgeforderten Empfänger reduziert. Die Empfängerperspektive wird notorisch ausgeblendet. Selbstbestimmung läuft somit auf einen Dressurakt sozialer Umwelt durch das fordernde Subjekt hinaus oder – in Anlehnung an eine Hegel'sche Terminologie – auf die Transformation der anthropologischen Dialektik von Herrschaft und Knechtschaft[52] in

---

[51] Axel Honneth, Pathologien des Sozialen. Tradition und Aktualität der Sozialphilosophie, in: ders. (Hg.), Pathologien des Sozialen. Die Aufgaben der Sozialphilosophie, Frankfurt/M. 1994, 9–69 (51).

[52] Georg Wilhelm Friedrich Hegel, Phänomenologie des Geistes, in: ders., Theorie Werkausgabe, Ed. Eva Modenhauer u. Karl Markus Michel, Bd. 3, Frankfurt/M. 1970, IV. A; vgl. Hans P. Lichtenberger, ‹Bürger zweier Welten› oder ‹Herr und Knecht›? Kant

den gesellschaftlichen Dualismus von Herrschenden und Beherrschten.[53] Die monopolistische Rede vom Recht auf Selbstbestimmung zeigt sich blind gegenüber der eigenen Forderung. Denn – wie Johannes Fischer betont – «aus dem Recht auf Selbstbestimmung folgt keineswegs ein Recht auf all das, wozu Menschen sich bestimmen können und wollen. Andernfalls würde daraus z. B. auch ein Recht auf Selbstschädigung folgen, was für die Medizin und Medizinethik erhebliche Konsequenzen nach sich zöge. Das Recht eines urteilsfähigen Menschen auf Selbstbestimmung schliesst aus, dass Dritte durch Überredung oder Druck dahingehend auf ihn Einfluss nehmen dürfen, dass er auf seine Selbstbestimmung verzichtet und ihnen die Entscheidung überlässt. Damit würde in dieses Recht eingegriffen. Es schliesst hingegen nicht aus, dass Dritte den Versuch unternehmen dürfen, ihn von einer *bestimmten* Entscheidung abzubringen, so lange respektiert wird, dass er die Entscheidungshoheit behält.»[54] Die Forderung nach Selbstbestimmung lenkt den Blick auf die dramatische Spannung zwischen der erschreckenden und bedrückenden Aussenwahrnehmung des Suizids eines Menschen und dem Respekt vor der selbstverantworteten Entscheidung und Tat. Eine Rechtsforderung, die diese Spannung «einseitig nach dem Pol der Selbstbestimmung hin auflöst»[55], verfehlt sowohl die Sache, wie auch den Menschen und reduziert beides auf Gegenstände einer eindimensionalen Interessenpolitik.

5.   Gegenstand und Status des Sterbewunsches

Ungeachtet der Dominanz der Selbstbestimmungs-Forderung bleibt in der Regel unklar, gegen welchen Zustand der Unfreiheit sie gerichtet ist. Häufig erscheint sie als reflexartige Reaktion auf Forderungen des Lebensschutzes, ohne dass in den Blick käme, was dort auf dem Spiel steht. Wir wissen zumeist nicht, was es bedeutet, in einer Welt zu leben, in der das eigene Leben nicht zählt und keinen Schutz geniesst. Jeden Tag können die Folgen der Relativierung oder Verweigerung des Lebensschutzes

---

und Hegel zu einem Problem des Menschen, in: Graf/Mathwig/Zeindler (Hg.), Was ist der Mensch, 177–190.

[53]   Die weitreichenden anthropologischen und politischen Implikationen solcher *Rechts*ansprüche bleiben in der Suizidhilfediskussion komplett verborgen.

[54]   Fischer, Warum überhaupt, a.a.O., 253.

[55]   Ebd.

im Nachrichtenteil der Zeitungen nachgelesen werden. Dort zeigt sich unmittelbar, warum der Schutz von Leib und Leben zu den fundamentalen Menschenrechten gehört.

Aber die eigentümliche Konfrontation ‹Lebensschutz contra persönliche Freiheit›, auf die die Suizidhilfediskussion in der Öffentlichkeit häufig zugespitzt wird, muss auch von der anderen Seite hinterfragt werden: Wie frei sind eigentlich Menschen, die aus ‹freiem Entschluss› in den Tod gehen? Die Frage bleibt – abgesehen von psychologischen und psychiatrischen Beiträgen[56] – seltsam unterbelichtet, obwohl sie so alt ist, wie das menschliche Nachdenken über den Menschen und sein Tun selbst. Aristoteles hat das Problem an einem Beispiel verdeutlicht: Handelt ein Kapitän, der in einem schweren Seesturm Teile seiner Ladung über Bord wirft, um Besatzung und Schiff zu retten, freiwillig? «Denn im allgemeinen wirft niemand freiwillig Wertgegenstände weg, dagegen tun es alle Verständigen, wenn ihre eigene Rettung und die anderer auf dem Spiele steht.»[57] Deshalb sei es – so Aristoteles – wichtig, die Umstände zu berücksichtigen, unter denen eine Entscheidung getroffen wird. Übertragen gilt auch für den Suizid, dass er kaum freiwillig begangen wird. Suizid und Suizidhilfe sind als Handlungen für sich betrachtet nicht freiwillige Handlungen. Erst die konkrete Situation, das unerträgliche Leiden oder die Perspektivlosigkeit des eigenen Lebens, machen die prinzipiell unfreiwillige Handlung zu einer im konkreten Einzelfall ‹freien Wahl›. ‹Frei› ist sie insofern, als es eine Alternative – Tod oder leidvolles Leben – gibt. ‹Unfrei› ist sie im Hinblick darauf, dass die Situation selbst nicht in der Entscheidungsmacht der betroffenen Person liegt.

Wünsche richten sich auf die Erfüllung erstrebenswerter zukünftiger Zustände. In ihnen werden Erwartungen ausgedrückt, die eine positive Differenz zwischen einem gegenwärtigen Ist- und einem zukünftigen Soll-Zustand setzen. Das Ziel des Wunsches besteht in einem gegenüber

---

[56] Vgl. die Bemerkungen von Hans Bernhard Schmid, Der eigene Wille und der Wille der anderen. Über ein zu wenig beachtetes ethisches Problem der aktiven Sterbehilfe, in: NZZ vom 27.01.2010; vgl. auch Dörner, Autonomie; ders., Leben; Asmus Finzen, Das Sterben der anderen. Sterbehilfe in der Diskussion, Bonn 2009; ders., Das Elend der Sterbehilfe-Debatte, in: Der Bund vom 12.04.2010; Daniel Hell, Ergebnisse der Suizidforschung, in: Rehmann-Sutter et al. (Hg.), Beihilfe, 85–91; ders., Welchen Sinn macht Depression? Reinbek b. Hamburg [10]2004; ders., Das Schönreden der institutionalisierten Selbsttötung, in: Tagesanzeiger vom 15.02.2010.

[57] Aristoteles, Die Nikomachische Ethik, übers. v. Olof Gigon, Zürich, München 1967, Buch III 1, 1110a8ff.

dem Zeitpunkt des Wünschens neuen, häufig ‹besseren› Zustand. Die so qualifizierte Zukunft ‹existiert› immer nur für und in dem wünschenden Subjekt (in der Welt seiner sinnlichen und mentalen Dispositionen, seiner sozialen Beziehungen, seiner kognitiven Erfahrungen, Ideen und Gedanken). Anders gesagt: Im Wünschen wird die reale Welt auf eine (noch) ideale zukünftige Welt hin geöffnet. So geht das ‹wirkliche› Leben nicht in der Gegenwart auf, sondern ist eingebunden in die dreidimensionale Struktur der in der Gegenwart erinnerten Vergangenheit und der hoffend antizipierten Zukunft.

Das Ziel des Sterbewunsches besteht nun umgekehrt in der Verweigerung eines jeden möglichen Zustandes. Wünsche sind zukunftsgerichtet, der Sterbewunsch sehnt das Ende der Zukunft – präziser: das Ende der Zeit – herbei. Der Ausdruck ‹Wunsch› verdeckt dabei nur die grausame Realität, die der betroffenen Person keine Optionen mehr lässt, ausser sich in einen Zustand zu flüchten, der allem Wünschen und Hoffen – also Zeitlichkeit und Zukunft schlechthin – ein Ende bereitet. Der Sterbewunsch sprengt im Grunde das Sprachspiel des Wünschens. Er ist nicht – wie zunächst vermutet werden könnte – ein Wunsch, der nur die Richtung des Lebenswunsches umkehrt. Den Wunsch zu leben haben wir nicht an sich, einmal abgesehen von dem Wunsch nach Bedingungen, die für unsere Wünsche offen sind, also dem Wunsch, zukünftig wünschen zu können. Ansonsten gilt eher die Antwort des Philosophen Bernard Williams: «Die Frage, ob Leben wünschenswert ist, ist gewiss insofern im bescheidenen Sinne transzendental, als man die beste Antwort auf sie bekommt, indem man die Frage niemals stellt.»[58] Der Sterbewunsch besteht dann umgekehrt in einem ‹wunschlosen Wunsch› oder einer ‹Wahl ohne Alternative›. Er beruht auf einer Nicht-Wahl – mit anderen Worten: auf einem Zwang. Darin zeigt sich die ganze Trostlosigkeit des Sterbewunsches, weil Tröstung gerade als Wahrnehmung und Eröffnung von Zukunft erfahren wird.

Zwänge erleben wir als Zementierung der Gegenwart in die Zukunft. Zwang lässt in gewisser Weise die Zeit stehen bleiben. Im Zwang wird die Diktatur der Gegenwart total.[59] Das gilt in gleicher Weise für die gewaltsame Herrschaft von Menschen über Menschen, wie für die Gewalt des eigenen Körpers, Geistes oder der eigenen Seele über das Sub-

---

[58] Williams, Die Sache Makropulos, 141.
[59] Vgl. dazu die eindringlichen Bemerkungen zur Angst im Zusammenhang von Gewalt in Wolfgang Sofsky, Traktat über die Gewalt, Frankfurt 1996, 70ff.

jekt. Der Wunsch nach Freiheit kann sich nur noch in der Todessehnsucht Luft verschaffen. Die Befreiung wird nicht mehr *im* Leben gedacht, es bleibt nur noch die Befreiung *vom* Leben. Der Zweifel – der ebenfalls wesentlich auf Zukunft hin ausgerichtet ist – ist der Verzweiflung gewichen. Die gerichtete Klage ist angesichts des richtungslosen Schweigens verstummt. Schliesslich zielt die ausweglose Sehnsucht nach dem eigenen Tod auf die vollständige Verhältnislosigkeit gegenüber sich selbst und dem anderen. Verhältnislosigkeit bringt schliesslich jede Trauer zum Verschwinden, die an die relationalen Wahrnehmungen von Zugehörigkeit, Teilnahme und Verlust gebunden sind. In der Lebenswirklichkeit extremen Leidens werden Zeitlichkeit und Sinnlosigkeit zu Synonymen.[60]

Ohne die Ernsthaftigkeit und Dringlichkeit des Sterbewunsches zu bestreiten gilt es, seine innere Spannung nicht auszublenden. Die Suizidhilfediskussion ignoriert zumeist die Paradoxie des Sterbewunsches, die darin besteht, sich etwas zu wünschen, was grundsätzlich nicht wünschenswert ist. Diese Undifferenziertheit ist nicht das Resultat einer spontanen Eingebung, sondern hat Methode, wie Amartya Sen in einem bereits mehr als drei Jahrzehnte zurückliegenden Aufsatz zeigt. Der Nobelpreisträger für Ökonomie macht darin auf den Kurzschluss aufmerksam, die beobachtbare Präferenzwahl eines Menschen als Ausdruck und Folge des von ihm erstrebten Wohles zu interpretieren. Der Schluss von der faktischen Wahl auf das eigentliche Wohl reduziert die Komplexität menschlicher Zielsetzungen und Bestrebungen auf das Verhalten «rationaler Trottel» (*rational fools*).[61] Präferenzutilitaristisch wird die Äusserung einer Person, dass sie sterben will, identifiziert mit dem Wohl, das sie anstrebt. Doch kann ernsthaft behauptet werden, dass das Wohl einer sterbewilligen Person in dem geplanten Suizid besteht, wie das Wohl des Kapitäns im Über-Bord-Werfen der Schiffsladung?

---

[60]   Den Gedanken vom Tod als ‹totaler Verhältnislosigkeit› hat Jüngel, Tod, 145, im Anschluss an Barth, KD III/2, 770ff. entwickelt; vgl. dazu Matthias Wüthrich, Gott und das Nichtige. Zur Rede vom Nichtigen ausgehend von Karl Barths KD § 50, Zürich 2006, 159–172, und die kritischen Bemerkungen zur Ganztodthese bei Härle, Dogmatik, 632.

[61]   Vgl. Amartya Sen, Rational Fools. A Critique of the Behavioural Foundations of Economic Theory, in: Philosophy and Public Affairs, VI/1977, 317–344; dt. in: Stefan Gosepath (Hg.), Motive, Gründe, Zwecke. Theorien praktischer Rationalität, Frankfurt/M. 1999, 76–102.

Um paradoxe Wunschkonstellationen zu vermeiden, muss zwischen der konkreten Wahl bzw. dem Wunsch einer Person und dem von ihr angestrebten Wohl unterschieden werden. Es geht darum, die zwei Seelen in der einen Brust nicht zu einer zu verschmelzen oder auf Kosten der jeweils anderen zu monopolisieren. Menschen wissen, dass sie wünschen und sie können darüber nachdenken, ob das, was sie wünschen auch wünschenswert ist. Sie können ihre Wünsche in einen Horizont rücken, ihnen Sinn geben. «They care about what they want» (Harry G. Frankfurt). Sich etwas zu wünschen, was eigentlich nicht gewünscht wird oder nicht wünschenswert ist, kommt dann als Wunschkonflikt in der Person selbst zum Vorschein. Harry G. Frankfurt hat dieses Dilemma am Beispiel zweier Drogensüchtiger expliziert.[62] Beide sind körperlich abhängig, so dass sie in regelmässigen Abständen ihrem «Verlangen nach der Droge erliegen». Der erste «unwilling addict» hat einander widerstreitende Wünsche: «[E]r möchte die Droge nehmen, und er möchte sich doch zugleich davon zurückhalten, sie zu nehmen.» Diesen antagonistischen Wünschen steht der Drogensüchtige nicht indifferent gegenüber: «Er möchte, dass der zweite Wunsch [desire] und nicht der erste sein Wille [will] sei.» Der Philosoph ordnet die Wünsche hierarchisch: auf der ersten Ebene die beiden mit dem Handeln verbundenen Wünsche («first-order desires»), auf der zweiten Ebene den Wunsch über die Wünsche erster Stufe («second-order volitions»). «Der Süchtige wider Willen identifiziert sich jedoch durch die Bildung einer Volition zweiter Stufe, die sich eben nur auf den einen, nicht den andern der widerstreitenden Wünsche erster Stufe bezieht. Er macht einen der Wünsche wirklich mehr zu seinem eigenen als den anderen.» Der zweite Süchtige mag ebenso zwischen dem Wunsch des Drogenkonsums und seiner Abstinenz hin und hergerissen sein. Allerdings überlegt er nie, «ob er auch möchte, dass sich aus dem Verhältnis seiner Wünsche eben der Wille ergibt, den er hat. Ein solcher «wanton»[63] ist unfähig, «seinen Willen zu bedenken. [...] Den triebhaften Süchtigen kann es nicht kümmern, welcher der widerstreitenden Wünsche sich durchsetzt, oder er kümmert sich eben einfach nicht darum.» Seine Unfähigkeit rührt «ent-

---

[62]   Harry G. Frankfurt, Willensfreiheit und der Begriff der Person, in: ders., Freiheit, 65–83 (73–75); der für die Begrifflichkeit wichtige Originaltext *Freedom of the will and the concept of a person* findet sich in: ders., The Importance of What We Care About. Philosophical essays, Cambridge 1998, 11–25.
[63]   Frankfurt, Freedom, 17.

weder aus einem Mangel an Reflexionsvermögen oder daher, dass einer aus gedankenloser Gleichgültigkeit den Mut nicht findet, seine eigenen Wünsche und Motive einer wertenden Beurteilung zu unterziehen.»

Das Vorliegen gestufter Wünsche muss für Frankfurt vorausgesetzt werden, um vom freien Willen zu sprechen. Über Handlungsfreiheit verfügen beide Drogensüchtige, weil sie das tun, was sie tun wollen. Über Willensfreiheit verfügt aber nur der Süchtige wider Willen, weil er sich willentlich zu seinen Wünschen verhält. Sein Wille ist frei, weil «er frei ist zu wollen, was er wollen möchte. Genauer heisst das, dass er frei ist, den Willen zu haben, den er haben möchte.»[64] Frankfurts hierarchische Willensstruktur erlaubt eine Erklärung, warum eine Person frei sein kann zu tun, was sie möchte, ohne in der Lage zu sein, auch den Willen zu haben, den sie haben möchte.[65] Übertragen auf die Situation Sterbewilliger: Ihre Situation ist durch die Wahl zwischen verschiedenen Handlungsoptionen gekennzeichnet: das Leiden aushalten, das Leben beenden oder etwa eine Palliative-Care-Betreuung mit entsprechender Schmerztherapie zu versuchen. Aber ob die Wahl einer der Alternativen mit ihrer Volition zweiter Ordnung übereinstimmt, bleibt aus dieser Sicht völlig offen. Wenn – wie immer wieder behauptet wird – der selbstbestimmte Tod einen letzten «Akt der Freiheit» (Carl Amery) darstellt, dann reicht es nicht aus, dass eine Person zwischen alternativen Handlungsmöglichkeiten wählen kann, sondern sie muss darüber hinaus mit ihrer Wahl dem Willen entsprechen können, den sie tatsächlich haben möchte. Die komplexen Anschlussfragen, wie die beiden Ebenen aufeinander bezogen sind, wie sie sich wechselseitig durchdringen oder wie die «second-order volition» durch die Handlungssituation – also die Bedingungen der Handlungsfreiheit – selbst determiniert wird,[66] ändern nichts an der konstitutiven Bedeutung der Differenz für die Vorstellung von der menschlichen Freiheit.

Wenn es stimmt, dass die existenzielle Spannung zwischen Freiheit und Angewiesensein, Auto- und Heteronomie, Selbst- und Fremdbestimmung, Aktivität und Passivität, Tätigkeit und Erleiden gerade in

---

[64] Frankfurt, Willensfreiheit, 77.
[65] Vgl. a.a.O., 79.
[66] Einige Probleme von Frankfurts Konzept werden diskutiert in: Monika Betzler/ Barbara Guckes, Einleitung. Willensfreiheit und Selbstbestimmung in der Philosophie Harry G. Frankfurts, in: Frankfurt, Freiheit, 1–46 und Betzler/Guckes (Hg.), Autonomes Handeln.

Krankheit und Sterben unmittelbar greifbar wird, dann stellt sich die Frage, ob das Selbstbestimmungskriterium dieser Wirklichkeit überhaupt gerecht werden kann. Wie selbstbestimmt ist eine Person, wenn der Schmerz sie überwältigt? «Nirgendwo ist der Mensch mehr Kreatur als im Zustand unerträglicher Schmerzen. Die Haut wird fahl und klamm, die Augen verlieren ihren Glanz. Der Schmerz tilgt den Abstand zur Situation und zu sich selbst. Das Selbst wird in die Gegenwart eingeschmolzen. Die Differenz zwischen Aussen und Innen, zwischen Geschehnis und Erlebnis ist ausgelöscht. Im Schmerz ist der Mensch ganz Liebe, nichts sonst. Die Kontrolle über den Körper ist dahin. Er ist kein Werkzeug des Handelns mehr. Der Schmerz entmachtet die Person. Sie ist auf die Zentrizität des Tieres zurückgestossen. Aber dieser Rückstoss schafft keine Einheit, keinen Mittelpunkt. Der Schmerz ist eine selbsttätige Kraft. Er bohrt, schneidet ein, zerrüttet, reisst auseinander, als wollte er die Fesseln des Körpers sprengen. Der innere Aufruhr drängt auf Entladung. Aber der Schmerz ist im Leib eingeschlossen. Er hat sich an das Fleisch gekettet. Der Körper krampft sich zusammen, sucht das Schmerzfeld in sich zusammenzuziehen und die Gewalt des Risses einzudämmen. Wie die Angst zugleich umklammert und umherhetzt, ist der Schmerz Angriff und Widerstand, Impuls und Hemmung in einem. Er erwürgt, erstickt, und er tobt und zerfetzt. Indem er den Leib entzweit, überwältigt er die Person, reisst sie hinab in die Ohnmacht.»[67]

Wie passen die Kriterien von Selbstbestimmung, freiem Entschluss, Wohlinformiertheit etc. zu solchen existenziellen Leidenssituationen? Und ist der Umgang mit Schmerz überhaupt eine Frage von Autonomie oder Urteilsfähigkeit? Der Philosoph Thomas Splett greift diese Fragen im Kontext der Diskussion über den «Patientenwillen» in Patientenverfügungen auf und unterscheidet zwischen den beiden «prototypischen», «mentalen» Klassen von Wünschen und praktischen Entscheidungen in sieben Hinsichten:[68] 1. «Holismus versus Partikularismus»: Entscheidungen setzen das Bestehen von Wünschen voraus; 2. «Rationalität versus Arationalität»: Wünsche gehen den Abwägungs- und Begründungsprozeduren in Entscheidungssituationen voraus; 3. «Aktualität versus Dispositivität»: Entscheidungen werden jetzt getroffen, Wünsche haben eine dispositionalen Charakter; 4. «Aktivität versus Passivität»: Entscheidun-

[67] Sofsky, Traktat, 74.
[68] Thomas Splett, Was bedeutet eigentlich ‹Patientenwille›? Drei Perspektiven, in: Schildmann/Fahr/Vollmann (Hg.), Entscheidungen, 19–37 (20–25).

gen werden aktiv getroffen, während das Verhalten gegenüber Wünschen eher passiv ist; 5. «Identifikation versus Distanzierungsmöglichkeit»: es ist prinzipiell möglich, sich von Wünschen zu distanzieren, nicht aber von einer Entscheidung im Moment ihres Vollzugs; 6. «Kontrollieren versus Kontrolliertwerden»: Mit Entscheidungen wird eine Situation kontrolliert, Wünsche üben dagegen eine Kontrolle über die wünschende Person aus; 7. «Alternativität versus Gegebenheit»: Entschieden wird zwischen Alternativen, Wünsche determinieren angesichts ihrer Alternativlosigkeit. Splett hält fest, «dass eine Person in ihrer Gesamtheit und insbesondere im Hinblick auf Autonomie eher in ihren Entscheidungen als in ihren Wünschen präsent ist. Holismus, Rationalität, Aktualität, Aktivität, Identifikation, Kontrolle, Alternativität – damit verbinden wir Personsein und Autonomie eher als mit den jeweiligen Gegenteilen. Auf eine Formel gebracht: Man hat Wünsche, aber man ist sein Entscheiden.»[69]

Die Unterscheidung zwischen Wünschen und Entscheidungen liefert eine Erklärung dafür, warum wir kaum darüber stolpern, dass der Suizidwunsch – mit seiner Bindung an das rechtliche Kriterium der Urteilsfähigkeit der wünschenden Person – *de facto* konditional verstanden wird. Genau betrachtet, handelt es sich gar nicht um einen Wunsch, sondern um eine Entscheidung unter Rationalitätsbedingungen. Damit wird nicht nur die Autonomie der Entscheidung ganz selbstverständlich relativiert, sondern auch «die Grenzen reiner Privatheit» werden überschritten, weil «man sich damit prinzipiell auf das Spiel des Einforderns und Gebens von Gründen einlässt […]. Denn das Geben einer Begründung impliziert immer einen gewissen Anspruch auf zumindest minimale ⟨Verallgemeinerung⟩.»[70] Damit fällt nicht nur die mit dem sogenannten Sterbewunsch verbundene Vorstellung eines Wunsches, sondern auch die darüber hinausgehende Behauptung, es handele sich um eine rein persönliche Angelegenheit.[71]

Niemand möchte in eine solche Dilemmasituation geraten, die für die betroffene Person prinzipiell nur schlechte Optionen bereithält. Insofern ist auch die Rede von dem Sterbewunsch eines Menschen zumindest euphemistisch und missverständlich. Denn ein ⟨Wunsch⟩ besteht – im

---

[69] A.a.O., 23.

[70] A.a.O., 28.

[71] Vgl. die überzeugende Kritik von Splett, a.a.O., 25–31, an der inkonsistenten und widersprüchlichen medizinethischen Floskel von der «persönlichen Entscheidung».

Gegensatz zu einer ‹Wahl› oder ‹Entscheidung› – unabhängig davon, ob die Bedingungen für seine Realisierung vorliegen oder nicht. Niemand wünscht sich seinen Tod. Und selbst wenn die Lebensumstände noch so widrig sind, wird die Person vielleicht ihren Tod wünschen (im Sinne von Frankfurts «first-order desires») – nicht aber wollen (im Sinne von Frankfurts «second-order volitions»). Denn die Sehnsucht nach der Beendigung des Lebens ist kein Wunsch, von dem ein Mensch sagen würde: Das wünsche ich mir für mich und mein Leben. Viel näher liegt der Gedanke, dass die Alternativlosigkeit des Suizidwunsches umgekehrt auf das Verschwinden oder den Bedeutungsverlust perspektivischer Volitionen zweiter Ordnung verweist. Anders formuliert: Die Entscheidung, das eigene Leben zu beenden, setzt das Verschwinden der Wünsche für das Leben voraus.

6. Mitleid, Töten und Moral

Das stärkste – weil unmittelbar einsichtige – Argument der Befürworterinnen und Verteidiger von Suizidhilfe besteht in dem Hinweis auf die leidvolle Situation, die Menschen dazu veranlasst, ihrem Leben ein Ende zu setzen. Die Evidenz menschlichen Leidens wiegt schwer und bedarf auf den ersten Blick keiner weiteren Diskussion. Der Philosoph Gilbert Harman hat die Unmittelbarkeit der Wahrnehmung an einem Beispiel verdeutlicht: «Wenn Sie um eine Strassenecke gehen und sehen, wie eine Gruppe jugendlicher Rowdies eine Katze mit Benzin überschüttet und sie anzündet, brauchen Sie nicht zu schliessen, dass das, was sie tun, falsch ist; Sie brauchen keine Überlegungen anzustellen; Sie können sehen, dass es falsch ist.»[72] Für dieses Urteil müssen keine ethischen Vorkenntnisse vorausgesetzt oder ein einschlägiges Fachbuch konsultiert werden – der Fall liegt klar auf der Hand. Aber wie verhält es sich mit der folgenden Beschreibung des Suizidhelfers Gustav Strom?

«Wenn du an einer Krankheit im terminalen Stadium leidest und dein Leiden keine Aussicht auf Besserung lässt, wenn deine Zukunftsperspektiven gerade bis zur nächsten Dosis Morphium reichen, bis dahin, dass die Schwester deine volle Windel wechselt; wenn du statt zu spre-

---

[72] Gilbert Harman, Das Wesen der Moral. Eine Einführung in die Ethik, Frankfurt/M. 1981, 14.

chen nur noch röchelst, statt zu atmen, nur noch gurgelst, wenn du alt bist, wenn du flach liegst, wenn dich deine Liebsten nicht mehr erkennen, wenn das Bild in deinem eigenen Pass dir nicht ähnlicher sieht als das Bild im Pass irgendeines Fremden, wenn deine Angehörigen unter der Last deines Lebens stöhnen, wenn deine Verwandten sonntags an deinem Bett betreten lächeln und dich zu deiner Tapferkeit beglückwünschen, wenn du schon in ihrer Abwendung ihre Erleichterung spürst, diesen Besuch hinter sich zu haben; wenn keiner, der dich länger als zwei Monate nicht gesehen hat, dich noch erkennt, wenn von deinem Leben, so, wie du es gekannt hast, nichts mehr übrig ist, wenn dein ganzes Werk, was du gebaut, gemalt, gekauft, erschaffen, geliebt, getan hast, wofür du eingestanden bist, gekämpft hast, was du verehrt, verachtest hast, wenn dies alles zu vergessen gehen droht hinter deinem Hinfall, deine Schönheit, dein Lachen, die Weise, wie dein Haar fiel in die Stirn, das Funkeln in deinen Augen, wenn jede Erinnerung überdeckt wird von der stinkenden Fratze, die der Tod in dein Gesicht gezeichnet hat, und wenn du in einer Woche mehr Pflege, mehr Kosten verursacht als in deinem ganzen vorherigen Leben».[73]

Auch in diesem Fall lässt die unmittelbare Wahrnehmung kaum Fragen offen. Dem Mitgefühl mit einem Menschen in einer solchen Lebenslage kann sich niemand entziehen. Es überwältigt uns, benötigt nicht nur keine weiteren Erklärungen oder Begründungen, sondern verweigert sich diesen geradezu. Der Eindeutigkeit der Wahrnehmung, die mit dem Anblick des Menschen gegeben ist, muss nichts hinzugefügt werden. Jedes weitere Wort würde sie nur bestreiten und für die Relativität des Mehrdeutigen öffnen. Der Philosoph Hans Jonas bringt es auf den Punkt: «Sieh hin und du weisst»![74] Aber was folgt daraus? Anders als im Katzenbeispiel, wird hier weder das Leben durch irgendwelche bösartigen Mitmenschen bedroht, noch kommt im nächsten Augenblick jemand um eine Ecke, um die prekäre Situation aufzulösen – zumindest nicht in einer lebensfördernden Weise. Entsprechend lapidar resümiert Lukas Bärfuss' Suizidhelfer: «Wer wird dir dann helfen. Nur einer, ich, Gustav Strom.»[75]

Das ethische Dilemma ist offensichtlich. Es besteht in (vor-)moralischen Reflexen, mit denen auf solche Konfliktsituationen in der Regel

---

73   Bärfuss, Alices Reise, 38f.
74   Jonas, Prinzip Verantwortung, 235.
75   Bärfuss, Alices Reise, 39.

reagiert wird. Zugleich liegt das moralische ‹Aber› auf der Zunge: ‹Du sollst nicht töten›. Dagegen meldet sich das andere – ebenfalls moralisch konnotierte – ‹Aber›: Ist in dieser Situation der Hinweis auf die – zugegeben zentrale – moralische Norm des Tötungsverbots nicht blanker Zynismus?[76] Und gilt das Gleiche nicht auch auf die biblisch-theologische Erinnerung an die Geschöpflichkeit allen Lebens? Die Konfrontation zwischen Gefühl und (moralischer) Norm zieht sich wie ein roter Faden durch die gesamte Suizidhilfediskussion. Und wie in den Geschichten von Ramón Sampedro, Maggie Fitzgerald und Noël Martin scheint das Mitgefühl (*compassion*) die überzeugenderen Karten in der Hand zu haben. Aber liefert es auch die besseren Argumente?[77]

Aus ethischer Sicht geht es in der Suizidhilfediskussion um die Frage nach dem Bedingungsverhältnis von Leiden und Töten, weil die Suizidhilfe – implizit oder explizit – mit dem Hinweis auf die Schwere oder Ausweglosigkeit eines Leidens begründet wird. Der moralische Konflikt ist unmittelbar einsichtig: auf der einen Seite das Tötungsverbot und fundamentale Lebensschutzpflichten, auf der anderen Seite die normativen Vorstellungen von Humanität und fürsorglicher Solidarität, die sich dagegen richten, Leiden zuzulassen, billigend in Kauf zu nehmen oder nicht energisch und konsequent zu bekämpfen. Diese Spannung lässt sich auch anders beschreiben, entscheidend ist, dass sie besteht und weder von der einen noch von der anderen Seite argumentativ beseitigt oder ignoriert werden kann. Ein Zynismus droht von beiden Polen: indem das Leiden mit der Moral zum Verstummen gebracht wird oder

---

[76] Friess, ‹Komm süsser Tod›, 229, attestiert dem gemeinsamen Text von DBK/ EKD, Gott ist ein Freund, «einen zynischen Beigeschmack» angesichts ihres Insistierens auf das Tötungsverbot.

[77] Das Verhältnis zwischen Gefühl und Verstand beschäftigt die Ethik seit ihren Anfängen. Darauf muss hier nicht näher eingegangen werden, weil – der Suizidhilfediskussion entsprechend – Mitleid als starkes Motiv oder Argument für die ethische Legitimität von Suizidhilfe behauptet wird. Insofern wird eine positive Antwort auf die Frage nach der Bedeutung von Emotionen für die Moral vorausgesetzt. Zur theologisch-ethischen Diskussion vgl. Christoph Ammann, Emotionen – Seismographen der Bedeutung. Ihre Relevanz für eine christliche Ethik, Stuttgart 2007; Fischer, Warum überhaupt, Rebekka A. Klein, Ethische Überforderung? Zur sozialen Ambivalenz der natürlichen Empathie, in: ZEE 54/2010, 168–180 sowie die Sammelbände Ingolf U. Dalferth/Andreas Hunziker (Hg.), Mitleid. Konkretionen eines strittigen Konzepts, Tübingen 2007 und Johannes Fischer/Stefan Gruden (Hg.), Die Struktur der moralischen Orientierung. Interdisziplinäre Perspektiven, Zürich, Berlin 2010.

indem das Töten mit dem Mitgefühl ausgeblendet wird. Das Leiden auf der einen Seite bleibt ebenso real, wie das Töten auf der anderen Seite, unabhängig von den dabei vorausgesetzten Definitionen oder damit verbundenen moralischen Konnotationen. Der Ethiker Dietmar Mieth hat in diesem Zusammenhang drei Fragedimensionen unterschieden:

1. Ist es erlaubt, aufgrund des *eigenen Leidens sich selbst* zu töten?
2. Ist es erlaubt, aufgrund des *eigenen Leidens jemand anderen* zu töten?
3. Ist es erlaubt, aufgrund des *Mitleidens mit dem Leiden einer anderen Person diese* zu töten?[78]

Im Hinblick auf die Suizidhilfe stellt sich noch eine weitere Frage:

4. Ist es erlaubt, aufgrund des *Leidens einer anderen Person, diese* zu töten oder bei ihrer Selbsttötung zu assistieren?

In den Fragen geht es um die Beziehung zwischen der Wahrnehmung eines eigenen oder fremden Leidens und einer daraus folgenden Tötungshandlung resp. Beihilfe. Hinter den vier Varianten steht die grundsätzliche Frage: Ist die Tatsache eines Leidens relevant für die Beantwortung der Frage, ob Töten erlaubt ist oder nicht? Anders gefragt: Kann der Akt der (Selbst-)Tötung konditional mit einer bestimmten Form von Leiden verbunden werden? In dem Sinne: *Wenn* du leidest, *dann* darfst du dich selbst töten; *wenn* dir eine Person bestimmte Leiden zufügt, *dann* darfst du sie töten; *wenn* du mit einer in einer bestimmten Weise leidenden Person mitleidest, *dann* darfst du sie töten oder *wenn* eine Person leidet, *dann* darfst du sie töten, oder bei ihrer Selbsttötung assistieren.

Solchen pauschalen Wenn-dann-Formulierungen würde zu Recht niemand ohne weiteres zustimmen. Menschliches Mitgefühl richtet sich grundsätzlich gegen das Leiden und gegen den Tod. Dass der Tod als Erlösung von einem Leiden betrachtet wird, stellt allenfalls einen tragischen Grenzfall dar, nicht aber eine Handlungsoption neben anderen. Darüber hinaus drängt sich die Frage auf, wie Gefühle zum Ausgangspunkt und zur Grundlage für moralische Normen oder Pflichten werden können oder ob sie nicht vielmehr den Begriffsrahmen normativer Ethik sprengen. Die Schwierigkeiten, mit dem Mitgefühl zu argumentieren, verdeutlichen die aktuellen Debatten. Vier Aporien und Missverständ-

---

[78] Vgl. Mieth, Töten gegen Leiden, 162.

nisse müssen hervorgehoben werden: 1. die inkonsequente Wahrnehmung der Leidenden; 2. die selektive Wahrnehmung der Bedeutung von Leiden; 3. die widersprüchliche und einseitige emotionale Bezugnahme sowie 4. der normative Fehlschluss in der Ableitung moralischer Pflichten aus der Wahrnehmung von Leiden.

1. Die Betonung des Leidens und der Verzweiflung sterbewilliger Menschen verweist bei genauerem Hinsehen auf ein schwerwiegendes Dilemma. Denken wir an Menschen, die aufgrund ihrer Krankheit oder Behinderung in besonderer Weise unser Mitgefühl erregen: Menschen, die vollständig hilflos in ihren Betten liegen, bei denen jeder Handgriff, den sie machen wollen, notwendig der Handgriff einer anderen Person ist, weil sie selbst nichts tun können. Die wissen – sofern sie überhaupt wahrnehmen und wissen können –, dass sich an ihrer Lage nichts ändern wird, dass sie zu einem Leben in Bewegungslosigkeit verdammt sind. Selbstverständlich empfinden wir Mitleid mit Menschen in solchen Lebenssituationen.

Wenn Leiden als ein Grund akzeptiert wird, um ein Leben beenden zu dürfen, dann doch am ehesten und mit der grössten Plausibilität angesichts solcher ausweglosen Lebenslagen. An dieser Stelle zeigt sich eine gravierende Inkonsequenz in der Suizidhilfediskussion: Denn diese Menschen hätten keine Chance auf Suizidhilfe, weil sie eine grundlegende Voraussetzung nicht erfüllen: Sie könnten die Handlung, die zum Tode führt, nicht selbst ausführen. Die rechtliche Bedingung für Suizidhilfe, dass – juristisch gesprochen – die Tatherrschaft bei der sterbewilligen Person selbst liegen muss, führt somit zu der paradox anmutenden Konsequenz, dass Suizidhilfe genau dann verboten ist, wenn ein Leiden «zu weit» fortgeschritten ist.

Das Bundesgerichtsurteil vom November 2006 hat einen Aspekt dieses Problems aufgegriffen.[79] Zwar lehnt es die Forderung nach Aufhebung der Rezeptpflicht für das Barbiturat NaP ab, gibt aber im Hinblick auf die Frage, ob Suizidhilfe prinzipiell auch psychisch Kranken zugänglich gemacht werden sollte, zu bedenken: «Es ist nicht zu verkennen, dass eine unheilbare, dauerhafte, schwere psychische Beeinträchtigung ähnlich wie eine somatische ein Leiden begründen kann, dass dem Patienten sein Leben auf Dauer hin nicht mehr als lebenswert erscheinen lässt.

---

[79] Vgl. dazu Markus Zimmermann-Acklin, Ärztliches Ethos statt neue Gesetze. Interview mit Josef Bossart, in: kipa vom 20.02.2007, 135f.

Nach neueren ethischen, rechtlichen und medizinischen Stellungnahmen ist auch in solchen Fällen eine allfällige Verschreibung von Natrium-Pentobarbital nicht mehr notwendigerweise kontraindiziert und generell als Verletzung der medizinischen Sorgfaltspflichten ausgeschlossen [...]. Doch ist dabei äusserste Zurückhaltung geboten: Es gilt zwischen dem Sterbewunsch zu unterscheiden, der Ausdruck einer therapierbaren psychischen Störung ist und nach Behandlung ruft, und jenem, der auf einem selbst bestimmten, wohlerwogenen und dauerhaften Entscheid einer urteilsfähigen Person beruht (‹Bilanzsuizid›), den es gegebenenfalls zu respektieren gilt. Basiert der Sterbewunsch auf einem autonomen, die Gesamtsituation erfassenden Entscheid, darf unter Umständen auch psychisch Kranken Natrium-Pentobarbital verschrieben und dadurch Suizidbeihilfe gewährt werden. [...] Ob die Voraussetzungen dazu gegeben sind, lässt sich wiederum nicht losgelöst von medizinischen – insbesondere psychiatrischen – Spezialkenntnissen beurteilen und erweist sich in der Praxis als schwierig; die entsprechende Einschätzung setzt deshalb notwendigerweise das Vorliegen eines vertieften psychiatrischen Fachgutachtens voraus [...], was nur sichergestellt erscheint, wenn an der ärztlichen Verschreibungspflicht von Natrium-Pentobarbital festgehalten und die Verantwortung nicht (allein) in die Hände privater Sterbehilfeorganisationen gelegt wird.»[80]

Die in dieser Passage implizierte Kritik betrifft nicht das Kriterium der Urteilsfähigkeit an sich, das etwa Blum anvisiert: «Soviel dürfte unbestritten sein: So unsinnig die Auffassung ist, psychisch Kranke seien generell *nicht* urteilsfähig, so problematisch wäre der Umkehrschluss, psychisch Kranke seien *in jedem Fall* urteilsfähig.»[81] Das Bundesgerichtsurteil zielt dagegen auf die Unterscheidung zwischen eingeschränkter Urteilsfähigkeit (infolge einer psychischen Erkrankung) und Autonomie, die die notwendige Voraussetzung für die rechtliche und medizinische Anerkennung eines Sterbewunsches bildet. Das Bundesgericht sieht richtig, dass die Tatsache, an dem eigenen Leben zu leiden, ganz unabhängig davon besteht, ob eine Person urteilsfähig ist oder nicht.[82] Die Wahr-

---

[80] Bundesgericht, Urteil 2A.48/2006 und 2A66/2006, Ziff. 6.3.5.1f. (Hervorh. FM).

[81] Blum, Ethische Fragen, 155. Blum bezieht sich dabei auf die von EXIT in Auftrag gegebene Studie von Klaus Peter Rippe et al., Urteilsfähigkeit von Menschen mit psychischen Störungen und Suizidhilfe, in: SJZ 101/2005, 53–91.

[82] Zur Kritik an der «Bindung des *Autonomieprinzips* an die Kompetenz sowie die daraus resultierende Reduktion der Achtung der Autonomie auf die Achtung *autonomer*

nehmung und das Erleben von Schmerzen, physischem, psychischem oder seelischem Leid hängen in keiner Weise von den Fähigkeiten und Möglichkeiten einer Person ab, diese auch in einem verantwortlichen und zurechenbaren Urteil über sich selbst und in einem adäquaten Wunsch auszudrücken. Freilich kann das Bundesgericht in seiner Konsequenz gar nicht anders, als die ‹Logik› der gesetzlichen Kriterien für die Zuschreibung von Verantwortung – in Form fachgutachtlicher Abklärungen im Einzelfall – zu bestätigen.

Es geht an dieser Stelle nicht um die Frage, ob das Bundesgericht mit seiner Problemwahrnehmung die Tür zu einer neuen Stufe von Suizidhilfe aufgestossen hat.[83] Von Interesse ist der Kategorienfehler, auf den die Richter – zumindest implizit – aufmerksam machen: die die gesamte Diskussion durchziehende Schlussfolgerung von der *Nichturteilsfähigkeit* einer Person auf die *Nicht-Berücksichtigung ihrer Leidensfähigkeit*. Im Rückgriff auf ein juristisches Verständnis von Zurechnungsfähigkeit wird die Relevanz oder das Gewicht eines Sterbewunsches mit der *Urteilsfähigkeit* der Person verbunden, völlig unabhängig von ihrem tatsächlichen *Erleiden*.[84]

Die Stossrichtung des Hinweises darf nicht verkannt werden. Er zielt weder darauf, den Sinn und Zweck des Kriteriums der Urteilsfähigkeit zu bestreiten, noch plädiert er für die Beseitigung jeder Schranke von Suizidhilfe, um die Ungerechtigkeiten ihres Zugangs zu korrigieren. Er zeigt aber, dass die Bezugnahme auf das Mitgefühl nicht auf die Person gerichtet ist, sondern auf die Person relativ zu ihrem rechtlichen *status quo*.

Entscheidungen», vgl. Rehbock, Zur Kritik, 311–322 (314).

[83] Vgl. Ruth Baumann-Hölzle, ‹Ein immenser Schritt›. Interview mit Christof Forster, in: Der Bund vom 03.02.2007, 9: «Was passiert mit den körperlich schwerbehinderten Menschen, die dieses Recht nicht mehr selbst einfordern können, die also die Mittel nicht mehr selbst einnehmen können? Wir sind dann sehr nahe bei der aktiven Sterbehilfe. Wenn die Suizidhilfe als Recht einforderbar wird, kann man nur schwer dagegen argumentieren, warum dieses Recht nicht auch durch Dritte ausgeführt werden soll, im Sinne einer aktiven Sterbehilfe.» Die von der Ethikerin Ruth Baumann-Hölzle geäusserte Befürchtung eines Dammbruchs dürfte ein wesentlicher Grund dafür sein, warum die von Blum (implizit) aufgeworfene Frage nach der *Gerechtigkeit* des Autonomiekriteriums in der Regel vermieden wird. Stattdessen wird am Selbstbestimmungsgrundsatz als letztem Schutzschild gegen die intuitiv befürchtete Auflösung des Tötungsverbots festgehalten.

[84] Diese Engführung ist bereits bei Beauchamp und Childress angelegt, weil sie den Respekt der Autonomie als «respect for autonomous choices» konditional an die Entscheidungsfähigkeit zurückbinden.

Das widerspricht dem Verständnis von der konstitutiven Unmittelbarkeit affektiven Verhaltens. Für das Affiziertsein ist es völlig irrelevant, ob die leidende Person das juristische Kriterium der Zurechnungsfähigkeit bzw. Nicht-Zurechnungsfähigkeit erfüllt. Mitgefühl gilt der Person in ihrer spezifischen Situation unabhängig von einem juristisch festgestellten Status ihrer Äusserungen. Ein ‹selektives› Gefühl, das nicht ausschliesslich mit der Wahrnehmung der Lebenssituation eines Menschen gegeben ist, sondern konditional von der juristischen Einstufung der Zurechenbarkeit seines Handelns abhängt, ist kein Affekt, sondern ein – nicht einmal affektives, sondern rationales – Urteil. Wenn Mitgefühl in dieser Weise konditional aufgefasst wird, dann wirft die Verbindung zwischen solchen Affekten und den normativen Massstäben des Rechts Fragen auf. Es müsste plausibel gemacht werden, wie und warum unser Mitgefühl, abhängig von dem juristischen Urteil über den Status der Äusserungen einer Person, zu unterschiedlichen Wahrnehmungen, Entscheidungen und Handlungen führen sollte.

2. Das leitet über zum zweiten Defizit: die willkürliche Ausblendung der Bedeutung von Leiden. Johannes Fischer beobachtet, dass «in der ethischen Debatte über Suizid und Suizidbeihilfe die Reflexion auf die Bedeutung eines Suizids so gut wie keine Rolle spielt. Das, was uns an einem Suizid verstört und betroffen macht und weshalb wir die Suizidprävention als eine gesellschaftliche Aufgabe erachten, ist für die ethische Reflexion kein Thema.»[85] Dieser ethische Reduktionismus prägt die Suizidhilfediskussion durch die im letzten Punkt bereits angesprochene ‹legalistische Genügsamkeit›, in der «Fokussierung auf die Frage der Autonomie, so als ginge ein Suizid gewissermassen ‹in Ordnung›, wenn die psychiatrische Abklärung ergeben hat, dass er freiverantwortlich und selbstbestimmt ist». Und Fischer fragt weiter: «Ist das alles, was in ethischer Hinsicht dazu zu sagen ist? Bleibt nicht auch bei einem freiverant-

---

[85] Fischer, Warum überhaupt, 244. Vgl. Bonhoeffer, Ethik, 193: «Das unwillkürliche Gefühl des Schauders, das uns angesichts der Tatsache eines Selbstmordes ergreift, ist nicht auf die Verwerflichkeit, sondern auf die schaurige Einsamkeit und Freiheit solcher Tat zurückzuführen, in der Bejahung des Lebens nur noch in seiner Vernichtung besteht.» Knut Berner, Der halbierte Tod. Thanatologische Reflexionen zur Suizidproblematik, in ZEE 54/2010, 206–212 (208), vertritt die These: «eine veränderte Wahrnehmung und Bewertung von Selbsttötungen kann zu einer Aufhebung der Dialektik der Todesantizipation werden, wenn der Tod mental halbiert und sein Geheimnis in ein lösbares Rätsel verwandelt wird. Der Tod selbst bleibt, wie er ist.»

wortlichen Suizid ein Gefühl der Verstörung oder der Trauer darüber, dass ein Mensch diesen Weg gewählt oder in einer Notlage keinen anderen Ausweg gehabt hat? Ist es nicht dieses Spannungsverhältnis zwischen der Bedeutung, die ein Suizid in der gesellschaftlichen Wahrnehmung hat […] und der Bedeutung, die wir der Selbstbestimmung eines urteilsfähigen Menschen zumessen, das den Suizid so konfliktreich macht und aus dem dessen ethische Problematik resultiert?»[86]

Die Ausblendung dieser Spannung korrespondiert dem – oben mit Hilfe der soziologischen Kategorie des Risikos explizierten – spezifischen Umgang mit der Unsicherheit und Unbestimmtheit von Sterben und Tod. Hier zeigt sich ein Effekt jenes risikoadversen Verhaltens, das vor dem Hintergrund des Handlungsbegriffs von Max Weber als «Rationalisierung» beschrieben werden kann, als «der Ersatz der inneren Einfügung in eingelebte Sitte [oder der Steuerung ‹durch aktuelle Affekte und Gefühlslagen› oder ‹durch den bewussten Glauben an den … unbedingten *Eigen*wert eines bestimmten Sichverhaltens›] durch die planmässige Anpassung an Interessenlagen».[87] Auf die Details muss nicht eingegangen werden. Es geht lediglich um die Absorbierung und Transformation affektuellen Verhaltens in zweckrationales Handeln. «Zweckrational handelt, wer sein Handeln nach Zweck, Mitteln und Nebenfolgen orientiert und dabei sowohl die Mittel gegen die Zwecke, wie die Zwecke gegen die Nebenfolgen, wie endlich auch die verschiedenen möglichen Zwecke gegeneinander rational *abwägt*: also jedenfalls *weder* affektuell (und insbesondere nicht emotional), *noch* traditional handelt.»[88] Die Nivellierung der Frage nach der «Bedeutung» des Suizids ist nicht nur einem bestimmten ethischen Denken geschuldet – das Fischer kritisch im Blick hat –, sondern resultiert ebenso aus der spezifischen Risikoperspektive, die es erlaubt, Sterben und Tod als Gegenständen zweckrationaler Abwägung zu begegnen. Das schliesst nicht die Präsenz affektiver Reaktionen aus, aber deren Bedeutung für die Entscheidungsfindung. Freilich erklärt das nicht die Selektivität der aktuellen Diskussion, in der dem Mitgefühl für Suizidwillige viel Raum gegeben wird, aber das Mitgefühl für suizidente Menschen nur am Rande vorkommt.[89]

---

[86] Fischer, Warum überhaupt, 245.
[87] Max Weber, Wirtschaft und Gesellschaft. Grundriss der verstehenden Soziologie, 5., rev. Aufl., Tübingen 1980, 12f.
[88] A.a.O., 13.
[89] Wichtige Ausnahmen bilden – neben Fischer und seiner Problemexposition

3. Die von Fischer betonte Spannung besteht noch in einer anderen Hinsicht. Ungeklärt ist ebenfalls, wie sich das auffordernde Motiv des Mitgefühls zu der anderen Forderung nach Selbstbestimmung verhält. Wo sollte Mitleid in einem Handlungszusammenhang seinen Platz haben, der vollständig von der selbstbestimmten Freiheit der handelnden Subjekte dominiert wird? Müssten die Empathieverweise – zumindest wenn sie ernst genommen werden – die Einseitigkeit der Selbstbestimmungsforderung nicht gerade ausschliessen bzw. zurückweisen? Denn der Appell an das Mitgefühl liesse sich ebenso treffend gegen die sterbewillige Person richten, weil sie die Angehörigen zurücklässt, weil sie die Ärzte in einen Gewissenskonflikt stürzt etc. Und das Selbstbestimmungspostulat liesse sich genauso berechtigt von einer Person dagegen geltend machen, von den Forderungen einer sterbewilligen Person in die Pflicht (‹Recht auf ...›) genommen zu werden. Die affektuelle Kontaminierung der Entscheidungssituation stellt jenes Selbstbestimmungsprinzip in Frage, das die Freiheit zum selbstbestimmten Ende sichern und plausibilisieren soll. Die Kollision zwischen der Selbstbestimmungsforderung und jener, zugleich vorausgesetzten Evidenz des Mitleids mit der betroffenen Person wird umgangen, weil das Gefühl in ein lediglich funktionales Verhältnis zu ihrem Interesse gesetzt wird. Der Widerspruch bleibt unentdeckt, weil in der Diskussion moralische Forderungen ungleich auf die Adressaten verteilt werden: Selbstbestimmung – und nur Selbstbestimmung – für die Sterbewilligen, empathische Zustimmung – und ausschliesslich empathische Zustimmung – für alle anderen.

Es geht nicht um die Zurückweisung des Rechts auf Selbstbestimmung und der Bedeutung der Empathiefähigkeit für gelingende Sozialität. Bestritten werden muss aber die eigentümlich selektive Zuordnung auf die beteiligten Handlungssubjekte, die die Komplementarität von Autonomie und fürsorglicher Solidarität in eine Strategie einseitiger Interessensdurchsetzung verkehrt. Entgegen dem ersten Anschein wird damit nicht Selbstbestimmung geschützt, sondern einem Paternalismus Vorschub geleistet, der eine asymmetrische Kommunikationssituation konstituiert, die alle Beteiligten von vornherein auf fixe Rollen festlegt. Die Komplexität und Konfliktträchtigkeit von Entscheidungs- und

---

nahestehenden ethischen Beiträgen – die bereits erwähnten kritischen Überlegungen von den Psychiatern Daniel Hell und Asmus Finzen.

Handlungssituationen am Lebensende – von der sich niemand frei machen kann – werden durch einen solchen Reduktionismus systematisch ausgeblendet. Der Appell an das Mitgefühl füllt lediglich die Lücke, die die unterdrückten moralischen und ethischen Konflikte aufreissen.

4. Damit wäre die Ausgangsfrage wieder erreicht, ob affektive Wahrnehmungen von Leiden die Wahrnehmenden in einer bestimmten Weise (moralisch) verpflichten. Johannes Fischer hat im Rahmen seiner Überlegungen zur Menschenwürde auf die Differenz zwischen *sittlichen* und *moralischen* Pflichten aufmerksam gemacht. Während sittliche Pflichten «in der menschlichen Natur angelegt» und «innengesteuert» seien, seien moralische Pflichten «sozialen Ursprungs» und darauf bezogen, was eine «*moral community*» als «gut oder schlecht, richtig oder falsch» bewertet. In diesem Sinne sei Moral durch «eine Tendenz zur Aussensteuerung des Handelns und Verhaltens» gekennzeichnet.[90] Der Ethiker verdeutlicht die Differenz an dem Beispiel einer Mutter, die ihr Kind im Stich lassen will, aber dazu letztendlich nicht in der Lage ist. Sie könnte ihr Scheitern damit begründen, dass sie sich verpflichtet gefühlt habe, bei ihrem Kind zu bleiben. Aber «[i]hre Einsicht in die Pflicht, ist offensichtlich etwas anderes als die Erwägung, dass es moralisch schlecht ist, wenn man das eigene Kind im Stich lässt. Die Mutter steht unter einer nichtmoralischen Nötigung.»[91] Beide Typen von Pflichten sind in der Weise miteinander verbunden, «dass die *moral community* bei der Verständigung darüber, was als moralisch gut oder schlecht, richtig oder falsch gelten soll und welche Rechte Menschen und anderen Wesen zuzuerkennen sind, ihre vormoralischen sittlichen Orientierungen nicht einfach beiseite stellt, sondern von ihnen geleitet ist. Sie transformiert solchermassen diese Orientierungen in moralische Ansprüche, Normen und Werte, die für die Mitglieder verbindlich sind. So begriffen ist die moralische Orientierung in der sittlichen Orientierung fundiert.»[92]

Vor Hintergrund dieser Unterscheidung soll noch einmal auf die Fragen vom Anfang des Abschnitts – vor allem auf die dritte und vierte Frage – zurückgekommen werden: Ist es erlaubt, aufgrund des Mitleidens mit dem Leiden einer anderen Person oder aufgrund des Leidens einer anderen Person diese zu töten oder ihrer Selbsttötung zu assistie-

---

[90] Johannes Fischer, Menschenwürde, Rationalität und Gefühl, in: Dalferth/Hunziker (Hg.), Mitleid, 49–65 (50–52).

[91] A.a.O., 51, mit Hinweis auf Frankfurt, Über die Bedeutsamkeit.

[92] A.a.O., 53f.

ren? Worin unterscheiden sich die beiden Fragen? Bei der Umformung
der Fragen in wenn-dann-Thesen zeigten sich bereits die unterschiedlichen Referenzen. Die dritte Frage zielt auf das Leiden der handelnden
Person, sofern sie *mit*leidet, die vierte Frage bezieht sich auf das Leiden
der Person, an der gehandelt wird – und besteht unabhängig davon,
welche Empfindungen dieses Leiden bei der handelnden Person auslöst.
Was hier unter dem Begriff ‹Mitleid› zusammengefasst wird, lässt sich
differenzieren in Situationen des Mitgefühls im Sinne einer affektiven
Beteiligung, bei der die handelnde Person unmittelbar mit*leidet*[93] und
Situationen, in der das Leiden einer anderen Person aus moralischen
Gründen zu einem Handeln veranlasst. Auslösendes Moment für ein
Handeln ist im ersten Fall die leidende Person und im zweiten Fall das
Leiden der Person. Entscheidend ist nicht, wie diese Differenz begriff-
lich dargestellt wird, sondern dass das Affiziertsein im ersten Fall nicht
mit dem Befolgen einer Norm oder Pflicht im zweiten Fall verwechselt
werden darf. «Nicht die Pflicht, sondern die Selbstverständlichkeit oder
Unwillkürlichkeit dürfte vor Augen stehen, wenn es um die spontane Af-
fektion durch den Anderen geht, die Mitleid genannt wird. Das Schema
der Ethik folgt dann nicht dem Register von ‹Pflicht› und ‹Erfüllung›,
sondern von Affiziert*werden* und *Faktizität* des Mitleids aus der erst sekundär betrachtet vermeintliche ‹Pflichten› entstehen.»[94]

Die Unterscheidung ist für die Suizidhilfediskussion von unmittelba-
rer Bedeutung, wie der in Kapitel V, 1 skizzierte Rechtsdiskurs im Vor-
feld von Art. 115 StGB gezeigt hat. Hafters Argument von dem «feineren
menschlichen Empfinden» für die prekäre Lage des Freundes rekurriert
auf keine rechtliche oder moralische Norm, sondern auf eine – mit den

---

[93] Johannes Fischer, Moralische und sittliche Orientierung. Eine metaethische
Skizze, in: ThLZ 130/2005, 471–488, Abs. III, spricht in diesem Zusammenhang von
Intuition und grenzt sie von jeder reflexiven Perspektive auf das eigene Handeln ab: «Es
ist, reflexiv betrachtet, gleichermassen die erlebte *Situation* wie das *Erleben* der Situation,
wodurch das intuitive Verhalten ausgelöst wird, ohne dass dies entweder auf das eine
oder das andere verrechnet werden könnte. In der vorreflexiven basalen Perspektive
steht sogar nur die Situation vor Augen, die zu einem entsprechenden Verhalten bewegt
und uns gewissermassen zuspielt, was wir hier und jetzt zu tun haben.» Der Ethiker
unterscheidet anschliessend drei Ebenen der Struktur sittlicher Orientierung: Erleben,
Artikulation des Erlebten und sittliches Urteil.

[94] Philipp Stoellger, ‹Und als er ihn sah, jammerte er ihn›. Zur Performanz von Pathosszenen am Beispiel des Mitleids, in: Dalferth/Hunziker (Hg.), Mitleid, 289–305
(291).

Worten von Johannes Fischer – diesen vorausgehende «sittliche Orientierung». Die damit verbundenen Intuitionen sind nicht auf abstrakte Gegenstände, sondern auf konkrete Personen bezogen. Das Affiziertwerden von der oder dem anderen setzt die wahrnehmende Person in ein Verhältnis zur wahrgenommenen Person, wie umgekehrt das Verhältnis zwischen beiden die Grundlage für das Affiziertwerden bilden kann. Deshalb steht im sittlichen Urteil die urteilende Person selbst «auf dem Spiel» (Heinz Eduard Tödt). Die Art und Weise der Wahrnehmung der oder des anderen rückt das Wahrgenommene in eine Beziehung zur wahrnehmenden Person. Wahrnehmung meint «die sinnliche, leibhaftige Offenheit für Anderes, für Ansprüche und Ereignisse. Als leibhaftige ist sie der Sinn für Raum, für den sozialen Raum, der sich in der betroffenen Wahrnehmung eröffnet».[95] Damit werden nicht Moral und Recht relativiert oder in Frage gestellt. Es geht um die Bestimmung ihrer Grenze und nicht um ihre Aufhebung.

Nun wird der Unterschied zwischen der dritten und vierten Frage deutlich. Die These, dass das Leiden eines Menschen dessen Tötung moralisch rechtfertigen könne, muss eine allgemeine Norm oder Pflicht voraussetzen, damit diese Folgerung begründet werden kann. Mit dieser Begründungszumutung wird organisierte Suizidhilfe konfrontiert, weil sie völlig unabhängig von jeder persönlichen Bindung, Dienstleistungen anbietet und ausführt. Wichtig an der suizidwilligen Person ist nur, dass sie bestimmte Kriterien (Urteilsfähigkeit, dauerhafter Sterbewunsch etc.) erfüllt. Die beim Suizid assistierende Person taucht bezeichnenderweise als handelndes Subjekt in den Diskussionen gar nicht auf. Worin besteht die moralische Norm oder Verpflichtung, auf die sich eine solche, sozusagen persönlich ‹neutralisierte›, generalisierte Interaktion berufen könnte? Es wird nicht bestritten, dass die Akteure von Suizidhilfeorganisationen persönlich ehrenwerte Motive haben und achtenswerten moralischen Überzeugungen folgen. Aber diese sind insofern irrelevant, weil sie beim Zustandekommen von Suizidhilfe keine ursächliche Rolle spielen. Entsprechend besteht die Rechtfertigung von Suizidhilfe allein in dem Hinweis auf den legalistischen Freiraum, den der Gesetzgeber – im Blick auf ganz andere Fälle – eingeräumt hat. So sehr für das Mitgefühl mit Kranken und «Lebensmüden» (EXIT) geworben wird, so wenig hat organisierte Suizidhilfe etwas mit affektiver Beteiligung zu tun. Das schei-

---

[95] A.a.O., 299.

tert bereits an der simplen Tatsache, dass das Affiziertwerden von der Lebenssituation einer Person schlechterdings nicht ‹organisiert› werden kann und umgekehrt Dienstleistungen nicht von affektiven Motiven begleitet sein sollten. Wenn es also überhaupt eine ethische Begründung für organisierte Suizidhilfe gibt, dann durch die Menschen, die diese Dienste in Anspruch nehmen oder als Risikoabsicherung in Erwägung ziehen. Das Mitleidsargument sollte aber in den Legitimationsdebatten vermieden werden, weil es eine Anteilnahme suggeriert, die es in organisierter Form nicht gibt, und weil es allzu leicht den Gegnerinnen und Gegnern eine Gefühlskälte oder emotionale Verrohung unterstellt, die ebenso wenig zutrifft wie ein umgekehrtes Gefühl auf der Gegenseite vorausgesetzt werden kann.

Diese Überlegung deckt sich mit der Beobachtung, dass die demonstrative Selbstverständlichkeit, mit der der Sterbewunsch einer Person zum Anlass für ein Handeln Dritter wird, tiefe Irritationen auslöst. So sehr das Leiden einer Person in auswegloser und verzweifelter Lage uns berührt, so wenig akzeptieren wir einen ‹Automatismus›, der daraus auf die Verpflichtung zur Suizidhilfe schliesst. Auch alle rhetorischen Bemühungen können den tiefsitzenden Eindruck nicht beiseiteschieben, dass wir in dieser Frage moralisch ‹zwischen allen Stühlen sitzen›. Anders gesagt: «Es gibt Modi der Normativität, die im vollen Sinne des Wortes zwingend sind, aber weder in moralischen noch in egoistischen Überlegungen gründen.»[96] Und diese Formen zwingender Verpflichtungen können weder Gegenstand allgemein verbindlicher Normen noch reziproker Forderungen sein.

---

[96] Frankfurt, Gründe, 13.

> «[...] es gibt kein Zurücktreten
> des Schenkenden hinter sein Ge-
> schenk, des Gesetzgebers hinter
> das Gesetz, es gibt kein Verblas-
> sen der Freiheit Gottes hinter
> der menschlichen Freiheit.»
>
> Karl Barth[1]

VII. Leben auf der Grenze

Die Überlegungen in den einzelnen Kapiteln haben die Ausgangsthese bestätigt, dass die Suizidhilfediskussion sich in verschiedenen ‹Zwischenräumen› bewegt: zwischen Sterbehilfe und Suizid, Tun und Lassen, positivem Recht und seinen Grenzen, Moralität und Sittlichkeit, Selbstbestimmung und Angewiesensein, Willens- und Handlungsfreiheit oder göttlichem Gebot und christlicher Freiheit. Verstärkt wird diese Zwischenposition dadurch, dass die Kontroversen sowohl auf moralischer wie auf rechtlicher Ebene ausgetragen werden. So prägnant sich die konfligierenden Meinungen in den Diskussionen präsentieren, so viele Fragen werfen sie bei genauerem Hinsehen auf. Die vergangenen Kapitel haben versucht zu zeigen, dass die Konfliktlinien allerdings anders verlaufen, als sie zumeist in der Suizidhilfediskussion begegnen.

Wie bereits die Geschichten von Ramón und Maggie gezeigt haben, stecken die entscheidenden Probleme weniger in den Behauptungen und Thesen selbst, als vielmehr in deren Prämissen. Im Kapitel III wurde der Risikobegriff als Voraussetzung für die Suizidhilfediskussion eingeführt. Risikokommunikation verortet ihre Gegenstände im Raum menschlicher Verfügungsmacht. Riskant ist ein Sachverhalt, weil und sofern er handelnd beeinflusst werden kann, ohne dass die Handlungsfolgen sicher vorauszusehen sind. Weil gehandelt werden kann, muss auch gehandelt werden (wobei Nicht-Handeln eine mögliche Handlungsoption darstellt). Darin besteht die Pointe jedes Handelns unter Risikobedingungen. Aus der Risikooptik setzt Suizidhilfe eine positive Antwort auf die Frage, ob menschliches Leben in die Hände des Menschen gehört, konstitutiv voraus. Menschen tragen die Verantwortung für ihr Leben und das Le-

---

[1] Karl Barth, Das Geschenk der Freiheit. Grundlegung evangelischer Ethik, in: Ulrich (Hg.), Freiheit, 336–362 (350).

ben ihrer Mitmenschen. Deshalb – und nur deshalb – ist der Umgang von Menschen mit sich selbst und untereinander eine moralische Frage.

Wie weit diese Verantwortung reicht, lässt sich nicht moralisch beantworten, weil die Grenze der Verantwortung mit der Grenze der Moral gesetzt wird. Die Frage nach der Grenze menschlicher Verfügungsmacht ist deshalb kein Thema von Moral. Deutlich zeigt sich das in den Scheinkontroversen, die in der Suizidhilfediskussion mit ihrem spezifischen Moralfokus begegnen. Während die Selbstbestimmungsforderung die Totalität der Moral in einer riskanten Welt behauptet,[2] verweist die (universale und unbedingte) Lebensschutzforderung auf eine transzendentale ethische oder transzendente theologische Perspektive. Der Streit zwischen beiden Positionen entzündet sich zwar an moralischen Konflikten, ist aber selbst kein moralischer, weil eine Antwort auf die Fragen, wie in einer konkreten Situation entschieden und was getan werden soll, nichts zur Lösung des Streits beitragen kann. Dieser entzündet sich nicht an den Antworten, sondern an den Fragen, auf die mit jenen Antworten reagiert wird. Der Streit um die richtigen Fragen, der aktuell – wenn überhaupt – nur am Rande durchscheint, ist allerdings viel älter als die Suizidhilfediskussion.

«Wie ist jeder so allein in der weiten Leichengruft des Alles! Ich bin nur neben mir – O Vater! o Vater! wo ist deine unendliche Brust, dass ich an ihr ruhe? – Ach wenn jedes Ich sein eigner Vater und Schöpfer ist, warum kann es nicht auch sein eigner Würgengel sein?»[3] Mit diesem pessimistischen Ausruf nimmt Jean Paul in seinem apokalyptischen Traum über den Tod Gottes den Gedanken vorweg, den ein Jahrhundert später der andere Pfarrerssohn, Friedrich Nietzsche auf die Spitze treiben wird: «Gott ist tot! Gott bleibt tot!»[4] Bemerkenswerterweise beginnt der Dichter seinen Text 1789, also im Jahr der Französischen Revolution, die die aufklärerische Idee von der gleichen Freiheit aller Menschen – zumindest kurzzeitig und für die Bürgerinnen und Bürger – politische Wirklichkeit werden lässt. Es liegt deshalb nahe, den Gedanken

---

[2] Markus Zimmermann-Acklin, Verlust der Ethik? Bioethik zwischen Institutionalisierung und Ideologiekritik, in: Bioethica Forum 3/2010, No. 1, 12–16 (13), bemerkt, dass sich auch die Bioethik mit ihrer weitgehenden «Betonung der individuellen Autonomie im Sinne der negativen Freiheit» massive Selbstbeschränkungen auferlegt.

[3] Jean Paul, Rede des toten Christus vom Weltgebäude herab, dass kein Gott sei (aus: Siebenkäs, 1796/97), in: ders., Werke, München 1959ff., Bd. I. Abt., Bd. 2, 269.

[4] Friedrich Nietzsche, Die Fröhliche Wissenschaft, in: ders., Werke, Bd. 2, 127.

vom Eigenen-Vater-und-Schöpfer-Sein des Menschen als – theologisch konnotierte – Paraphrase der Grundidee der Aufklärung zu lesen. Immanuel Kant hat dieses Leitprinzip bekanntlich in die Worte gefasst: «Aufklärung ist der Ausgang des Menschen aus seiner selbst verschuldeten Unmündigkeit. Unmündigkeit ist das Unvermögen, sich seines Verstandes ohne Leitung eines anderen zu bedienen. […] Sapere aude! Habe Mut dich deines eigenen Verstandes zu bedienen! ist also der Wahlspruch der Aufklärung.»[5]

Die Rede vom geschöpflichen Leben und von individueller Selbstbestimmung in den aktuellen Auseinandersetzungen erreicht nicht die Tiefe der Gedanken des Dichters und des Philosophen. An der provozierenden Herausforderung hat sich deshalb nichts geändert. Die Umkehrung des Konflikts bei Jean Paul – die unmittelbar an Bonhoeffers und Barths moralkritische Bemerkungen über den Suizid erinnert – legt zwei Thesen nahe: 1. Das ethische Nachdenken über den menschlichen Umgang mit sich selbst und Seinesgleichen weist auf die Frage nach der Identität des Menschen zurück. 2. Die Grenze menschlicher Verfügungsmacht lässt sich nicht immanent bestimmen. Was sollte die Menschen noch davon abhalten, sich ihres eigenen Todes zu «bemächtigen» (Michel Foucault), wenn sie sich nicht mehr als Geschöpfe eines (anderen) Schöpfers verstehen? Und was irritiert die Menschen zugleich an dieser Souveränitätsvorstellung, wenn nicht der Gedanke, sich doch als Geschöpfe eines (anderen) Schöpfers zu verstehen? Auch wenn die theologische Terminologie aufstossen mag, ändert das wiederum nichts an den Fragen. Jedenfalls lässt sich der intuitive und unbestreitbare Widerstand gegen die Verobjektivierung des Lebens in den Urteilen über das Leben nicht einfach mit dem Hinweis auf die Zähigkeit einer überkommenen Moral oder unzeitgemässen Theologie vom Tisch wischen. Die Ambivalenzen können nicht wegdiskutiert werden, wie Bärfuss' Suizidhelfer Gustav Strom beobachtet: «Die Gesellschaft beginnt zu verstehen. Ich fühle mich nunmehr getragen vom Einverständnis der Mehrheit, und ich beklage mich nicht, fehlt der Beifall, ich will nur Billigung. Die Menschen müssen mich meiden, es kann nicht sein, dass sie mich aufnehmen als einer, der ihnen hilft in schwieriger Lage. Dazu ist ihre Scham zu gross, ihre Angst vor dem, was später kommt. Oder nicht kommt.»[6]

---

[5]   Immanuel Kant, Beantwortung der Frage: Was ist Aufklärung? (1783), in: ders., Werke, Ed. Weischedel, Bd. VI, Darmstadt 1983, A 482.

[6]   Bärfuss, Alices Reise, 56.

Die unspezifische Angst vor den nicht kalkulierbaren Handlungsfolgen aus der Risikoperspektive der Suizidhilfe identifiziert Jean Paul in einer Fussnote zu seinem Text als *Gottverlassenheit*: «Wenn einmal mein Herz so unglücklich und ausgestorben wäre, dass in ihm alle Gefühle, die das Dasein Gottes bejahen, zerstöret wären; so würd' ich mich mit diesem meinem Aufsatz erschüttern und – er würde mich heilen und mir meine Gefühle wiedergeben.»[7] Die «Scham», die der Suizidhelfer anspricht, ist keine moralische. Wie die öffentliche Diskussion zeigt, müssen sich kritische Stimmen weit mehr für ihre angeblich konservativen Einstellungen «schämen», als ‹liberale› Voten für die Suizidhilfe. Und bezeichnenderweise diagnostiziert der Protagonist aus Lukas Bärfuss' Theaterstück eine Angst nicht nur vor dem, was *ist*, sondern auch vor dem, was *sein könnte*. Die menschliche Souveränität steckt in einer ‹Sandwichposition› zwischen zwei Ängsten, und die Risikoentscheidung besteht darin, welcher Angst gefolgt und welche andere damit riskiert wird. Kurz und knapp: «Die Angst vor dem Tod macht uns erpressbar.»[8]

Die Totalität des Risikofokus erweist sich – mit anderen Worten – selbst als riskante Entscheidung: einerseits im Hinblick auf den ‹Risikodeterminismus›, dass in riskanten Situationen nicht nicht gehandelt werden kann, und andererseits im Horizont der theologisch festzuhaltenden Spannung zwischen der gestalterischen Freiheit des Menschen und der von Gott geschenkten Freiheit für den Menschen. Reformatorische Theologie thematisiert diese zwei Dimensionen von Freiheit unter den Begriffen ‹Evangelium› und ‹Gesetz›: die Freiheit *durch* das – und damit zugleich: *vor* dem – Gesetz und die Freiheit *von* dem Gesetz. Es geht, anders formuliert, um die eigene Freiheit, die die Menschen durch die Erkenntnis des Gesetzes gewinnen, und die «fremde Freiheit» (*libertas aliena*), die sie nicht besitzen, sondern «aus der Menschen leben»[9]. Beide Freiheiten haben ihre ethische Berechtigung – wie Karl Barth in seinen Ethikfragmenten bemerkt –, weil der «in königlicher Freiheit gebietende *Gott*» und der «in seiner Beziehung zu diesem Gott in freier Verantwortlichkeit handelnde Mensch» zusammmen gehören.[10] Christliche Freiheits-

---

[7] Jean Paul, Rede, 266.

[8] Bärfuss, Alices Reise, 12.

[9] Hans G. Ulrich, Einführung: Die ‹Freiheit der Kinder Gottes› – Freiheit in der Geschöpflichkeit. Zur Tradition evangelischer Ethik, in: ders. (Hg.), Freiheit, 9–40 (15).

[10] Karl Barth, Das christliche Leben. Die Kirchliche Dogmatik IV/4. Fragmente aus dem Nachlass. Vorlesungen 1959–1961, in: Karl Barth-Gesamtausgabe, Bd. 7, Zürich

ethik darf und will «*weder* der freien Verfügungsgewalt Gottes hinsichtlich des konkreten Sinns und Inhalts seines Gebietens *noch* der freien Verantwortlichkeit des menschlichen Handelns zu nahe treten. Sie hat die Unmittelbarkeit des Verkehrs zwischen dem gebietenden Gott und dem ihm gehorsamen oder ungehorsamen Menschen zu respektieren.»[11] Barth hat die sich daraus ergebende Konsequenz mit aller Klarheit benannt: «Ethik kann also nicht selbst Weisung, sondern nur *Unterweisung* geben: Unterricht in der Kunst, jene Frage jeweils sachgemäss zu stellen und ihrer Beantwortung, die Gott allein geben kann und gibt, jeweils offen, aufmerksam und willig entgegenzusehen.»[12]

1. Zur Position des SEK

Wie kann Suizidhilfe zum Thema einer in dieser Weise bestimmten, reformatorisch-theologischen Ethik werden? Verführt eine solche ethische Perspektivität nicht zu einer Beliebigkeit der Zuordnungen und einer Ich-mach-mir-die-Welt-wie-sie-mir-gefällt-Moral?[13] Angesichts der konfliktträchtigen Pluralität theologischer Stimmen und kirchlicher Äusserungen zum Thema Sterbe- und Suizidhilfe erscheint die Befürchtung nicht völlig aus der Luft gegriffen. Die Herausforderung verschärft sich noch im Kontext kirchlicher Stellungnahmen, die den Anspruch erheben und in der Pflicht stehen, im Namen ihrer Kirche zu sprechen. Unter diesen Bedingungen entstand in einem umfangreichen Diskussionsprozess die SEK-Position *Das Sterben leben. Entscheidungen am Lebensende aus evangelischer Perspektive*, die den Anstoss für die vorliegende Untersuchung gab. Dem reformierten Selbstverständnis entsprechend, versteht der SEK seine «Position» nicht als ein autoritatives kirchliches Dokument. Vielmehr will er – wie der Präsident des Rates SEK Thomas Wipf im Vorwort festhält – die Themen Sterbehilfe, Suizidhilfe und Sterbebe-

---

1976, 6f.; vgl. dazu Eberhard Jüngel, Anrufung Gottes als Grundethos christlichen Handelns, in: ders., Barth-Studien, Gütersloh 1982, 315–331.
  [11] Barth, KD IV/4, 3.
  [12] A.a.O., 51.
  [13] Vgl. Stoellger, ‹Und als er ihn sah›, 293, der auf die analoge Beliebigkeit einer «Pippi-Langstrumpf-Religion» verweist.

gleitung «vertiefen und die Menschen ermutigen, sich mit diesen schwierigen aber unabwendbaren Fragen zu beschäftigen».[14]

Die Sensibilisierung für Fragen um Leben und Tod geht in zwei Richtungen. Einerseits soll die Komplexität solcher Entscheidungssituationen aufgezeigt werden, der kategorische Antworten – unabhängig von welcher Seite – nicht gerecht werden können. Andererseits wendet sich der SEK konsequent gegen die verbreitete Tendenz, Entscheidungen am Lebensende allein der betroffenen Person zuzuschreiben. «So richtig und wichtig es ist, persönliche Gewissensentscheidungen zu respektieren und zu schützen, so wenig dürfen schwierige Entscheidungen am Lebensende auf individualethische Fragen reduziert werden. Eine angemessene Problemwahrnehmung und Entscheidungsfindung muss die Komplexität solcher Lebenssituationen und die damit verbundenen gesellschaftlichen Wirkungen transparent machen. So isoliert und einsam ein Sterben empfunden und erlebt wird, so wenig findet Sterben jenseits der Gesellschaft statt. Gerade die Asozialität des Sterbens und die Ausgrenzung der Sterbenden sind durch und durch gesellschaftliche Phänomene.»[15]

Indem der SEK die soziale Dimension des Sterbens hervorhebt,[16] betont er zugleich die Einbettung von Entscheidungen am Lebensende in den Raum der *moral community*: «Entscheidungen am Lebensende sind in ein Netz komplexer persönlicher, sozialer und institutionalisierter Beziehungen und Strukturen, wechselseitiger Erwartungen, normativer Orientierungen sowie politischer und rechtlicher Rahmenbedingungen eingebunden. Individual- und sozialethische, politisch- und rechtsethische Überlegungen stehen [in] einer unauflösbaren Verbindung.»[17] Aus ethischer Sicht muss sich die konkrete Entscheidungsfindung im Geflecht dreier Prinzipien bewegen: «Lebensschutz (Tötungsverbot, Lebensrettung, -erhaltung und -bewahrung), Autonomie (Selbstbestimmung, -verantwortung und Respekt gegenüber der Freiheit der und des anderen) und Fürsorge (Solidarität, Empathie, Unterstützung, Stellvertretung).»[18]

---

[14] SEK, Das Sterben leben, 3.
[15] A.a.O., 14.
[16] Vgl. a.a.O., Abs. 4.3 Leben in der Krise: Leiden in der Gesellschaft.
[17] Ebd.
[18] A.a.O., 15.

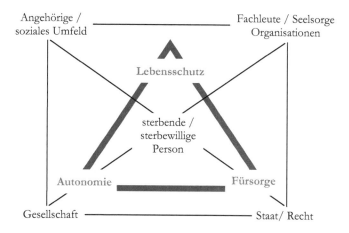

Abb.4: Entscheidungen am Lebensende im gesellschaftlichen Kontext[19]

Die Prinzipien stehen in einem symmetrischen Verhältnis und stimmen mit dem Ansatz und Anliegen evangelischer Dokumente zur Sterbehilfe in Europa überein: «Auf dem Fundament einer biblischen Theologie entwickeln die evangelischen Kirchen die kriteriale, entscheidungsleitende Trias von Verantwortung, Liebe und Freiheit.»[20] Die Aufgabe, zwischen den drei Prinzipien zu vermitteln, wendet sich gegen ein hierarchisches Verständnis, nach dem ein Prinzip – etwa der Lebensschutz oder die Autonomie – den anderen Prinzipien vorgeordnet wird. Zurückgewiesen wird damit ein Reduktionismus der Suizidhilfediskussion auf die Kontroverse zwischen ‹*sanctity of life*›-Anhängerinnen und ‹*quality of life*›-Verteidigern. Gleichzeitig sind die Prinzipien so allgemein und konsensual formuliert, dass sie zwar den Rahmen abstecken, in dem Entscheidungsfindungsprozesse stattfinden, aber keine Handlungsanweisungen bieten. Diese Kritik kann noch um den metaethischen Einwand ergänzt werden, der SEK präsentiere – entgegen den vorangegangenen Überlegungen – mit seiner Prinzipien-Trias selbst eine moralische Lösung. Aber ihre Stossrichtung wäre verkannt, würde sie als Antwort auf die Frage ‹Was soll ich tun?› gelesen. Die Funktion des Prinzipien-Dreiecks besteht nicht darin, ein Handeln zu koordinieren, sondern die Wahrnehmung moralischer Konflikte zu strukturieren. Die Pointe der Trias liegt in ihrem moralkritischen Impuls und richtet sich gegen eine

---

[19] Vgl. a.a.O., 16.
[20] Schardien, Sterbehilfe, 429, vgl. 289–293.

vorschnelle Auflösung der Konflikthaftigkeit von Entscheidungen am Lebensende durch ein lexikalisches Normenverständnis. Es wäre ein Missverständnis, die genannten Prinzipien im Sinne von Handlungsnormen zu interpretieren. Sie sind nicht auf *Entscheidungen* gerichtet, sondern auf die *Wahrnehmung* von Entscheidungssituationen. Es handelt sich – in der Terminologie der Philosophin Theda Rehbock – um «*anthropologische Reflexionsbegriffe* [...], sofern wir uns mit diesen Begriffen nicht objektivierend, sondern reflektierend auf *elementare, formale Charakteristika unserer gemeinsam mit anderen geteilten menschlichen Existenz* beziehen. Diese Charakteristika bestimmen den *praktischen Sinnhorizont* und die *begriffliche Grammatik der Moral*.»[21]

Deutlich tritt der reflexive, moralkritische Impuls im Abschnitt «Begleitende Seel-Sorge» hervor. Ausgehend von der «reformatorische[n] Differenz zwischen Person und Handlung – theologisch: zwischen gnädigem Angenommensein und selbst zu verantwortenden Werken» – wird die Aufgabe der Seelsorge näher bestimmt: «Die Seelsorgerin und der Seelsorger sind Nächste oder Nächster. Eine Person zu begleiten bedeutet aber nicht, sich ihr Handeln zu eigen zu machen, sie in ihrem Handeln moralisch zu unterstützen oder ihre Entscheidungen zu rechtfertigen. Seelsorge meint nicht Komplizenschaft. Seelsorgerliche Begleitung fordert und leistet Solidarität und nicht ethische Legitimation.»[22]

Konflikthafte Entscheidungen am Lebensende entziehen sich eindeutiger Normierungen, weil sie eben durch Normenkonflikte gekennzeichnet sind. Deshalb verlagert sich die öffentliche Diskussion auf die Ebene des Rechts, der die Aufgabe zugewiesen wird, den Raum der Selbstverantwortung zu definieren. Der SEK wendet sich in diesem Zusammenhang gegen die moralische Forderung nach einer Legalisierung der Suizidhilfe. Denn das «Recht ist nicht in der Lage, die Ungerechtigkeit der Lebensbedingungen und Lebenslagen aufzulösen oder zu korrigieren. [...] Das Recht darf nicht zum Instrument der Durchsetzung partikularer Interessen werden. Damit würden die Aufgabe und Funktion rechtsstaatlicher Ordnungen in ihr Gegenteil verkehrt. [...] Auf der Grenze des Lebens stösst das Recht an seine Grenzen.»[23] Die Ablehnung

---

[21] Rehbock, Zur Kritik, 322.
[22] SEK, Das Sterben leben, 28.
[23] A.a.O., 31; vgl. 22: «Nicht die moralisch richtige oder ethisch begründbare Handlung ist gefordert, sondern die Bereitschaft von allen Beteiligten, Verantwortung zu übernehmen, sich (selbst) hineinzuversetzen und einzusetzen sowie – aus christlicher Per-

einer ethischen Legitimierung und rechtlichen Legalisierung von Suizid-hilfe richtet sich allerdings nicht gegen Suizidhilfe *an sich*.

Diese Haltung ist verschiedentlich auf Widerspruch gestossen. So verweist der Präsident des Kirchenamtes der EKD Hermann Barth kritisch auf die unterschiedliche Beurteilung der ärztlichen Suizidhilfe im EKD-Text *Wenn Menschen sterben wollen* und in der SEK-Position hin. Während die EKD eine «Verankerung der ärztlichen Beihilfe zur Selbsttötung als allgemeiner rechtlicher Regel»[24] ablehnt, teile der SEK die Position der SAMW, nach der die ärztliche Suizidhilfe als persönliche Gewissensentscheidung zu respektieren sei.[25] Abgesehen davon, dass die SAMW-Richtlinien im SEK-Papier lediglich dargestellt werden, dass sich die SEK-Forderung nach Respekt gegenüber der «persönlichen Gewissensentscheidung» nicht auf Ärztinnen und Ärzte beschränkt und dass Respekt grundsätzlich nicht einem Handeln, sondern Personen gilt, wird an dieser Stelle die theologisch-ethische und rechtsethische Frage aufgeworfen, ob und wie das Recht in Bereiche eingreifen kann und soll, die übereinstimmend unter dem Gewissensvorbehalt stehen. Mehrere Antworten sind möglich: 1. Da das Recht die äusseren Angelegenheiten der Menschen regelt und nicht die inneren, setzt die Charakterisierung einer Entscheidungssituation als Gewissensentscheid *ipso facto* dem Recht seine Grenze. 2. Weil Gewissensentscheide nicht Legalitätskriterien unterworfen sind, kann das Recht lediglich den Ausnahmefall als Regelabweichung kenntlich machen. 3. Rechtliche Grenzziehungen sind um des Schutzes der Freiheit der und des Einzelnen Willen notwendig, aber auch darauf beschränkt. Die Antworten verdeutlichen, dass die Frage anders gestellt werden muss. Es geht nicht darum, wie sich das Recht gegenüber Gewissensentscheidungen positionieren soll, sondern was eine Entscheidungssituation für einen Menschen als Gewissensentscheidung auszeichnet.

Die moderne individuelle Gewissensfreiheit – die Menschenrechtsschutz geniesst – folgt aus der Anerkennung der Würde und Freiheit des

---

spektive – im Ernstfall auch das Bewusstsein und die Entschlossenheit, schuldig zu werden.»

[24]   EKD, Wenn Menschen sterben wollen, 31.

[25]   Hermann Barth, Ein bisschen schnell, in: zeitzeichen 4/2009, 12f. (13); vgl. dazu Johannes Fischer, Unglückliche Sätze. Die Schweizer Kritik an der EKD ist zum Teil berechtigt, in: zeitzeichen 3/2009, 14–15 und Frank Mathwig, Rigide Regelung. Die EKD kritisiert die Schweizer Protestanten zu Unrecht, in: zeitzeichen 3/2009, 12–13.

Menschen. Bereits die Reformatoren – allen voran Luther – betonen das Verhältnis von Gewissen und Freiheit, allerdings in spezifischer Weise, wie Luthers bekannte Rede auf dem Reichstag zu Worms deutlich macht. «Vor dem höchsten irdischen Forum allein auf sich gestellt, verweigert er den Gehorsam mit der doppelten Berufung auf das Gewissen: ‹da mein Gewissen in den Worten Gottes gefangen ist› und ‹weil es gefährlich und unmöglich ist, etwas gegen das Gewissen zu tun›.»[26] Gerhard Ebeling hebt zwei Eigenarten des lutherischen Gewissensbegriffs hervor: 1. «Gewissensfreiheit wird hier nicht als ein Recht gefordert, sondern als eine Macht gelebt». 2. Anstelle des scholastischen und neuzeitlichen Appells des am Gesetz orientierten Gewissens an die Freiheit des Menschen, beruht die Freiheit des Gewissens aus dem Evangelium «nicht auf einer Tat des Menschen, sondern auf der Versöhnungstat Gottes». Deshalb betrifft das Gewissensurteil nicht die Tat, sondern «stets die Person ganz».[27]

Aus dieser rechtfertigungstheologischen Perspektive mit Blick auf die ‹ganze› Person argumentiert auch die SEK-Position, wenn sie daran erinnert: «Zugleich kann nur ich selbst mein Leben als das Geschenk des Schöpfers annehmen und begreifen. Niemand kann mich darin vertreten. Und niemand kann von einem anderen Menschen fordern, sein Leben als Gabe Gottes zu begreifen. Gerade deshalb besteht die Aufgabe von Christinnen und Christen darin, alles Menschenmögliche zu tun, damit Menschen sich als Geschöpfe Gottes erleben können und ihr Leben als Geschenk des Schöpfers wahrnehmen, annehmen, leben und manchmal auch aushalten und durchstehen können.»[28] Diese Sätze bilden den Angelpunkt des SEK-Textes, der das christologisch-rechtfertigungstheologische Verständnis vom Menschen mit der ethischen Frage nach dem Umgang mit sich und seinesgleichen verbindet. Sie setzen die theologischen Überlegungen aus dem Kapitel IV zu Bonhoeffer und Barth voraus und spitzen sie in sozialethischer Hinsicht zu.

Aus den grundsätzlichen Schwierigkeiten, den Suizidwunsch einer Person über den moralischen Leisten zu schlagen, darf nicht auf die

---

[26] Gerhard Ebeling, Der kontroverse Grund der Freiheit. Zum Gesetz von Lutherenthusiasmus und Lutherfremdheit in der Neuzeit, in: ders., Lutherstudien, Bd. III: Begriffsuntersuchungen – Textinterpretationen – Wirkungsgeschichtliches, Tübingen 1985, 366–394 (386f.), mit Verweis auf Luther, WA 7,838, 4–8.

[27] A.a.O., 387 u. 389.

[28] SEK, Das Sterben leben, 26.

moralische Indifferenz von Suizidhilfe geschlossen werden. Aber wer ist der Adressat der eben zitierten SEK-Forderung? Das ethische Subjekt konstituiert sich in der konkreten Wahrnehmung und Übernahme von Verantwortung:[29] «Sich sorgen» bedeutet, sich in ein bestimmtes Verhältnis zu der und dem anderen zu setzen, der oder dem die Sorge gilt. Dieses Verhältnis wird nicht definiert durch irgendwelche moralischen Pflichten, ethische Normen oder allgemeine Rechtsgrundsätze. Vielmehr besteht es allein darin, sich selbst in Beziehung zu setzen, anwesend zu werden, zu sein und zu bleiben. Es geht nicht um die Frage, wer mein Nächster ist, sondern ob ich der oder dem anderen eine Nächste oder ein Nächster bin (Lk 10,25–37).»[30] Die – mit Verweis auf das Gleichnis vom barmherzigen Samaritaner vorgenommene – Bestimmung der Sorge als ein Sich-in-Beziehung-Setzen nimmt die Bemerkungen zum Mitleid im vorangegangenen Kapitel auf. Hier wie dort geht es um die Ermöglichungsbedingungen einer Wahrnehmung, die keiner moralischen Norm oder Pflicht folgt, sondern mit der «*Macht* des Sichtbaren» gegeben ist. Es geht – mit Philipp Stoellgers Deutung des Verhaltens des Samaritaners – um ein «*Ethos aus Pathos*». Die Moral von der Geschichte steckt in der nebensächlich erscheinenden Bemerkung über den vorbeikommenden Samaritaner: Er «sah ihn und fühlte Mitleid» (wörtlich: ‹es jammerte ihn›). Es geht um die Unmittelbarkeit dessen, was sich der oder dem Hinsehenden zeigt: «man kann nicht nicht sehen, was einem ins Auge fällt».[31]

Dieses ‹Sehen› geht – wie im vorangehenden Kapitel gezeigt wurde – moralischen Forderungen und ethischen Begründungen voraus und kann deshalb nicht zum Gegenstand moralischer Forderungen oder ethischer Pflichten werden. Die biblisch-theologischen Grundeinsichten von der Beziehungshaftigkeit allen Lebens – als Synonym für Geschöpflichkeit – und der menschlichen Beziehungsbedürftigkeit – im Sinne seiner Erlösungsbedürftigkeit und seines Bestimmtseins zur Gemeinschaft mit Gott – betreffen ein *Sein* und kein *Sollen*. In dem Befreit-Sein des Menschen durch Gottes Heilshandeln gründet ein ‹Sollen›, das in seiner Un-

---

[29] «Nicht das Subjekt setzt sich die Aufgabe, sondern die Aufgabe konstituiert das Subjekt.» Vgl. zu diesem Verständnis von Verantwortung Georg Picht, Der Begriff der Verantwortung, in: ders., Wahrheit, Vernunft, Verantwortung. Philosophische Studien, Stuttgart 1969, 318–342 (336).
[30] SEK, Das Sterben leben, 25.
[31] Stoellger, ‹Und als er ihn sah›, 299.

mittelbarkeit jedem moralischen Sollen vorausgeht. Der Einwand Humes oder Moores, dass hier von einem Sein auf ein Sollen geschlossen würde, trifft in doppelter Hinsicht nicht zu: 1. Es wird nicht kausal oder teleologisch von einem Sein auf ein Sollen geschlossen, sondern in dem Sein ist ein ‹Sollen› erschlossen. 2. Dieses ‹Sollen› meint keine moralische Forderung oder Verpflichtung, sondern ein Wollen als Signatur des Befreit-Seins im Leben mit Gott.[32]

Weil das ‹Sehen› seinen Ursprung in diesem Sein hat, ist das Gleichnis vom barmherzigen Samariter nicht nur *exemplum* sondern «ein wirksames Wort – signum efficax gratiae – ein *sakramentales Zeichen*. […] In Gestalt des Samariters wird das sacramentum wirksam: Der Samaritaner ist in Person die Übertragung des Affekts Jesu in den Horizont christlicher Lebensführung.» Als ein «*Logos mit Pathos* – mit *Effekt auf Ethos*» ist es «unausweichlich, sich zum Gehörten oder Gesehenen zu verhalten».[33] Deshalb folgt aus der Tatsache, dass das ‹Sehen› nicht Gegenstand moralischer Forderungen werden kann, nicht, dass die Bedingungen, die ein solches Sehen-Können fördern (nicht: ermöglichen) oder erschweren (nicht: verhindern), ethisch belanglos wären. Dieser Satz gilt auch aus der umgekehrten Perspektive: Es ist keinesfalls ethisch beliebig, ob die Bedingungen für ein Gesehen-Werden begünstigt (nicht: ermöglicht) oder behindert (nicht: verhindert) werden. Die SEK-Position fasst diese ethischen Aspekte in die drei Fragen:

«– Sind wir jemals auf den Gedanken gekommen, dass der Wunsch, das Leben zu beenden, dem Leben hier den Rücken zuzukehren, auch der Wunsch sein könnte, uns den Rücken zuzukehren?
– Verweist ein Suizidwunsch nicht vielleicht auch auf unsere Unfähigkeit, dem Sterben im Leben Raum zu geben?
– Dokumentiert die organisierte Suizidhilfe nicht auch unsere Angst, Unsicherheit und unser Unvermögen, das Sterben anderer zu erleben, mit zu leben und dabei an unsere eigene Sterblichkeit erinnert zu werden?»

---

[32] Das ist die Bedeutung des häufig kritisierten und missverstandenen Satzes von Barth, KD III/4, 463: «In jene Finsternis hinein leuchtet nur ein Licht, dieses aber durchdringend und siegreich – kein: ‹Du sollst leben!›, sondern das ‹Du darfst leben!›, das kein Mensch dem anderen und auch Keiner sich selbst sagen kann, das aber Gott selbst gesprochen hat und immer wieder spricht.»

[33] Stoellger, ‹Und als er ihn sah›, 301.

Ein alternativer Zugang eröffnet sich, wenn anstelle der Fixierung auf formale Rechtsansprüche oder moralische Forderungen die konkreten Lebenssituationen von Leidenden und Sterbenden ins Zentrum gerückt werden. Dann stellen sich andere Fragen: Wie erlebt eine Person ihre konkrete Lebenssituation, wie kommuniziert sie ihre Lebenslage und welche Ansprüche oder Anforderungen ergeben sich daraus für die Gemeinschaft? Damit rückt die anthropologische Tatsache der fundamentalen Ambivalenz von Handeln und Erleiden, Aktivität und Passivität an die Stelle der Fragen über den Umgang mit den Risiken von Souveränität und Abhängigkeit. Die Alternativen von Hinsehen und Wegschauen lassen sich als ethische Fragen über gesellschaftliche Solidarität oder ihren Mangel problematisieren. Natürlich hat die Abschottung der Wahrnehmung exkludierende Wirkungen, wie umgekehrt ihre Sensibilisierung solidarische Effekte zeigt. Aber es geht nicht ‹nur› um die moralische Frage, nach dem richtigen oder falschen Handeln, sondern um ein Hinsehen aus dem Ergriffensein, das die oder den Sehenden in ein konstitutives Verhältnis zum Gesehenen stellt. Ergriffensein ist keine moralische Kategorie, weil Moral nicht nur die Subjekt-Objekt-Differenz nicht überwinden kann, sondern den Graben mit jedem Urteil neu aufreisst. Ethisch betrachtet geht die moralische Frage am Thema vorbei. Die Frage nach dem Leben muss theologisch von moralischen Kontaminationen befreit werden, wenn sie offen sein will für die Antworten der biblischen Botschaft, die nicht von moralischen Lösungen, sondern christologisch-eschatologisch von der Er-lösung handelt.

2. Riskante Freiheit

Aber sind solche theologischen Reminiszenzen nicht – wie die Theologin Helga Kuhlmann fragt – *Nur Worte, nur Geschwätz?*[34] Zumindest erscheinen sie etwas unpassend, angesichts der von Ulrich Eibach seit dem 19. Jahrhundert diagnostizierten Tendenz: «Die protestantische Theologie zog sich zunehmend auf den Bereich des sittlich-religiösen Bewusstseins zurück und überliess den Leib ganz der Medizin.»[35] Dieser theolo-

---

[34] Helga Kuhlmann, Nur Worte, nur Geschwätz? Zur theologischen Metaphorik für das Kranksein, in: Graf/Mathwig, Zeindler (Hg.), Was ist der Mensch, 307–325.
[35] Jürgen Eibach, Krankheit VII, in: TRE XIX, Berlin, New York 1990, 697–701 (698).

gische Rückzug spiegelt sich heute in einer eigentümlichen Selbstbeschränkung in bestimmten Kreisen theologischer Medizin- und Bioethik
wider. So schlussfolgert der Theologe Michael Friess: «Wer nicht daran
glaubt, dass Gott Gewitter und Krebsgeschwüre schickt, um Menschen
zu strafen, wer also Gott nicht als eine in die Naturprozesse eingreifende
Macht versteht, muss die Verantwortung für das Leben der Menschen in
die Hand der Menschen legen. Von einem auf die Verantwortung Gottes
bauenden ‹Prinzip der Heiligkeit des Lebens› kommt man so zu einem
Prinzip, nach dem der Mensch für sich und sein Leben Sorge tragen
muss – zumindest, soweit es ihm möglich ist. Das zu akzentuierende
Kriterium, das Menschen für ihre Entscheidungen heranziehen, ist die
‹Qualität des eigenen Lebens›. Da Gott nicht den Lauf der Natur beeinflusst, ist er nicht für die Terminierung eines Lebens verantwortlich, und
so kann der Mensch durch die Gestaltung seines Lebens und die Wahl
seiner Ernährung, durch Entscheidungen über Therapien oder Therapieabbruch in vielen Fällen den eigenen Todeszeitpunkt beeinflussen. Es
kann theologisch nicht plausibel begründet werden, warum er dann nicht
auch seinem Leben aus gewichtigen Gründen aktiv ein Ende setzen dürfen sollte. Solche Handlungen trennen ihn nicht von Gott, sie sind keine
Auflehnung und kein hybrides Eindringen in göttliche Sphären. Wenn
schwer leidende Menschen ihr Leben durch Suizid oder aktive Sterbehilfe beenden, kann dies Ausdruck eines tiefen Gottvertrauens sein. Alle
Handlungsoptionen aufzugeben und sein Leben zurück in die Hände
Gottes zu legen, kann die letzte irdische Glaubenstat eines Christen
sein.»[36]

Unabhängig davon, dass in dieser Äusserung theologisch und philosophisch disparate Kategorien in problematischer Weise aufeinander
bezogen werden,[37] zeigt sie eine durchaus nicht singuläre Tendenz zur

---

[36] Friess, ‹Komm süsser Tod›, 231f.

[37] Nur einige wenige Anfragen: Wie kann der Mensch – angesichts der Unzustän-
digkeit Gottes – Verantwortung für *Naturkausalität* übernehmen? Was hat Naturkausalität
damit zu tun, ob und wie Menschen *davon betroffen* werden? Wie geht die Subsumierung
Gottes unter ein ethisches Prinzip mit einem protestantischen Gottesverständnis
zusammen? Was meint die offenbar theologisch konnotierte Rede von der *ethischen Verantwortung Gottes*? Inwiefern begründet eine angebliche Indifferenz Gottes die *Zuständigkeit
des Menschen*? Was ist mit dem Ausdruck «in die Hand der Menschen legen» gemeint? Wer
ist überhaupt der *Gott* in dieser Inszenierung und wo ist er *wirklich*? Und *wohin* soll der
Mensch sein Leben geben, wenn er doch nur seinem eigenen Handeln gegenüber verpflichtet ist? Was unterscheidet diesen Wenn-alle-Stricke-reissen-Auffang-Gott von Sig-

Auflösung von Theologie in Ethik,[38] die weit über das Rendtorffsche Paradigma von der «ethischen Theologie»[39] hinausgeht. Die theologische Neutralisierung der Ethik bildet die präzise Gegenbewegung zu einer ebenso fatalen Moralisierung der Theologie, gegen die Bonhoeffer und Barth – wie oben gezeigt – vehement Einspruch erheben. Vor diesem Hintergrund bestätigt die Friess'sche Kritik mit der Übernahme der Mittel von seiner gewählten Gegenspielerin eine – in ihrer Verhältnisbestimmung zur Ethik – prekäre Theologie und umgekehrt eine – in ihrer Verhältnisbestimmung zur Theologie – prekäre Ethik. Während eine solche Theologie ihre Beziehung zur Ethik nicht auf den Begriff bringt, unterschlägt Friess komplementär die Unterscheidung zwischen den Gegenständen von Ethik und Theologie. Mit seiner Formulierung «soweit es ihm möglich ist» gibt er dem technokratischen Imperativ «Can implies ought» (Hasan Ozbekhan) eine theologisch-ethische Qualität, wobei als Entscheidungsgrundlage ein völlig ungeklärter Lebensqualitätsmassstab dienen soll. Dies wird möglich, weil der Theologe verschiedene Zuständigkeitsbereiche aus einer willkürlichen «Sphären»-Struktur der Welt voneinander abgrenzt. Zugespitzt – und in der hier verwendeten Terminologie – korrespondiert mit der Risikoethik an dieser Stelle die Schrumpfkategorie einer ‹Risikotheologie›.

Ob der Suizid einen Akt besonderen Gottvertrauens darstellt oder nicht, lässt sich weder ethisch noch theologisch feststellen. Wenn eine Person im Vertrauen auf Gott diese Entscheidung trifft, dann fasst sie diesen Entschluss im Vertrauen auf Gott. Mehr lässt sich darüber nicht sagen. Die theologisch-ethische Rechtfertigung einer solchen Handlung verfehlt ihr Thema ebenso, wie eine theologisch-ethische Diffamierung jener Tat. Denn Rechtfertigung ist aus reformatorischer Sicht einerseits keine moralische Frage und bezieht sich andererseits nicht auf das Handeln, sondern den Menschen. Und die Kehrseite der Ablehnung einer

---

mund Freuds «Prothesengott»? Vgl. Sigmund Freud, Das Unbehagen in der Kultur, in: ders., Gesammelte Werke, Bd. XIV, Frankfurt/M 1991, 421–506 (451).

[38] Vgl. in diesem Zusammenhang auch den Versuch von Lukas Ohly, Sterbehilfe: Menschenwürde zwischen Himmel und Erde, Stuttgart 2002.

[39] Vgl. programmatisch Trutz Rendtorff, Der ethische Sinn der Dogmatik. Zur Reformulierung des Verhältnisses von Dogmatik und Ethik bei Karl Barth, in: ders. (Hg.), Die Realisierung der Freiheit. Beiträge zur Kritik der Theologie Karl Barths, Gütersloh 1975, 119–134, sowie ders., Ethik. Grundelemente, Methodologie und Konkretionen einer ethischen Theologie, 2 Bde., Stuttgart u. a. ²1991.

Werkgerechtigkeit besteht in der Zurückweisung einer theologischen Pauschallegitimation menschlichen Handelns. Der Status des gerechtfertigten Sünders adelt nicht das moralische Subjekt. Der offensichtliche theologische Kategorienfehler – gegen den sich auch die Kritik von Bonhoeffer und Barth richtet – besteht in dem Versuch, christliche Freiheit mit der Idee menschlicher Souveränität zu versöhnen. Der theologische ‹Liberalismus reloaded›, den Michael Friess unter dem Strich mit seinem engagierten Plädoyer präsentiert, lenkt den Blick noch einmal auf die oben explizierte Risikoperspektive. So einleuchtend sie auf den ersten Blick wirkt und so vertraut sie in den Lebensalltag eingewoben ist, so hilflos zeigt sie sich im Hinblick auf die *mortal questions*.

1. Die Risikodisposition rückt die Welt und das Leben unter den Imperativ ‹Du musst entscheiden›. Daran führt ebenso wenig ein Weg vorbei, wie an der Tatsache, dass die Entscheidungszumutungen normativ unterfüttert werden müssen. Eine Handlungsoption wählen bedeutet, ihre Alternativen zu verwerfen. In einer – von Opportunitätskostenarithmetiken bestimmten – sozialen Welt müssen Entscheidungen nicht nur im Hinblick auf die gewählte, sondern auch die verworfenen Optionen begründet werden.[40] «Wo das Weiterleben nur eine von zwei legalen Optionen ist, wird jeder rechenschaftspflichtig, der anderen die Last seines Weiterlebens aufbürdet.»[41] Die Wahrnehmung dieser Kehrseite der Selbstbestimmungsforderung kann nur deshalb (noch) vernachlässigt werden, weil unsere Gesellschaft eben (noch) nicht vorbehaltlos diesem Paradigma folgt. Deshalb können wir es uns auch (noch) leisten, jene sozialen Konsequenzen der Suizidhilfe zu ignorieren, die mit der Ausweitung persönlicher Freiheiten unvermeidbar verbunden sind: Eine Zunahme individueller Liberalität bedeutet *ipso facto* eine Verschärfung des gesellschaftlichen Relativismus. Ein solcher Relativismus schadet immer den am schlechtesten Gestellten (Onora O'Neill). Eine individualistische Risikoperspektive ist also riskant für die Gesellschaft als Ganze.[42]

---

[40]   Die Brisanz dieser Begründungszumutungen zeigt sich in der Suizid- und Sterbehilfe in der sukzessiven und schwer kontrollierbaren Ausweitung solcher Praktiken; vgl. Ernst/Brandecker, Beihilfe, 272 m. Literaturhinweisen.

[41]   Johannes Rau, Wird alles gut? – Für einen Fortschritt nach menschlichem Mass, in: Sigrid Graumann (Hg.), Die Genkontroverse. Die Grundpositionen, Freiburg/Br. 2001, 14–29 (24).

[42]   Dieser Gedanke lässt sich noch weiterführen. Aus globaler Sicht lohnt die Frage,

2. Für eine theologisch-ethische Reflexion der Suizidhilfe stellt sich deshalb die politisch- und rechtsethische Frage nach einem wohlverstandenen «Recht auf Rechte» (Hannah Arendt). Auch hier gibt es keine Pauschalantworten, aber eine Metaregel im Hinblick auf Sinn und Zweck sowie die Legitimität von Recht. Der Ökumenische Rat der Kirchen (ÖRK) bringt die Verbindung von Recht und Gerechtigkeit auf die wegweisende, knappe Formel: «Wer im Leben wenig hat, soll mehr im Recht haben.»[43] Deshalb hat der rechtlich garantierte Lebensschutz dort sein besonderes Gewicht, wo das leibliche Leben besonders schwach und gefährdet ist. «Wer in Situationen kommt, in der sie oder er nicht mehr über sich und sein Leben entscheiden kann, kann sich nur auf die Geltung dieses Grundsatzes verlassen. Die eigene Ohnmacht kann nur ertragen werden, wenn das Vertrauen und die Gewissheit bestehen, dass sie von anderen stellvertretend getragen wird.»[44] Niemand in unserer Gesellschaft kann heute sagen, was es bedeutet, wenn diese Gewissheit nichts mehr bedeutet. Partikularinteressen können nur dann rechtens sein, wenn sie die berechtigten Ansprüche aller nicht gefährden. Darin besteht die Funktion von Recht. Jede Liberalisierung des Lebensschutzes steht deshalb unter dem verantwortungsethischen Vorbehalt des *«in dubio pro malo»*,[45] d. h. dem Vorrang der schlechten Prognose im Hinblick auf die geforderten rechtlichen Ermässigungen.

3. Damit klingt bereits ein weiteres Defizit kategorischer Risikodispositionen an. In der Welt solcher hermeneutischen Modelle steht alles unter Generalverdacht. Dem möglichen Gewinn korrespondiert stets ein

---

ob *unser Problem des ‹Zuviel›*, um zu sterben, nicht direkt verbunden ist mit dem komplementären *Problem des ‹Zuwenig›* der anderen, um zu leben. Die politisch-ethische und gerechtigkeitstheoretische Dimension von medizinischer Maximalversorgung und Suizidhilfe hier und medizinischer Nicht-Versorgung und fehlenden Lebensgrundlagen in vielen Teilen der Welt wird nirgendwo diskutiert. Man kommt aber aus globaler Perspektive – und ohne Denkverbote – kaum um die Frage herum, ob die Suizidhilfediskussion – vor diesem Hintergrund – nicht ein ethisches Luxus- oder auch Dekadenzproblem aufzeigt, das nicht nach moralischen Kriterien für Suizid- und Sterbehilfe verlangt, sondern nach politisch-ethischen Massstäben gerechter Verteilung.

[43] Ökumenischer Rat der Kirchen (Hg.), Appell an die Kirchen der Welt. Dokumente der Weltkonferenz für Kirche und Gesellschaft, Stuttgart, Berlin 1967, 158; vgl. dazu Helmut Simon, ‹Wer wenig im Leben hat, soll viel im Recht haben›, in: ÖR 16/1967, 338–357.

[44] SEK, Das Sterben leben, 37.

[45] Jonas, Prinzip Verantwortung, 391.

ebenso möglicher Verlust. Der Schutz des Lebens riskiert das selbstbestimmte Sterben ohne unnötige Qualen, das selbstbestimmte Sterben setzt in der Konsequenz die Gewissheit des Schutzes des eigenen Lebens aufs Spiel. Beide Sichtweisen argumentieren im Blick auf mögliche Defizite. Aus der Perspektive des Rechts ist ein solcher Fokus unmittelbar plausibel, weil es dabei um den negativen Schutz vor Freiheitsmissbrauch geht. Derart gesicherte freiheitliche, rechtsstaatliche Strukturen garantieren aber noch nicht ein gelingendes Leben innerhalb dieser Ordnungen. In diesem Zusammenhang hat der Theologe Georg Plasger auf die Verkürzungen einer defizitorientierten Staats- bzw. Rechtsfokussierung in kirchlichen Äusserungen zu gesellschaftspolitischen Fragen aufmerksam gemacht.[46] Die rechtsethische Sicht präsentiert lediglich eine Teilaufgabe des Öffentlichkeitsauftrags von Kirche. Als wesentlichen, positiven Beitrag in der Gesellschaft, hat sie «die Wahrheit Gottes und seine Einladung zu bezeugen und weiterzugeben – genau das ist ihr Auftrag. Sie hat diesen Auftrag zu jeder Zeit und in jeder Situation, egal ob sie in der Mehrheit oder in der Minderheit existiert. Und sie hat ihre Erkenntnisse offensiv in die Gesellschaft einzubringen, um in grössere und vertiefte Zusammenhänge einzuladen [...]. Das Gebot Gottes ist als eine Einladung zum ‹fremden Blick› (M. Trowitzsch), zu einer anderen Sichtweise der Welt zu verstehen. [...] Sie hat den Staat aufzufordern, dieser Botschaft entsprechende Gesetze zu verabschieden. Und sie hat modellhaft selber dieser Botschaft zu entsprechen. Der Grund der christlichen Ethik ist nicht die Kommunikabilität, sondern die Zuwendung Gottes. Aber diese konkretisiert sich menschlicherseits in Kommunikation – innerhalb der Kirche und innerhalb der pluralistischen Gesellschaft insgesamt.»[47]

4. Die Einladung, «die nicht von ihr selber stammt» und deren «Subjekt als auch Adressat»[48] Kirche ist, weiterzugeben, bedeutet im Zusammenhang der Suizidhilfediskussion, eine Perspektive auf das Leben zu plausibilisieren, die dort auf Hoffnung und Zuwendung baut, wo der souveräne Blick das Risiko der einsamen Verzweiflung ausmacht. Die Hoffnung ist für den in Gott geborgenen Menschen ebenso wirklich, wie das Risiko für den souveränen Menschen. Die Differenz betrifft nicht die Moral, sondern die je spezifische Wahrnehmung und Erkenntnis der

---

[46] Vgl. Georg Plasger, Einladende Ethik. Zu einem neuen evangelischen Paradigma in einer pluralen Gesellschaft, in: KuD 51/2005, 126–156.

[47] A.a.O., 147f.

[48] A.a.O., 144f.

Wirklichkeit. Weil in der Wirklichkeit Gottes nichts jenseits von Gottes Wirklichkeit ist, kann die Frage danach, ob der Mensch das Geschenk seines Lebens dem Schöpfergott zurückgeben könne, keinen Sinn ergeben. Denn diese Frage muss voraussetzen, 1. dass sich der Mensch ausserhalb seines Geschaffenseins bewegen kann, 2. dass er seinem Leib als Objekt seines Handelns gegenübertreten kann und 3. dass dem Menschen seine eigene Existenz als Verhandlungsmasse im Rechtfertigungsdiskurs mit Gott zur Verfügung steht. Ohne Zwei-Welten-Ethik (wobei Gott den Status eines ethischen Subjekts zugesprochen würde) oder Zwei-Raum-Theologie lassen sich diese Bedingungen nicht einlösen.

5. Wo mit Gottes Gegenwart nicht mehr gerechnet wird, wird die Ethik zur letzten Instanz. Bezeichnenderweise wird auf diesen Zusammenhang im Rahmen der aktuellen Bioethikdiskurse nicht von theologischer, sondern von philosophischer Seite hingewiesen: «Aber das wirkliche Problem ist die Explosion, nicht die Erosion der Verantwortung. In dem Masse, in dem die Demut schwindet, dehnt sich die Verantwortung in erschreckende Dimensionen aus.»[49] Michael J. Sandel befasst sich in seinem engagierten Essay *The Case against Perfection* mit der Frage nach dem Verhältnis von «Beherrschung und Gabe». Der politische Philosoph führt aus: «Wir wollen glauben, dass Erfolg, im Sport und im Leben, etwas ist, das wir verdienen, nicht etwas was wir vererben. Natürliche Gaben und die Bewunderung, die sie hervorrufen, bringen den Glauben an Verdienst in Verlegenheit […]. Angesichts dieser Verlegenheit blasen wir die moralische Bedeutung des Eifers und der Bemühung auf und entwerten die Begabung.»[50] Sandel entlarvt – theologisch reformuliert – den auf Beherrschbarkeit gerichteten Risikofokus als Werkgerechtigkeitsideologie – in seinen Worten: als «einseitigen Triumph der Absichtlichkeit über das Geschenktsein, der Dominanz über die Ehrfurcht, des Formens über das Betrachten».[51] Sandels Pointe besteht nicht darin, diese Beobachtungen einer verloren gegangenen Moral zuzuschreiben, sondern im Gegenteil ihrer unbegrenzten Zuständigkeit. Die Moral des richtigen Handelns trübt die Wahrnehmung für das Gegebene, seinen Sinn und seine Bedeutung. Aus dem Blickwinkel des Machbaren verschwindet notwendig die Aufmerksamkeit für das Gegebene.

---

[49] Michael J. Sandel, Plädoyer gegen die Perfektion. Ethik im Zeitalter der genetischen Technik. Mit einem Vorwort von Jürgen Habermas, Berlin 2008, 109.

[50] A.a.O., 49f.

[51] A.a.O., 107.

6. Für den Theologen William F. May sind die Gedanken des Philosophen ein Plädoyer, «to be open for the unbidden in life».[52] Die ‹Offenheit für das Unerbetene› ist keine Haltung, die Menschen aufdiktiert werden kann, weder qua Moral noch mit dem Mittel rechtlicher Sanktionen. Sie steht für eine Wirklichkeit, die nicht im Gemachten aufgeht und von der Alternativlosigkeit des Beschenktseins weiss. Weil diese Wirklichkeit selbst nicht gemacht, sondern dem Menschen gegeben wird, ginge ein Verbot der Suizidhilfe an der Realität des Problems vorbei. Die andere Frage nach einem Verbot von organisierter Suizidhilfe ist unter Umständen juristisch und politisch relevant, aber ethisch von untergeordneter Bedeutung. Von ethischer und theologischer Wichtigkeit ist dagegen die Frage, ob die moralische Urteilsenthaltung – die nicht mit Indifferenz verwechselt werden darf – gegenüber dem Wunsch oder der Tat eines Menschen in auswegloser Lage eine Legitimationsfunktion für die assistierende Person impliziert. Die Suizidhilfediskussion vermittelt diesen Eindruck, weil sie notorisch bei der moralischen Frage nach dem Suizid stehen bleibt. Aus ethischer Sicht bietet – wie im Kapitel VI gezeigt – die Verzweiflung eines Menschen keine Begründung für helfende Dritte. Das Dilemma lässt sich moralisch nicht auflösen. Wenn eine Person einem zum Sterben entschlossenen Menschen aktiv zur Seite steht, dann aus einem Mitgefühl, das beide Personen in einer affektiven und nicht-moralischen Weise verbindet. Die Verbundenheit mit der sterbewilligen Person bildet das Motiv, und nicht eine moralische Norm oder Pflicht. Wenn wir diese existenzielle Dimension anerkennen, dann entzieht das jedem Automatismus einer organisierten, als Dienstleistung präsentierten Suizidhilfe den Boden, nicht weil sie unmoralisch wäre, sondern weil sie im Modus der persönlichen und emotionalen Indifferenz nicht offen sein kann für das Unerbetene.

3. Realistische Freiheit

Der Tod begegnet in der Bibel äusserst spannungsreich. Am Kreuz klagt der Mensch Jesus mit den Worten des Psalmisten (Ps 22,2): «Mein Gott, mein Gott, warum hast du mich verlassen?» (Mt 27,46; Mk 15,34). Der

---

[52] William F. May im President's Council on Bioethics, 17. Oktober 2002; http://www.bioethics.gov/trans-cripts/oct02/session2.html (30.05.2010).

nüchterne Verfasser des Markusevangeliums präzisiert: Jesus «schrie» diesen Satz «mit lauter Stimme» und drei Verse später: «Da stiess Jesus einen lauten Schrei aus und verschied.» Seine Anhängerinnen und Anhänger reagieren auf den Tod Jesu mit Flucht (Mk 14,50). Keine Spur von Souveränität. Nicht die Gelassenheit und Abgeklärtheit des anderen grossen politischen Opfers der Antike, des Sokrates, der gut 400 Jahre zuvor gelassen seiner Tötung durch den Schierlingsbecher entgegensieht und der unmittelbar vor seinem Tod – im platonischen Dialog *Phaidon* – noch mit seinen Schülern über die Unsterblichkeit der Seele philosophiert. Den Vorschlag seines Freundes Kriton, aus dem Gefängnis zu fliehen, hat Sokrates aus politisch-ethischen Erwägungen abgelehnt. Ebenso vernünftig liest sich die medizinisch analytische Beschreibung der Todesszene im *Phaidon* (114d–118), die an Sachlichkeit kaum überboten werden kann.

Die Ruhe des Lehrers von Platon mag er seiner philosophischen Seelenlehre verdanken, die Gottverlassenheit des stellvertretenden Sterbens Jesu am Kreuz widersetzt sich jeder relativierenden oder versöhnlichen Kontemplation. Gottes Versöhnungstat ist – menschlich betrachtet – ganz und gar unversöhnlich. Unabhängig von der Bedeutung der beiden Sterbenden, bewegen sich die Diskussionen über Sterben und Tod auch 2000 bzw. 2400 Jahre später weiterhin auf den Denkwegen zwischen Athen und Jerusalem.[53] Die verzweifelte *Verlassenheit* des Mensch gewordenen Gottessohnes am Kreuz und die heroische *Gelassenheit* des griechischen Philosophen mit dem Giftbecher in der Hand sind auch zwei Reaktionen auf den gewaltsamen Tod und das menschliche Wissen um die eigene Sterblichkeit. Natürlich würden wir das sokratische Sterben vorziehen, wenn wir die Wahl hätten. Allerdings befinden wir uns auch hier zwischen dem ‹Ver-› und ‹Ge-› des ‹Lassen›-Seins.

Wenn vom Sterben gesprochen wird, ist vom Leben die Rede. Nun allerdings nicht von dem aktiven Tun im Leben, sondern von dem Lassen des Lebens. Die Kritik, dass solche Sichtweisen einer tendenziell negativen protestantischen Anthropologie geschuldet seien, ändert nichts an dem Realismus dieser ‹Negativität›. Es führt kein Weg an der «Bett-

---

[53] Zum «Jerusalemer» und «Athener Modell» der Anthropologie vgl. Dietrich Ritschl, Zur Logik der Theologie. Kurze Darstellung der Zusammenhänge theologischer Grundgedanken, München 1984, 86f., sowie Schoberth, Einführung, 145f.

stinkt-bei-Bett›-Wahrnehmung in Gottfried Benns Krebsbaracke,[54] an Harold Brodkeys Krankenhaus «voll verrückten, abscheulichen oder teilnahmslosen menschlichen Treibguts»[55] oder an dem Spiegel Peter Nolls, der die Hässlichkeit des Sterbenden erbarmungslos offenbart,[56] vorbei. Nur Zynismus und Verachtung fürchten diese Realität nicht. Aber lassen sich die realen Ängste in Risikoalgorithmen transformieren? Gibt es eine Absicherung dagegen?

Das ist keine Frage der Moral, sondern der menschlichen Existenz. Und es ist nicht nur eine introspektive Frage des Menschen an sich selbst, sondern eine des menschlichen Bezogen-Seins. Dass dieses Bewusstsein riskiert wird, zeigt sich an vielen Stellen in der Gesellschaft. Die Befürchtung von Uwe Justus Wenzel, «dass die Kategorie des ‹Überflüssigen› eine soziologisch aussagekräftige Kategorie werden könnte»[57] gehört hierher. Andreas Blum hat das «kalte Paradies» einer Gesellschaft beschrieben, der Autonomie, Funktionalität und Effizienz über alles geht, und resümiert. «Lassen Sie es mich klar und deutlich sagen: Es trifft leider zu, dass immer mehr Menschen nicht mehr leben wollen, weil sie das Gefühl haben, nicht mehr leben zu dürfen. Dafür aber sind die zunehmende Desolidarisierung in der Gesellschaft und eine falsche Politik verantwortlich – und nicht die Organisationen, die Menschen in ihrer Verlassenheit zur Seite stehen.»[58] Und Johannes Fischer kommentiert diese Zustände moralkritisch: «In dem Masse, wie das Lebensende aus der Gemeinschaft ausgegliedert wird, verliert die Allgemeinheit das Recht auf moralische und juristische Einmischung.»[59]

Die nüchternen, desillusionierenden Bemerkungen über gesellschaftliche Realitäten können zu einer Normativität des Faktischen verleiten, wie es manche Vertreterinnen und Vertreter organisierter Suizidhilfe vorführen. Aus ethischer Sicht provoziert ein solcher Fatalismus zum Widerspruch. Judith Butler bemerkt dazu aus philosophischer Perspek-

---

[54] Gottfried Benn, Mann und Frau gehen durch die Krebsbaracke, in: ders., Sämtliche Werke, Bd. 1: Gedichte 1, Stuttgart 1986, 16.

[55] Harold Brodkey, Die Geschichte meines Todes, Reinbek 1996, 89.

[56] Noll, Diktate.

[57] Uwe Justus Wenzel, Menetekel. Nach der Legalisierung der ‹aktiven Sterbehilfe› in Holland, in: NZZ vom 21./22. April 2001, 81.

[58] Andreas Blum, Selbstbestimmtes Sterben: Menschenrecht oder Anmassung? Vortrag auf dem Kongress ‹Noch mal leben… Ein Kongress über Sterben, Trauer und Tod›, 25./26.11.2006 in Basel, 14.

[59] Fischer, Aktive und passive Sterbehilfe, 121.

tive: «Falls die Geisteswissenschaften eine Zukunft als Kulturkritik haben, und die Kulturkritik zum gegenwärtigen Zeitpunkt eine Aufgabe hat, dann ist es zweifellos die Aufgabe, uns zum Menschlichen zurückzuführen, wo wir nicht erwarten, es zu finden: in seiner Fragilität und an den Grenzen seiner Fähigkeit, verständlich zu sein. Wir werden das Entstehen und Verschwinden des Menschlichen an den Grenzen dessen, was wir wissen können, hören können, sehen können, empfinden können, untersuchen müssen.»[60] Insofern enthalten die eben zitierten Bilanzen aus der Risikogesellschaft auch eine Forderung, die in die entgegengesetzte Richtung zeigt: Wenn Menschen aus und in Beziehungen leben, dann können sie nicht beziehungslos sterben, selbst wenn sie einsam und isoliert ihrem Ende entgegengehen. Dass es an dieser Stelle nicht nur um eine der bekannten Solidaritätsbeschwörungen geht, sondern um nichts weniger als die Identität des Menschen, zeigt der Philosoph Harry G. Frankfurt in einem kleinen Text *Über die Bedeutsamkeit des Sich-Sorgens.* Darin unterscheidet er zwischen drei zentralen philosophischen Fragekomplexen, 1. *«was man glauben soll»*, 2. *«wie man sich verhalten soll»* und 3. *«worum man sich kümmern soll»*, wobei sich die dritte Frage eigentlich neben allen klassischen Schemata der Philosophie platziert.[61] ‹Sich-Sorgen› setzt für Frankfurt «Tätigkeit» und «Selbstbewusstsein» voraus. «Es ist eine Angelegenheit des auf bestimmte Weise Tätigseins, und das Tätigsein trägt wesentlich reflexiven Charakter – streng genommen nicht deshalb, weil der Akteur, indem er sein Verhalten leitet, mit Notwendigkeit etwas *für* sich selbst tut, sondern eher deshalb, weil er etwas absichtsvoll *mit* sich unternimmt. Eine Person, die für eine Sache Sorge trägt, ist sozusagen in sie eingesetzt.»[62] Es geht um das «Wesentliche», die Richtung unseres Willens oder «volitionale Nötigung», die keiner Pflicht und keinem Rechtsgrundsatz folgt, weil sie die scharfe Trennung zwischen Handlungssubjekt und Pflichten einforderndem Gegenüber nicht bestätigt, sondern aufhebt. Der Philosoph übernimmt vom Samaritaner-Gleichnis die spezifische Subjektverschiebung.

---

[60] Judith Butler, Gefährdetes Leben, in: dies., Gefährdetes Leben. Politische Essays, Frankfurt/M. 2005, 154–178 (178).

[61] Harry G. Frankfurt, Über die Bedeutsamkeit des Sich-Sorgens, in: ders.: Freiheit, 98–115 (98).

[62] A.a.O., 101. Der Philosoph nimmt hier den Gedanken seines Kollegen Georg Picht zum Verantwortungsbegriff auf, dass nicht das Subjekt die Aufgabe, sondern die Aufgabe das Subjekt konstituiert (vgl. Picht, Der Begriff).

Im Sich-Sorgen, im Übernehmen von Verantwortung oder in dem – theologisch konnotierten – Begriff der *Stellvertretung* folgt das handelnde Subjekt keiner selbst gesetzten oder erwarteten Pflicht. Vielmehr rückt es selbst in ein bestimmtes Verhältnis zu etwas anderem oder einem anderen, indem es in Beziehung gesetzt ist und dieses In-Beziehung-Sein wahrnehmend und handelnd antizipiert. So formuliert Frankfurt als Quintessenz seiner Überlegungen: «Wenn eine Person sich etwas bedeutsam macht, so ähnelt die Situation zumindest in einer bestimmten Hinsicht einem Fall der göttlichen Agape. Die Person trägt nicht deshalb Sorge für den Gegenstand, weil dessen Wert von ihr so zu handeln verlangt. Andererseits verlangt der Wert der Tätigkeit des Sich-Sorgens, dass sie einen Gegenstand wählt, um den zu sorgen sie fähig sein wird.»[63]

Zwischen Frankfurts Gedanken des «sich bedeutsam machen» und der christlichen Freiheit, zu der Gott die Menschen berufen hat, besteht eine Analogie. Denn mit dieser Freiheit hat es «eine besondere Bewandtnis: Man hat sie nur, indem man sie anderen schenkt.»[64] Nicht die Freiheit ist das Risiko, sondern nichts geschenkt zu bekommen und nichts zu geben zu haben. Nicht zufällig liegt der Ursprung des Geschenks der Freiheit im österlichen Geschehen von Tod und Auferstehung – mit Henning Luther – in der «Protestbewegung gegen den Tod». Das ist nicht metaphorisch oder metaphysisch gemeint, sondern wie alles in der Bibel ganz leibhaftig. In den persönlichen Worten Dietrich Ritschls: «Ich habe in den 50 Jahren, die ich Theologe bin, noch nie geglaubt, dass es zum Handwerk Gottes gehört, Menschen zu Tode zu bringen, vielmehr glaube ich, dass er über jeden Tod aufs Neue erschrickt und mit den Sterbenden und den Angehörigen mitleidet. Von ganz wenigen Metaphern abgesehen, die wir nicht mehr nachsprechen können, wird er in der hebräischen Bibel und im Neuen Testament als Leben, Lebensquelle und Lebensspender gepriesen: der Tod ist sein und der Menschen Feind.»[65]

---

[63] Frankfurt, Über die Bedeutsamkeit, 115.

[64] Theo Kobusch, Person und Freiheit. Von der Rezeption einer vergessenen Tradition, in: ZEE 50/2006, 7–20 (18).

[65] Dietrich Ritschl, Leben in Todeserwartung, in: ders., Zur Theorie und Ethik der Medizin. Philosophische und theologische Anmerkungen, Neukirchen-Vluyn 2004, 263–277 (274).

Literatur

Adorno, Theodor W., Kulturkritik und Gesellschaft, in: ders., Ges. Schriften, Bd. 10.1, Frankfurt/M. 2003, 11–30.

– Les Adieux, in: ders., Minima Moralia. Reflexionen aus dem beschädigten Leben, Ges. Schriften 4, Frankfurt/M. 2003.

Ammann, Christoph, Emotionen – Seismographen der Bedeutung. Ihre Relevanz für eine christliche Ethik, Stuttgart 2007.

Anselm, Reiner /Körtner, Ulrich H. J. (Hg.), Streitfall Biomedizin. Urteilsfindung in christlicher Verantwortung, Göttingen 2003.

Antonovsky, Aron, Salutogenese. Zur Entmystifizierung der Gesundheit, Tübingen 1997.

Arendt, Hannah, Vita Activa oder Vom tätigen Leben, München 1981.

Ariès, Philippe, Geschichte des Todes, München, Wien 1980.

Aristoteles, Die Nikomachische Ethik, übers. v. Olof Gigon, Zürich, München 1967.

Athanasius, De incarnatione Verbi, in: Bibliothek der Kirchenväter, 1. Reihe, Bd. 31, München 1917.

Augé, Marc, Orte und Nicht-Orte. Vorüberlegungen zu einer Ethnologie der Einsamkeit, Frankfurt/M. 1994.

Bärfuss, Lukas, Alices Reise in die Schweiz, in: ders., Alices Reise in die Schweiz. Die Probe. Amygdala. Stücke, Göttingen 2007, 7–57.

Barth, Hermann, Ein bisschen schnell, in: zeitzeichen 4/2009, 12–13.

Barth, Karl, Christengemeinde und Bürgergemeinde, Zürich 1946.

– Das christliche Leben. Die Kirchliche Dogmatik IV/4. Fragmente aus dem Nachlass. Vorlesungen 1959–1961, in: Karl Barth-Gesamtausgabe, Bd. 7, Zürich 1976.

– Einführung in die evangelische Theologie, Zürich 1962.

– Das Geschenk der Freiheit. Grundlegung evangelischer Ethik, in: Ulrich (Hg.), Freiheit, 336–362.

– Gespräche 1964–1968, Karl Barth-Gesamtausgabe, Bd. 28, Zürich 1997.

– Die Kirchliche Dogmatik, Zollikon-Zürich 1932ff.

Bauch, Jost, Was heisst Saluto-Correctness? Zur Dialektik von Sozialabbau und Verhaltensdisziplinierung im Gesundheitswesen, in: Recht und Politik im Gesundheitswesen 3/1997, 153–157.

Baumann-Hölzle, Ruth, Freiheit und Beihilfe zum Suizid im Kontext von Mittelknappheit und Kostendruck im Gesundheitswesen – vom Gewissensentscheid zur öffentlichen Gesundheitsvorsorge, in: Rehmann-Sutter et al. (Hg.), Beihilfe, 271–284.

– Selbsttötung als Menschenrecht – ethische Überlegungen zur einem gesellschaftlichen Klimawandel, in: SÄZ 88/2007: 35, 1446–1451.

Beauchamp, Tom L./Childress, James F., Principles of Biomedical Ethics, New York [5]2001.

Beauvoir, Simone de, Ein sanfter Tod, Reinbek b. Hamburg 1965.

Beck, Ulrich, Risikogesellschaft. Auf dem Weg in eine andere Moderne, Frankfurt/M. 1986.

Beine, Karl-H., Sehen. Hören. Schweigen. Krankentötungen und aktive Sterbehilfe, Freiburg/Br. 1998.

Benjamin, Walter, Das Passagen-Werk, in: ders., Ges. Schriften V/1, Frankfurt/M. 1982.

Benn, Gottfried, Sämtliche Werke, Bd. 1: Gedichte 1, Stuttgart 1986.

Berner, Knut, Der halbierte Tod. Thanatologische Reflexionen zur Suizidproblematik, in ZEE 54/2010, 206–212.

Bethge, Eberhard, Dietrich Bonhoeffer. Eine Biographie, Gütersloh [8]2004.

Betzler, Monika/Guckes, Barbara, Einleitung. Willensfreiheit und Selbstbestimmung in der Philosophie Harry G. Frankfurts, in: Frankfurt, Freiheit, 1–46.

– (Hg.), Autonomes Handeln. Beiträge zur Philosophie von Harry G. Frankfurt, Berlin 2000.

Bilsen, Johan/Cohen, Joachim/Deliens, Luc, End of life in Europe: an overview of medical practices, in: Bulletin mensuel d'information de l'institut national d'etudes démographiques. Population & Societies, No. 430/2007.

Birnbacher, Dieter, Gibt es ein Recht auf einen selbstbestimmten Tod?, in: Thies, Christian (Hg.), Der Wert der Menschenwürde, Paderborn u. a. 2009, 181–191.

– Tun und Unterlassen. Stuttgart 1995.

Bittner, Rüdiger, Verwüstung durch Moral, in: Boothe, Brigitte/Stoellger, Philipp (Hg.), Moral als Gift oder Gabe? Zur Ambivalenz von Moral und Religion, Würzburg 2004, 98–103.

Blum, Andreas, Ethische Fragen in der Praxis von EXIT, in: Rehmann-Sutter et al. (Hg.), Beihilfe, 149–156.

– Selbstbestimmtes Sterben: Menschenrecht oder Anmassung? Vortrag auf dem Kongress ‹Noch mal leben … Ein Kongress über Sterben, Trauer und Tod›, 25./26.11.2006 in Basel.

Böckenförde, Ernst-Wolfgang, Die Entstehung des Staates als Vorgang der Säkularisation, in: ders., Recht, Staat, Freiheit. Studien zur Rechtsphilosophie, Staatstheorie und Verfassungsgeschichte, Frankfurt/M. 1991, 92–114.

– Recht schafft Freiheit, indem es Grenzen setzt, in: ders., Staat, Nation, Europa. Studien zur Staatslehre, Verfassungstheorie und Rechtsphilosophie, Frankfurt/M. 1999, 233–245.

Bonhoeffer, Dietrich, Akt und Sein. Transzendentalphilosophie und Ontologie in der systematischen Theologie, DBW 2, München 1988.

– Antrittsvorlesung: Die Frage nach dem Menschen in der gegenwärtigen Philosophie und Theologie, in: ders., Barcelona, Berlin, Amerika 1928–1931, DBW 10, München 1991, 357–378.

– Ethik, DBW 6, Gütersloh 1992.

– Nachfolge, DBW 4, München 1989.

– Schöpfung und Fall, DBW 3, Gütersloh 1989.

– Widerstand und Ergebung. Briefe und Aufzeichnungen aus der Haft, DBW 8, Gütersloh 1998.

Borges, Jorge Luis, Sämtliche Erzählungen, München 1970.

Bossard, Georg, Ärztliche Entscheidungsfindung am Lebensende im internationalen Vergleich, in: Schildmann/ Fahr/ Vollmann (Hg.), Entscheidungen, 199–211.

– Sterbehelfer – eine neue Rolle für Europas Ärzteschaft?, in: SÄZ 89/2008, 10: 406–410.

– Die Tätigkeit der Sterbehilfeorganisationen und die Rolle des Arztes, in: Rehmann-Sutter et al. (Hg.), Beihilfe, 21–30.

Breitenmoser, Stephan, Das Recht auf Sterbehilfe im Lichte des EMRK, in: Petermann (Hg.), Sterbehilfe, 167–211.

Brodkey, Harold, Die Geschichte meines Todes, Reinbek 1996.

Brunner, Emil, Das Gebot und die Ordnungen. Entwurf einer protestantisch-theologischen Ethik, ⁴1978.

Bubner, Rüdiger, Handlung, Sprache, Vernunft. Grundbegriffe praktischer Philosophie, Neuausg. m. e. Anhang, Frankfurt/M. 1982.

Bühler, Pierre, Der Suizid – Leiden und Freiheit: Ethisch-theologische Überlegungen, in: Pascal Mösli/Hans-Balz Peter/Jacqueline Rutgers-

Cardis (Hg.), Suizid ...? Beziehungen und die Suche nach Sinn, Zürich 2005, 121–130.

Bünker, Michael/Friedrich, Martin (Hg.), Gesetz und Evangelium. Eine Studie, auch im Blick auf die Entscheidungsfindung in ethischen Fragen, Gemeinschaft Evangelischer Kirchen in Europa, Leuenberger Texte 10, Frankfurt/M. 2007.

Bultmann, Rudolf, Theologie des Neuen Testaments, Tübingen [9]1984.

Bundesamt für Gesundheit, Nationale Strategie Palliative Care 2010–2012, Oktober 2009.

– Suizid und Suizidprävention in der Schweiz. Bericht in Erfüllung des Postulats Widmer, April 2005.

Bundesrat, Schweizerisches Strafgesetzbuch (StGB) und Militärstrafgesetz (MStG). (Organisierte Suizidhilfe). Vorentwurf, Bern 2009.

Busch, Eberhard, ‹Gott hat nicht auf sein Recht verzichtet›. Die Erneuerung der Kirche im Verhältnis zum politischen Bereich nach dem Verständnis der reformierten Reformatoren, in: EvTh 52/1992, 160–176.

Butler, Judith, Gefährdetes Leben, in: dies., Gefährdetes Leben. Politische Essays, Frankfurt/M. 2005, 154–178.

– Kritik der ethischen Gewalt, Frankfurt/M. 2003.

Calvin, Jean, Institutio Christianae Religionis. Unterricht der christlichen Religion (1559), Neukirchen-Vluyn [3]1984.

Canetti, Elias, Über den Tod, München, Wien 2003.

Canguilhem, Georges, Das Normale und das Pathologische, Frankfurt/ M. u. a. 1977.

Castoriadis, Cornelius, Durchs Labyrinth. Seele, Vernunft, Gesellschaft. Frankfurt/M. 983.

Cioran, E. M., Begegnung mit dem Selbstmord, in: ders., Die verfehlte Schöpfung, Frankfurt/M. 1979, 53–71.

Dabrock, Peter, Wirklichkeit verantworten. Der responsive Ansatz theologischer Ethik bei Dietrich Bonhoeffer, in: Nethöfel/Dabrock/Keil (Hg.), Verantwortungsethik, 117– 158.

Dalferth, Ingolf U., Leben angesichts des Unverfügbaren. Die duale Struktur religiöser Lebensorientierung, in: Stegmaier, Werner (Hg.), Orientierung. Philosophische Perspektiven, Frankfurt/M. 2005, 245–266.

– ‹Was Gott ist, bestimme ich!› Theologie im Zeitalter der ‹Cafeteria-Religion›, in: ders., Gedeutete Gegenwart. Zur Wahrnehmung Gottes in den Erfahrungen der Zeit, Tübingen 1997, 10–35.

- Die Wirklichkeit des Möglichen. Hermeneutische Religionsphilosophie, Tübingen 2003.
- /Hunziker, Andreas (Hg.), Mitleid. Konkretionen eines strittigen Konzepts, Tübingen 2007.
Davis, Lennard J., Why Disability Studies Matters, ZNet vom 21.03.2005.
Deuser, Hermann, Die Zehn Gebote. Kleine Einführung in die theologische Ethik, Stuttgart 2002.
Deutsche Bischofskonferenz/Rat der Evangelischen Kirche in Deutschland, Gott ist ein Freund des Lebens. Herausforderungen und Aufgaben beim Schutz des Lebens, jetzt in: dies., Sterbebegleitung statt aktiver Sterbehilfe. Eine Textsammlung kirchlicher Erklärungen, Gemeinsame Texte 17, Hannover, Bonn 2003, 16–20.
Dietrich, Walter/Link, Christian, Die dunklen Seiten Gottes, 2 Bde., Neukirchen-Vluyn 1995/2000.
Donatsch, Andreas, Die strafrechtlichen Grenzen der Sterbehilfe, in: Mettner, Matthias (Hg.), Wie menschenwürdig sterben? Zur Debatte um die Sterbehilfe und zur Praxis der Sterbebegleitung, Zürich 2000, 121–137.
Dörner, Klaus, Autonomie am Lebensende, in: Loewy (Hg.), Selbstbestimmtes Sterben, 89–94.
- Leben und sterben, wo ich hingehöre. Dritter Sozialraum und neues Hilfesystem, Neumünster 2007.
Dreier, Ralf, Der Begriff des Rechts, in: ders., Recht – Staat – Vernunft. Studien zur Rechtstheorie 2, Frankfurt/M. 1991, 95–119.
Ebach, Jürgen, et al. (Hg.), ‹Dies ist mein Leib›. Leibliches, Leibeigenes und Leibhaftiges bei Gott und den Menschen, Jabboq, Bd. 6, Gütersloh 2006.
Ebeling, Gerhard, Der kontroverse Grund der Freiheit. Zum Gesetz von Lutherenthusiasmus und Lutherfremdheit in der Neuzeit, in: ders., Lutherstudien, Bd. III: Begriffsuntersuchungen – Textinterpretationen – Wirkungsgeschichtliches, Tübingen 1985, 366–394.
Ebert, Theodor, Praxis und Poiesis. Zu einer handlungstheoretischen Unterscheidung des Aristoteles, in: Zeitschrift für Philosophische Forschung 30/1976, 12–30.
Ehrenberg, Alain, Das erschöpfte Selbst. Depression und Gesellschaft in der Gegenwart, Frankfurt/M, New York 2003.
Eibach, Jürgen, Krankheit VII, in: TRE XIX, Berlin, New York 1990, 697–701.

Eidgenössisches Justiz- und Polizeidepartement, Änderung des Strafgesetzbuches und des Militärstrafgesetzes betreffend die organisierte Suizidhilfe. Erläuternder Bericht, Bern Oktober 2009.

– Sterbehilfe und Palliativmedizin – Handlungsbedarf für den Bund?, Bern 2006.

Elias, Norbert, Über die Einsamkeit der Sterbenden in unseren Tagen, Frankfurt/M. 1982.

– Was ist Soziologie, München 1970.

Engelhardt, Tristam H. Jr., Freies und informiertes Einverständnis. Therapieverweigerung und das Behandlungsteam: die zahlreichen Facetten der Freiheit, in: Wiesing, Urban (Hg.), Ethik in der Medizin. Ein Reader, Stuttgart 2000, 91–93.

Engi, Lorenz, Die ‹selbstsüchtigen Beweggründe von Art. 115 StGB im Licht der Normenentstehungsgeschichte, in: Jusletter 4. Mai 2009.

Epikur, Von der Überwindung der Furcht, Zürich 1949.

Ernst Bloch, Schlitten in Kopfhöhe, in: ders., Literarische Aufsätze, Gesamtausgabe 9, Frankfurt/M. 1965, 263f.

Ernst, Stephan/Brandecker, Thomas, Beihilfe zum Suizid. Anfragen aus theologisch-ethsicher Sicht, in: ZME 55/2009, 271–288.

Europäischer Gerichtshof für Menschenrechte, Vierte Sektion: Rechtssache Pretty gegen das Vereinigte Königreich (Antrag Nr. 2346/02), Urteil, Strassburg 29. April 2002.

Evangelisch-reformierte Landeskirche des Kantons Zürich, Überlegungen zur Sterbehilfe aus evangelischer Sicht, Zürich 2000.

Ewald, François, Der Vorsorgestaat, Frankfurt/M. 1993.

EXIT, Selbstbestimmt im Leben und im Sterben, Zürich ²2005.

Feil, Ernst, Die Theologie Dietrich Bonhoeffers. Hermeneutik, Christologie, Weltverständnis, München, Mainz 1971.

Feldmann, Klaus, Tod und Gesellschaft. Sozialwissenschaftliche Thanatologie im Überblick, Wiesbaden 2004.

– /Fuchs-Heinritz, Werner (Hg.), Der Tod ist ein Problem der Lebenden. Beiträge zur Soziologie des Todes, Frankfurt/M. 1995.

Fenner, Dagmar, Suizid – Krankheitssymptom oder Signatur der Freiheit? Eine medizin-ethische Untersuchung, Freiburg/Br., München 2008.

Finzen, Asmus, Das Sterben der anderen. Sterbehilfe in der Diskussion, Bonn 2009.

Fischer, Johannes, Aktive und passive Sterbehilfe, in: ZEE 40/1996, 110–127.

- Evangelische Ethik und Kasuistik. Erwiderung auf Peter Wicks Beitrag, in: ZEE 53/2009, 46–58.
- Glaube als Erkenntnis. Studien zum Wahrnehmungscharakter des christlichen Glaubens, München 1989.
- Handlungsfelder angewandter Ethik. Eine theologische Orientierung, Stuttgart 1998.
- Menschenwürde, Rationalität und Gefühl, in: Dalferth/Hunziker (Hg.), Mitleid, 49–65.
- Moralische und sittliche Orientierung. Eine metaethische Skizze, in: ThLZ 130/2005, 471–488.
- Unglückliche Sätze. Die Schweizer Kritik an der EKD ist zum Teil berechtigt, in: zeitzeichen 3/2009, 14–15.
- Warum überhaupt ist Suizid ein ethisches Problem? Über Suizid und Suizidbeihilfe, in: ZME 55/2009, 243–253.
- Zu Peter Wicks Kritik an den ‹Verinnerlichungstendenzen› evangelischer Ethik, in: ZEE 53/2009, 204–208.
- Zur Aufgabe der Ethik in der Debatte um den assistierten Suizid. Wider ein zweifaches Missverständnis, in: Rehmann-Sutter et al. (Hg.), Beihilfe, 203–215.
- /Gruden, Stefan (Hg.), Die Struktur der moralischen Orientierung. Interdisziplinäre Perspektiven, Zürich, Berlin 2010.

Fischer, Susanne et al., Suicide assisted by two Swiss right-to-die organisations, in: Journal of Medical Ethics 34/2008, 810–814.

Forst, Reiner, Kontexte der Gerechtigkeit. Politische Philosophie jenseits von Liberalismus und Kommunitarismus, Frankfurt/M. 1996.

Foucault, Michel, Die Geburt der Klinik. Eine Archäologie des ärztlichen Blicks, Frankfurt/M. 1988.

Frankfurt, Harry G., Freiheit und Selbstbestimmung, Berlin 2001.
- Gründe der Liebe, Frankfurt/M. 2005.
- The Importance of What We Care About. Philosophical essays, Cambridge 1998, 11–25.
- Über die Bedeutsamkeit des Sich-Sorgens, in: ders.: Freiheit, 98–115.
- Willensfreiheit und der Begriff der Person, in: ders., Freiheit, 65–83.

Frettlöh, Magdalene L., ‹Gott im Fleische …›. Die Inkarnation Gottes in ihrer leibeigenen Dimension beim Wort genommen, in: Ebach, et al. (Hg.), ‹Dies ist mein Leib›, 186–229.

Freud, Sigmund, Das Unbehagen in der Kultur, in: ders., Gesammelte Werke, Bd. XIV, Frankfurt/M 1991, 421–506.

Frey, Christopher, Die Ethik des Protestantismus. Von der Reformation bis zur Gegenwart, Gütersloh 1989.

Fried, Erich, Kobenhavns Amts Sygehus Gentofte, in: ders., Das Unmass aller Dinge. Erzählungen, Berlin 1982.

– Warngedichte, Frankfurt/M. 1980.

Fries, Michael, ‹Komm süsser Tod› – Europa auf dem Weg zur Euthanasie? Zur theologischen Akzeptanz von assistiertem Suizid und aktiver Sterbehilfe, Stuttgart 2008.

Frisch, Max, Tagebuch 1946–1949, Frankfurt/M. 1977.

– Totenrede von Max Frisch, in: Noll, Diktate, 261–266.

Gabriel, Ingeborg/Papaderos, Alexandros K./Körtner, Ulrich H. J., Perspektiven ökumenischer Sozialethik. Der Auftrag der Kirchen im grösseren Europa, Mainz 2005.

George, R. J. D., Legalised euthanasia will violate the rights of vulnerable patients, in: BMJ 331/2005, 684–685.

Gerstenberger, Erhard/Schrage, Wolfgang, Leiden. Biblische Konfrontationen, Stuttgart u. a. 1977.

Giese, Constanze, Die Patientenautonomie zwischen Paternalismus und Wirtschaftlichkeit. Das Modell des ‹Informed Consent› in der Diskussion, Münster 2002.

Goertz, Stephan, Rückkehr der Pflichten gegen sich selbst? Über den heute möglichen Sinn eines ethischen Prinzips, in: ZEE 48/2004, 166–178.

Goethe, Johann Wolfgang von, Goethes Gespräche. Eine Sammlung zeitgenössischer Berichte aus seinem Umgang, hg. v. Wolfgang Herwig, 5 Bde., Bd. 5, Zürich, München 1972.

– Werke. Hamburger Ausgabe in 14 Bänden, Hamburg 1948ff.

Golsong, Karl et al. (Hg.), Internationaler Kommentar zur Europäischen Menschenrechtskonvention, Köln u. a. 1992.

Görg, Manfred, Ein Haus im Totenreich. Jenseitsvorstellungen in Israel und Ägypten, Düsseldorf 1998.

Graf, Michael/Mathwig, Frank/Zeindler, Matthias (Hg.), ‹Was ist der Mensch?› Theologische Anthropologie im interdisziplinären Kontext. FS f. Wolfgang Lienemann, Stuttgart 2004.

Gronemeyer, Reimer, Sterben in Deutschland. Wie wir dem Tod wieder einen Platz in unserem Leben einräumen können, Frankfurt/M. 2007.

Habermas, Jürgen, Erkenntnis und Interesse, Frankfurt/M. 1968.

– Theorie des kommunikativen Handelns, 2 Bde., Frankfurt/M. 1981.

Handke, Peter, Der Chinese des Schmerzes, Frankfurt/M. 1986.

Härle, Wilfried, Dogmatik, 2., überarb. Aufl., Berlin New York 2000.

Harman, Gilbert, Das Wesen der Moral. Eine Einführung in die Ethik, Frankfurt/M. 1981.

Hastedt, Heiner, Aufklärung und Technik. Grundprobleme einer Ethik der Technik. Frankfurt/M. 1991.

Hegel, Georg Wilhelm Friedrich, Phänomenologie des Geistes, in: ders., Theorie Werkausgabe, Ed. Eva Modenhauer u. Karl Markus Michel, Bd. 3, Frankfurt/M. 1970.

Heidenescher, Mathias, Die Beobachtung des Risikos. Zur Konstruktion technisch-ökologischer Risiken in Gesellschaft und Politik, Berlin 1999.

Heine, Günter, Schweiz, in: Eser, Albin/Koch, Hans-Georg (Hg.), Materialien zur Sterbehilfe. Eine internationale Dokumentation, Freiburg/Br. 1989, 591–649.

Hell, Daniel, Ergebnisse der Suizidforschung, in: Rehmann-Sutter et al. (Hg.), Beihilfe, 85–91.

– Welchen Sinn macht Depression? Reinbek b. Hamburg [10]2004.

Henning, Christian, Wirklich ganz tot? Neue Gedanken zur Unsterblichkeit vor dem Hintergrund der Ganztodtheorie, in: NZSTh 43/2001, 236–252.

Herkommer, Hubert, Die alteuropäische ‹Ars Moriendi› (Kunst des Sterbens) als Herausforderung für unseren Umgang mit Sterben und Tod, in: Praxis 49/2001, 2144–2151.

Holderegger, Adrian (Hg.), Das medizinisch assistierte Sterben. Zur Sterbehilfe aus medizinischer, ethischer, juristischer und theologischer Sicht, Freiburg/Br., Freiburg/Ue. 1999.

Hollenstein, Pia, Sterbehilfe als Lebenshilfe ohne aktive Sterbehilfe, in: Schwank, Alex/Spöndlin, Ruedi (Hg.), Vom Recht zu sterben zur Pflicht zu sterben. Beiträge zur Euthanasiedebatte in der Schweiz, Zürich 2001, 35–44.

Holtmann, Stefan, Karl Barth als Theologe der Neuzeit. Studien zur kritischen Deutung seiner Theologie, Göttingen 2007.

Honnefelder, Ludger/Sturma, Dieter (Hg.), Jahrbuch für Wissenschaft und Ethik, Bd. 14, Berlin, New York 2009.

Honneth, Axel, Pathologien des Sozialen. Tradition und Aktualität der Sozialphilosophie, in: ders. (Hg.), Pathologien des Sozialen. Die Aufgaben der Sozialphilosophie, Frankfurt/M. 1994, 9–69.

Horn, Christiane, Die Pflicht, sich gesund zu erhalten, als Pflicht gegen sich selbst bei Immanuel Kant, Dissertation Marburg 2004.

Hörschelmann, Angela, Sterbehilfe im Spielfilm, in: Graumann, Sigrid /Grüber, Katrin (Hg.), Grenzen des Lebens, Berlin 2007, 75–86.

Hossfeld, Frank L., ‹Du sollst nicht töten!› Das fünfte Dekaloggebot im Kontext alttestamentlicher Ethik, Stuttgart 2003.

Huber, Wolfgang, Öffentliche Kirche in pluralen Öffentlichkeiten, in: Evang. Theol. 54/1994, 157–180.

– Sozialethik als Verantwortungsethik, in: Nethöfel/Dabrock/Keil (Hg.), Verantwortungsethik, 74–100.

Huppenbauer, Markus, Die Gabe Gottes zurückgeben. Überlegungen zum Problem der Sterbehilfe aus der Perspektive evangelischer Ethik, Probevorlesung vor der Theologischen Fakultät der Universität Zürich vom 25.06.1999.

Huxel, Kirsten, Leib/Leiblichkeit. III. Ethisch, in: RGG⁴, Bd. 5, Tübingen 2002, 220–221.

– Unsterblichkeit der Seele versus Ganztodthese? – Ein Grundproblem christlicher Eschatologie in ökumenischer Perspektive, in: NZSTh 48/2006, 341–366.

Illich, Ivan, Die Nemesis der Medizin. Von den Grenzen des Gesundheitswesens, Reinbek 1981.

Iwand, Hans Joachim, Christologie. Nachgelassene Werke. Neue Folge, Bd. 2, Gütersloh 1999.

Jankélévitch, Vladimir, Die Unwiderrufliche. Gespräche mit Daniel Diné, in: ders., Kann man den Tod denken?, Wien 2003, 11–32.

– Zur Euthanasie. Gespräch mit Pascal Dupont, in: ders, Kann man den Tod denken?, 49–85.

Janssen, Claudia, Anders ist die Schönheit der Körper. Paulus und die Auferstehung in 1 Kor 15, Gütersloh 2005.

Johnson, Mary, Make them go away. Clint Eastwood, Christopher Reeve and the case against disability rights, Louisville 2003.

Jonas, Hans, Das Prinzip Verantwortung. Versuch einer Ethik für die technologische Zivilisation, Frankfurt/M. 1984.

Josuttis, Manfred, Der Pfarrer ist anders. Aspekte einer zeitgenössischen Pastoraltheologie, München ³1987.

Junge, Matthias, Macht und Moral: eine programmatische Skizze, in: ders. (Hg.), Macht und Moral. Beiträge zur Dekonstruktion von Moral, Wiesbaden 2003, 7–20.

Jüngel, Eberhard, Anrufung Gottes als Grundethos christlichen Handelns, in: ders., Barth-Studien, Gütersloh 1982, 315–331.

– Der Gott entsprechende Mensch. Bemerkungen zur Gottebenbildlichkeit des Menschen als Grundfigur theologischer Anthropologie, in: ders., Entsprechungen: Gott – Wahrheit – Mensch. Theologische Erörterungen II, 3., erw. Aufl., Tübingen 2002, 290–317.

– Der menschliche Mensch. Die Bedeutung der reformatorischen Unterscheidung der Person von ihren Werken für das Selbstverständnis des neuzeitlichen Menschen, in: ders., Wertlose Wahrheit. Zur Identität und Relevanz des christlichen Glaubens. Theologische Erörterungen III, Tübingen ²2003, 194–213.

– Tod, Gütersloh ³1985.

– Der Tod als Geheimnis des Lebens, in: Schwartländer, Johannes (Hg.), Der Mensch und sein Tod, Göttingen 1976, 108–125.

Kaléko, Mascha, Der Stern auf dem wir leben, Hamburg 1984.

Kamper, Dietmar, Tod des Körpers – Leben der Sprache. Über die Intervention des Imaginären im Zivilisationsprozess, in: Gebauer, Gunter et al., Historische Anthropologie. Zum Problem der Humanwissenschaften heute oder Versuche einer Neubegründung, Reinbek b. Hamburg 1989, 49–81.

Kant, Immanuel, Werke in sechs Bänden, Ed. Weischedel, Darmstadt 1983.

Kersting, Wolfgang, Recht, Gerechtigkeit und demokratische Tugend. Abhandlungen zur praktischen Philosophie der Gegenwart, Frankfurt/M. 1997.

Kierkegaard, Sören, Die Krankheit zum Tode, in: ders., Ges. Werke und Tagebücher, 24. u. 25 Abt., Simmerath 2004.

Kirchenamt der Evangelischen Kirche in Deutschland, Wenn Menschen sterben wollen. Eine Orientierung der ärztlichen Beihilfe zur Selbsttötung, EKD Texte 97, Hannover 2008.

Klein, Rebekka A., Ethische Überforderung? Zur sozialen Ambivalenz der natürlichen Empathie, in: ZEE 54/2010, 168–180.

Kobusch, Theo, Person und Freiheit. Von der Rezeption einer vergessenen Tradition, in: ZEE 50/2006, 7–20.

Koller, Peter, Theorie des Rechts. Eine Einführung, Wien u. a. 1997.

Kopfensteiner, Thomas R., ‹Sanctity of Life› vs. ‹Quality of Life›, in: Holderegger (Hg.), Das medizinisch assistierte Sterben, 189–204.

Körtner, Ulrich H. J., Bedenken, dass wir sterben müssen. Sterben und Tod in Theologie und medizinischer Ethik, München 1996.

– Sterben in der modernen Stadt. Gesellschaftliche, kulturelle und religiöse Rahmenbedingungen von Palliative Care, in: ZEE 48/2004, 197–210.

– Theologie des Wortes Gottes. Positionen – Probleme – Perspektiven, Göttingen 2001.

– Unverfügbarkeit des Lebens? Grundfragen der Bioethik und der medizinischen Ethik, Neukirchen-Vluyn 2001.

– Wohin steuert die Ökumene? Vom Konsens- zum Differenzmodell, Göttingen 2005.

Kostka, Ulrike, Der Mensch in Krankheit, Heilung und Gesundheit im Spiegel der modernen Medizin. Eine biblische und theologisch-ethische Reflexion, Münster 2000.

Krebs, Angelika (Hg.), Gleichheit oder Gerechtigkeit. Texte der neuen Egalitarismuskritik, Frankfurt/M. 2000.

Kuhlmann, Helga, Nur Worte, nur Geschwätz? Zur theologischen Metaphorik für das Kranksein, in: Graf/Mathwig, Zeindler (Hg.), Was ist der Mensch› 307–325.

Kuhse, Helga, Die ‹Heiligkeit des Lebens› in der Medizin. Eine philosophische Kritik, Erlangen 1994.

Labisch, Alfons, Homo hygienicus. Gesundheit und Medizin in der Neuzeit, Frankfurt/M., New York 1992.

Lehmann, Paul L., Ethik als Antwort, München 1966.

Leonhard, Rochus, Grundinformation Dogmatik, 4., durchges. Aufl., Göttingen 2009.

Lichtenberger, Hans P., ‹Bürger zweier Welten› oder ‹Herr und Knecht›? Kant und Hegel zu einem Problem des Menschen, in: Graf/Mathwig/ Zeindler (Hg.), Was ist der Mensch, 177–190.

Lienemann, Wolfgang, Grundinformation Theologische Ethik, Göttingen 2008.

– Karl Barth, in: Lienemann, Wolfgang/Mathwig, Frank (Hg.), Schweizer Ethiker im 20. Jahrhundert. Der Beitrag theologischer Denker, Zürich 2005, 33–56.

– Das Wohl der Anderen. Zur Kritik der utilitaristischen Ethik bei Peter Singer, in: Germann, Hans Ulrich et al. (Hg.), Das Ethos der Liberalität. FS f. Hermann Ringeling, Freiburg/Ue., Freiburg/Br. 1993, 232–253.

Link, Jürgen, Versuch über den Normalismus. Wie Normativität produziert wird, 2., aktual. u. erw. Aufl., Opladen, Wiesbaden 1999.

Loewy, Erich, Euthanasie, Beihilfe zum Suizid und ethische Grundfragen, in: ders. (Hg.), Selbstbestimmtes Leben, 145–159.

– (Hg.), Selbstbestimmtes Leben, Aufklärung und Kritik, Sonderheft 11/2006.

Lorenz, Jörn, Sterbehilfe – Ein Gesetzentwurf, Baden-Baden, Zürich, St. Gallen 2008.

Luhmann, Niklas, Die Ehrlichkeit der Politiker und die höhere Amoralität der Politik, in: Kemper, Peter (Hg.), Opfer der Macht. Müssen Politiker ehrlich sein?, Frankfurt/M. 1993, 27–41.

– Die Moral des Risikos und das Risiko der Moral, in: Bechmann, Gotthard (Hg.), Risiko und Gesellschaft. Grundlagen und Ergebnisse interdisziplinärer Risikoforschung, Opladen 1993, 327–338.

– Normen in soziologischer Perspektive, in: Soziale Welt 20/1969, 28–48.

– Soziologie des Risikos, Berlin, New York 1991.

Lüpke, Johannes von, An der Schwelle zum Leben. Zur Wahrnehmung der Gottebenbildlichkeit am Ende des Lebens, in: Wort und Dienst. Jahrbuch der Kirchlichen Hochschule Bethel, 28/2005, 247–264.

Luther, Henning, ‹Ich ist ein Anderer›. Die Bedeutung von Subjekttheorien (Habermas, Levinas) für die Praktische Theologie, in: Zillessen, Dietrich et al. (Hg.), Praktisch-theologische Hermeneutik, Rheinbach 1991, 233–254.

– Tod und Praxis. Die Toten als Herausforderung kirchlichen Handelns, in: ZThK 88/1991, 407–426.

Macho, Thomas, Tod und Trauer im kulturwissenschaftlichen Vergleich, in: Assmann, Jan, Der Tod als Thema der Kulturtheorie, Frankfurt/M. 2000, 89–120.

– Todesmetaphern. Zur Logik der Grenzerfahrung, Frankfurt/M. 1987.

MacIntyre, Alasdair, Die Anerkennung der Abhängigkeit. Über menschliche Tugenden, Hamburg 2001.

Mahler, C., Urteile des Europäischen Gerichtshofs für Menschenrechte im Überblick. Pretty ./. Vereinigtes Königreich, in: MRM 3/2002, 164–167.

Mathwig, Frank, ‹In Geschichte(n) verstrickt›. Das Story-Konzept als gelebtes Einüben der Ars Moriendi, in: Praxis 49/2001, 2157–2162.

– Rigide Regelung. Die EKD kritisiert die Schweizer Protestanten zu Unrecht, in: zeitzeichen 3/2009, 12–13.

– Sterben – Zur professionellen Abwicklung sozialer Vereinsamung, in: Bioethica Forum 50/2006, 21–24.

Mendiola, Michael M., Menschliches Leiden und das ärztlich assistierte Sterben, in: Holderegger (Hg.), Das medizinisch assistierte Sterben, 208–229.

Mercier, Pascal, Nachtzug nach Lissabon, München 2006.

Mieth, Dietmar, Kleine Ethikschule, Freiburg/Br. 2004.

– Töten gegen Leiden?, in: Biesenbach, Klaus (Hg.), Die Zehn Gebote. Eine Kunstausstellung des Deutschen Hygiene-Museums, Ostfildern-Ruit 2004, 162–166.

Minelli, Ludwig A., Die EMRK schützt die Suizidfreiheit. Wie antwortet darauf das Schweizer Recht?, in: AJP 5/2004, 491–504.

– Rechtliche, politische und ethische Aspekte der Sterbehilfe-Debatte in Deutschland, in: Aufklärung und Kritik, Sonderheft 11/2006, 113–130.

Montaigne, Michel de, Essais. Erstes Buch, übers. v. Hans Stilett, München 2000.

Musil, Robert, Der Mann ohne Eigenschaften, Bd. 1, Frankfurt/M. 1978.

Nagel, Thomas, Mortal Questions, Cambridge 1979.

Nationale Ethikkommission im Bereich Humanmedizin, Beihilfe zum Suizid. Stellungnahme Nr. 9/2005.

– Sorgfaltskriterien im Umgang mit Suizidbeihilfe. Stellungnahme Nr. 13/ 2006, Bern 2006.

Nethöfel, Wolfgang/Dabrock, Peter/Keil, Siegfried (Hg.), Verantwortungsethik als Theologie des Wirklichen, Göttingen 2009.

Nicolaisen, Carsten, Der Weg nach Barmen. Die Entstehungsgeschichte der Theologischen Erklärung von 1934, Neukirchen-Vluyn 1985.

Nida-Rümelin, Julian (Hg.), Angewandte Ethik. Die Bereichsethiken und ihre theoretische Fundierung. Ein Handbuch, 2., aktual. Aufl., Stuttgart 2005.

Nietzsche, Friedrich, Werke in drei Bänden, Ed. Schlechta, München 1966.

Noll, Peter, Diktate über Sterben und Tod. Mit der Totenrede von Max Frisch, München 2002.

Odunzu, Fuat et al., Sterbebegleitung und Seelsorge, in: Heinemann, Volker (Hg.), Manual Supportive. Massnahmen und symptomorientierte Therapie in der Hämatologie und Onkologie, Tumorzentrum München, München 2001, 298–310.

Oetinger, Friedrich Christoph, Biblisches und Emblematisches Wörterbuch, Heilbronn 1776.

Ohly, Lukas, Sterbehilfe: Menschenwürde zwischen Himmel und Erde, Stuttgart 2002.

Ökumenischer Rat der Kirchen (Hg.), Appell an die Kirchen der Welt. Dokumente der Weltkonferenz für Kirche und Gesellschaft, Stuttgart, Berlin 1967.

Onwuteaka-Philipsen, B. D. et al., Dutch experience of monitoring euthanasia, in: BMJ 331/2005, 691–693.

Paul, Jean, Rede des toten Christus vom Weltgebäude herab, dass kein Gott sei, in: ders., Werke, München 1959ff., Bd. I. Abt., Bd. 2.

Petermann, Frank T., Der Entwurf eines Gesetzes zur Suizid-Prävention, in: AJP/PJA 9/2004, 1111–1138.

– Rechtliche Überlegungen zur Problematik der Rezeptierung und Verfügbarkeit von Natrium-Pentobarbital, in: AJP/PJA 4/2006, 439–467.

– Sterbehilfe: Eine terminologische Einführung, in: Petermann (Hg.), Sterbehilfe, 21–44.

– Urteilsfähigkeit, Zürich, St. Gallen 2008.

– (Hg.), Sicherheitsfragen der Sterbehilfe, St. Gallen 2008.

– (Hg.), Sterbehilfe. Grundsätzliche und praktische Fragen. Ein interdisziplinärer Diskurs, St. Gallen 2006.

Peters, Albrecht, Gesetz und Evangelium, Gütersloh [2]1994.

Pfleiderer, Georg, Von der Un-Verzichtbarkeit des Gewissensbegriffs. Überlegungen aus protestantisch-theologischer Perspektive, in: Nüssel, Friederike (Hg.), Theologische Ethik der Gegenwart. Ein Überblick über zentrale Ansätze und Themen, Tübingen 2009, 101–116.

Picht, Georg, Der Begriff der Verantwortung, in: ders., Wahrheit, Vernunft, Verantwortung. Philosophische Studien, Stuttgart 1969, 318–342.

– /Rudolph, Enno (Hg.), Theologie – was ist das?, Stuttgart, Berlin 1977.

Plasger, Georg, Einladende Ethik. Zu einem neuen evangelischen Paradigma in einer pluralen Gesellschaft, in: KuD 51/2005, 126–156.

– /Freudenberg, Matthias (Hg.), Reformierte Bekenntnisschriften. Eine Auswahl von den Anfängen bis zur Gegenwart, Göttingen 2005.

Pleschberger, Sabine, Nur nicht zur Last fallen. Sterben in Würde aus der Sicht alter Menschen in Pflegeheimen, Freiburg/Br. 2005.

Plessner, Helmuth, Die Stufen des Organischen und der Mensch. Einleitung in die philosophische Anthropologie, Berlin, New York 1975.

Raggenbass, René/Kuhn, Hanspeter, Kein Menschenrecht auf ärztliche Suizidhilfe, in: SÄZ 88/2007: 11, 455–456.

Rappaport, Julian, In praise of paradox: A social policy of empowerment over prevention, in: American Journal of Community Psychology 9/1981, 337–356.

Rau, Johannes, Wird alles gut? – Für einen Fortschritt nach menschlichem Mass, in: Graumann, Sigrid (Hg.), Die Genkontroverse. Die Grundpositionen, Freiburg/Br. 2001, 14–29.

Rawls, John, Gerechtigkeit als Fairness. ein Neuentwurf, Frankfurt/M. 2006.

Rehbock, Theda, Zur Kritik der Ethik medizinischen Handelns, Paderborn 2005.

Rehmann-Sutter, Christoph, Was bedeutet das ‹Recht auf den eigenen Tod›?, in: SÄZ 88/2007, 1109–1112.

– et al. (Hg.), Beihilfe zum Suizid in der Schweiz. Beiträge aus Ethik, Recht und Medizin, Bern 2006.

Reiter-Theil, Stella, Ethische Probleme der Beihilfe zum Suizid. Die Situation in der Schweiz im Lichte internationaler Perspektiven, Bochum ²2004.

Rendtorff, Trutz, Ethik. Grundelemente, Methodologie und Konkretionen einer ethischen Theologie, 2 Bde., Stuttgart u. a. ²1991.

– Der ethische Sinn der Dogmatik. Zur Reformulierung des Verhältnisses von Dogmatik und Ethik bei Karl Barth, in: ders. (Hg.), Die Realisierung der Freiheit. Beiträge zur Kritik der Theologie Karl Barths, Gütersloh 1975, 119–134.

Reuter, Hans-Richard, Der Begriff der Kirche in theologischer Sicht, in: Rau, Gerhard/Reuter, Hans-Richard/Schlaich, Klaus (Hg.), Das Recht der Kirche, Bd. 1: Zur Theorie des Kirchenrechts, Gütersloh 1997, 23–75.

Riklin, Franz, Die strafrechtliche Regelung der Sterbehilfe. Zum Stand der Reformdiskussion in der Schweiz, in: Holderegger (Hg.), Das medizinisch assistierte Sterben, 328–350.

Rilke, Rainer Maria, Die Aufzeichnungen des Malte Laurids Brigge, in: ders., Werke, Bd. III/1, Frankfurt/M. 1984.

Ringleben, Joachim, Leib/Leiblichkeit. II. Dogmatisch, in: RGG⁴, 218–220.

Rippe, Klaus Peter, Suizidbeihilfe und das Recht auf Selbstbestimmung, in: Rehmann-Sutter et al. (Hg.), Beihilfe, 181–194.

– et al., Urteilsfähigkeit von Menschen mit psychischen Störungen und Suizidhilfe, in: SJZ 101/2005, 53–91.

Ritschl, Dietrich, Kleines Plädoyer für J. H. Oldhams ‹Mittlere Axiome›. Zum Ausblenden der Letztbegründung ethischer Sätze, in: Schoberth/Schoberth (Hg.), Kirche, 183–189.

– Leben in Todeserwartung, in: ders., Zur Theorie und Ethik der Medizin. Philosophische und theologische Anmerkungen, Neukirchen-Vluyn 2004, 263–277.

– Zur Logik der Theologie. Kurze Darstellung der Zusammenhänge theologischer Grundgedanken, München 1984.

Saeverin, Peter F., Zum Begriff der Schwelle. Philosophische Untersuchung von Übergängen, Oldenburg 2003.

Sampedro, Ramón, Cartas desde la inferno, Barcelona 1996.

Sandel, Michael J., Plädoyer gegen die Perfektion. Ethik im Zeitalter der genetischen Technik. Mit einem Vorwort von Jürgen Habermas, Berlin 2008.

Saner, Hans, Gibt es eine Freiheit zum Tode?, in: Mösli, Pascal/Peter, Hans-Balz (Hg.), Suizid …? Aus dem Schatten eines Tabus, Zürich 2003, 57–62.

Schardien, Stefanie, Sterbehilfe als Herausforderung für die Kirchen. Eine ökumenisch-ethische Untersuchung konfessioneller Positionen, Gütersloh 2007.

Scherer, Ralf et al. (Hg.), Menschenwürde an den Grenzen des Lebens: Sterbehilfe und Sterbebeistand im Widerstreit, Münster 2007.

Schildmann, Jan/Fahr, Uwe/Vollmann, Jochen (Hg.), Entscheidungen am Lebensende in der modernen Medizin: Ethik, Recht, Ökonomie und Klinik, Münster 2006.

Schildmann, Ulrike (Hg.), Normalität, Behinderung und Geschlecht. Ansätze und Perspektiven der Forschung, Opladen 2001.

Schmidt, Werner H., Die Zehn Gebote im Rahmen alttestamentlicher Theologie, Darmstadt 1993.

Schmitt, Carl, Politische Theologie. Vier Kapitel zur Lehre von der Souveränität, Berlin [8]2004.

Schneider, Sebastian, Auferstehung. Eine neue Deutung von 1 Kor 15, Würzburg 2005.

Schneider, Werner, Wandel und Kontinuität von Sterben und Tod in der Moderne. Zur gesellschaftlichen Ordnung des Lebensendes. In: Bauerfeind, Ingo/Mendl, Gabriela/Schill, Kerstin (Hg.), Über das Sterben. Entscheiden und Handeln am Lebensende, München 2005, 30–54.

Schoberth, Wolfgang, Einführung in die theologische Anthropologie, Darmstadt 2006.

– Pluralismus und Freiheit evangelischer Ethik, in: Schoberth/Schoberth (Hg.), Kirche, 249–264.

– Tod, in: EKL³, Bd. 4, Göttingen 1996, 897–901.

– /Schoberth, Ingrid (Hg.), Kirche – Ethik – Öffentlichkeit. Christliche Ethik in der Herausforderung, Münster, Hamburg, London 2002.

Schockenhoff, Eberhard, Krankheit – Gesundheit – Heilung. Wege zum Heil aus biblischer Sicht, Regensburg 2001.

Schöne-Seifert, Bettina, Ist ärztliche Suizidhilfe ethisch verantwortbar?, in: Petermann (Hg.), Sterbehilfe, 45–67.

– Medizinethik, in: Nida-Rümelin (Hg.), Angewandte Ethik, 690–803.

Schwarzenegger, Christian, Das Mittel zur Suizidbeihilfe und das Recht auf den eigenen Tod, in: SÄZ 2007; 88: 19, 843–846.

– Selbstsüchtige Beweggründe bei der Verleitung und Beihilfe zu Selbstmord (Art. 115 StGB), in: Petermann (Hg.), Sicherheitsfragen, 81–123.

Schweidler, Walter, Das Unantastbare. Beiträge zur Philosophie der Menschenrechte, Münster u. a. 2001.

Schweizerische Akademie der Medizinischen Wissenschaften, Behandlung und Betreuung zerebral schwerstgeschädigter Langzeitpatienten, Basel 2003.

– Betreuung von Patientinnen und Patienten am Lebensende. Medizinisch-ethische Richtlinien der SAMW, Basel 2004.

Schweizer Bischofskonferenz, Die Würde des sterbenden Menschen. Pastoralschreiben der Schweizer Bischöfe zur Frage der Sterbehilfe und der Sterbebegleitung, Einsiedeln 2002.

Schweizerischer Bundesrat, Bericht des Bundesrates zum Postulat Ruffy, Sterbehilfe. Ergänzung des Strafgesetzbuches, Bern 2000.

Schweizerischer Evangelischer Kirchenbund, Fokus-Thema Entscheidungen am Lebensende, in: bulletin sek-feps 3/2007.

- Den Menschen ins Recht setzen. Menschenrechte und Menschenwürde aus theologisch-ethischer Perspektive. SEK Position 6, 3., durchges. Aufl., Bern 2007.
- Palliative Care. Medizinisch-ethische Richtlinien und Empfehlungen. Vernehmlassungsantwort des Rates SEK an die Schweizerische Akademie der Medizinischen Wissenschaften SAMW, Bern 2006.
- Perspektiven am Lebensende. Vernehmlassungsantwort des Rates des Schweizerischen Evangelischen Kirchenbundes SEK zur Änderung des Strafgesetzbuches und des Militärgesetzes betreffend die organisierte Suizidhilfe, Bern 2010
- Selbstbestimmt Leben – und Sterben? Zur aktuellen Debatte um Dignitas in Deutschland. Stellungnahme des Rates des Schweizerischen Evangelischen Kirchenbundes, Bern 2005.
- Das Sterben leben. Entscheidungen am Lebensende aus evangelischer Perspektive. SEK Position 9, Bern 2007.
- (Hg.), Suizidhilfe im Fokus von Recht, Ethik und Seelsorge. SEK-Kolloquium 19. November 2009, Bern 2010 (online-Publikation).
Schwöbel, Christoph, Gott in Beziehung. Studien zur Dogmatik, Tübingen 2002.
- Gott, die Schöpfung und die christliche Gemeinschaft. Dogmatische Grundlagen eines christlichen Ethos der Geschöpflichkeit, in: ders., Gott, 161–192.
- Imago Libertatis: Freiheit des Menschen und Freiheit Gottes, in: ders., Gott, 227–256.
- Menschsein als Sein-in-Beziehung. Zwölf Thesen für eine christliche Anthropologie, in: ders., Gott, 193–226.
- Theologie der Schöpfung im Dialog zwischen Naturwissenschaft und Dogmatik, in: ders., Gott, 131–160.
Sen, Amartya, Rational Fools. A Critique of the Behavioural Foundations of Economic Theory, in: Philosophy and Public Affairs, VI/1977, 317–344.
Siep, Ludwig, Natur als Norm? Zur Rekonstruktion eines normativen Naturbegriffs in der Angewandten Ethik, in: Dreyer, Mechthild/ Fleischmann, Kurt (Hg.), Natur und Person im ethischen Disput, Freiburg/Br., München 1998, 191–206.
Simon, Helmut, ‹Wer wenig im Leben hat, soll viel im Recht haben›, in: ÖR 16/1967, 338–357.
Sofsky, Wolfgang, Traktat über die Gewalt, Frankfurt 1996.

Sohn, Werner/Mertens, Herbert (Hg.), Normalität und Abweichung. Studien zur Theorie und Geschichte der Normalitätsgesellschaft, Opladen, Wiesbaden 1999.

Sontag, Susan, Aids und seine Metaphern, München 1989.

Spaemann, Robert, Es gibt kein gutes Töten, in: Beckmann, Rainer/Löhr, Mechthild/Schätzle, Julia (Hg.), Sterben in Würde. Beiträge zur Debatte über Sterbehilfe, Krefeld 2004, 103–117.

Spenlé, Christoph A./Mattli, Arthur, Kompendium zum Schutz der Menschenrechte. Quellensammlung für die Schweiz, Bern 2009.

Splett, Thomas, Was bedeutet eigentlich ‹Patientenwille›? Drei Perspektiven, in: Schildmann/Fahr/Vollmann (Hg.), Entscheidungen, 19–37.

Stegemann, Ekkehard. W., Der Leib des Menschen und die Gestalt der Gottheit. Inkarnation im Christentum versus Exkarnation im Judentum, in: ders., Paulus und die Welt. Aufsätze, ausgew. u. hg. von Christina Tuor u. Peter Wick, Zürich 2005, 141–158.

Stoellger, Philipp, Einleitung, in: ders. (Hg.), Sprachen der Macht. Gesten der Er- und Entmächtigung in Text und Interpretation, Würzburg 2008, 1–32.

– ‹Und als er ihn sah, jammerte er ihn›. Zur Performanz von Pathosszenen am Beispiel des Mitleids, in: Dalferth/Hunziker (Hg.), Mitleid, 289–305.

Straub, Jürgen/Renn, Joachim (Hg.), Transitorische Identität. Der Prozesscharakter des modernen Selbst, Frankfurt/M. 2002.

Streckeisen, Ursula, Sterbekultur im Spital und gesellschaftliche Entwicklungen, in: Competence 7–8/2002, 4–7.

Tag, Brigitte, Sterbehilfe – betrachtet im Lichte des Strafrechts, in: Worbs, Frank (Hg.), Ganz Mensch bis zum Tod. Beiträge zum Umgang mit Sterben und Tod in der modernen Gesellschaft, Zürich 2009, 41–61.

Taureck, Bernhard H. F., Philosophieren: Sterben lernen? Versuch einer ikonologischen Modernisierung unserer Kommunikation über Tod und Sterben, Frankfurt/M. 2004.

Tertullian, Apologeticum/Verteidigung des Christentums, Lat.-dt., München 1961.

The Oregon Death with Dignity Act. Oregon Revised Statutes, Edition 2007.

Tödt, Heinz Eduard, Versuch einer ethischen Theorie sittlicher Urteils-findung, in: ders., Perspektiven theologischer Ethik, München 1988, 21–48.

Tolmein, Oliver, Keiner Stirbt für sich allein. Sterbehilfe, Pflegenotstand und das Recht auf Selbstbestimmung, München 2006.

–, Supermann und Selbstmordkandidaten. Behinderung im Film und wirkliche Diskriminierung, in: BdWi, Forum Wissenschaft 3/2005.

Toole, F. X., Million $$$ Baby, in: ders., Champions. Geschichten aus dem Ring, Hamburg, Wien 2001.

Toulmin, Stephen, How Medicine Saved the Life of Ethics, in: DeMarco, Joseph P./Fox, Richard M. (Eds.), New Directions in Ethics. The Challenge of Applied Ethics, New York, London 1986, 265–281.

Tugendhat, Ernst, Antike und moderne Ethik, in: ders., Probleme der Ethik, Stuttgart 1984, 33–56.

– Über den Tod, Frankfurt/M. 2006.

– Vorlesungen über Ethik, Frankfurt/M. 1993.

Ulrich, Hans G., Einführung: Die ‹Freiheit der Kinder Gottes› – Freiheit in der Geschöpflichkeit. Zur Tradition evangelischer Ethik, in: ders. (Hg.), Freiheit, 9–40.

– Wie Geschöpfe leben. Konturen evangelischer Ethik, Münster 2005.

– (Hg.), Freiheit im Leben mit Gott. Texte zur Tradition evangelischer Ethik, Gütersloh 1993.

Venetz, Petra, Suizidhilfeorganisationen und Strafrecht, Zürich u. a. 2008.

Waldenfels, Bernhard, Der Kranke als Fremder. Therapie zwischen Nor-malität und Responsivität, in: ders., Grenzen der Normalisierung. Stu-dien zur Phänomenologie des Fremden 2, Frankfurt/M. 1998.

Weber, Max, Wirtschaft und Gesellschaft. Grundriss der verstehenden Soziologie, 5., rev. Aufl., Tübingen 1980.

Weinrich, Michael, Auferstehung des Leibes. Von den Grenzen beim diesseitigen Umgang mit dem Jenseits, in: Ebach, et al. (Hg.), ‹Dies ist mein Leib›, 103–143.

Welker, Michael, Beziehung – menschlich und göttlich, in: Bauks, Micha-ela/Liess, Kathrin/Riede, Peter (Hg.), Was ist der Mensch, dass du seiner gedenkst? (Psalm 8,5). Aspekte einer theologischen Anthropo-logie. FS f. Bernd Janowski zum 65. Geb., Neukirchen-Vluyn 2008, 541–555.

– Kirche im Pluralismus, Gütersloh 1995.

Wettstein, R. Harri, Leben- und Sterbenkönnen. Gedanken zur Sterbebegleitung und Selbstbestimmung der Person, Bern 1995.

Wetz, Franz-Josef/Tag, Brigitte (Hg.) Schöne neue Körperwelten, Stuttgart 2001.

Wick, Peter, Evangelische Ethik contra Kasuistik. Evangelische Bio- und Medizinethik in der Sackgasse?, in: ZEE 53/2009, 34–45.

– Kasuistik als evangelische Herausforderung. Reaktion auf Johannes Fischers Erwiderung, in: ZEE 53/2009, 198–203.

– Leib. Ein Beitrag zur paulinischen Anthropologie und Theologie, in: Schiffner, Kerstin/Wengst, Klaus/Zager, Werner (Hg.), Fragmentarisches Wörterbuch. Beiträge zur biblischen Exegese und christlichen Theologie. Horst Balz zum 70. Geb., Stuttgart 2007, 275–286.

Williams, Bernhard, Die Sache Makropulos: Reflexionen über die Langeweile der Unsterblichkeit, in: ders., Probleme des Selbst, Stuttgart 1978, 133–162.

Wils, Jean Pierre, Zur Kulturanthropologie der Sterbehilfe, in: Holderegger, Adrian et al. (Hg.): Theologie und biomedizinische Ethik. Grundlagen und Konkretionen, Freiburg/Br., Freiburg/Ue. 2002, 327–336.

Wittgenstein, Ludwig, Philosophische Untersuchungen, in: ders., Werkausgabe, Bd. 1, Frankfurt/M. 1984.

Wittgenstein, Ludwig, Tractatus logico-philosophicus, in: ders., Werkausgabe, Bd. 1, Frankfurt/M. 1984.

Wolbert, Werner, Du sollst nicht töten. Systematische Überlegungen zum Tötungsverbot, Freiburg/Br., Freiburg/Ue, Wien 2009.

– Ist der Unterschied zwischen Töten und Sterbenlassen noch sinnvoll?, in: Holderegger (Hg.), Das medizinisch assistierte Sterben, 56–75.

Wolf, Jean-Claude, Ethik ohne Gewissheiten? *John Deweys* Beitrag, in: ders., Utilitarismus, Pragmatismus und kollektive Verantwortung, Freiburg/Ue., Freiburg/Br. 1993, 48–82.

Wüthrich, Matthias, Gott und das Nichtige. Zur Rede vom Nichtigen ausgehend von Karl Barths KD § 50, Zürich 2006.

Zeindler, Matthias, Der wirkliche Mensch. Zur Aktualität von Karl Barths Anthropologie, in: Graf/Mathwig/Zeindler (Hg.), Was ist der Mensch, 261–279.

Ziegler, Stephen J./Bossard, Georg, Role of non-governmental organisations in physician assisted suicide, in: BMJ 2007; 334, 295–298.

Zimmermann-Acklin, Markus, Euthanasie. Eine theologisch-ethische Untersuchung, Freiburg/Ue. 1997.

– Der gute Tod, in: APuZ B 23–24/2004, 31–38.
– Die Richtlinien der SAMW: Kernaussagen und Regelung der ärztlichen Suizidbegleitung, in: Rehmann-Sutter et al. (Hg.), Beihilfe, 67–78.
– Verlust der Ethik? Bioethik zwischen Institutionalisierung und Ideologiekritik, in: Bioethica Forum 3/2010, No. 1, 12–16.
– Zwischen Suizid und Euthanasie. Erkundungen in einem Übergangsfeld, in: Folia Bioethica 22, Genf 1998.
– /Halter, Hans (Hg.), Rationierung und Gerechtigkeit im Gesundheitswesen. Beiträge zur Debatte in der Schweiz, Basel 2007.